“十二五”国家重点图书出版规划项目
智能电网研究与应用丛书

风电机组与风电场的动态建模

Dynamic Modeling of Wind Turbines and Wind Farms

蔡 旭 李 征 著

科 学 出 版 社
北 京

内容简介

本书讲述风电机组、风电场的动态建模方法，用于电网分析、风电并网仿真以及风电机组控制与保护的研究工作。建立采用当前主流风电机组参数的机组详细模型，包括各种控制策略、保护及其整定值。在系统地分析风电机组多时间尺度模型的基础上，给出可用于电力系统电磁暂态、机电暂态仿真的机理性降阶模型和暂态稳定分析模型；面向风电机组的整机控制和设计问题，给出包含气-弹-机-电耦合的风电机组精细化模型。对比分析所建模型在不同控制策略下的响应特性；论述风电场动态聚合模型的建模方法和分群原则，给出典型风电场的动态聚合模型、中长期模型，并对模型进行验证；论述基于RT-LAB和RTDS实时仿真器的风电机组与风电场全工况动态模型，以及控制器硬件在环实时仿真方法，结合多种实际案例，展现这些模型在大规模风电工程中的应用。

本书可供从事电力系统及新能源发电分析、设计和研究的工程技术人员以及高等学校电气工程领域相关的学者、研究生参考。

图书在版编目(CIP)数据

风电机组与风电场的动态建模＝Dynamic Modeling of Wind Turbines and Wind Farms / 蔡旭，李征著. —北京：科学出版社，2016. 7

(智能电网研究与应用丛书)

"十二五"国家重点图书出版规划项目

ISBN 978-7-03-049126-8

Ⅰ.①风… Ⅱ.①蔡…②李… Ⅲ.①风力发电机-发电机组-系统建模②风力发电-发电厂-系统建模 Ⅳ.①TM315②TU271.1

中国版本图书馆CIP数据核字(2016)第143582号

责任编辑：耿建业 陈构洪 王 苏 / 责任校对：桂伟利

责任印制：张 倩 / 封面设计：陈 敬

科学出版社 出版

北京东黄城根北街16号

邮政编码：100717

http://www.sciencep.com

北京通州皇家印刷厂印刷

科学出版社发行 各地新华书店经销

*

2016年7月第 一 版 开本：720×1000 1/16

2016年7月第一次印刷 印张：22

字数：422 000

定价：138.00元

(如有印装质量问题，我社负责调换)

《智能电网研究与应用丛书》编委会

《智能电网研究与应用丛书》序

迄今为止，世界电网经历了“三代”的演变。第一代电网是第二次世界大战前以小机组、低电压、孤立电网为特征的电网兴起阶段；第二代电网是第二次世界大战后以大机组、超高压、互联大电网为特征的电网规模化阶段；第三代电网是第一、二代电网在新能源革命下的传承和发展，支持大规模新能源电力，大幅度降低互联大电网的安全风险，并广泛融合信息通信技术，是未来可持续发展的能源体系的重要组成部分，是电网发展的可持续化、智能化阶段。

同时，在新能源革命的条件下，电网的重要性日益突出，电网将成为全社会重要的能源配备和输送网络。与传统电网相比，未来电网应具备如下四个明显特征：一是具有接纳大规模可再生能源电力的能力；二是实现电力需求侧响应、分布式电源、储能与电网的有机融合，大幅度提高终端能源利用的效率；三是具有极高的供电可靠性，基本排除大面积停电的风险，包括自然灾害的冲击；四是与通信信息系统广泛结合，实现覆盖城乡的能源、电力、信息综合服务体系。

发展智能电网是国家能源发展战略的重要组成部分。目前，国内已有不少科研单位和相关企业做了大量的研究工作，并且取得了非常显著的研究成果。在智能电网研究与应用的一些方面，我国已经走在了世界的前列。为促进智能电网研究和应用的健康持续发展，宣传智能电网领域的政策和规范，推广智能电网相关具体领域的优秀科研成果与技术，在科学出版社“中国科技文库”重大图书出版工程中隆重推出《智能电网研究与应用丛书》这一大型图书项目，本丛书同时入选“十二五”国家重点出版规划项目。

《智能电网研究与应用丛书》将围绕智能电网的相关科学问题与关键技术，以国家重大科研成就为基础，以奋斗在科研一线的专家、学者为依托，以科学出版社“三高三严”的优质出版为媒介，全面、深入地反映我国智能电网领域最新的研究和应用成果，突出国内科研的自主创新性，扩大我国电力科学的国内外影响力，并为智能电网的相关学科发展和人才培养提供必要的资源支撑。

我们相信，有广大智能电网领域的专家、学者的积极参与和大力支持，以及编委的共同努力，本丛书将为发展智能电网、推广相关技术、增强我国科研创新能力做出应有的贡献。

最后，我们衷心地感谢所有关心丛书并为丛书出版尽力的专家，感谢科学出版社及有关学术机构的大力支持和赞助，感谢广大读者对丛书的厚爱；希望通过大家的共同努力，早日建成我国第三代电网，尽早让我国的电网更清洁、更高效、更安全、更智能！

周孝信

前　言

风电作为可再生能源开发利用的一种主要形式，近年来得到了快速发展。8个千万千瓦级的风电基地正在建设中，我国装机容量已居世界首位。今后还将建设大规模海上风电场。随着电网中风电比例的不断增加，风电固有的随机波动性、间歇性将对电力系统的安全稳定运行、电能质量、电压和频率控制等带来更大的冲击，因而，随之产生的电力系统分析和控制问题成为国内外研究的热点，电网友好的风电机组和风电场的研究也被提到议事日程。

风电机组由塔架、风轮、传动链、发电机、变流器、主控制器及变桨控制和安全保护系统组成。从动力学的角度来看，风轮叶片和传动轴将风能的动态扰动作用耦合到发电机侧，体现为转速、扭矩角的振荡，最后表现在输出功率中。而电网中的故障扰动通过发电机的电磁耦合，作用于机组传动轴，引发轴系振荡。为理解和分析这些问题，指导风机设计，建立详细的数学模型显得十分重要。这样可以通过解析方法和计算机仿真获得响应的物理本质。

对风电机组的研究可以基于不同的视角，面向机组设计和控制的研究，着重于最大风能俘获、柔化风机载荷、平稳输出功率等；面向风电并网的研究，着重于评估风电场接入后对电网运行的影响，需要深入了解风电机组的动态特性及其与电网间的相互作用。以永磁直驱机组为代表的全功率变换风电机组的电力全部经电力电子功率变换后接入电网，以双馈风电机组为代表的部分功率变换机组的电力经电力电子功率变换控制后接入电网，其共同特点是对电网呈现出小惯性、对过电流和过电压敏感的特点，它们的大量接入给电力系统的稳定性分析和运行控制方法等带来诸多挑战。传统电力系统中功角稳定的概念不再完全适用于含风电系统的分析；风电机组引入的强非线性、不同惯量时间常数元件间的相互作用带来不同仿真计算步长联合仿真的挑战，同时，由数百台风电机组构成的风电场也带来了海量计算的问题，使原有的电力系统仿真计算工具不再适应。需要寻找可以模拟风电系统的简化计算模型。

风电机组机电暂态时间常数远小于常规同步发电机组，其本身又是由不同时间常数的子系统组合而成的，各子系统的控制策略对机组的动态性能会产生较大影响。因而在面向电力系统特定问题的分析研究中会遇到一系列的问题，例如，如何简化才能既满足分析计算能力的限制又可以保持特定的动态性能，正确反映与电力系统之间的相互作用；风电场的等值模型是否能正确模拟由机组的风速分布特性引发的机组运行工作点不同对动态特性的影响；模型如何体现风电机组控制的快速作用和风速扰动对电力系统长时间动态过程产生的影响；风电机组作为电力系统的一个元件，应该具有怎样的模型精度；在研究电力系统动态问题时，应该选择怎样的实用模型等。风电机组、风电场的建模是研究风电场与电网交互影响的基础，模型精度及适用性直接影响到分析结果的准确性和可信度。近几年在风电机组建模和控制方面的研究进展较快，取得了一些研究成果，这些成果在机组并网控制仿真中表现出模型的有效性，但面向实际电力系统分析计算需求的建模尚没有给出清晰的界定。国内外针对风电机组的建模还没有形成统一的标准，风机制造商通常采用自己的模型进行开发和评估，商业软件的风机模型也存在较大差异。例如，PSCAD 中的发电机采用较为详细的电磁暂态模型，DIgSILENT 包含了机电暂态和电磁暂态模型，PSS 则采用较为简化的机电暂态模型。不同软件平台上的电磁暂态模型、机电暂态模型的精度也存在较大差异，这将导致分析结果不具有一致性，影响更深层次的研究展开。本书的初衷即试图回答上述问题。

本书综合了作者近年来在风电机组建模方面的研究成果，论述了建立反映风电机组非线性特性的、基于机组物理特征的详细动态模型的理论方法、用于分析电力系统不同时间尺度问题的模型简化方法，以及满足电力系统安全稳定分析和风电控制的计算精度和速度需要的风电场动态聚合建模方法。写作中融入丰富的仿真结果，增强读者对问题的理解，同时体现仿真模型的实用性。针对目前主流风电机组及参数，给出了机组的动态模型、常规标准形式风电场的聚合模型和不同时间尺度模型应用的仿真案例。立足于解决电力系统动态分析计算中的问题，努力保持原系统的连续非线性特性和切换特性。根据应用需求，论述了全工况动态仿真模型的建立，通过在虚拟仿真平台上长时间的连续仿真，验证控制策略的作用。力图为风电相关的理论研究和工程应用提供有价值的参考。

本书的撰写要感谢饶芳权院士多年来给予的鼓励与支持。感谢上海交通大学风力发电研究中心的博士、硕士研究生，研究成果的取得与他们的辛勤付出分不开。全书共 9 章，张琛博士参与了第 1、3、5、6、8 章的整理、绘图、校对工作，贾锋博士参与了第 2、4、6、9 章的整理、绘图、校对工作，蔡游明博士参与了第 7、9 章的整理、绘图、校对工作，陈根博士参与了第 2 章的整理、绘图和全书的排版校对工作。吕敬、王晗、夏玥、韩刚、佘慎思博士，董建政硕士也分别对第 7、9 章的整理做出了贡献。感谢张建文博士在研究中给予的建议。研究的开展基于国内外同行的研究成果，引用之处在书中进行了标注，在此一并表示感谢。

本书的出版得到了国家863计划项目(编号：2011AA05A104)和上海市自然科学基金(编号：14ZR1400700)的资助，研究工作及风电场数据资料获取得到了甘肃省电力公司风电技术中心的大力帮助，在此表示衷心的感谢。

由于作者水平有限，有些问题的探讨还不够深入，书中难免存在疏漏之处，欢迎广大读者批评指正。

蔡　旭　李　征

2015年6月

于上海

目　　录

第1章 概　述

1.1 风力发电系统建模的意义

为了应对能源危机和环境问题，人类不断努力寻找可以替代化石燃料的新能源。以风能、太阳能、潮汐能、生物质能、地热能等可再生能源开发利用为代表的能源革命，翻开了人类用能的新篇章，也将对人类的生产和生活方式产生深远的影响。可再生新能源的开发利用还将给传统电力系统的组网方式和运行控制带来革命性的转变。风能以其技术成熟度、可实现性和成本的相对优势，在世界各国得到了广泛的开发利用。中国风电资源丰富，陆上可开发容量约为 25.7 亿 kW；海上 5～25m 水深以内的近海区域、海平面以上 50m 高度的风电可开发容量约为 2 亿 kW，5～50m 水深、70m 高度海上风电可开发容量约为 5 亿 kW；还有部分潮间带及潮下带滩涂资源，深海风能资源丰富。目前的总装机容量已位列世界首位[1]。其中，东北、华北和西北“三北”地区的风能资源最为丰富，大型千万千瓦级风电基地相继在这些地区落成。然而，风电的随机波动性对电网高渗透率接纳风电提出了前所未有的挑战。位于西北部的大型风电基地与东南沿海地区的负荷中心，由于地理位置相距较大而带来的风电消纳和送出问题、风电与负荷间存在明显的反调峰特性等，将对电力系统的安全稳定运行产生重要的影响，同时对电网的灵活可调性提出了更高要求[1]。因此，电力系统动态分析和安全控制的仿真计算中不可避免地需要融入风力发电系统。另一方面，风力发电机组的发电控制、载荷优化、故障穿越、虚拟同步控制等技术也需要不断研究发展，作为仿真计算基础的风力发电系统模型必不可少。

建模依赖于对物理规律本身的认知程度和计算机仿真技术的发展，这两者存在着相互依赖和相互制约的关系。风电机组本身包含多种非线性机构的复杂系统，具有不同时间尺度动态特性。对于电力系统计算而言，详细的风电机组模型计算量过大，往往会使得计算难以进行，而简化后的模型则可能隐藏某些动态现象，影响分析计算结果的准确性。此外，大型互联系统各部分的模型计算时间尺度不匹配也可能造成计算不收敛或结果不正确。针对不同的研究问题，只有恰当的模型才可以在正确表现风电机组与电网间相互作用的同时又具有计算优势。另一方面，模型参数的准确性对于仿真结果的可信度也是十分重要的。建立风电机组和风电场的模型是研究并网风电与电网相互作用的基础，也是研究风电机组本身特性及控制的基础。

1.2 风电动态模型及分类

有关风力发电系统的研究可以概括地分为机组整机自身运行与控制的研究和风电并网研究两大方面。前者需要的是风电机组模型，后者注重风电场等值模型。目前常用的风电机组模型根据其关注的问题又可以分为空气动力学模态分析模型、机电耦合载荷分析模型、电气控制分析模型等。模型对机组中与待研究问题相关的部分进行了详细描述，其余部分做了不同程度的简化。风电机组完整的详细模型是跨领域的，对仿真分析手段和工具提出了较高的要求，解决的方法涉及不同领域软件的联合建模仿真。

面向机组本身特性分析与控制研究的动态模型需要满足一定外部激励下响应的精度要求。由于风电机组特性包含气动、机械以及电气等多领域，很难在统一的平台上建立完整的多模态、多领域、多场景风电机组动态模型，因此，在面向机组特性分析与控制研究建模时，通常又根据研究问题的需要，分为以下几类：载荷分析、气动-气弹特性、多模态机电耦合特性以及并网电气特性等。由于存在时间尺度上的差异，在研究特定问题时，可对复杂的多模态、多场景模型进行一定程度的简化降阶，得出满足响应精度要求的研究模型。

面向电力系统分析与控制研究的风电机组和风电场的动态模型应能满足电力系统稳定性分析和保护整定的需要。电力系统分析对稳定性的划分包含静态稳定、动态稳定以及暂态稳定。针对每类稳定性问题都应给出相应的风电模型，这主要考虑计算代价以及风电模型与电力系统其他元件模型精度的一致性。风电机组、风电场模型不准确，可能导致稳定性分析结论错误和保护整定不合理，所以风电机组的建模应借鉴火电机组在不同稳定分析以及保护整定程序下的建模和简化方法，并且考虑风电机组、风电场的差异性，得出能用于电力系统稳定性分析和保护整定的模型。

1.3 动态建模的基本方法

模型主要分为物理模型和数学模型。物理模型是根据相似性原理，构建原系统的等价模型，通过实验来反映原物理系统的动态特性；数学模型是对原物理模型进行进一步抽象，得到描述原物理模型的一组状态方程，然后通过数字计算机仿真来模拟原系统的动态特性。构建等价物理模型需要耗费大量的资源且价格昂贵,如果在对物理系统不够了解的情况下,很容易造成系统的损坏,不适合反复实验。随着计算机技术的飞速发展,计算机运算能力大幅提高,采用构建数学模型进行数字仿真的优势越来越明显,主要为投入成本低、能够反复实验、灵活性高、可模拟系统规模大。模拟实际物理特性的精度主要取决于数学模型的详细程度。因此,对风电机组的建模通常先构建数学模型,在计算机上进行数字仿真,然后可通过构建物理模型或直接使用实际投入运行的风电机组进行实验测试,验证所建模型的准确性。

数学模型又可分为机理模型和辨识模型两大类,相应的建模方法简述如下[2]。

1.3.1 机理建模

机理建模是根据研究对象的物理机理建立动力学方程,可较准确地反映对象的动静态行为,是使用最广泛的建模方法。其优点是模型及参数机理内涵和物理意义明确,但对对象认知程度的制约和大量存在的非线性问题是影响该方法模型精度的主要因素。风电机组的机理建模可以分为模型假设、建立数学模型和模型验证三个部分。

(1) 模型假设:模型假设是建模的前提,模型假设是根据研究目的做出的,是物理模型进一步抽象成数学模型的必要条件。

(2) 建立数学模型:数学模型的建立过程,就是在模型假设的前提下,对物理模型应用基本的物理规律和原理,进一步抽象成数学方程的过程。

(3) 模型验证:模型验证主要是对正确性和精度(误差)进行评估。正确性就是所建立的数学模型能否正确反映实际物理过程。精度(误差)用来评估模型的优良。影响模型精度的因素主要有两个方面,一个是来自模型本身(模型假设带来的误差),另一个是来自用于模型验证的参数。风电机组模型验证方法主要有与实际机组测试结果比对和与物理模型测试结果比对。在一定条件下,不同仿真软件的比对结果也可作为参考。

1.3.2 辨识建模

辨识模型是通过输入输出数据采用系统辨识的方法建立的模型。这类模型不需要对研究对象内部的详细物理机理进行描述,更关注输入输出特性,因此只需要部分先验知识以及系统的输入输出数据,减少了物理机理分析过程。辨识又可分为结构辨识和参数辨识,对于大部分物理系统,一般都是按先验知识选定模型结构后,辨识其中参数。辨识过程大概包括以下步骤[2]。

(1) 根据先验知识和建模目的选择模型类别和结构。

(2) 设计实验,获得辨识所需的输入、输出数据。

(3) 参数估计,先确定结构参数,再估计其他参数。

(4) 模型检验。

然而,系统的测试数据依赖于系统的工作点,对于非线性系统,这可能会掩盖某些非线性运动特性,带来一定的动态误差,所以辨识模型在运行工况变化较大的场合,准确性往往难以保证。

1.4 风电动态建模研究现状

风电的动态建模包含机组级建模和风场级建模。机组级建模主要研究风机本体动态特性,一般采用机理建模方法。风场级建模主要用于研究风场-电网交互特性,一般采用机理-等值相结合的建模方法。

1.4.1 机组级建模

分析风电机组的并网电气特性、载荷分布特性、多模态机-电扭振特性、风电场并网特性等都需要风电机组的模型。模型的详细程度取决于研究的目的,也与机组的结构相关。

并网特性分析用建模主要关注风电机组的发电特性、适应性以及故障特性,因此,电气部分的建模往往需要采用详细的开关模型或电磁暂态模型,而对风电机组的气动、轴系等部分进行较大简化。例如,研究电网对称、不对称故障下双馈风电机组的故障穿越特性[3]、电网小扰动下的主动灭磁[4]、虚拟阻抗[4]等控制上的改进措施。在研究电网电压跌落情况下的 Crowbar 保护电路的设计和新型穿越方案时,Crowbar 保护也需要采用开关模型[5-8]。

研究反映风电机组与电网机电耦合的多模态机电扭振时,就必须充分考虑风轮和轴系的动态。这项研究首先发现定速风电机组轴系动态对电压稳定有很大的影响[9-10],之后又发现双馈风电机组在常态与故障状态下同样与电网存在较大的机电耦合[11],并且通过对风电机组轴系的多模态建模可以分析机组参数对暂态电压稳定的影响[12-13]。风电机组的控制策略也会对轴系的电气阻尼特性产生影响[14-16],可通过电气阻尼和电气刚度对轴系模态进行重塑[17-18]。可见,风电机组轴系多模态建模对得出可靠的稳定性结论以及合理的控制器设计具有重要意义。

载荷分析设计可降低材料成本,也关乎机组的寿命。载荷动态的展现依赖机械模型的详细程度,早期的研究局限于单个部件,用静力学分析结果乘以动力学放大因子来反映结构动态效应[19]。随后发展到采用有限元法[20]和假设模态法[21]对风力发电机组整机动力学进行分析;气动模型是机组大部分载荷的直接来源,其建模方法包括经典的叶素-动量理论及其修正[22]、辅助流体动力学(computational fluid dynamics,CFD)方法[23]。此外,在面向异步变桨的减载荷优化控制中,风轮的不平衡载荷是一个重要考虑因素[24];在研究面向机组整机减载荷优化控制器设计时,则仅需考虑易与控制器发生耦合的机械模态[25]。

用于电力系统分析的风电机组模型需要涵盖电磁暂态分析、暂态稳定分析、小扰动稳定分析以及中长期动态分析等。电磁暂态分析建模主要用于短路电流计算、保护整定及动稳定校验等。同步发电机和感应电机的短路计算模型通常可以用暂态电抗和电势表示,这是因为电机的过载能力较强,以至可认为其电-磁转化过程基本遵循线性元件的一般特性。而变速风电机组由于存在弱电气应力的变流装置,其电磁暂态过程存在较强的离散(状态切换、保护动作等)和非线性因素,因此短路计算模型变得复杂。文献[5]、文献[26]、文献[27]探讨了风电机组的短路特性以及转子电流的解析求解表达式,文献[28]在解析模型上力求得出可用于短路电流计算的等值模型,但在分析变流器对短路电流的影响时都假设为线性。此外,风电机组对电网不对称的响应也非常复杂[29],目前尚未形成普遍实用的对称、不对称短路计算模型。

暂态稳定分析模型主要用于电力系统大扰动下的稳定性分析,电网计算一般采用的是正序相量模型。该模型只能反映系统基频附近的动态,仿真的时间尺度通常为0.1～10s。为了得到与现有电网计算兼容的风电机组暂态稳定模型,国内外开展了大量研究工作,同时美国西部电力联合体(Western Electricity Coordinating Council,WECC)、北美电力安全委员会(North American Electric Reliability Council,NERC)、国际电工委员会(International Electrotechnical Commission,IEC)、通用电气公司(General Electric,GE)等组织成立了相关的风电建模组,期望得到不针对特定机型、具有代表性、能够反映暂态特性的风电机组、风电场通用模型。其中,WECC、NERC较早开展了相关研究工作,其模型包含定速、可变滑差、双馈变速机组、全功率变速机组等[30-31]。随后,IEC建模组对以上模型进行了改进[32-37]。研究的难点在于:当电网采用正序相量形式时,缺少了电磁过程描述导致双馈机组暂态特性不准确,从而影响了转子Crowbar的保护投切判断。一些学者采用奇异摄动[38]、定子磁链估计[39]、动态相量[40-41]、变步长[42]等方法来提高模型的精度,IEC建模组也在这方面进行了努力与尝试。但总体上仍没有公认的统一模型,目前,电力系统计算软件中使用的模型大都源自GE模型。需要强调的是,GE、WECC、IEC等风机模型不是完全的机理模型,模型的很多环节均是基于线性传递函数构造,通过参数辨识得到的。

小扰动稳定分析主要用于分析系统的全局稳定、抗干扰能力、阻尼器和无功补偿器等致稳装置的设计、布局等。电力系统常用的小干扰稳定分析的建模方法一般采用状态空间建模,通过特征根轨迹、参与因子、灵敏度分析等获取系统关键信息。对于风电机组，该方法同样适用，文献[43]～文献[45]建立了风电机组的小信号模型并分析其稳定性。然而，风电机组属于刚性系统，状态空间模型的求解易出现奇异和病态现象，并且与电网联立后矩阵更为庞大且难以扩展。为此，稳定性分析出现了采用基于频域响应的阻抗建模方法[46-48]，该方法将基于变流器接入的系统与电网分别作诺顿、戴维南等效，然后通过奈奎斯特判据判断互联系统的稳定性。将复杂的系统等效为输入-输出频域阻抗，可通过基本电路原理进行分析。该方法物理意义明确、简洁、便于多机扩展，在含有大量风电接入的系统稳定性分析中具有较好的应用前景。

中长期稳定分析建模主要分析系统的长时间尺度动态稳定，该分析模型有时又称为准稳态模型。该时间尺度下，风电机组本身的电气动态基本可以简化，如变流器、控制环路动态等，需保留与电网存在长时间尺度作用的动态，如轴系、变桨、动态风等。需要强调的是，准稳态模型需要包含机组的所有保护以真实反映风电机组与电网的互动和调节过程。

1.4.2 风场级建模

一个风电场由几台至几百台风电机组组成，对于电力系统分析计算而言，为使计算有效进行，往往需要从“场”的角度对风电进行等值建模。建立风电场聚合模型的方法可以归纳为三种[49]。

(1) 单机法(完全聚合法)：把风电场等值成一台风力发电机组。该等值风电机组的容量和参数由等值计算获得[49-52]。

(2) 复合模型法：把风电场电气部分等值为一台发电机，而空气动力学部分、传动链和 MPT 模型则考虑到风速的分布性，根据运行条件分区，按区分别聚合成几台并联，构成一台复合的风电机组[51,53]。

(3) 分群法(多机法)：按一定分群原则，把风电场等值成多台机组[54-59]。

复合模型和多机模型都是为了体现风场中机组运行状态的差异性给输出特性带来的影响。分群方法有多种，文献[54]按风机地理位置，将同一行或同一排的机组等效为一台，在确定的风向下取得了较好的结果，但这种方法没有考虑风向变化，且对于大型风场而言，等效机组过多，简化程度不够；文献[55]以机组风速为分群原则，在确定的机组风速分布下，可取得较好的效果，但建模精度和简化程度受风场风速的动态分布和变化差异大小的影响；文献[56]按双馈机组桨距角动作特征分群，并结合支持向量机理论，提高等值建模的精确性；文献[57]采用聚类算法，根据机组运行的所有状态变量来分群，考虑的因素较全面，但需逐个求解每台机组的状态变量，对于中大型风场，计算工作量太大。单机等值法简化程度最大，是最具有计算优势的，但简单的单机等值没有充分考虑风电场中机组运行的差异性，经过研究改进可提高等值模型的精度[60]。

综上所述可以看出,在面向机组特性分析的建模方面整体上已取得了较为突出的成果,而在面向电网分析的建模方面尚未形成系统明确的建模结论。这主要是由于电力系统分析的需求众多,加之风电动态与电力系统动态的差异,电力系统的建模方法难以直接用于风电机组和风电场的建模。本书力求清晰地分析风电机组的模型特点,以丰富的风电机组特性分析模型,界定研究各类问题所需要的模型,为相关风电的理论研究和工程应用提供参考。

1.5 常用的建模仿真工具

仿真软件是供科研工作者和相关从业者进行研究、开发、设计和在线分析的重要工具。目前的仿真软件大多已集成了可直接用于研究、分析的元件库,通过电气、控制等元件的组合,可快速构建所需的研究系统并进行相关特性分析,大大提高了效率。但也存在很多问题,然而,受限于当前计算机的性能和软件开发商/者的专业领域和知识的完备性,专业软件平台通常有特定的应用定位,这导致同一对象的模型可能有不同的表现形式和详略程度。同时,同一类软件所建的模型也存在一定的差异性,其运算能力、计算方法、仿真步长、数据传递方法的不同均会带来结果的差异,所以在应用中,研究目标及模型与仿真平台的选择具有相关性。

电力行业包罗万象,相应的仿真开发软件也非常多,从面向分析对象的角度划分,主要有面向系统分析和面向装置设计等;从仿真技术的角度划分,主要有瞬时时域仿真、相域仿真和混合仿真等。事实上,在计算机资源、仿真效率的约束下,两种分类是相互关联的。本节只介绍与研究风力发电系统相关的仿真软件,如 PSS/E、BPA、PowerFactory/DIgSILENT、MATLAB/Simulink、PSCAD/EMTDC、Bladed 等离线仿真软件和 RTLAB、RTDS 等实时仿真平台。

PSS/E 是面向电力系统动态仿真的软件,采用的仿真技术是相域仿真。其电气元件建模采用正序相量的形式,只适用于仿真基波附近的慢过程,不能仿真电磁暂态过程,其提供的风力发电机模型都采用机电暂态模型(不包含直流分量),该仿真平台典型的计算步长为工频半个周波(50Hz,10ms)。

BPA 与 PSS/E 相似,主要面向大电网潮流、暂态稳定计算,仿真步长大,其提供的风机模型较为简化,用户界面主要以列表的形式出现。

PowerFactory/DIgSILENT 也是面向电力系统动态仿真的软件,可以用于瞬时值仿真,其提供的风力发电机模型可以是机电暂态模型或电磁暂态模型。因此,仿真步长的选取需要在模型详细程度和仿真时间间进行权衡。

MATLAB/Simulink 是功能强大的数值计算工具,仿真步长可变,可用于系统各种类型的仿真分析，如潮流计算、暂态稳定分析、短路特性分析等，但电磁暂态仿真效率较低。MATLAB 提供了风电机组整机模型，包含静态的风力机、传动链、发电机和变流器等，并给出了变流器的平均值模型和开关模型。

PSCAD/EMTDC 主要是面向电力系统电磁暂态仿真的平台，目前不能进行潮流计算，但可以通过 snapshot 技术作为下一次仿真初始值。PSCAD 采用的仿真技术是时域仿真，并能仿真电力电子器件，具有特有的插值技术，保证准确的触发时刻。PSCAD 提供的风电机组电气部分模型较为详细，可用于电磁暂态分析，而风力机部分较为简化，采用曲线拟合的方式，其仿真步长一般小于 50μs。

以上仿真软件均为离线仿真工具，不能用于实际控制器验证，也无法长时间运行。基于实时数值仿真器 RTDS 和 RTLAB 构成的硬件在环仿真平台可用于数字物理混合仿真和控制器的测试与设计，也可用于离线纯数字加速仿真。RTDS 和 RTLAB 都是基于多 CPU、多核的性能强大的并行计算系统实现实时仿真，具有大小步长的数据接口，可进行具有不同计算时间尺度的模型的联合仿真；具有强大的 I/O 能力和专用接口设备，以实现与外界的数据交换及功率交互；具有精确的可编程实时时钟，能够让仿真时空中运行的仿真模型与自然时空中的物理设备无缝对接；在软件基础方面，前者基于 RSCAD（与 PSCAD 一脉相承）软件开发平台，后者与 MATLAB/Simulink 充分集成；拥有完整的 API，支持用户开发自己的应用。

以上仿真软件有些给出了风电机组的整机模型，有些只给出了部分元件模型，需要用户组合或自定义建模，不同仿真软件给出的模型精度均不一致。模型的参数也与实际机组不尽相同。总体上，基于相域分析的仿真软件的模型之间精度接近，基于瞬时时域分析的仿真软件模型间的精度相近，但两类模型间的精度存在较大差异。对于瞬时值仿真分析的软件，虽然在发电机、变流器、保护等电气部分的模型精度较高，但在风力机、传动系等机械、气动方面的模型较为简化，所以，难以用于分析风电机组前端的动态。

Bladed 则是一款用于分析风力机气动、塔筒、传动系等机械结构动态的专业仿真软件，能准确反映气动部分三大效应，可用于机械部分的多模态分析、载荷分析等，但用于风电整机仿真时，对机组的电气部分进行了很大简化，仅采用一阶辨识环节。

从以上列举的仿真软件来看，某一种仿真软件很难全面反映风电机组整机多模态、多领域、多场景的动态过程，需要针对问题研究的计算需求和模型状况选择仿真工具。对于跨领域问题，不同软件平台的联合仿真是一种可选的方案，联合仿真建模涉及不同软件的机器时间、仿真计算时间的统一，以及信息交互接口的开发。

参考文献

[1] 汪宁渤. 大规模风电送出与消纳. 北京:中国电力出版社,2012.

[2] 夏安邦. 系统建模理论与方法. 北京:机械工业出版社,2008.

[3] 贺益康，胡家兵. 双馈异步风力发电机并网运行中的几个热点问题. 中国电机工程学报，2012，32(27)：1-15.

[4] Hu S, Lin X, Kang Y, et al. An improved low-voltage ride-through control strategy of doubly fed induction generator during grid faults. IEEE Transactions on Power Electronics，2011，26(12)：3653-3665.

[5] 徐殿国，王伟，陈宁. 基于撬棒保护的双馈电机风电场低电压穿越动态特性分析. 中国电机工程学报，2010，(22)：29-36.

[6] Gao W, Wang G, Ning J. Development of low voltage ride-through control strategy for wind power generation using real time digital simulator//Power Systems Conference and Exposition，IEEE，Seattle，2009：1-6.

[7] Rahimi M，Parniani M. Coordinated control approaches for low-voltage ride-through enhancement in wind turbines with doubly fed induction generators. IEEE Transactions on Energy Conversion，2010，25(3)：873-883.

[8] 张琛，李征，蔡旭，等. 采用定子串联阻抗的双馈风电机组低电压主动穿越技术研究. 中国电机工程学报，2015，35(12)：2943-2951.

[9] Akhmatov V. 风力发电用感应发电机.《风力发电用感应发电机》编译组，译. 北京:中国电力出版社，2009.

[10] 李辉，韩力，赵斌，等. 风电机组等效模型对机组暂态稳定分析结果的影响. 中国电机工程学报，2008，28(17)：105-111.

[11] Akhmatov V. Variable-speed wind turbines with doubly-fed induction generators part Ⅱ：Power system stability. Wind Engineering，2002，26(3)：171-188.

[12] 李辉，叶仁杰，高强，等. 传动链模型参数对双馈风电机组暂态性能影响. 电机与控制学报，2010，14(3)：24-30.

[13] Muyeen S M，Ali M H，Takahashi R，et al. Comparative study on transient stability analysis of wind turbine generator system using different drive train models. Renewable Power Generation，IET，2007，1(2)：131-141.

[14] Licari J，Ugalde-Loo C，Liang J，et al. Torsional damping considering both shaft and blade flexibilities. Wind Engineering，2012，36(2)：181-196.

[15] 郝正航，余贻鑫. 双馈风电机组机电耦合与轴系稳定的分析与辨识. 电工技术学报，2011，26(3)：134-139.

[16] 林志明，潘东浩，王贵子，等. 双馈式变速变桨风力发电机组的转矩控制. 中国电机工程学报，2009，(32)：118-124.

[17] 张琛，李征，高强，等. 双馈风电机组的不同控制策略对轴系振荡的阻尼作用. 中国电机工程学报，2013，33(27)：135-144.

[18] 张琛，李征，蔡旭，等. 双馈风电机组轴系扭振的稳定与控制. 电工技术学报,2015,30(10):301-311.

[19] Burton T,Sharpe D,Jenkins N. Wind Energy Handbook. Chichester：John Wiley& Sons，2001.

[20] 李德源,叶枝全,包能胜,等. 风力机旋转风轮振动模态分析. 太阳能学报,2004,25(1):72-77.

[21] Jonkman J M. Modeling of the UAE wind turbine for refinement of FAST_AD. NREL/TP-500-34755. National Renewable Energy Laboratory,2003.

[22] Pitt D M,Peters D A. Theoretical prediction of dynamic inflow derivatives. Vertica,1981,5(1):21-34.

[23] Sven S,Jean-Jacques C. A coupled Navier-Stokes/Vortex-Panel solver for the numerical analysis of wind turbines. Computer and Fluids,2006,35(7):742-745.

[24] 窦真兰. 大型风机异步变桨技术的研究. 上海:上海交通大学博士学位论文, 2013.

[25] Bianchi F D, De Battista H, Mantz R J. Wind Turbine Control Systems - Principles, Modelling and Gain Scheduling Design. Berlin:Springer,2007.

[26] 欧阳金鑫, 熊小伏, 张涵轶. 电网短路时并网双馈风电机组的特性研究. 中国电机工程学报, 2011, 31(22): 17-25.

[27] Lopez J, Sanchis P, Roboam X, et al. Dynamic behavior of the doubly fed induction generator during three-phase voltage dips. IEEE Transactions on Energy Conversion, 2007, 22(3): 709-717.

[28] 欧阳金鑫. 变速恒频风电机组并网故障机理与分析模型研究. 重庆:重庆大学博士学位论文, 2012.

[29] Lopez J, Gubia E, Sanchis P, et al. Wind turbines based on doubly fed induction generator under asymmetrical voltage dips. IEEE Transactions on Energy Conversion, 2008, 23(1): 321-330.

[30] WECC Type 3 Wind Turbine Generator Model Phase II. http://www. wecc. biz/library/WECC%20Documents/Documents%20for%20Generators/WECC%20Type%203%20Wind%20Turbine%20Generator%20Model%20-%20Phase%20II%20012314. pdf. [2014-01-23].

[31] WECC Type 4 Wind Turbine Generator Model Phase II. http://www. wecc. biz/library/WECC%20Documents/Documents%20for%20Generators/WECC%20Type%204%20Wind%20Turbine%20Generator%20Model%20-%20Phase%20II%20012313. pdf. [2013-01-23].

[32] Seyedi M. Evaluation of the DFIG wind turbine built-in model in PSS/E. Göteborg: Chalmers University of Technology, 2009.

[33] Ellis A, Kazachkov Y, Muljadi E, et al. Description and technical specifications for generic WTG models——A status report//Power Systems Conference and Exposition (PSCE), IEEE, Phoenix, 2011: 1-8.

[34] Fortmann J, Engelhardt S, Kretschmann J, et al. Generic simulation model for DFIG and full size converter based wind turbines//9th International Workshop on Large-Scale Integration of Wind Power into Power Systems,Quebec City, 2010: 1-8.

[35] Margaris I, Hansen A D, Bech J, et al. Implementation of IEC standard models for power system stability studies//11th International Workshop on Large-Scale Integration of Wind Power into Power Systems as well as on Transmission Networks for Offshore Wind Power Plants, 2012.

[36] Sorensen P, Andresen B, Fortmann J, et al. Modular structure of wind turbine models in IEC 61400-27-1//Power and Energy Society General Meeting (PES), 2013: 1-5.

[37] Sørensen P E, Andresen B, Fortmann J, et al. Overview, status and outline of the new IEC 61400-27-Electrical simulation models for wind power generation//10th International Workshop on Large-Scale Integration of Wind Power into Power Systems as Well as on Transmission Networks for Offshore Wind Farms, 2011.

[38] Xu X, Mathur R M, Jiang J, et al. Modeling effects of system frequency variations in induction motor dynamics using singular perturbations. IEEE Transactions on Power Systems, 2000, 15(2): 764-770.

[39] Erlich I, Kretschmann J, Fortmann J, et al. Modeling of wind turbines based on doubly-fed induction generators for power system stability studies. IEEE Transactions on Power Systems, 2007, 22(3):

909-919.

[40] Demiray T, Milano F, Andersson G. Dynamic phasor modeling of the doubly-fed induction generator under unbalanced conditions//Power Technology, IEEE, Lausanne, 2007: 1049-1054.

[41] Demiray T H. Simulation of power system dynamics using dynamic phasor models. Zurich: Swiss Federal Institute of Technology Zurich, 2008.

[42] 訾鹏，周孝信，安宁，等. 提高双馈式风力发电机机电暂态模型crowbar保护仿真精度的方法. 中国电机工程学报，2015，35(6)：1322-1328.

[43] Wang C, Shi L, Wang L, et al. Small signal stability analysis considering grid-connected wind farms of DFIG type//Power and Energy Society General Meeting-Conversion and Delivery of Electrical Energy in the 21st Century,IEEE, 2008: 1-6.

[44] Ugalde-Loo C E, Ekanayake J B. State-space modelling of variable-speed wind turbines: A systematic approach//2010 IEEE International Conference on Sustainable Energy Technologies (ICSET), 2010: 1-6.

[45] Wang C, Shi L, Wang L, et al. Small signal stability analysis considering grid-connected wind farms of DFIG type//Power and Energy Society General Meeting-Conversion and Delivery of Electrical Energy in the 21st Century, 2008: 1-6.

[46] Sun J. Small-signal methods for AC distributed power systems——a review. IEEE Transactions on Power Electronics, 2009, 24(11): 2545-2554.

[47] Cespedes M, Sun J. Impedance modeling and analysis of grid-connected voltage-source converters. IEEE Transactions on Power Electronics, 2014, 29(3): 1254-1261.

[48] Sun J. Impedance-based stability criterion for grid-connected inverters. IEEE Transactions on Power Electronics, 2011,26(11):3075-3078.

[49] Perdana A. Dynamic models of wind turbines:A contribution towards the establishment of standardized models of wind turbines for power system stability studies. Göteborg:Chalmers University of Technology,2008.

[50] 刘力卿，余洋，王哲，等. 变速恒频双馈风电机组的动态等值方法. 电力系统及其自动化学报，2012，24(2):63-66.

[51] Akhmatov V. Analysis of dynamic behaviour of electric power systems with large amount of wind power. Copenhagen:Technical University of Denmark,2003.

[52] 严干贵，李鸿博，穆钢，等. 基于等效风速的风电场等值建模. 东北电力大学学报，2011,31(3):13-16.

[53] Fernández L M,Jurado F,Saenz J R. Aggregated dynamic model for wind farms with doubly fed induction generator wind turbines. Renewable Energy,2008,33(1): 129-140.

[54] Akhmatov V,Knudsen H. An aggregate model of a grid-connected,large-scale,offshore wind farm for power stability investigations-importance of windmill mechanical system. International Journal of Electrical Power & Energy Systems,2002,24(9): 709-717.

[55] Fernández L M,Saenz J R,Jurado F. Dynamic models of wind farms with fixed speed wind turbines. Renewable Energy,2006,31(8):1203-1230.

[56] 米增强，苏勋文，余洋，等. 双馈机组风电场动态等效模型研究. 电力系统自动化，2010,34(17):72-77.

[57] 陈树勇，王聪，申洪，等. 基于聚类算法的风电场动态等值. 中国电机工程学报，2012,32(4): 11-19.

[58] 高峰，赵东来，周孝信，等. 直驱式风电机组风电场动态等值. 电网技术，2012,36(12):222-227.

[59] 林俐，陈迎. 基于扩散映射理论的谱聚类算法的风电场机群划分. 电力自动化设备，2013,33(6):113-118.

[60] 夏玥，李征，蔡旭，等. 基于直驱式永磁同步发电机组的风电场动态建模. 电网技术，2014，38(6)：1439-1445.

第 2 章　风力发电系统及其控制与保护

建立正确的动态模型的前提是必须详细了解物理对象的运动机理。因此本章将阐述目前主流商业机型的风力发电系统的组成、结构、运行、控制与保护原理，包括风能捕获、机械能传递、发电、功率变换及保护装置。论述过程中融入了作者研究的认识，以加深读者对风力发电系统的理解。

2.1　典型风力发电系统的结构

大型风力发电系统通常由风力机及其桨距控制系统、传动链、发电机、变流器、变压器和电气控制系统等组成，如图 2-1 所示。风力机捕获风能，通过传动链将能量传递给发电机，发电机实现机电能量转换，变流器实现风电功率的电力变换及发电机的转矩控制，变压器将风机电压转换为并网电压。其中，发电机和变流器将风机的机械功率转换为电功率后并入电网，是整个风力发电系统的关键组成部分。

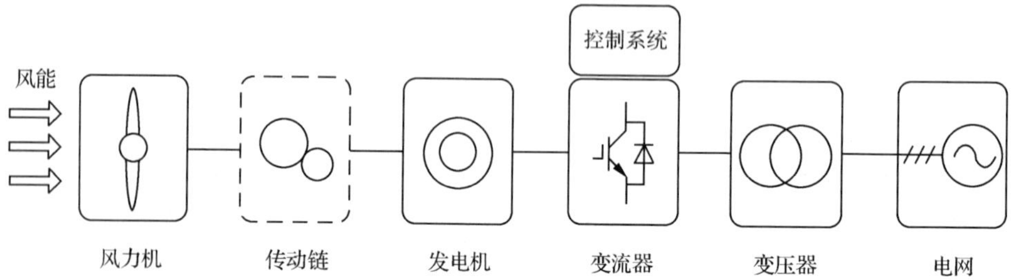

图 2-1　典型风力发电系统示意图

根据风电机组电气系统与电网连接方式的不同，主流风电机组主要有以下几种：定速风电机组，双馈风电机组，感应电机全功率变换风电机组，同步电机直驱、半直驱风电机组。风力发电机组的构成包括机械系统和电气系统，机械系统主要包含塔架、桨叶、轮毂、传动链、机舱以及机械制动系统等，电气系统主要包含发电机、变压器、变流器、升压变压器和电气控制系统等。

2.1.1 定速风电机组

定速风电机组的系统结构[1]如图 2-2 所示，主要包括风力机、低/高速转轴、齿轮箱、鼠笼异步发电机、软启动装置、补偿电容器组、变压器、开关及检测元件等部件及定速风电机组监测与控制系统。风力机通过齿轮箱连接发电机，发电机与电网直接相连。发电机和电网之间接有软启动器，抑制机组并网过程中的冲击电流。机组正常启动后，软启动装置被旁路。并联电容器为异步风力发电系统提供无功补偿，通常需要多组不同容量的电容器组以匹配不同发电功率下的无功需求。定速风电机组通常采用定桨距风力机，风力机的功率调节通过桨叶被动失速实现。定速风电机组的发电机通常采用双绕组鼠笼异步发电机，可以提高发电机的整体效率，且"双速"设计可提高低风速时的叶尖速比，从而提高低风速下的发电量。

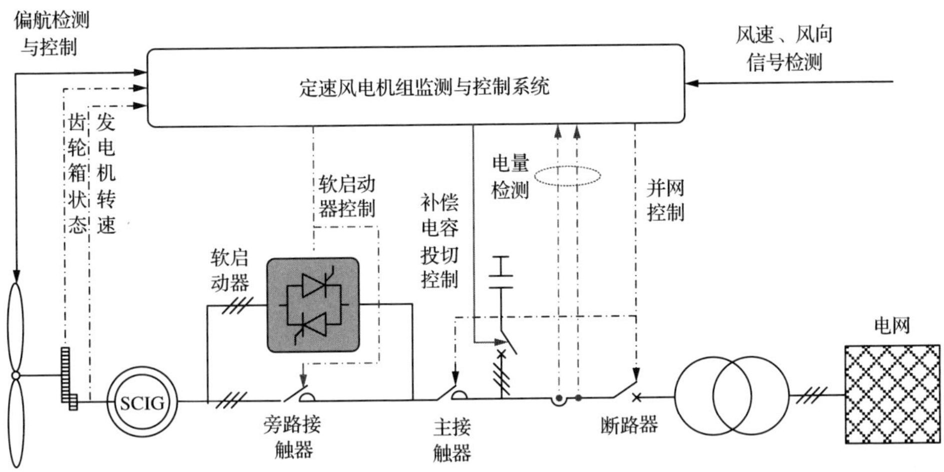

图 2-2　定速风电机组的系统结构

定速风电机组监测与控制系统对风向、风速信号、齿轮箱状态、发电机转速、机端电压、发电机定子电流等机组状态量进行监测，实现偏航控制、软启动器控制、软启动器与旁路接触器的切换控制、补偿电容器投切控制及并网控制。

定速风机是最早的商用机组，Vestas、Bonus（Siemens）、金风科技等国内外风机厂商都有各自的产品，如 Bonus 的 B76/2000 系列、金风科技的 S48/750 系列等。图 2-3 是金风 S48/750 系列风机[2]。

图 2-3　金风 S48/750 系列风机[2]

2.1.2　双馈风电机组

双馈风电机组的结构如图 2-4 所示，主要包括风力机及其变桨与偏航系统、低/高速转轴、齿轮箱、绕线式双馈异步发电机、交流励磁变流器、变压器、开关及检测元件等部件，双馈风电机组监测与整机控制系统，以及转子 Crowbar 保护电路、变流器直流母线卸荷电路等。双馈风电机组定子三相绕组直接与电网相连，

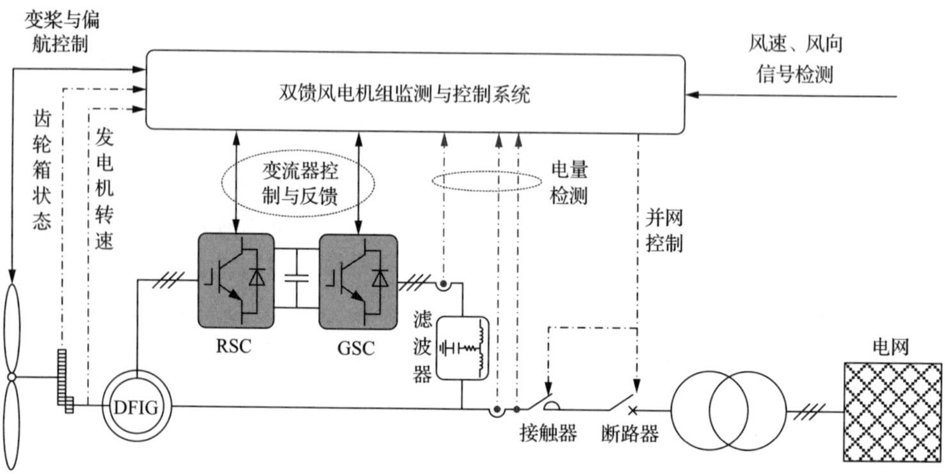

图 2-4　双馈风电机组的系统结构

转子三相绕组通过变流器与电网连接，变流器容量通常为机组容量的 20%～35%。与全功率风电机组相比，双馈型风电机组的成本较低。

双馈风电机组监测与整机控制系统（由风机主控制器、变桨与偏航控制器和变流器控制器组成）对风向、风速信号、发电机转速、机端电压、发电机定子电流、网侧变换器电流、直流母线电压等信号进行检测，对齿轮箱、变压器等机组状态量进行监测，实现偏航控制、变桨控制、机侧变换器控制、网侧变换器控制、直流卸荷电路控制、并网接触器及断路器的控制。在该系统的控制下，风电机组实现最大功率跟踪运行、降功率运行及与风场监控系统的信息交互、指令传递等。

双馈风电机组是当前商用风机的主流机型，如 Vestas V90-3 MW 系列、Gamesa 2.0-2.5 MW 系列等。图 2-5 是 Vestas V90-3 MW 系列风机[3]的机舱及内部情况。

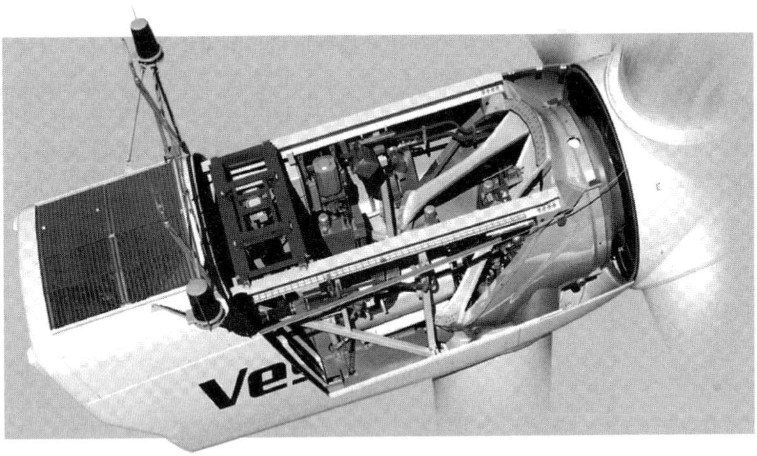

图 2-5 Vestas V90-3 MW 系列风机[3]

2.1.3 感应电机全功率变换风电机组

感应电机全功率变换风电机组的结构如图 2-6 所示，主要包括风力机及其变桨与偏航系统、低/高速转轴、齿轮箱、鼠笼异步发电机、全功率风电变流器、变压器、开关及检测元件等部件，感应电机全功率风电机组监测与控制系统，以及变流器直流母线卸荷保护电路等。鼠笼感应电机结构简单可靠，适合各种应用场合，发电机发出的电力全部经变流器变换后并入电网，全功率变流器使得发电机与电网完全解耦，相对于双馈风电机组，该机组具有更强的可控性，也具备更强适应电网的能力。

感应电机全功率风电机组监测与控制系统（由风机主控制器、变桨与偏航控制器和变流器控制器组成）对风向、风速信号、发电机转速、电网电压、发电机定子

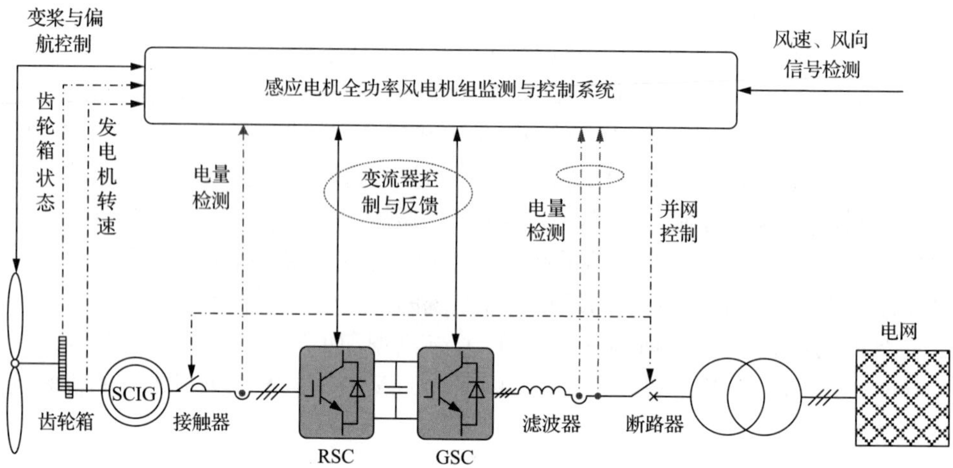

图 2-6　感应电机全功率变换风电机组的系统结构

电流、网侧变换器电流、直流母线电压等信号进行检测，对齿轮箱、变压器等机组状态量进行监测，实现偏航控制、变桨控制、机侧变换器控制、网侧变换器控制、直流卸荷电路控制、并网接触器及断路器的控制。在该系统的控制下，风电机组实现最大功率跟踪运行、降功率运行及与风场监控系统的信息交互、指令传递等。

Siemens 的 G2、G4 系列风机是感应电机全功率变换商用机组的代表，如 G4 系列中的 SWT-3.6-120 机组是全球最畅销的海上风电机组之一，如图 2-7 所示。

图 2-7　Siemens SWT-3.6-120 风机[4]

2.1.4 同步电机直驱风电机组

同步电机直驱风电机组系统结构如图 2-8 所示，主要包括风力机及其变桨与偏航系统、传动轴、低速同步发电机、全功率变流器、变压器、开关及检测元件等部件，直驱型同步风电机组监测与控制系统，以及变流器直流母线卸荷保护电路。该机组的风力机与低速同步发电机直接相连，省去增速齿轮箱，全功率变流器使发电机与电网完全解耦。相对于双馈风电机组，该机组具有更强的可控性，也具备更强适应电网的能力。低速同步发电机可以采用永磁同步发电机（permanent magnetic synchronous generator，PMSG）或电励磁同步发电机（electrically excited synchronous generator，EESG），其中 PMSG 不需要外部提供励磁电源且能提高运行效率，EESG 则具有更优的可控性。

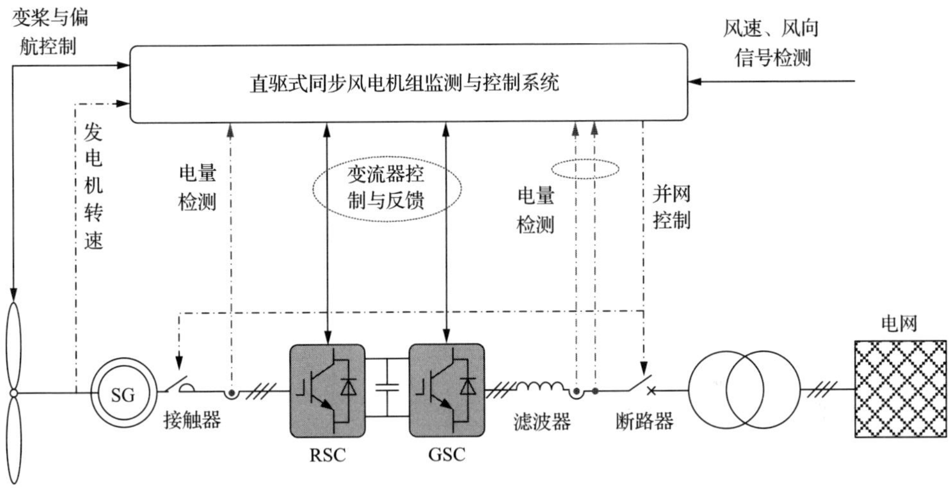

图 2-8 直驱型同步风电机组系统结构

同步电机直驱风电机组监测与控制系统（由风机主控制器、变桨与偏航控制器和变流器控制器组成）对风向、风速信号、发电机转速、电网电压、发电机定子电流、网侧变换器电流、直流母线电压等信号进行检测，对机组转速、箱变等机组状态量进行监测，实现偏航控制、变桨控制、机侧变换器控制、网侧变换器控制、变流器直流卸荷电路控制、并网接触器及断路器的控制。在该系统的控制下，风电机组实现最大功率跟踪运行、降功率运行及与风场监控系统的信息交互、指令传递等。

商用直驱风电机组有两种类型：永磁直驱机组，如 Siemens 的 SWT-3.3-130、SWT-7.0-154 等机型；电励磁直驱机组，如 Enercon 的 E-70/2300kW、E-126/7580kW 等机型。图 2-9 是 Siemens SWT-7.0-154 和 Enercon E-126/7580kW 风机。

(a) Siemens SWT-7.0-154风机[5]　　(b) Enercon E-126/7580kW风机[6]

图 2-9　同步电机直驱风电机组

2.2　机械动力系统

风电机组的机械动力系统主要包括风力机(本节特指风电机组的风轮部分)、传动系统、塔架、变桨系统和偏航系统等部件。

2.2.1　风力机

1. 风力机的分类及特点

风力机是风电机组气动功率的捕获装置,本节所指风力机特指风电机组的风轮部分,其由桨叶与轮毂构成。按照风力机轴与地面的相对位置的不同,风力机可分为水平轴风力机与垂直轴风力机,其中水平轴风力机可分为上风向风力机与下风向风力机。按照工作原理的不同,风力机可分为升力型风力机与阻力型风力机。本书仅讨论升力型水平轴风力机。

水平轴风力机根据桨叶与轮毂的连接方式可分为定桨距风力机和变桨距风力机。桨叶与轮毂刚性连接的风力机称为定桨距风力机,桨叶与轮毂通过变桨距轴承连接的风力机称为变桨距风力机。定桨距风力机功率调节需要依靠桨叶的失速设计,且需要设计叶尖扰流器为机组提供空气动力制动;变桨距风力机的优点是可以通过主动变桨控制调节气流攻角,从而更好地调节气动功率,且风速大于切出风速后桨叶可处于顺桨(桨距角 90°)状态,从而减轻整机载荷。目前的大型风电机组已普遍采用变桨距风力机。

风力机是风电机组的原动力，也是整个机组大部分载荷的直接来源，风力机具有以下主要特点。

(1) 对于特定的风力机，其在额定风速以下的特定风速下存在一个特定转速使其捕获的风功率最大，该转速对应的工作点即为该风速下的最大功率点。

(2) 不同风速下的最大功率点与风速成正比，即保持最佳叶尖速比时风力机能获取最大风能。

(3) 桨叶的翼型及尺寸对风力机气动特性影响显著。大体来说，尺寸越大机组容量越大，但同一容量的机组通常有多种不同尺寸和翼型的风力机可供选择，此时的风力机是根据特定风场的风资源条件选取的。

(4) 直驱型与增速型风电机组中的风力机并无本质区别，发电机转速的匹配是通过齿轮箱变比实现的。

(5) 受风速的随机性和间歇性影响，风力机所捕获的风功率具有波动性和不确定性，这是风电机组的原动力区别于常规发电机组的地方。

2. 风力机的工作原理

风力机的桨叶依据空气动力学设计，具有特定的翼型及扭角分布，从而最大限度地将风能转化为机械能。桨叶沿径向可划分为若干微元，每一个桨叶微元可看作一个二元翼型，称为叶素，风力机的工作原理可以借助叶素受到的空气动力进行说明[7]。

选取在桨叶半径 r 处一段长度为 $\mathrm{d}r$ 的叶素，其弦长为 l，则叶素微元的面积 $\mathrm{d}S=l\mathrm{d}r$。水平来流风速和叶素旋转会产生一个合成的相对风速 W，该合成风速在叶素上产生升力 $\mathrm{d}L$ 和阻力 $\mathrm{d}D$，阻力方向为合成风速的方向，升力与阻力垂直，如图 2-10 所示。图 2-10 中，I 为入流角，代表合成风速两个分量之间的夹角，β 为桨距角，i 为攻角。升力和阻力的大小由式(2-1)确定，式中，ρ 为空气密度，C_l 和 C_d 分别为升力系数和阻力系数。

$$\begin{cases} \mathrm{d}L = \dfrac{1}{2}\rho C_\mathrm{l} l W^2 \mathrm{d}r \\ \mathrm{d}D = \dfrac{1}{2}\rho C_\mathrm{d} l W^2 \mathrm{d}r \end{cases} \tag{2-1}$$

C_l 和 C_d 是桨叶重要的气动参数，二者随攻角 i 变化。对于给定的风力机，C_l 和 C_d 随攻角 i 的变化关系是确定的，图 2-11 给出了某典型风力机的 C_l 和 C_d 随攻角 i 变化的曲线。

升力和阻力按照平行于叶素运动方向和垂直于风轮旋转平面可分解为切向力 $\mathrm{d}F_u$ 和法向力 $\mathrm{d}F_n$，其中切向力沿叶素运动方向，法向力垂直于旋转平面：

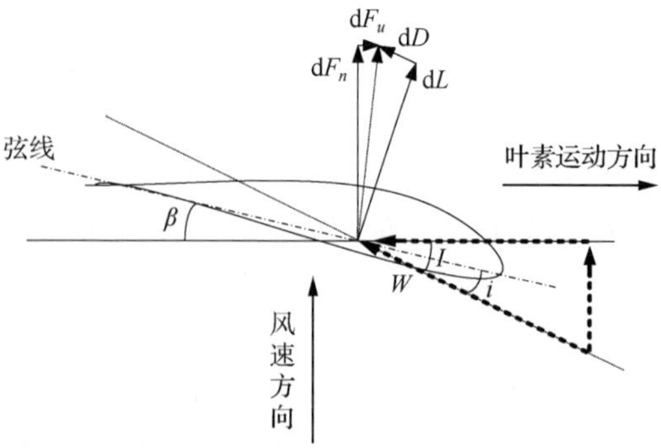

图 2-10　叶尖处叶素上的受力示意图

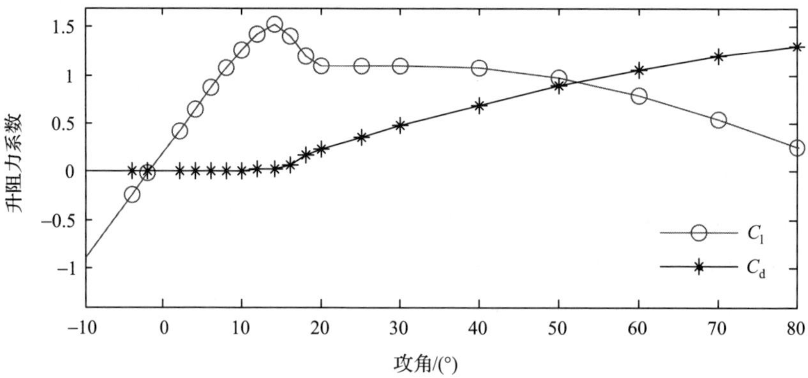

图 2-11　桨叶气动参数

$$\begin{cases} \mathrm{d}F_u = \mathrm{d}L \cdot \sin I - \mathrm{d}D \cdot \cos I \\ \mathrm{d}F_n = \mathrm{d}L \cdot \cos I + \mathrm{d}D \cdot \sin I \end{cases} \tag{2-2}$$

叶素所受到的法向力 $\mathrm{d}F_n$ 就是轴向推力微元 $\mathrm{d}F_a$，叶素所受到的切向力产生气动转矩微元 $\mathrm{d}T_a$：

$$\mathrm{d}T_a = r \cdot \mathrm{d}F_u \tag{2-3}$$

所有叶素微元所受气动载荷沿桨叶半径积分即得到桨叶根部在各个坐标系的气动载荷，经过轮毂的汇集最终形成风力机的气动转矩、轴向推力、机舱偏航力矩、机舱俯仰力矩等关键载荷。

叶素的运动速度与其半径成正比，半径越大，叶素的运动速度越大，可见半径会影响相对风速 W 及入流角的大小。为了提高风能利用系数，需要通过桨叶合理的扭角设计保证不同半径处叶素上的攻角保持一致。假设 α_{twist} 为叶素的扭角，其随桨叶半径分布，则

$$i = I - \beta - \alpha_{\text{twist}}(r) \tag{2-4}$$

典型桨叶的扭角分布如图 2-12 所示。

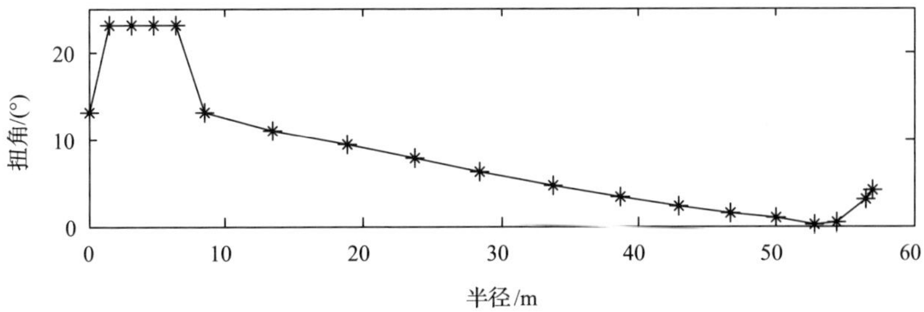

图 2-12 典型桨叶的扭角分布

2.2.2 传动系统

传动系统是风电机组的机械能传输装置。根据是否采用变速齿轮箱，其结构有所不同。直驱型风电机组不采用齿轮箱，传动系统主要由法兰和柔性转轴构成，其传输风力机轮毂汇聚的机械能至发电机转轴供其发电。对于增速型风电机组而言，传动系统包括低速轴、齿轮箱和高速轴及连接各部件的法兰，由于风力机最优工作转速与发电机转速不匹配，传动系统传输机械能的同时匹配发电机与风力机的转速。

随着风力发电机组向大型化、轻量化方向发展，各部件的柔性不断增大，传动系统固有频率逐渐降低。传动系统的阻尼较弱，轴系扭振容易被激发，累积传动系统疲劳损伤，加速齿轮箱损坏。

2.2.3 塔架

塔架用于支撑机组的其他部件，使其悬在空中。一方面，塔架的高度可以为风力机提供良好的风资源；另一方面，塔架需要承担其他部件的重力载荷和气动载荷，因此塔架需要有足够的强度和刚性。

早期的风力机中往往采用桁架式塔架，其结构与架空输电线的杆塔类似。新型风力机采用由轧钢制成的塔筒作为塔架，相比于桁架式塔架，塔筒式塔架的主要优点是塔筒形成了一个对电气系统和通信电缆有保护作用的密闭空间，便于维护、保养且更美观。

大型风电机组塔架的成本占整机成本的 15%左右，机组的轻量化发展及减载优化控制技术可以减少塔架用料，从而降低度电成本[8]。

2.2.4 偏航系统

偏航系统是风力机的对风装置，其根据检测的风向调整叶轮轴线使其与风向一致，从而为风力机捕获最大风能提供可能。偏航系统包括偏航执行机构及其驱动控制，偏航执行机构安装在机舱内，机舱固定安装在回转支撑的外齿环上，回转支撑的内齿环与塔架固定连接[3]。偏航系统采用绝对值编码器作为偏航计数编码器，其可以准确记录偏航位置。偏航电机通常配备有三相反并联晶闸管作为软启动器。

偏航系统是风电机组特有的伺服装置。偏航系统是一个随动系统，风向仪检测风向与机舱轴线的偏离角度信号，计算该信号的10min平均值传送给机舱柜PLC的I/O板，输出指令驱动偏航电机(带失电制动)，偏航执行机构动作的同时，风力机轴线方向发生改变，并通过绝对值编码器记录当前调整的角度，调整完毕，电机停转并启动偏航制动。

2.2.5 变桨系统

变桨距风力机与定桨距风力机相比，启动和制动性能更好、风能利用系数更高，因此大型风力发电机组大多采用变桨系统。变桨系统是大型风电机组的核心部分之一，主要职能是通过改变气流攻角实现功率调节，并为机组提供必要的空气动力制动保障机组安全，变桨系统包括变桨执行机构和变桨控制器。

变桨系统按照变桨执行机构不同分为液压变桨和电伺服变桨。液压变桨系统主要由动力源液压泵站、控制模块、蓄能器与执行机构油缸构成，电伺服变桨系统主要由伺服电机、伺服驱动器、储能装置与执行机构减速机组成。相比而言，液压变桨系统的执行机构相对复杂、非线性严重、故障率高，因此可靠性更高的电动变桨系统应用前景更好。

按照变桨的执行方式不同，变桨系统分为集中变桨和独立变桨[9]。集中变桨采用一套集中的变桨执行机构；独立变桨采用三套独立的变桨执行机构。在大容量机组中，独立变桨已成为一种趋势，一方面是从机组安全冗余方面考虑，即便有个别变桨机构发生故障而失效，只要有一个变桨执行机构正常工作即可将风轮转速限制在安全转速之内；另一方面，基于独立变桨的机组方案为异步变桨控制提供了可能，从而有望在降低机组不利载荷的同时改善发电质量。

按照桨距角控制策略，变桨系统分为统一变桨和异步变桨。统一变桨指每个桨叶按照同一个目标桨距角给定同步调节；异步变桨指每个桨叶按照不同的桨距角指令进行调节。显然，采用集中变桨执行机构和独立变桨执行机构的风力机都能实现统一变桨控制，但是异步变桨控制只能在配备有独立变桨执行机构的风力机中实现。

2.3 电气系统

风力发电系统的电气系统主要包括发电机、变流器、升压变压器和电气控制系统等。发电机实现机电能量转换,变流器实现风电功率的电力变换与发电机的转矩控制,变压器将风机电压转换为并网电压。

2.3.1 发电机

发电机将风力机输出的机械能转换为电能,是风电机组的重要组成部分之一。目前风电机组中广泛采用鼠笼感应发电机(squirrel cage induction generator,SCIG)、双馈感应发电机(doubly fed induction generator,DFIG)、电励磁同步发电机和永磁同步发电机作为风力发电机[10]。风力发电机的选型与风力机的类型密切相关。鼠笼感应发电机成本相对较低,自身鲁棒性较好,但其要求的工作转速高,需要齿轮箱增速,当用于变速机组时,需要全功率变流器控制运行;双馈感应发电机同样需要齿轮箱增速,但转子励磁变流器的容量一般仅为机组总容量的 20%~35%。低速永磁同步发电机用于直驱机组,不需要齿轮箱,维护成本低,但是应用时受到永磁体成本较高的限制;电励磁低速同步发电机需要单独的励磁电源提供励磁,发电机结构复杂,但可控性好。

1. 鼠笼异步发电机

鼠笼异步发电机经济、耐用、可靠性高[10]。图 2-13 给出了鼠笼异步发电机的结构,主要由定子和转子两大部分组成,定子与转子之间存在气隙。鼠笼异步发电机的定子铁心为空心圆筒形,在内圆周上冲有齿和槽,是发电机磁路的一部分。定子绕组的结构与同步电机相似,通常采用双层短距绕组。鼠笼型异步发电机的转子绕组是一个自己短接的绕组,转子铁心为由硅钢片叠成的圆筒形,槽中放入金属导体,每根导体都略长于铁心,在两端把所有的导体都短接起来;转子无外加励磁,也没有滑环和电刷。

当定子绕组通过三相对称交流电流时,定子中的三相电流会在气隙中产生旋转磁场,其旋转速度 n_1 由三相电流频率 f 以及电机极对数 n_p 决定,即 $n_1 = 60f/n_p$,该旋转磁场在转子导体中产生感应电动势 e,由于转子绕组短接,能在导体内产生感应电流 i,同时,该导体在磁场中受力 F,产生电磁转矩 T_e。

同步转速 n_1 与电机转子转速 n 二者之差与同步转速 n_1 的比值称为转差率,用 s 表示:

$$s = (n_1 - n)/n_1 \tag{2-5}$$

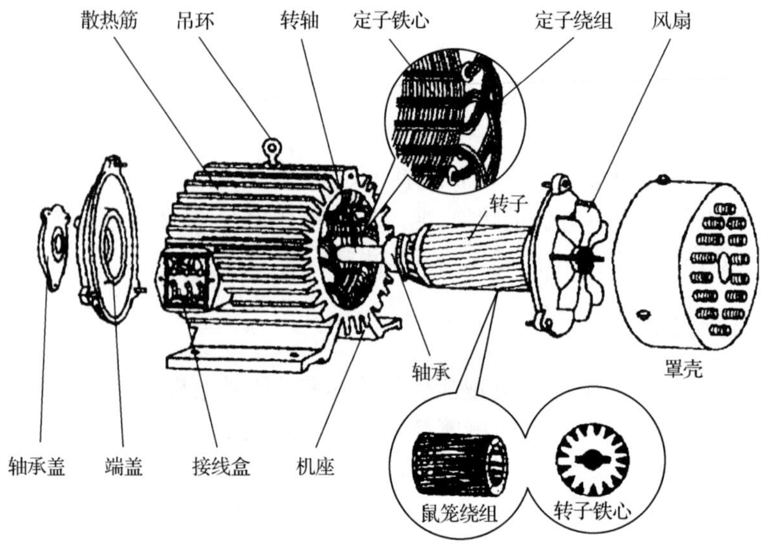

图 2-13　鼠笼异步发电机结构[11]

鼠笼异步电机作发电机运行时,其转子转速 n 高于同步转速 n_1,此时 $s<0$,发电机的电磁转矩 T_e 与 n_1 旋转方向相反,将机械功率转化为电功率。

鼠笼异步发电机的等效电路及功率流向如图 2-14 所示。风力机捕获风能后通过传动链将机械能传递至发电机转子。假设传递至发电机的机械功率为 P_T,可等效为可变电阻 $r_2(1-s)/s$ 上的电功率(图中 R_2' 为 r_2 折算到定子侧的值),能量在传递过程中会产生转子铜损 P_{CuR} 和铁损 P_{Fe},机械功率减去该铜损和铁损后即为定子绕组的电磁功率 P_M,再减去定子铜损 P_{CuS} 后即为发电机的电功率 P_E。

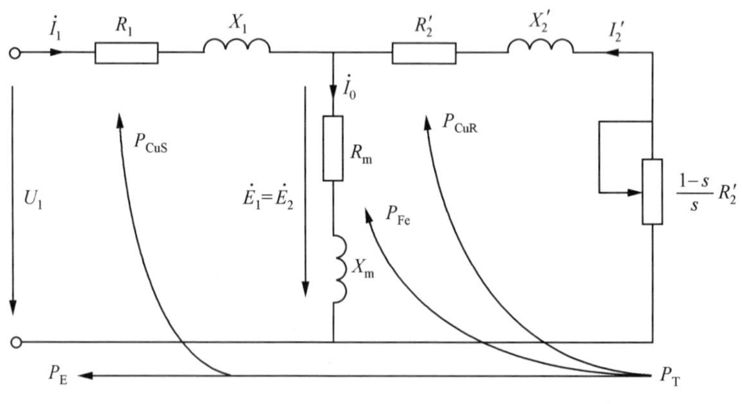

图 2-14　鼠笼异步发电机的等效电路及功率流向

在定速风电机组中,为了提高发电量,鼠笼异步发电机一般设计为变极双速型电机，它有两个定子绕组，一个用于较低风速时，另一个用于较高风速的工况下。

在变速风电机组中，鼠笼异步发电机经全功率变流器实现发电并网，表 2-1 给出了 3MW 鼠笼异步发电机的主要参数。

表 2-1 3MW 鼠笼异步发电机

发电机类型	鼠笼异步发电机：3MW、690V、59.7Hz
额定功率	3.1MW
额定定子线电压	690V
额定定子电流	2887A
额定频率	59.7Hz
额定转速	1200r/min
极对数	3
定子电阻	0.82986mΩ
转子电阻	0.74301mΩ
定子电感	0.034574mH
转子电感	0.036083mH
定转子互感	1.18027mH

2. 双馈异步发电机

双馈异步发电机的总体结构与绕线式异步电动机类似。电机的定子为圆柱状，其内表面有一系列槽，一般有 36～48 个槽，三相定子绕组安装在这些槽中并在气隙中建立旋转磁场，电机一般有多对磁极。电机的转子也是圆柱状的，其外表面有一系列槽，三相转子绕组安装在这些槽中并在气隙中建立旋转磁场，一般极对数和定子侧一样。转子绕组由外部变流器提供交流励磁，使气隙中的转子磁场与定子磁场以相同的速度旋转，但两者之间有一定的相角偏移，相角偏移的大小和电机的电磁转矩之间有函数关系。由于转子是个旋转部件，外部励磁电流通过集电环接到转子绕组。图 2-15 给出了双馈异步发电机的部件结构图。

在电气连接上，双馈异步发电机的定子绕组直接与电网相连，而转子绕组由滑环和电刷引出，与交流励磁变流器连接，该变流器为转子提供幅值、频率、相位可调的励磁电流。设电网的频率为 f_1，转子交流励磁电流的频率为 f_2，发电机极对数为 n_p。当发电机稳定运行时，定子绕组在气隙中产生一个转速为 n_1 的旋转磁场，转子绕组也在气隙中产生一个相对转子来讲转速为 $n_2=60f_2/n_p$ 的旋转磁场，叠加上转子转速 n 后使得转子旋转磁场与定子旋转磁场在空间上保持相对静

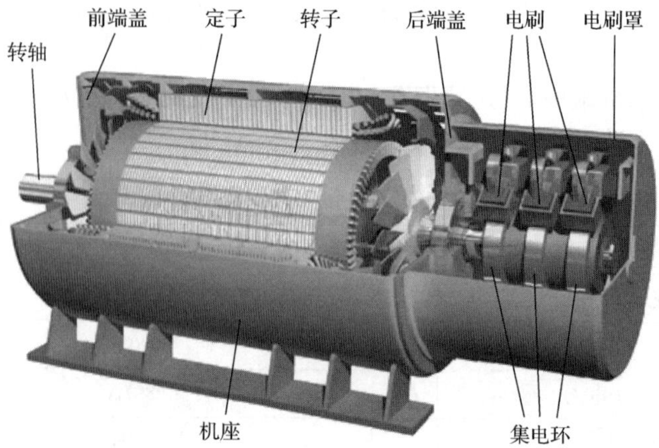

图 2-15　双馈异步发电机的部件结构图[12]

止。为此，转子励磁电流的频率需满足条件 $f_2 = sf_1$，式中 s 为转差率。当发电机变速运行时，应控制转子交流励磁电流的频率 f_2 相应变化，使定子输出电流频率 f_1 恒定为电网的工作频率。

当发电机的转速 n 低于气隙旋转磁场的转速 n_1 时，由转子励磁电流产生的旋转磁场转速 n_2 应该与转子同向旋转，$n_1 = n + n_2$，此时发电机转子从电网吸收功率，由于电网工作频率接近于工频，可近似认为气隙旋转磁场的转速为同步转速 n_s，这种状态也称为亚同步运行状态；当发电机的转速 n 高于气隙旋转磁场的转速 n_1 时，由转子电流产生的旋转磁场转速 n_2 应该与转子反向旋转，$n_1 = n - n_2$，此时发电机转子向电网注入功率，这种状态称为超同步运行状态；当发电机的转速 n 等于气隙旋转磁场的转速 n_1 时，转子励磁电流频率为 0，这种情形等同于同步电机运行，称为同步运行状态。

相对全功率风电机组，双馈异步发电机成本较低，目前是风电领域应用最广泛的发电机型。表 2-2 给出了某 1.5MW 双馈异步发电机的主要参数。

3. 低速同步发电机

低速同步发电机分为电励磁同步发电机和永磁同步发电机两种，其区别在于转子的励磁方式不同。电励磁同步发电机中，转子上有励磁绕组；在永磁同步发电机中，转子的励磁绕组被永磁体取代。永磁同步发电机具有体积小、功率密度高、效率和功率因数高等优点。然而相比于电励磁同步发电机，永磁同步发电机检修困难，且最大转矩受永磁体去磁约束，抗振能力差，弱磁调速受限制，同时由于无法进行强励磁，过载能力较差。而电励磁同步发电机在功率因数、控制精度、弱磁比、过载能力等方面有其自身的优势，但由于需要励磁系统而结构复杂。

表 2-2 1.5MW 双馈异步发电机参数

发电机类型	双馈异步发电机:1.5MW、690V、50Hz
额定功率	1.5MW
额定定子线电压	690V
额定定子相电压	398.4V
额定转子相电压	67.97V
额定定子电流	1068.2A
额定转子电流	1125.6A
额定定子频率	50Hz
额定转速	1750r/min
转速范围	1200～1750r/min
额定转差率	−0.1667
极对数	2
额定机械转矩	8.185kN·m
定子绕组电阻	2.65mΩ
转子绕组电阻	2.63mΩ
定子漏感	0.1687mH
转子漏感	0.1337mH
励磁电感	5.4749mH

同步发电机由定子与转子两大部分组成,定子槽在定子铁心的内圆均匀分布,槽内对称嵌放着三相对称绕组;其转子为永磁体或者励磁绕组,为发电机提供恒定的磁场。当原动机拖动转子旋转时,转子磁场随转子旋转,得到一个机械旋转磁场,切割定子各相绕组,定子绕组中就会感应出三相对称的交流电动势。

1)电励磁低速同步发电机

在直驱式风力发电系统中,不需要使用齿轮箱增速,由风机直接驱动发电机运行,发电机使用多极、低转速的同步发电机。电励磁低速同步发电机使用转子绕组产生转子磁通,励磁绕组缠绕在转子的极靴上面,由于转速低,发电机磁极数量大,所有极靴均以转子轴为中心,并沿着转子外围均匀分布。由于转子采用凸极结构,发电机的气隙磁通不是均匀分布的。图 2-16 给出了电励磁同步发电机的结构图,这是德国 Enercon 公司的产品。

电励磁同步发电机的转子励磁绕组需要使用直流电流励磁,目前的商用电励

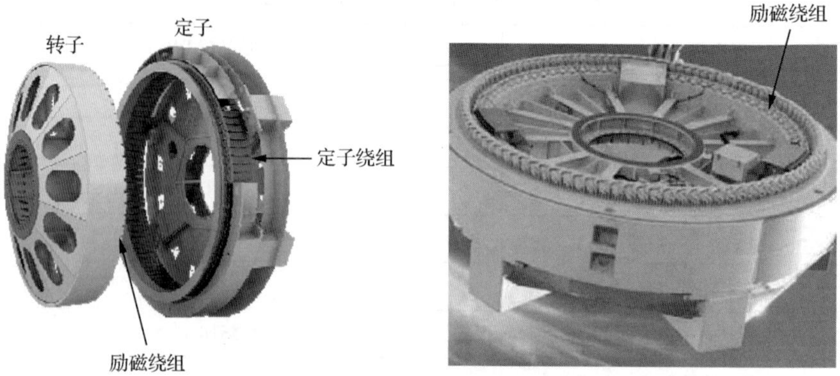

图 2-16　电励磁同步发电机的结构图[13]

磁直驱风力发电机组在风电变流器的直流母线上接入 DC-DC 变换器作为励磁电源，经附在转轴上且与转子励磁绕组存在电气连接的集电环和电刷为转子提供励磁电流。

目前采用电励磁同步发电机的风电机组是德国 Enercon 公司的 E 系列直驱机组，如 E-126、E-141 等。E-126 机组的电励磁同步发电机的额定功率为 7.58MW，转速为 5～11.7r/min，发电机定子分为四部分，每部分各占 90°，发电功率分别输入机舱内部的四组整流器，而后经直流电缆传输至塔筒底层的逆变器。E-141 机组的电励磁同步发电机的额定功率为 4.2MW，转速为 4～10.6r/min，发电机定子分为两部分。

2）低速永磁同步发电机

对于永磁同步发电机，其转子磁链是由永磁体产生的。由于没有转子绕组，永磁同步发电机的功率密度较高，其尺寸和重量也相对降低。此外，由于没有转子绕组的损耗，永磁同步发电机的转子热应力得到降低，发电机效率增加。同时，由于不需要励磁设备，永磁同步发电机的系统结构简单。但是相比于电励磁同步发电机，维护检修困难，且最大转矩受永磁体去磁约束，抗振能力差，弱磁调速受限制，由于无法进行强励磁，发电机的过载能力较差。

永磁同步发电机中，常见的转子磁路分为径向式、切向式和轴向式。相对其他转子磁路结构而言，径向式结构的磁极直接面对气隙，漏磁系数小，且磁轭为一整块磁体，工艺实现方便。此外，径向式结构的气隙磁感应强度接近永磁体的工作点磁感应强度。因此，径向式结构优点明显，是大型风力发电机中应用较多的转子磁路结构。

根据定转子的相对位置，永磁同步发电机可以分为外转子和内转子两种类型。对于外转子结构的永磁同步发电机，永磁体被安装在外转子内圆上，内定子嵌有三相绕组，如图 2-17 所示。外转子的设计，使得转子上有更多的空间安置磁极，可以增加发电机的极对数。同时，转子旋转时的离心力使得磁极的固定更加牢固。对于外转子结构的永磁同步发电机，转子直接暴露在外部，散热条件较好。但是会影响内定子的冷却，增加了定子绕组的热应力，同时增大了发电机的尺寸。

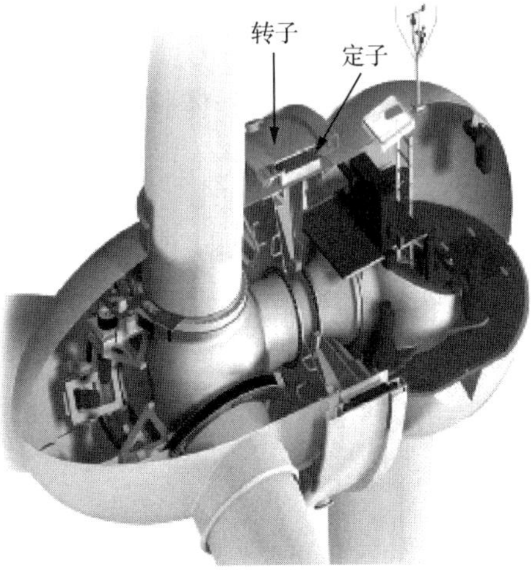

图 2-17　外转子永磁同步发电机的结构图[2]

内转子结构永磁同步发电机的内部为安装永磁体的转子，外部为定子，如图 2-18 所示。内转子永磁同步电机能够利用机座外的自然风条件，使定子铁心和绕组的冷却条件得到了有效改善，同时转子转动带来的气流对定子也有一定的冷却作用，内转子结构可以有效减小发电机的尺寸。

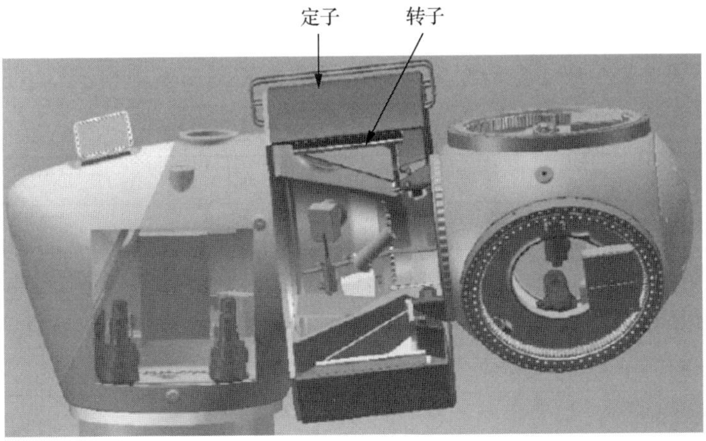

图 2-18　内转子永磁同步发电机的结构图[14]

根据转子上永磁体的安装方式，永磁同步发电机可以分为表贴式和内埋式两种类型。在表贴式永磁同步发电机中，永磁体被安装在转子表面。永磁体均匀地安装在转子铁心外表面上，并在相邻磁体之间使用非导磁材料进行隔离。由于磁体的磁导率非常接近该非导磁材料的磁导率，转子铁心和定子之间的有效气隙则均匀分布在转子表面。这种结构也被称为隐极式永磁同步发电机。表贴式同步发电机的主要优点是结构简单、成本低。与内埋式永磁同步发电机相比，安装在转子外表面磁体所受的离心力将可能导致磁体脱离转子，因此表贴式永磁同步发电机主要被用于低速应用场合。

在内埋式永磁同步发电机中，永磁体被嵌入到转子表面。此时，转子铁心与磁体之间磁导率的差异可建立凸极效应。与表贴式永磁同步发电机相比，内埋式结构降低了离心力导致的旋转应力，因此这种类型的发电机可运行于更高的转速下，如中、高速永磁同步发电机。

随着风电机组单机容量的不断增大，直驱式风力发电系统将是今后的主流，直驱机组将采用低速多极永磁同步发电机。在满足发电性能的基础上，表贴式永磁同步发电机因其结构简单、成本低，将会成为首选。转子结构采用内转子还是采用外转子则取决于风电机组的重量、尺寸、散热、效率等多目标综合优化。

永磁同步发电机的转速直接匹配风机转速，一般为几转到十几转/分。其极数多达一两百极。电压和频率随发电机转速的变化而变化，$f_g = K_{fn} \cdot n, U_g = K_{Uf}K_{fn} \cdot n$，其中 $K_{Uf} = \sqrt{2}\pi NK_N\Phi$，$N$ 为绕组匝数，K_N 为绕组分布系数，Φ 为磁通，因此 K_{Uf} 是个常数。永磁同步发电机的发电频率一般为几赫兹到十几赫兹，发电机的出口电压有低压和中压两种类型，低压 690V，中压有 3000V、6600V 等。表 2-3 给出了湘电 2.5MW 和 5MW 永磁同步发电机的主要电气参数[15]。随着永磁同步发电机功率的不断增大，中压永磁同步发电机将会取代传统的低压永磁同步发电机。表 2-4 给出了主流海上风电机组的永磁同步发电机出口电压等级。

表 2-3　湘电永磁同步发电机的主要参数[15]

发电机型号	XD102	XE115 TFYD5000-1
额定功率	2658kW	5273kW
额定电压	690V	3000V
额定电流(相)	2224A	1015A
额定频率	10.67Hz	12Hz
额定转速	16r/min	18r/min
电机极数	80	80

表 2-4 主流海上风电机组的永磁同步发电机出口电压等级

海上风电机组型号	额定功率	永磁同步发电机电压
Siemens:SWT-7.0-154	7MW	690V
GE: GE150-6.0MW	6MW	900V
湘电:XE128 5MW	5MW	3000V
Adwen:AD5-135	5MW	3300V
Vestas: V164-8.0MW	8MW	6600V

2.3.2 风电变流器

作为发电机和电网的接口,风电变流器是风电机组中的核心设备,是机组电气性能、转换效率、可用度的主要决定性因素之一,是整个风力发电系统的关键与核心[16-18]。风电变流器的容量大,运行工况变化快,运行环境恶劣,安全可靠性要求高;风电机组的电网适应性、电网故障支撑能力和故障穿越能力取决于风电变流器的性能。总体上讲,风电变流器大致可分为用于全功率变换机组的风电变流器和用于部分功率变换机组的双馈风电变流器两种类型。

1. 风电变流器的拓扑及其控制方式

风电变流器最常用的拓扑是背靠背两电平电压源型变换器结构[19],如图 2-19 所示,可分成机侧变换器、网侧变换器和直流母线电容三部分。机侧变换器将发电机输出的交流电变换成直流电,并控制发电机的转矩使其变速运行。网侧变换器将直流电逆变成工频交流电后并入电网,维持直流母线电压恒定并控制机组的功率因数。两电平背靠背变流器可以实现能量的双向流动,具有四象限工作能力。直流侧电容减弱机侧变换器与网侧变换器间的耦合,缓冲两个变换器之间的功率交换,使机侧变换器与网侧变换器实现独立控制。

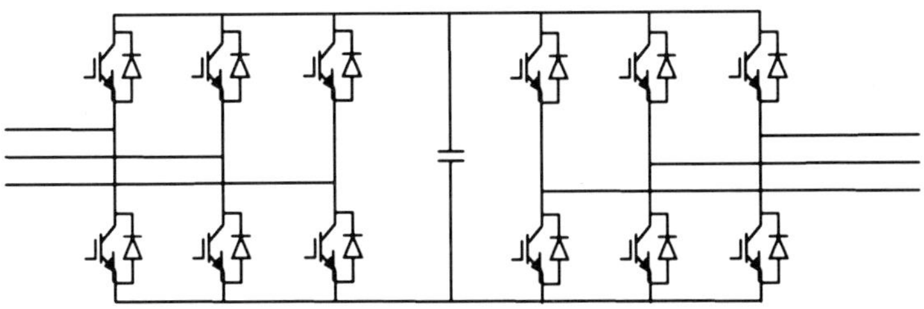

图 2-19 两电平背靠背变流器拓扑

对于全功率变换的风力发电系统,功率只从发电机流向电网,为降低成本,机侧变换器可以采用二极管不控整流电路,网侧变换器仍采用电压源型逆变器。在不同风速下,发电机输出的电压不同,由于机侧变换器是不控整流,直流母线电压不断变化。当风速较低时，直流母线电压较低，为了将输出电压提升到电网电压，逆变器需要较高的调制深度，可能会导致逆变器效率低、损耗大、峰值电流高等问题。在不可控整流器与电压源型逆变器之间加入一个 Boost 电路可有效解决上述问题[20]，如图 2-20 所示。

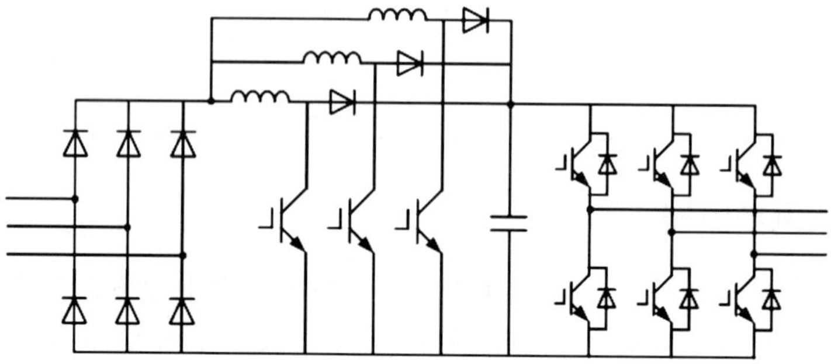

图 2-20　一种功率单向流动的全功率风电变流器

随着风电机组的容量不断提高，传统的两电平变换器已经不能满足高压大功率电力电子变换的要求，多电平变流器应运而生，多电平变流器具有容量大、效率高的优点[21]。常用的多电平变流器主要有二极管钳位型、级联 H 桥型、飞跨电容型等。图 2-21 给出了三电平二极管钳位型变流器的拓扑结构。

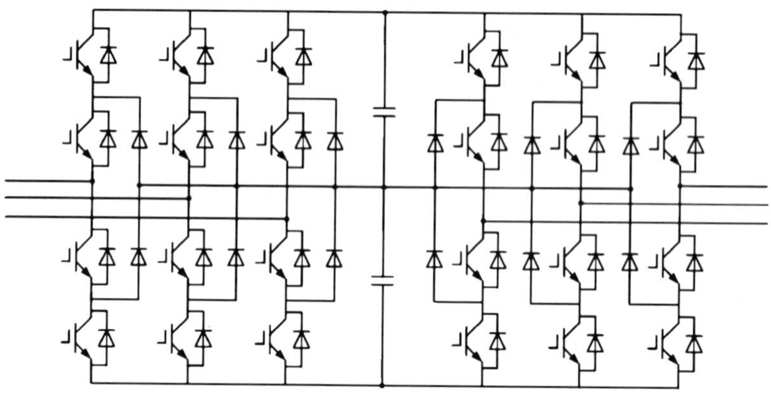

图 2-21　三电平二极管钳位型变流器拓扑结构

风力发电系统中，根据变流器与发电机的容量关系，变流器可以分为全功率变流器和部分功率变流器(主要指双馈风电变流器)两种，其在风电系统中的配置如图 2-22 所示。全功率变换机组的发电机可以是鼠笼感应发电机、永磁同步发电机、电励磁同步发电机等。双馈风电机组中使用的部分功率变流器，也称双馈风电变流器，其容量只需要机组总功率的 20%～35%。全功率变流器容量大、成本高，双馈变流器容量小而成本低。相比于双馈风电机组，全功率风电变流器将发电机与电网完全解耦，使全功率变换的风电机组具备更高的电网适应性和电网故障支撑的能力。

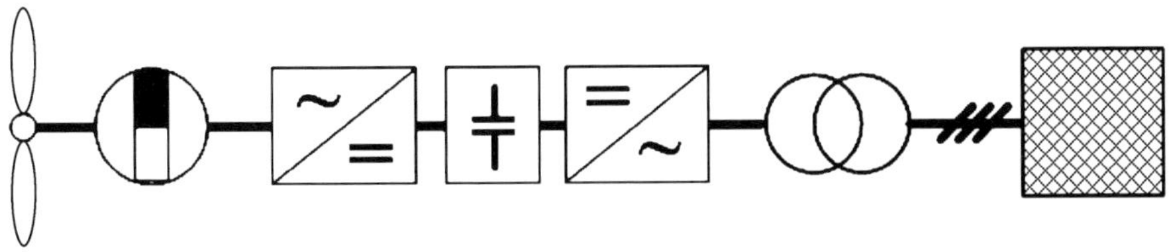

(a) 采用全功率变换的风电机组

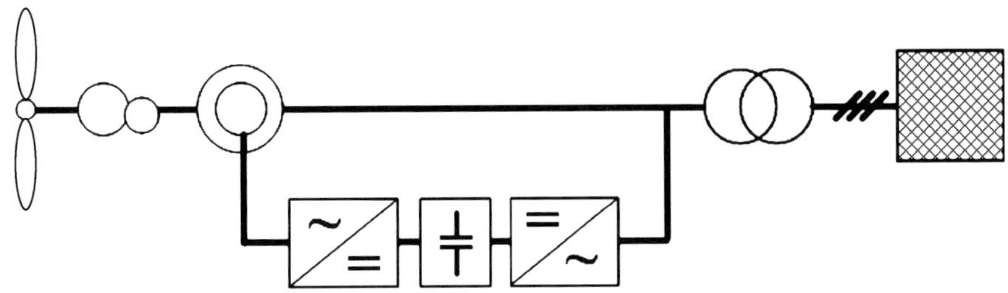

(b) 采用部分功率变换的风电机组(双馈风电机组)

图 2-22 变流器在风力发电系统中的配置

目前投入商业运行的风电变流器采用两种控制方法：矢量控制(vector control，VC)和直接转矩控制(direct torque control，DTC)。矢量控制的核心是通过坐标变换实现系统的控制，矢量控制的关键在于坐标定向，如磁链定向(field oriented control，FOC)[22]、电压定向(voltage oriented control，VOC)等方法[23-25]。直接转矩控制直接控制电机的转矩和磁链幅值[26-28]。目前的商用风电变流器中，ABB公司的ACS880低压风电变流器[29]、PCS6000中压风电变流器[29]均采用直接转矩控制技术，其他公司的风电变流器产品多采用矢量控制技术。后面以两电平背靠背拓扑的风电变流器为例介绍其控制问题，分为全功率风电变流器的控制和双馈风电变流器的控制。

2. 全功率风电变流器的控制

1) 网侧变流器的控制

网侧变流器的控制目标一是保持直流侧母线电容电压稳定，从而使直流侧的有功功率即时传递至电网；二是实现网侧功率因数调整或并网无功功率的控制。

(1) 矢量控制。

网侧变流器多采用电网电压定向的矢量控制。在兆瓦级风电变流器中，网侧变流器一般采用LCL滤波器，其控制原理与采用L滤波器的一样。网侧变流器的控制方程为

$$\begin{cases} u_{id} =- \left(R_T i_{id} + L_T \dfrac{di_{id}}{dt}\right) + \omega_g L_T i_{iq} + e_d \\ u_{iq} =- \left((R_T i_{iq} + L_T \dfrac{di_{iq}}{dt}\right) - \omega_g L_T i_{id} + e_q \end{cases} \tag{2-6}$$

式中，u_{id} 和 u_{iq} 分别为网侧变流器的 d、q 轴电压分量；i_{id} 和 i_{iq} 分别为网侧变流器的 d、q 轴电流分量；L_T 和 R_T 分别为网侧变流器进线电抗器的等效电感和等效电阻；e_d 和 e_q 分别为电网电压的 d、q 轴分量；ω_g 为电网同步电角速度。

根据式(2-6)可得网侧变流器输出电流、输出电压的传递函数为

$$\begin{cases} \dfrac{i_{id}(s)}{u_{id}(s)} = \dfrac{1}{L_T s + R_T} \\ \dfrac{i_{iq}(s)}{u_{iq}(s)} = \dfrac{1}{L_T s + R_T} \end{cases} \tag{2-7}$$

式(2-7)表明，d 轴电流内环和 q 轴电流内环的传递函数相同，因此可以采用相同的 PI 调节器参数。

网侧变流器采用电网电压定向的控制方法，将旋转 dq 坐标系的 d 轴定向于电网电压矢量方向，此时有 $e_d = E_m$，$e_q = 0$，则可简化网侧变流器的控制方程为

$$\begin{cases} u_{id} =- \left(R_T i_{id} + L_T \dfrac{di_{id}}{dt}\right) + \omega_g L_T i_{iq} + E_m \\ u_{iq} =- \left(R_T i_{iq} + L_T \dfrac{di_{iq}}{dt}\right) - \omega_g L_T i_{id} \end{cases} \tag{2-8}$$

网侧变流器的输出功率计算公式为

$$\begin{cases} p_g = 1.5 e_d i_{id} = 1.5 E_m i_{id} \\ q_g =- 1.5 e_d i_{iq} =- 1.5 E_m i_{iq} \end{cases} \tag{2-9}$$

由式(2-9)可知，有功功率只与 d 轴电流有关，无功功率只与 q 轴电流有关，因此可以通过分别控制 d 轴和 q 轴电流来实现有功功率和无功功率的解耦控制。

式(2-6)可采用 PI 调节器实现，可得网侧变流器的电流内环控制方程为

$$\begin{cases} u_{id} =- \left[k_{ip\_g}(i_{id}^* - i_{id}) + k_{ii\_g}\int(i_{id}^* - i_{id})dt\right] + \omega_g L_T i_{iq} + E_m \\ u_{iq} =- \left[k_{ip\_g}(i_{iq}^* - i_{iq}) + k_{ii\_g}\int(i_{iq}^* - i_{iq})dt\right] - \omega_g L_T i_{id} \end{cases} \tag{2-10}$$

式中，k_{ip_g}、k_{ii_g} 为网侧变流器电流内环模拟 PI 调节器的比例系数和积分系数；i_{id}^*、i_{iq}^* 分别为 d 轴和 q 轴的电流参考值。

网侧变流器的外环控制直流母线电压，输出值为有功电流的给定值，则可得

电压外环控制方程为

$$i_{id}^* = k_{vp\_g}(u_{dc}^* - u_{dc}) + k_{vi\_g}\int(u_{dc}^* - u_{dc})dt \tag{2-11}$$

式中，k_{vp_g}、k_{vi_g}为电压外环模拟 PI 调节器的比例系数和积分系数；u_{dc}^*为直流母线电压的参考给定值。

考虑到电容电流上的无功电流，在反馈变流器侧电流控制时，需要对电容电流进行补偿，滤波电容上消耗的无功功率和 q 轴补偿电流指令为

$$\begin{cases} q_c = 1.5\omega_g C_f E_m^2 \\ \Delta i_{cq} = -\dfrac{q_c}{e_d} = -\dfrac{q_c}{E_m} = -1.5\omega_g C_f E_m \end{cases} \tag{2-12}$$

式中，q_c 为滤波电容上消耗的无功功率；Δi_{cq}为 q 轴补偿电流；C_f 为滤波器电容。则电流内环 q 轴电流指令为

$$i_q^* = -\frac{q_g^*}{1.5E_m} + \Delta i_{cq} = -\frac{q_g^*}{1.5E_m} - 1.5\omega_g C_f E_m \tag{2-13}$$

综上，网侧变流器矢量控制框图如图 2-23 所示。

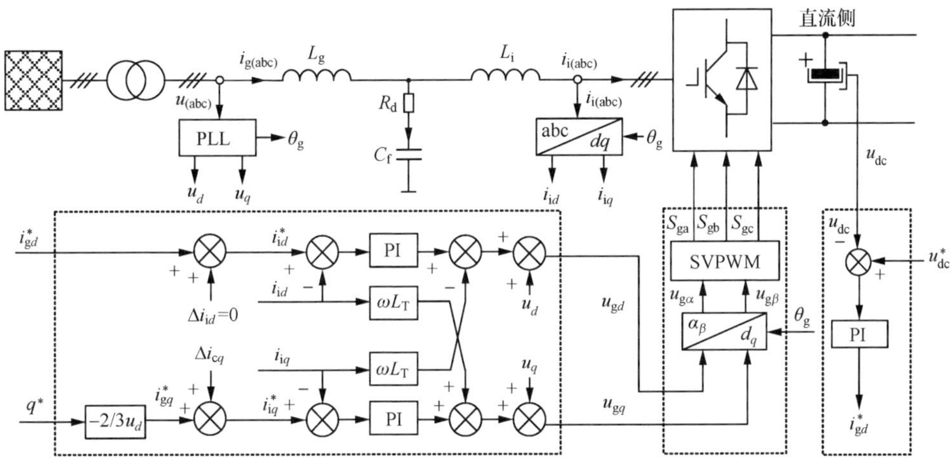

图 2-23 网侧变流器的矢量控制

(2) 直接功率控制。

直接功率控制借鉴了交流电机控制中直接转矩控制的基本思路，可以获得快速的功率控制响应。其基本思想是直接将变流器输出的瞬时有功功率和无功功率作为被控量进行功率闭环控制。

在两相静止坐标下，瞬时有功功率 p 和无功功率 q 为

$$\begin{cases} p = u_\alpha i_\alpha + u_\beta i_\beta \\ q = -u_\alpha i_\beta + u_\beta i_\alpha \end{cases} \tag{2-14}$$

通过采样得到的三相电流 i_a、i_b、i_c 和三相电压 u_a、u_b、u_c 进行坐标变换得到 i_α、i_β 和 u_α、u_β，从而计算出瞬时有功功率 p 和无功功率 q。有功功率 p 和无功功率 q 与给定的有功功率 p^* 和无功功率 q^* 进行比较，比较的差值送入功率滞环比较器得到相应的 SP 和 SQ 信号。有功功率给定 p^* 由直流电压外环 PI 调节器的输出和直流电压的乘积得到，根据 SP 和 SQ 信号和扇区号在开关表中得到相应的开关管的驱动信号。网侧变流器直接功率控制框图如图 2-24 所示。

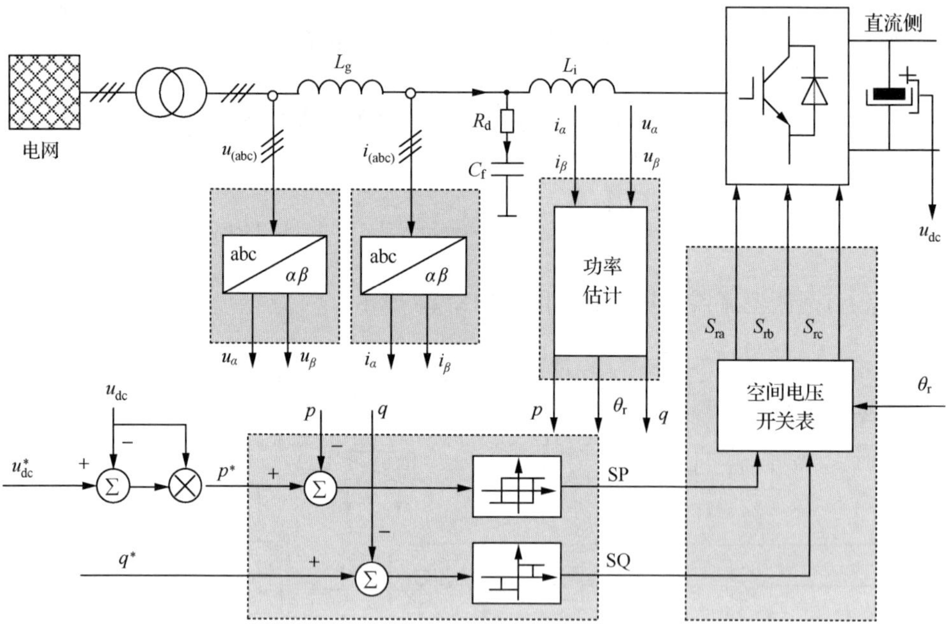

图 2-24　网侧变流器直接功率控制框图

2）机侧变流器的控制

机侧变流器的作用是控制发电机的电磁转矩（即阻力转矩），使发电机变速运行，实现风能的最大捕获，同时使发电功率传递至变流器的直流侧。由于发电机类型的不同，这里将分别介绍不同发电机的机侧变流器的控制。

(1) 矢量控制。

① 鼠笼感应发电机机侧变流器的矢量控制。

当采用转子磁链定向时，将旋转 dq 坐标系 d 轴定向于转子磁链位置，因此 $\psi_{rd} = \psi_{rM}$，$\psi_{rq} = 0$，得到简化的磁链方程和定子电流方程为

$$\begin{cases}\dfrac{\mathrm{d}\psi_{\mathrm{r}d}}{\mathrm{d}t}=-\dfrac{R_{\mathrm{r}}}{L_{\mathrm{r}}}\psi_{\mathrm{rM}}+\dfrac{R_{\mathrm{r}}L_{\mathrm{m}}}{L_{\mathrm{r}}}i_{\mathrm{s}d}=0\\ \dfrac{\mathrm{d}\psi_{\mathrm{r}q}}{\mathrm{d}t}=(\omega_{\mathrm{r}}-\omega)\psi_{\mathrm{r}d}+\dfrac{R_{\mathrm{r}}L_{\mathrm{m}}}{L_{\mathrm{r}}}i_{\mathrm{s}q}=0\end{cases} \tag{2-15}$$

$$\begin{cases}\dfrac{\mathrm{d}i_{\mathrm{s}d}}{\mathrm{d}t}=\dfrac{L_{\mathrm{m}}R_{\mathrm{r}}}{\sigma L_{\mathrm{s}}L_{\mathrm{r}}^{2}}\psi_{\mathrm{rM}}-\dfrac{L_{\mathrm{m}}^{2}R_{\mathrm{r}}+L_{\mathrm{r}}^{2}R_{\mathrm{s}}}{\sigma L_{\mathrm{s}}L_{\mathrm{r}}^{2}}i_{\mathrm{s}d}+\omega i_{\mathrm{s}q}+\dfrac{1}{\sigma L_{\mathrm{s}}}u_{\mathrm{s}d}\\ \dfrac{\mathrm{d}i_{\mathrm{s}q}}{\mathrm{d}t}=-\dfrac{L_{\mathrm{m}}\omega_{\mathrm{r}}}{\sigma L_{\mathrm{s}}L_{\mathrm{r}}}\psi_{\mathrm{rM}}-\dfrac{L_{\mathrm{m}}^{2}R_{\mathrm{r}}+L_{\mathrm{r}}^{2}R_{\mathrm{s}}}{\sigma L_{\mathrm{s}}L_{\mathrm{r}}^{2}}i_{\mathrm{s}q}-\omega i_{\mathrm{s}d}+\dfrac{1}{\sigma L_{\mathrm{s}}}u_{\mathrm{s}q}\end{cases} \tag{2-16}$$

式中，$\psi_{\mathrm{r}d}$、$\psi_{\mathrm{r}q}$ 为发电机转子磁链在 dq 旋转坐标系中的分量；$u_{\mathrm{s}d}$、$u_{\mathrm{s}q}$ 和 $i_{\mathrm{s}d}$、$i_{\mathrm{s}q}$ 为定子电压和电流在 dq 旋转坐标系的分量；$\sigma=1-L_{\mathrm{m}}^{2}/(L_{\mathrm{r}}L_{\mathrm{s}})$ 为电机漏磁系数；L_{s} 为定子漏感；R_{s} 为定子绕组电阻；L_{r} 为转子漏感；R_{r} 为转子绕组电阻；L_{m} 为定转子之间互感；ω_{r} 为发电机转子的电角速度。此时机侧变流器的控制方程可以表示为

$$\begin{cases}u_{d\mathrm{m}}=\dfrac{R_{\mathrm{s}}L_{\mathrm{r}}^{2}+R_{\mathrm{r}}L_{\mathrm{m}}^{2}}{L_{\mathrm{r}}^{2}}i_{\mathrm{s}d}+\sigma L_{\mathrm{s}}\dfrac{\mathrm{d}i_{\mathrm{s}d}}{\mathrm{d}t}-\sigma L_{\mathrm{s}}\omega i_{\mathrm{s}q}-\dfrac{L_{\mathrm{m}}R_{\mathrm{r}}}{L_{\mathrm{r}}^{2}}\psi_{\mathrm{rM}}\\ u_{q\mathrm{m}}=\dfrac{R_{\mathrm{s}}L_{\mathrm{r}}^{2}+R_{\mathrm{r}}L_{\mathrm{m}}^{2}}{L_{\mathrm{r}}^{2}}i_{\mathrm{s}q}+\sigma L_{\mathrm{s}}\dfrac{\mathrm{d}i_{\mathrm{s}q}}{\mathrm{d}t}+\sigma L_{\mathrm{s}}\omega i_{\mathrm{s}d}+\dfrac{L_{\mathrm{m}}\omega_{\mathrm{r}}}{L_{\mathrm{r}}}\psi_{\mathrm{rM}}\end{cases} \tag{2-17}$$

依据式(2-17)，以 PI 调节器作为内环控制，可以得到相应的控制方程：

$$\begin{cases}u_{d\mathrm{m}}=-\left[k_{\mathrm{ip\_m}}(i_{\mathrm{s}d}^{*}-i_{\mathrm{s}d})+k_{\mathrm{ii\_m}}\displaystyle\int(i_{\mathrm{s}d}^{*}-i_{\mathrm{s}d})\mathrm{d}t\right]-\sigma L_{\mathrm{s}}\omega_{\mathrm{m}}i_{\mathrm{s}q}-\dfrac{L_{\mathrm{m}}}{L_{\mathrm{r}}T_{\mathrm{r}}}\psi_{\mathrm{rM}}\\ u_{q\mathrm{m}}=-\left[k_{\mathrm{ip\_m}}(i_{\mathrm{s}q}^{*}-i_{\mathrm{s}q})+k_{\mathrm{ii\_m}}\displaystyle\int(i_{\mathrm{s}q}^{*}-i_{\mathrm{s}q})\mathrm{d}t\right]+\sigma L_{\mathrm{s}}\omega_{\mathrm{m}}i_{\mathrm{s}d}+\dfrac{L_{\mathrm{m}}\omega_{\mathrm{r}}}{L_{\mathrm{r}}}\psi_{\mathrm{rM}}\end{cases} \tag{2-18}$$

式中，$k_{\mathrm{ip\_m}}$、$k_{\mathrm{ii_m}}$分别为发电机侧变流器电流内环 PI 调节器的比例系数和积分系数；$i_{\mathrm{s}d}^{*}$、$i_{\mathrm{s}q}^{*}$ 分别为发电机定子 d 轴和 q 轴的电流参考值；$T_{\mathrm{r}}=L_{\mathrm{r}}/R_{\mathrm{r}}$ 为电机转子电磁时间常数。

稳态时，异步发电机的励磁电流与磁链呈正比关系，所以根据当前工况条件可以给定合适的励磁电流 $i_{\mathrm{s}d}^{*}$，而转矩电流 $i_{\mathrm{s}q}^{*}$ 的给定值取决于电磁转矩外环的输出值。机侧变流器外环可以采用功率外环来跟踪风力机捕获的最大功率，也可以采用速度外环来跟踪风力机的最优转速，若以 PI 调节器控制电机的转速外环，则此时转矩电流给定值为

$$i_{\mathrm{s}q}^{*}=-\frac{2}{3}\frac{L_{\mathrm{s}}}{n_{\mathrm{p}}L_{\mathrm{m}}^{2}i_{\mathrm{ms}}}\left(k_{\mathrm{np\_r}}+\frac{k_{\mathrm{ni\_r}}}{s}\right)(n_{\mathrm{d}}^{*}-n) \tag{2-19}$$

式中，$k_{\mathrm{np\_r}}$、$k_{\mathrm{ni_r}}$为机侧变流器转速外环 PI 调节器的比例和积分系数；n_{d}^{*} 为转子转

速参考值。

由于电机中磁链是无法直接测量的，因此需要设计磁链观测器，以获得转子磁链的幅值及角度信息，磁链观测器模型，如下所示：

$$\begin{cases}\psi_{\mathrm{r}} = \dfrac{L_{\mathrm{m}}}{T_{\mathrm{r}}p + 1} i_{sd} \\ \theta_{\mathrm{r}} = \int (\omega_{\mathrm{r}} + \omega_{\mathrm{s}}) \mathrm{d}t = \int \left(\omega_{\mathrm{r}} + \dfrac{L_{\mathrm{m}}}{T_{\mathrm{r}}\psi_{\mathrm{r}}} i_{sq}\right) \mathrm{d}t\end{cases} \tag{2-20}$$

图 2-25 给出了鼠笼感应发电机的矢量控制框图。其中，第 1 部分为检测环节，检测发电机定子电流 $i_{\mathrm{s(abc)}}$ 与发电机转速；第 2 部分为状态观测环节，对转子磁链的幅值及其角度进行估计，可以选择式(2-20)所示的数学模型；第 3 部分为转速外环控制器，实现当前风速下最优转速的跟踪过程；第 4 部分为电流内环，通过 PI 调节器实现转矩电流与励磁电流分量的解耦跟踪，得到变流器的控制电压 u_{sd}、u_{sq}；第 5 部分为调制部分，经对功率器件的开关控制，调制出需要的机端电压，通常采用 SVPWM 的调制算法。

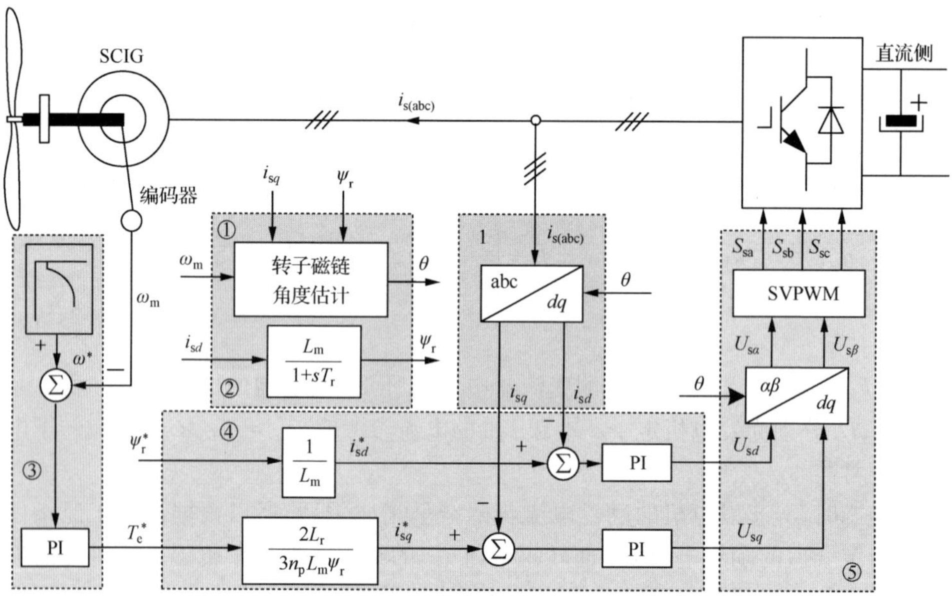

图 2-25　鼠笼感应发电机的机侧变流器的矢量控制

② 永磁同步发电机机侧变流器的矢量控制。

机侧变流器采用转子磁场定向的矢量控制，将 d 轴定位于转子永磁体的磁链方向上，得到永磁同步发电机的电压方程：

$$\begin{cases} u_{sd} = R_s i_{sd} + L_s \dfrac{di_{sd}}{dt} - \omega L_s i_{sq} \\ u_{sq} = R_s i_{sq} + L_s \dfrac{di_{sq}}{dt} + \omega L_s i_{sd} + \omega \Psi \end{cases} \tag{2-21}$$

式中，R_s 和 L_s 分别为发电机的定子电阻和电感；u_{sd}、u_{sq}、i_{sd}、i_{sq} 分别为 d、q 轴定子电压、电流分量；ω 为发电机转速；Ψ 为转子永磁体磁链。

其电磁转矩可表示为

$$T_e = \frac{3}{2} p \Psi i_{sq} \tag{2-22}$$

式中，p 为电机极对数。可见发电机转矩可直接由定子电流 q 轴分量来控制。

图 2-26 给出了永磁同步发电机的机侧变流器的矢量控制结构框图。变流器的控制外环采用转速控制，由风机主控制器与变流器控制器联合实现，其 PI 输出量作为发电机定子电流 q 轴分量的给定值；控制系统内环分别实现定子 d、q 轴电流的闭环控制。

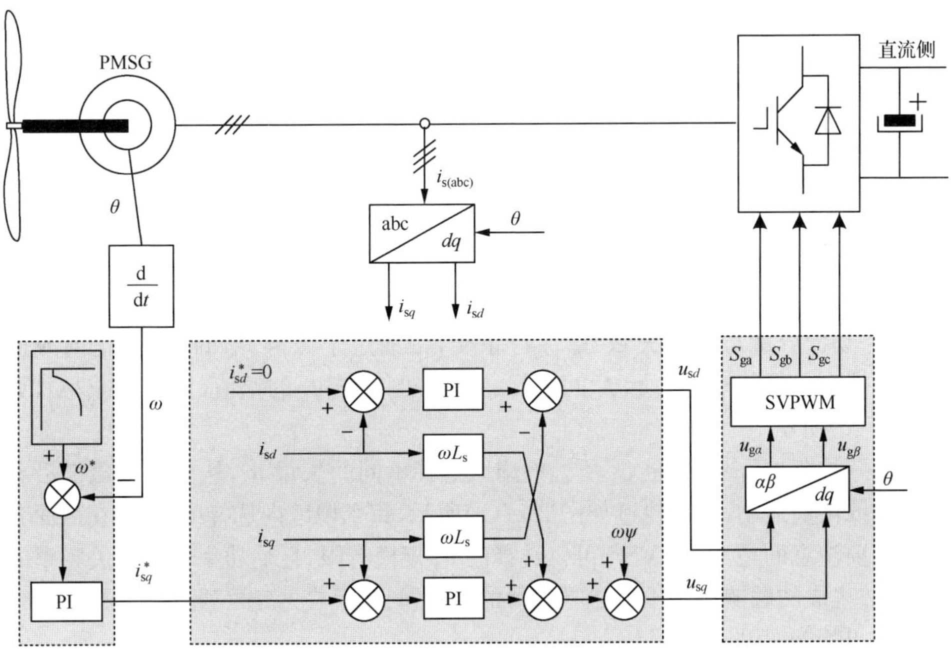

图 2-26 永磁同步电机的机侧变流器的矢量控制

(2) 直接转矩控制。

由电机学相关理论可知，只要定子磁链、转子磁链或者气隙磁链三者中有一种在电机状态切换过程中保持不变，电机就不会出现暂态电流，从而保证电机控制的快速性。可见，电机的直接转矩控制首先要控制磁链 ψ 稳定，以求电机不会出现暂态现象，在此基础上直接控制电机电磁转矩 T_e。

与矢量控制理论通过控制电流、磁链等间接控制电机转矩的思路不同，直接转矩控制将电机转矩作为控制量加入闭环反馈控制，通过转矩滞环调节器控制电机转矩，将转矩波动限制在允许范围内，达到转矩量的直接控制效果。

按照电机磁链控制方法的差异，直接转矩控制可以分成正六边形磁链轨迹和圆形磁链轨迹两种控制方式。正六边形磁链方式通过切换不同的开关矢量，电机磁链呈 6 倍频波动，转矩的脉动较大，但系统的开关频率相对较小，适用于大功率的应用场合；而将磁链轨迹按圆形控制的方案中，在对磁链空间位置角观测的基础上，配合磁链和转矩误差的判断选择空间矢量，控制性能较为平稳，本节将基于此种控制方法展开。

① 空间电压矢量对磁链的控制作用。

如图 2-27(a)所示，变流器可以输出 8 个电压矢量，其中有 6 个非零矢量和 2 个零矢量。若定子电压矢量记为 u_s，则定子磁链可 ψ_s 表示为

$$\psi_s = \int (u_s - i_s R_s)\mathrm{d}t \tag{2-23}$$

由于电机定子电阻 R_s 较小，而机端电压数值远大于 R_s 上的压降。可认为在单个控制周期 ΔT_s 内，电压矢量 u_s 不变，则式(2-23)可简化为

$$\psi_s(k+1) \approx u_s \Delta T_s + \psi_s(k) \tag{2-24}$$

可见，定子磁链 ψ_s 的幅值和相角都是可以通过电压矢量 u_s 来调节的。从几何角度分析，任何电压矢量的作用 $u_s\Delta T_s$ 都可以分为切向和法向两个矢量的合成，其中切向分量与磁链矢量 ψ_s 保持正交，带动定子磁链 ψ_s 的旋转(正向或逆向)，而法向分量与磁链矢量 ψ_s 同平行，用来控制磁链 ψ_s 的幅值(增大或减小)，如图 2-27(b)所示。

实际控制中，根据磁链 ψ_s 所处的扇区选择不同的矢量 u_s，从而保证磁链沿着圆形曲线向前运动，运动轨迹如图 2-27(c)所示，每个扇区内选择的 u_s 将在后面介绍。需要注意的是，由于 VSC 可供选择的 u_s 规模有限，且受功率器件开关频率的限制，故生成的磁链轨迹不可能是光滑的，磁链轨迹是在一定环宽之内运动的。

② 电磁转矩的控制机理。

异步电机的电磁转矩 T_e 方程为

$$T_e = -\frac{3}{2} n_p \frac{L_m}{L_s L_r - L_m^2} (\dot{\psi}_s \times \dot{\psi}_r) = -\frac{3}{2} n_p \frac{L_m}{L_s L_r - L_m^2} \mid \dot{\psi}_s \mid \mid \dot{\psi}_r \mid \sin\theta \tag{2-25}$$

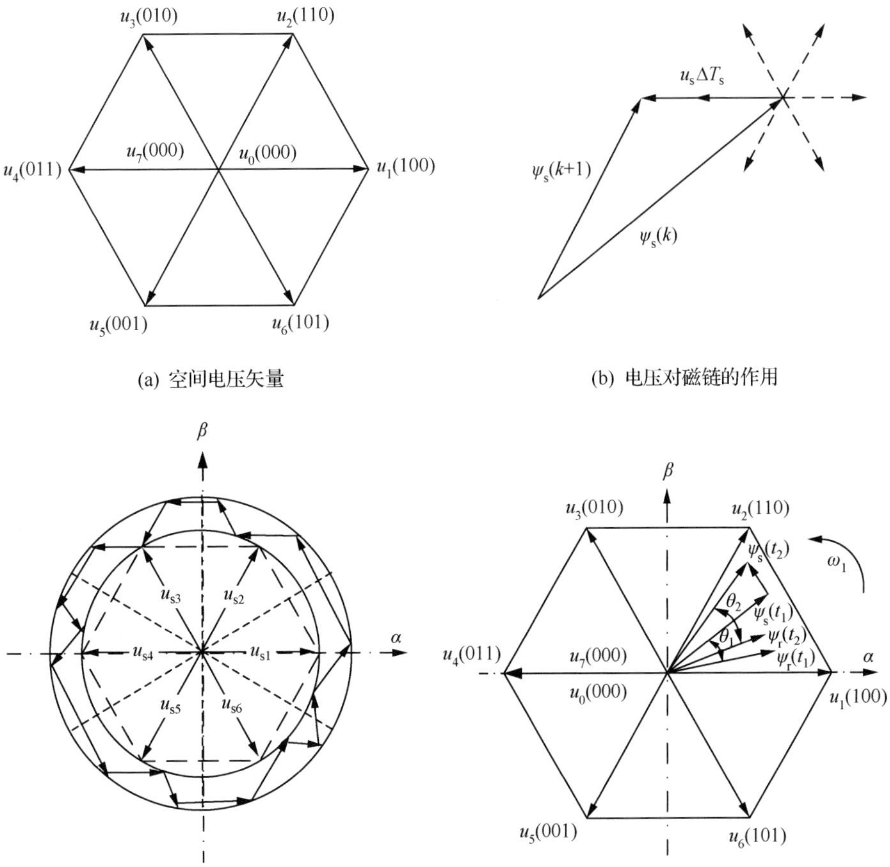

(a) 空间电压矢量　(b) 电压对磁链的作用

(c) 磁链运动轨迹　(d) 定子磁链控制转矩示意图

图 2-27　空间电压对磁链与转矩的控制效果图

式中，$\dot{\psi}_s$ 与 $\dot{\psi}_r$ 分别为定子和转子磁链矢量；θ 为定转子磁链矢量的夹角(磁通角)。可见，其电磁转矩 T_e 的大小取决于定、转子磁链的幅值和相角(磁通角 θ)，对于实际电机而言，为充分利用电机的铁心，希望定子磁链 $\dot{\psi}_s$ 与转子磁链 $\dot{\psi}_r$ 的幅值能够尽可能保持恒定状态，而将磁通角 θ 的控制作为转矩调节的关键因素。

图 2-27(d)为通过电压矢量 u_s 控制转矩的示意图。设 t_1 时刻的定、转子磁链分别为 $\psi_s(t_1)$ 和 $\psi_r(t_1)$，磁通角为 θ_1。当施加有效电压(如 u_{s3})至 t_2 时刻时，根据向量关系，定子磁链 $\psi_s(t_1)$ 将变化为 $\psi_s(t_2)$，而转子磁链本身滞后于定子磁链变化，在 $t_1 \sim t_2$ 时间段中，$\psi_r(t_1)$ 仅变至位置 $\psi_r(t_2)$，磁通角 θ_1 增大为 θ_2，电机的电磁转矩增大。相应地，若在 $t_1 \sim t_2$ 时间段施加逆向电压向量(如 u_{s6})，ψ_s 沿顺时针旋转，则磁通角 θ 将会减小，相应的电磁转矩减小。需要注意的是，若施加零矢量(u_{s0} 和

u_{s7}），并不会对磁链和转矩产生作用。综上所述，直接转矩控制就是通过选择合适矢量 u_s 控制磁链 $\dot{\psi}_s$，以改变磁通角 θ 的大小来实现对电磁转矩 T_e 的控制。

③ 鼠笼感应发电机机侧变流器的直接转矩控制。

根据直接转矩控制的实现原理，可以得到鼠笼感应发电机机侧变流器的直接转矩控制结构框图，如图 2-28 所示，其中转速外环采用与矢量控制方案中相同的 PI 调节器，而内环及调制环节设置则完全不同。

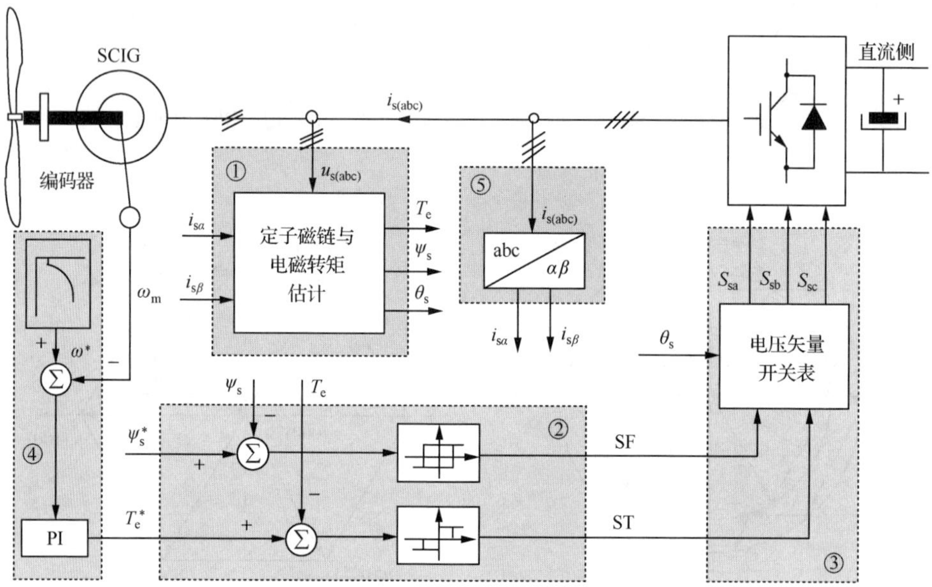

图 2-28　鼠笼感应发电机机侧变流器的直接转矩控制

直接转矩控制的关键环节包括磁链与转矩观测、磁链与转矩控制器和电压矢量开关表。

在磁链与转矩观测环节，根据采集到的电气量（电压、电流等）观测定子磁链 $\dot{\psi}_s$ 的幅值和相位角 φ 及电机的转矩，一般采用式(2-26)和式(2-27)实现：

$$\begin{cases} \psi_{s\alpha} = \int (u_{s\alpha} - i_{s\alpha} R_s) \mathrm{d}t \\ \psi_{s\beta} = \int (u_{s\beta} - i_{s\beta} R_s) \mathrm{d}t \\ \psi_s = \sqrt{\psi_{s\alpha}^2 + \psi_{s\beta}^2} \\ \varphi = \arctan\left(\dfrac{\psi_{s\beta}}{\psi_{s\alpha}}\right) \end{cases} \tag{2-26}$$

$$T_e = \frac{3}{2} n_p (\psi_{s\alpha} i_{s\beta} - \psi_{s\beta} i_{s\alpha}) \tag{2-27}$$

式中，$\psi_{s\alpha}$、$\psi_{s\beta}$ 分别为定子磁链的 α、β 轴分量；$u_{s\alpha}$、$u_{s\beta}$ 和 $i_{s\alpha}$、$i_{s\beta}$ 分别为定子电压、电流的 α、β 轴分量；R_s 为定子电阻。

磁链 $\dot{\psi}_s$ 和转矩 T_e 的调节可以通过 Schmit 式滞环控制器实现，其中，磁链滞环 SF 通常采用两点式方案，即将磁链误差 $d\psi_s = \psi_s^* - \psi_s$ 与设定的磁链环宽进行比较，若在误差带之内则维持原输出，若超出环宽误差则改变输出状态；而转矩滞环 ST 由于存在转矩增加、减小和维持不变的 3 种状态，故选择取三点式滞环方案。若以输出状态 1 表示磁链或转矩的增加，−1 代表磁链或转矩的减少，而 0 表示维持原状态不变，则 SF 与 ST 滞环调节器为

$$\mathrm{SF} = \begin{cases} 1, & (d\psi_s = \psi_s^* - \psi_s) \geqslant \dfrac{\varepsilon_\psi}{2} \\ -1, & (d\psi_s = \psi_s^* - \psi_s) \leqslant -\dfrac{\varepsilon_\psi}{2} \end{cases} \tag{2-28}$$

$$\mathrm{ST} = \begin{cases} 1, & (dT_e = T_e^* - T_e) \geqslant \dfrac{\varepsilon_T}{2} \\ 0, & -\dfrac{\varepsilon_T}{2} \leqslant (dT_e = T_e^* - T_e) \leqslant \dfrac{\varepsilon_T}{2} \\ -1, & (dT_e = T_e^* - T_e) \leqslant -\dfrac{\varepsilon_T}{2} \end{cases} \tag{2-29}$$

式中，ε_ψ 与 ε_T 分别指磁链与转矩的滞环环宽。

根据空间矢量的相关理论，6 个非零的空间矢量将坐标系分为 6 个区域，而当磁链位于这些区域时，临近的非零矢量可能会对磁链与转矩产生相同的作用。为了矢量选择的唯一性，需要重新定义扇区，将 6 个非零矢量放置在所属磁链的扇区内，得到呈 60°关系的扇区图，如图 2-29 所示。

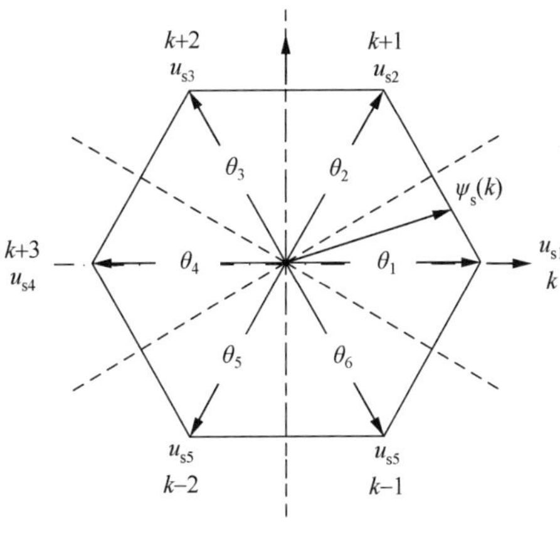

图 2-29 磁链扇区的定义图

在图 2-29 中，当定子磁链 $\dot{\psi}_s$ 位于第 k 扇区时，根据电压矢量 u_s 对磁链和转矩的控制作用分析：若磁链超前于当前扇区矢量 u_k，为使电机转矩 T_e 增加，需要加快磁链的旋转速度，可供选择的电压矢量为 u_{k+1}、u_{k+2}、u_{k+3}，而若磁链滞后于当前扇区矢量 u_k，为使电机转矩 T_e 增加，可供选择的电压矢量为 u_k、u_{k+1}、u_{k+2}，所以只要磁链位于扇区矢量 k，u_{k+1}、u_{k+2} 总能满足转矩上升的要求。同时，u_{k+1} 能够增加磁链幅值，而 u_{k+2} 将减小磁链幅

值，故若对磁链和转矩控制都加以要求，所以特定扇区内的电压矢量选择是唯一的。同理，可以获得其他扇区相应的开关表，如表 2-5 所示。基于滞环的直接转矩控制无法保证恒定的开关频率，而过高的开关动作会增加功率器件的损耗，也不利于系统的寿命与可靠性，所以实际系统中需要对开关频率限制。

表 2-5　异步电机直接转矩控制开关表

磁链符号 SF	转矩符号 ST	扇区号 Sector					
		θ_1	θ_2	θ_3	θ_4	θ_5	θ_6
1	1	u_2	u_3	u_4	u_5	u_6	u_1
	0	u_7	u_0	u_7	u_0	u_7	u_0
	−1	u_6	u_1	u_2	u_3	u_4	u_5
−1	1	u_3	u_4	u_5	u_6	u_1	u_2
	0	u_0	u_7	u_0	u_7	u_0	u_7
	−1	u_5	u_6	u_1	u_2	u_3	u_4

④ 永磁同步发电机机侧变流器的直接转矩控制。

与异步电机不同，永磁同步电机定转子转速保持同步，不存在转差，其转矩如下：

$$T_e = \frac{3n_p|\psi_s|}{4L_dL_q}[2\psi_f L_q \sin\delta - |\psi_s|(L_q - L_d)\sin 2\delta] \tag{2-30}$$

式中，L_d、L_q 分别为永磁同步电机的直轴电感与交轴电感；δ 为定转子磁链夹角；ψ_f 为转子永磁体磁链。可见，永磁同步电机的电磁转矩由永磁磁链产生的励磁转矩和电机的磁阻转矩两部分组成。其大小与定子磁链幅值、转子磁链幅值及定转子磁链的夹角有关。永磁同步电机的转子磁链为恒定值，定子磁链幅值一般也保持为恒定值，所以一般通过改变定转子磁链夹角来实现转矩的调整。由于电机的机械常数远大于其电气时间常数，所以定子磁链的旋转速度比转子磁链的旋转速度容易改变，一般通过控制定子磁链来实现转矩的控制。定子磁链和发电机的转矩调节器可设计为

$$\psi = \begin{cases} 1, & |\psi_s^*| - |\psi_s| > 0 \\ 0, & |\psi_s^*| - |\psi_s| < 0 \end{cases} \tag{2-31}$$

$$T = \begin{cases} 1, & |T_e^*| - |T_e| > 0 \\ -1, & |T_e^*| - |T_e| < 0 \end{cases} \tag{2-32}$$

式(2-31)中，$|\psi_s^*|$ 为定子磁链幅值的给定值；ψ 为磁链调节器输出，其值为 1 表示电机实际磁链小于给定磁链，需要选择增加定子磁链幅值的空间电压矢量，

其值为 0 表示电机实际磁链大于给定磁链,需要选择减小定子磁链幅值的空间电压矢量。

式(2-32)中,T_e^* 为转矩给定值;T 为转矩调节器输出,其值为 1 表示电机实际转矩小于给定转矩,需要选择增加电机转矩的空间电压矢量,其值为−1 表示电机实际转矩大于给定转矩,需要选择减小电机转矩的空间电压矢量。

如图 2-29 所示,以定子磁链处于 θ_1 扇区为例,空间电压矢量 u_2、u_6 使定子磁链幅值增加,空间电压矢量 u_3、u_5 使定子磁链幅值减小;空间电压矢量 u_2、u_3 使转矩角增加,空间电压矢量 u_5、u_6 使转矩角减小。当定子磁链位于其他扇区时,依此类推,可以得到永磁同步电机直接转矩控制的空间电压矢量选择表 2-6。已知定子磁链所处扇区后,依据表 2-6 并结合磁链和转矩调节器输出结果就可以确定任一时刻所需的空间电压矢量。图 2-30 为永磁同步发电机机侧变流器的直接转矩控制框图。

表 2-6 永磁同步发电机直接转矩控制的开关表

ψ	T	θ_1	θ_2	θ_3	θ_4	θ_5	θ_6
1	1	u_2	u_3	u_4	u_5	u_6	u_1
	−1	u_6	u_1	u_2	u_3	u_4	u_5
0	1	u_3	u_4	u_5	u_6	u_1	u_2
	−1	u_5	u_6	u_1	u_2	u_3	u_4

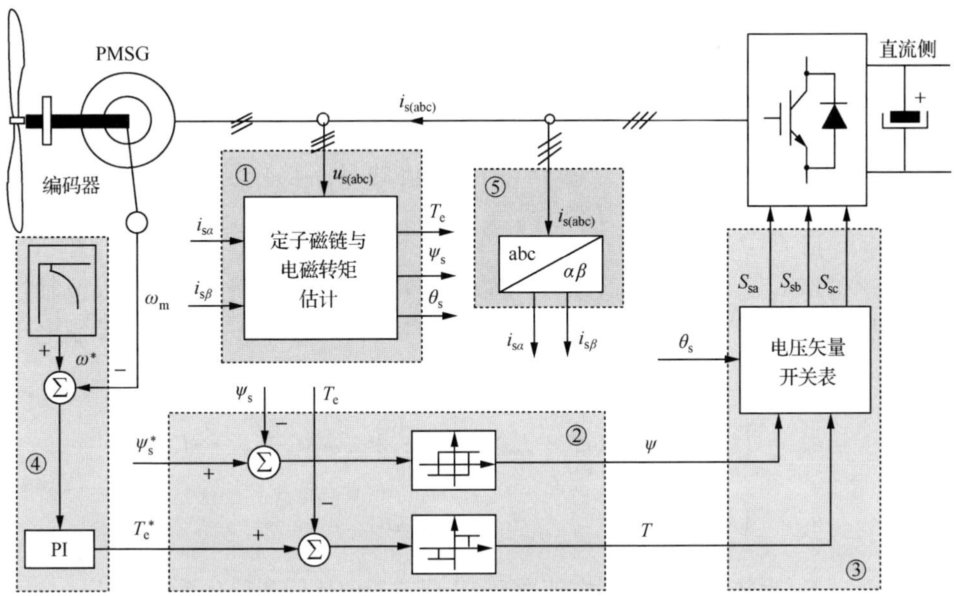

图 2-30 永磁同步发电机机侧变流器的直接转矩控制

3. 双馈风电变流器的控制

在双馈风力发电系统中，发电机的定子直接连接电网，变流器一端连接电网另一端接转子绕组，为转子提供交流励磁，容量约为机组容量的1/3。变流器由网侧变流器和机侧变流器组成，其中网侧变流器的作用是控制变流器直流母线电压的稳定，实现直流侧与电网侧能量交互。当发电机工作在超同步状态时，能量从直流侧流向电网，在欠同步运行时能量从电网流向直流侧，必要时网侧变流器也可以为电网提供一定的无功功率支撑；转子侧变流器的作用是控制发电机变速运行捕获最大风能、实现发电机定子侧的有功功率和无功功率控制。

1）网侧变流器的控制

网侧变流器采用电网电压定向的控制方式，具体的控制方法与全功率变流器网侧变流器控制基本一样，区别仅在无功功率控制上，双馈变流器的网侧变流器只能为电网提供部分容量（最大为网侧变流器本身的容量）的无功支撑。网侧变流器的控制框图与全功率变流器网侧变流器的一样，矢量控制框图如图 2-23 所示，直接功率控制框图如图 2-24 所示。

2）转子侧变流器的控制

（1）矢量控制。

根据定子磁链定向矢量控制，d 轴与定子磁链 $\dot{\psi}_{\mathrm{s}}$ 位置重合，q 轴为逆时针旋转90°的正交方向，转子侧变流器的控制方程为

$$\begin{cases} u_{rq} = R_{\mathrm{r}} i_{rq} + \sigma L_{\mathrm{r}} \dfrac{\mathrm{d}i_{rq}}{\mathrm{d}t} + \omega_{\mathrm{s}} \left(\dfrac{L_{\mathrm{m}}^2}{L_{\mathrm{s}}} i_{\mathrm{ms}} + \sigma L_{\mathrm{r}} i_{rd} \right) \\ u_{rd} = R_{\mathrm{r}} i_{rd} + \sigma L_{\mathrm{r}} \dfrac{\mathrm{d}i_{rd}}{\mathrm{d}t} - \omega_{\mathrm{s}} \sigma L_{\mathrm{r}} i_{rq} \end{cases} \tag{2-33}$$

式中，u_{rd}、u_{rq} 和 i_{rd}、i_{rq} 分别为转子电压、电流的 d、q 轴分量；R_{r} 为转子电阻；$\sigma = 1 - \dfrac{L_{\mathrm{m}}^2}{L_{\mathrm{s}} L_{\mathrm{r}}}$ 为漏磁系数；$\omega_{\mathrm{s}} \dfrac{L_{\mathrm{m}}^2}{L_{\mathrm{s}}} i_{\mathrm{ms}}$ 为双馈发电机反电动势产生的相关扰动项；$\omega_{\mathrm{s}} \sigma L_{\mathrm{r}} i_{rd}$ 和 $\omega_{\mathrm{s}} \sigma L_{\mathrm{r}} i_{rq}$ 是交叉耦合项，可采取前馈补偿控制策略得到单纯的 d、q 轴控制方程。在此选取 PI 调节器作为电流内环的控制器，这样就得到转子控制电压 u_{rd} 和 u_{rq} 为

$$\begin{cases} u_{rq} = \left(k_{\mathrm{ip\_r}} + \dfrac{k_{\mathrm{ii\_r}}}{s} \right) (i_{rq}^* - i_{rq}) + \sigma L_{\mathrm{r}} \dfrac{\mathrm{d}i_{rq}}{\mathrm{d}t} + \omega_{\mathrm{s}} \left(\dfrac{L_{\mathrm{m}}^2}{L_{\mathrm{s}}} i_{\mathrm{ms}} + \sigma L_{\mathrm{r}} i_{rd} \right) \\ u_{rd} = \left(k_{\mathrm{ip\_r}} + \dfrac{k_{\mathrm{ii\_r}}}{s} \right) (i_{rd}^* - i_{rd}) - \omega_{\mathrm{s}} \sigma L_{\mathrm{r}} i_{rq} \end{cases} \tag{2-34}$$

式中，$k_{\mathrm{ip\_r}}$、$k_{\mathrm{ii\_r}}$ 为转子侧变流器电流内环 PI 调节器的比例和积分系数；i_{rd}^*、i_{rq}^* 分别为转子电流 d 轴和 q 轴的电流参考值。

电磁转矩 T_e 的表达式为

$$T_e = \frac{3}{2}n_p L_m (i_{sd}i_{rq} - i_{sq}i_{rd}) = -\frac{3}{2}n_p \frac{L_m^2}{L_s} i_{ms} i_{rq} \tag{2-35}$$

可见,当双馈发电机定子磁链 ψ_s 不变即 i_{ms}保持恒定时,T_e 仅与转子电流 q 轴分量 i_{rq}有关,这就是电机转矩解耦的理念。若以 PI 调节器控制电机转速外环,则此时转矩电流给定值 i_{rq}^* 表示为

$$i_{rq}^* = -\frac{2}{3}\frac{L_s}{n_p L_m^{-2} i_{ms}}\left(k_{np\_r} + \frac{k_{ni\_r}}{s}\right)(n^* - n) \tag{2-36}$$

式中,k_{np_r}、k_{ni_r}为转速外环 PI 调节器的比例和积分系数;n^* 为转子转速参考值。

此时双馈发电机的功率方程为

$$\begin{cases} P_s = \dfrac{3}{2}\dfrac{L_m}{L_s}u_{sq}i_{rq} \\ Q_s = \dfrac{3}{2}\dfrac{L_m}{L_s}u_{sq}(i_{ms} - i_{rd}) \end{cases} \tag{2-37}$$

可见,定子侧输出有功功率 P_s 由 i_{rq}控制,而无功功率 Q_s 由 i_{rd}决定。矢量定向的关键是获取准确的同步角度,为满足定子磁链定向的需求,需要设计专用的磁链观测器以获取 ψ_s 的信息。实际运行中因电网电压的钳位作用,可以认为发电机定子磁链 ψ_s 保持恒定,且其相位 θ_s 始终超前电压角度 $\theta_g \pi/2$,故 ψ_s 的角度 θ_s 可以由下式得到:

$$\theta_s = \theta_g + \frac{\pi}{2} \tag{2-38}$$

图 2-31 为基于定子磁链定向的双馈风电变流器机侧变流器控制结构。其中第 1 部分为检测环节,检测双馈发电机定、转子侧电压电流和转子的转速,计算定子定向角度;第 2 部分为电流反馈分解环节,对 $i_{r(abc)}$ 分解并送入控制器;第 3 部分为转速外环控制器,实现不同风速下最优转速的跟踪;第 4 部分为电流内环,通过 PI 调节器完成转矩电流 i_{rq}与励磁电流 i_{rd}的解耦跟踪,并获得变流器的控制电压 u_{rd}、u_{rq};第 5 部分为调制部分,经过对功率器件的开关控制,调制出需要的转子励磁电压,通常采用 SVPWM 的调制算法。

(2) 直接转矩控制。

前面所述异步电机直接转矩控制的原理,即通过对作用在机端上电压矢量的选择,使磁链幅值及定转子磁链间的夹角变化,继而实现转矩的直接控制,该原理对于鼠笼感应发电机和双馈发电机都是适用的,所以两种发电机的直接转矩控制思路与结构是相同的。但是由于双馈发电机的定子绕组与电网直接相接,定子磁

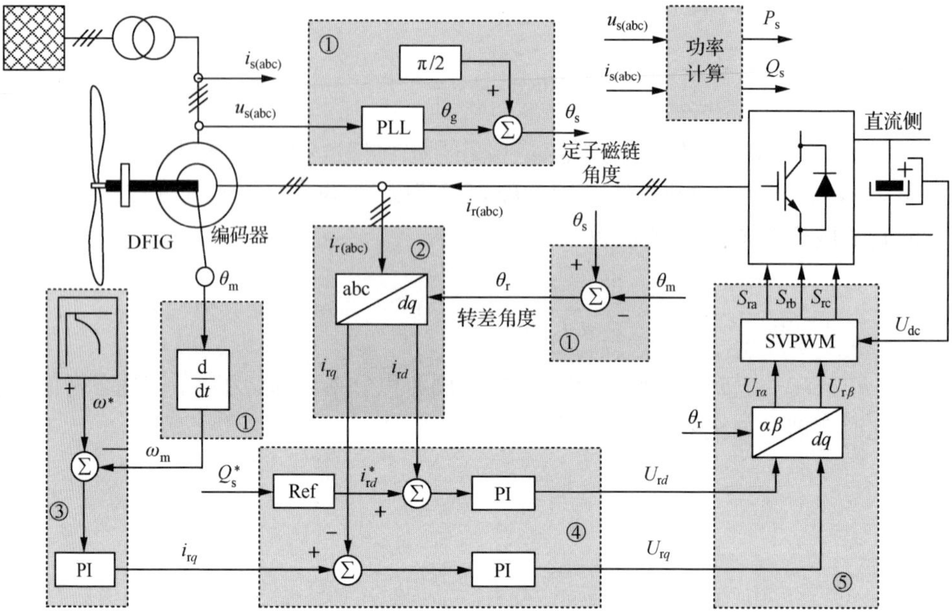

图 2-31 基于定子磁链定向的双馈风电变流器机侧变流器矢量控制

链 ψ_s 的幅值与相位因电网电压钳位而基本恒定，所以在双馈发电机中只能通过对转子磁链的控制来实现电机转矩控制，其分析过程及开关表的选取与前面鼠笼感应发电机的直接转矩控制基本相同，在此不再赘述。这样就得到双馈发电机的直接转矩控制的控制框图，如图 2-32 所示。

2.3.3 变流器保护电路

风电变流器的保护电路主要有 Crowbar 和 Chopper 两类。根据安装位置的不同，Crowbar 可以分为并联 Crowbar 和串联 Crowbar。根据开关器件的不同，Crowbar 可以分为主动型 Crowbar 和被动型 Crowbar。Crowbar 的作用是当电网出现扰动后（如短路故障造成的电网瞬时电压跌落），瞬时经电阻旁路变流器的交流侧主电路或者在主电路中接入电阻，限制流过变流器的暂态电流，减缓功率器件的电流应力。Chopper 是一种卸荷电路，电网受扰动后，在变流器直流侧母线上瞬时接入电阻，释放并消耗掉直流母线电容中多余的能量，抑制直流母线暂态过电压，减缓电容器及功率器件的电压应力；暂态现象消失后，退出保护恢复变流器的运行，达到变流器穿越电网故障的目的。一般在双馈风电变流器中，Crowbar 电路和 Chopper 电路联合使用，共同达到抑制器件电流和电压应力的目的；在全功率变换机组的风电变流器中，由于不存在由电网扰动引起的过电流问题，仅需要设置 Chopper 电路即可。本节简单介绍 Crowbar 和 Chopper 电路。

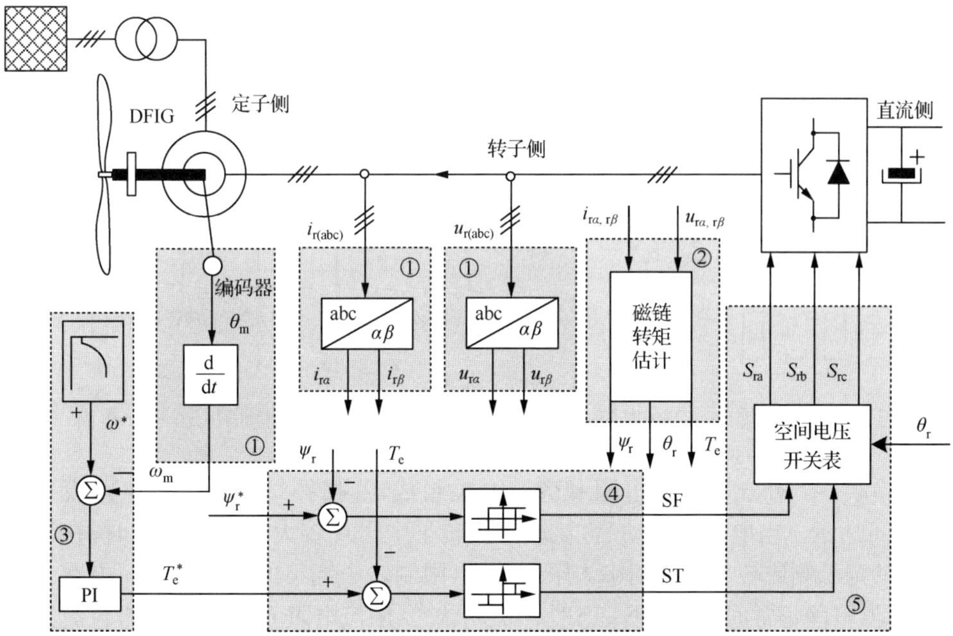

图 2-32 双馈感应电机机侧变流器的直接转矩控制

1. Crowbar

Crowbar 用于双馈风电变流器的保护，理论上可以有并联 Crowbar 和串联 Crowbar 两种方式。

并联 Crowbar，是当电网受扰动后，双馈电机转子中出现较大的暂态电流时，经小电阻瞬间旁路变流器的方式[28]，如图 2-33 所示，这种情况下变流器将短暂停止运行。图 2-33 中的 Crowbar 电路通常有被动型和主动型两种，被动型 Crowbar

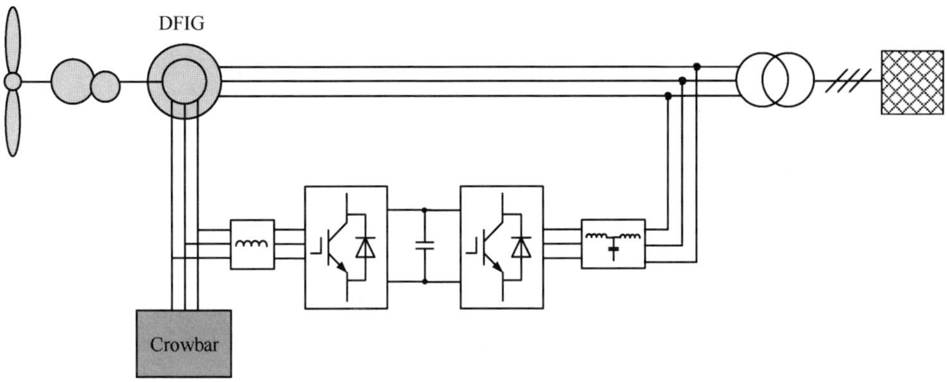

图 2-33 双馈型风电机组转子侧 Crowbar

电路中的开关由双向晶闸管构成，开关闭合后需要等到撬棒电流耗尽才能断开；主动型 Crowbar 由二极管整流桥及 IGBT 全控开关器件构成，可以依据情况即时断开电路。图 2-34 和图 2-35 分别给出了被动型和主动型 Crowbar 的电路图。

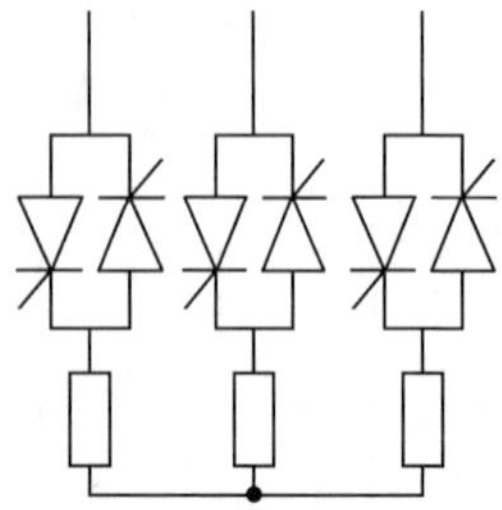

图 2-34　被动型 Crowbar 电路

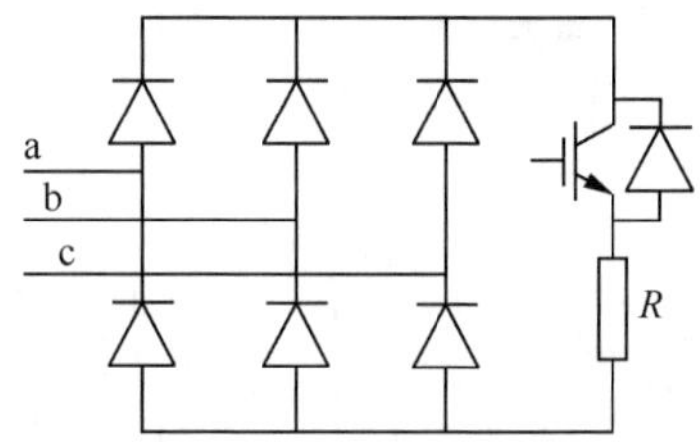

图 2-35　主动型 Crowbar 电路

串联 Crowbar 由限流电阻和旁路开关组成，其拓扑结构及等效电路模型如图 2-36 所示。当电网受扰动后，双馈电机转子中出现较大的暂态电流时，在双馈电机的定子侧或转子侧瞬间串入限流电阻，限制转子绕组的暂态电流。电路工作原理是：电网正常时，旁路开关 S 处于关闭状态，限流电阻 R_{scb} 被旁路，电流流经路径 1；当电网受扰后电机转子出现大的暂态电流，旁路开关 S 打开，限流电阻被接入相应回路，电流经限流电阻从路径 2 流过，暂态电流被限制。采用串联 Crowbar 的优点之一是在电网受扰期间变流器可以继续工作，不需要闭锁，但是常态下电流长期通过旁路开关 S，而由于速动性的要求，S 只能采用电力电子固态开关，这无疑增加了电路损耗，严重影响这种 Crowbar 的推广使用。

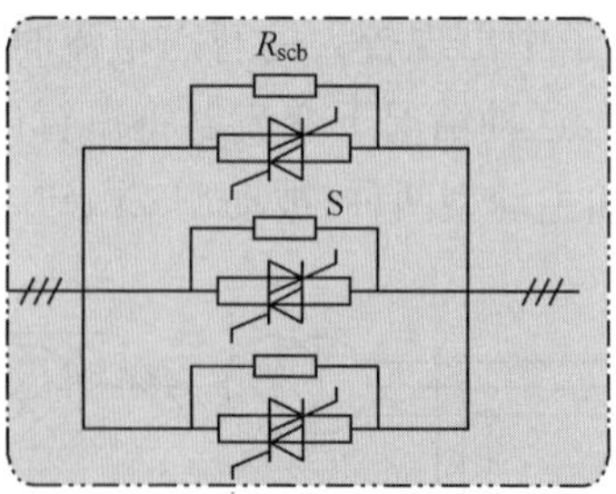

(a) 拓扑结构

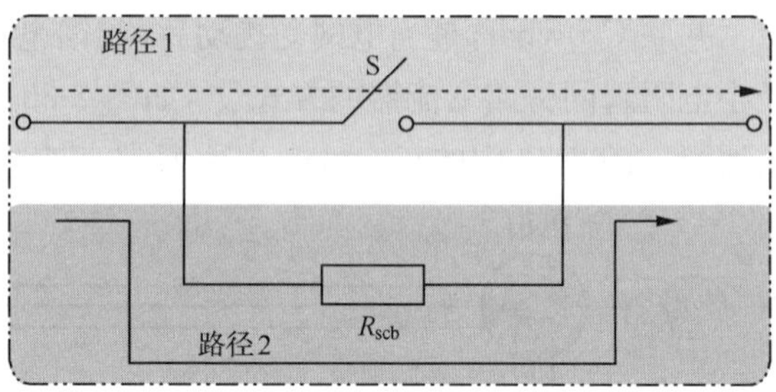

(b) 单相等效模型

图 2-36　串联 Crowbar 拓扑结构及其单相等效模型

2. Chopper

在风电变流器直流侧母线上设置卸荷电路，抑制母线瞬时过电压，图 2-37 和图 2-38 所示为目前变流器常用的两种 Chopper 电路，一种是经全控型开关器件直接接入卸荷电阻，另一种经 Buck 电路接入卸荷电阻，可以缓冲卸荷电流。目前在风电变流器中两种电路均有应用。

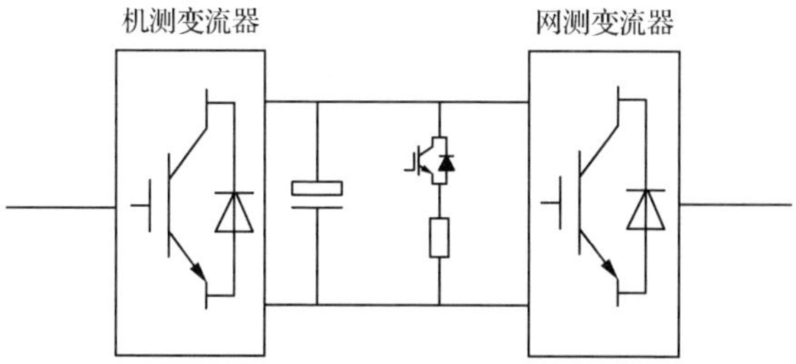

图 2-37 功率器件与电阻相连的卸荷电路

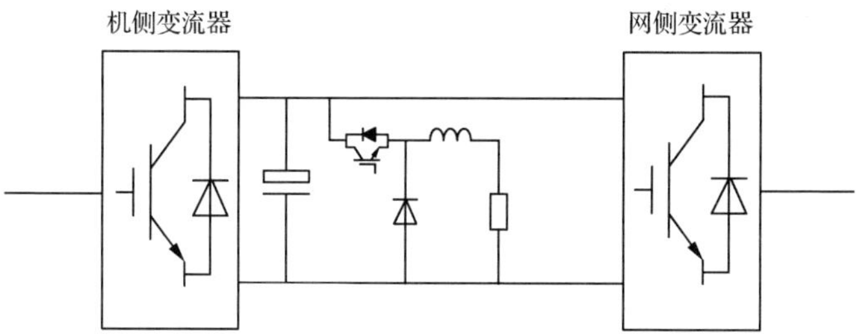

图 2-38 Buck 电路与电阻相连的卸荷电路

2.3.4 升压变压器

通常来说，风力发电机的输出电压较低，需要使用升压变压器升高电压并入电网。对于全功率机组，变压器的选择较简单，直接在变流器后端接入功率和低压侧电压匹配的变压器即可。对于双馈风电机组，变压器的选择与发电机定子电压、转子电压及变流器额定电压相关。图 2-39 给出了几种不同的电气连接方式。

图 2-39(a)中，发电机定子电压、转子电压及变流器的额定电压相同，用一台容量及低压侧电压与风机功率及出口电压匹配的变压器升高电压，并入风电场汇集网。图 2-39(b)中发电机定子电压在中压电压等级，转子电压及变流器额定电压是低压等级，需要一台额定功率(约为风机容量的 30%)与变流器容量相等的变压器，实现发电机定子电压与变流器电压的匹配，然后经一台变压器升高电压后并入风电场汇集网。图 2-39(c)中用一台三绕组变压器替代图 2-39(b)中的两台变压器，达到同样的效果。

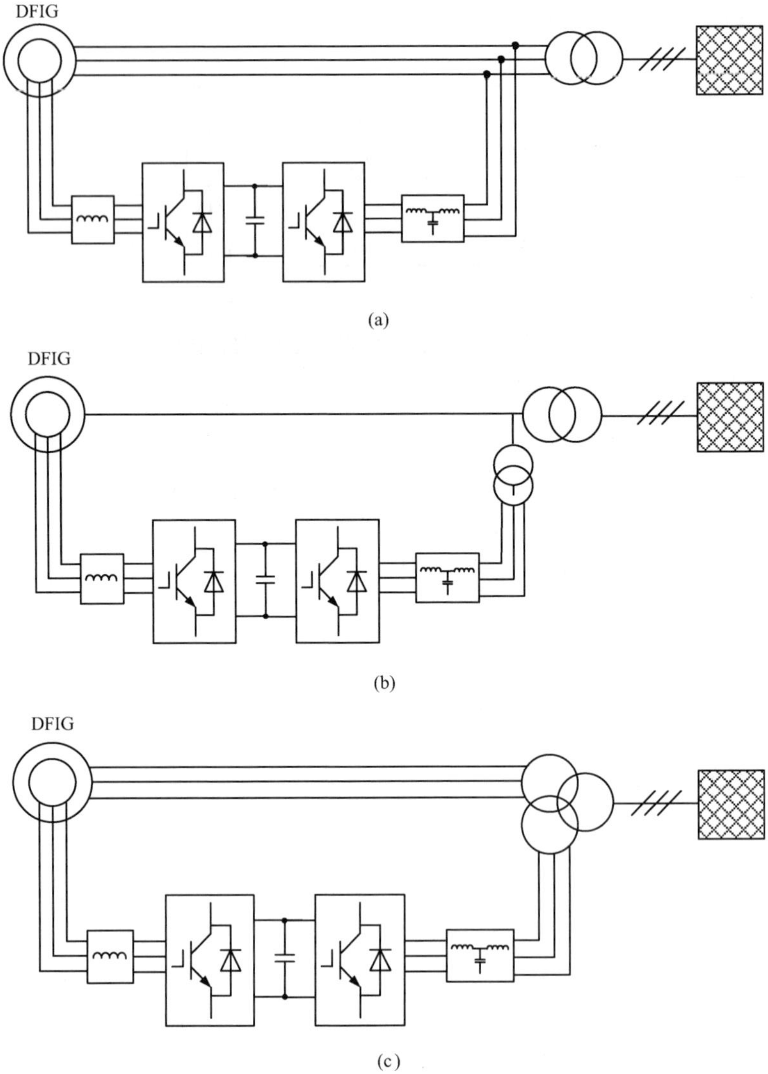

(c)

图 2-39　不同的变压器连接形式

2.4　风电机组的运行、控制与保护

2.4.1　风电机组的控制系统

风电机组控制系统结构如图 2-40 所示，主要包括主控制器、偏航与变桨系统及风电变流器三部分。

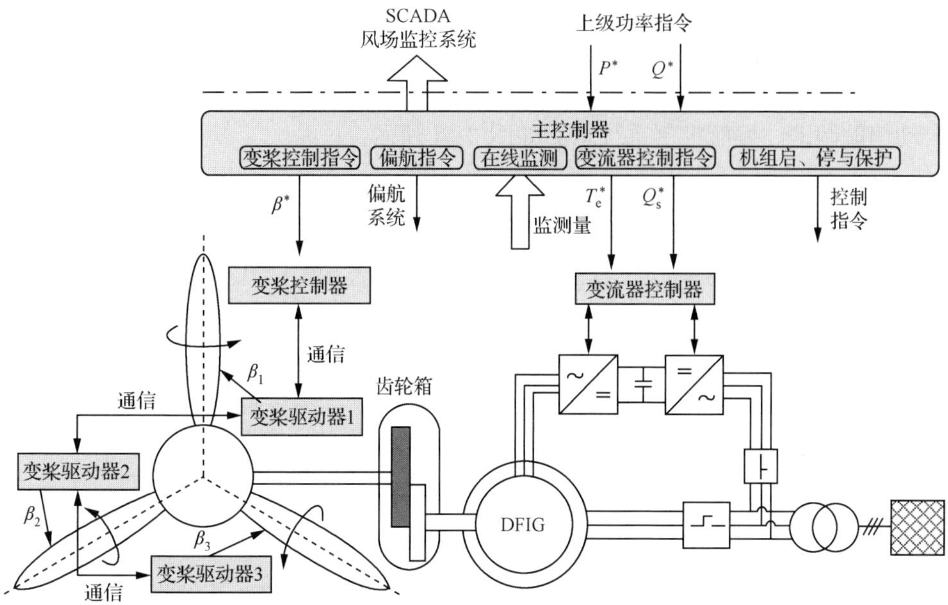

图 2-40　大型风电机组的控制系统

主控制器是机组的就地监控系统，承担风机状态监测、自动调节、实现最大风能捕获、启停机及保护、接收场站指令控制等重要任务，主要职能包括：①机组在线监测，监测变量包括用于主控制器控制的风速、风向、机组转速、电压、电流、电网频率等信号，以及用于机组安全保护的状态量，同时，部分监测量与风电场SCADA监控系统通信；②变流器控制指令，该指令响应上级功率指令，并根据机组运行控制产生变流器控制指令；③变桨控制指令，该指令根据机组发电运行需要为变桨系统提供桨距角指令；④偏航控制指令，根据风向仪检测信号和偏航计数器检测信号控制偏航系统；⑤机组的启停与保护，控制机组的启动、并网操作、停机以及机组的安全保护。

偏航系统是一套随动系统，包括偏航控制和偏航执行机构，偏航执行机构按照偏航控制跟随对准风向；变桨系统由变桨控制器和变桨执行机构组成，其按照主控制器发送的桨距角指令实现风力机桨叶的变桨距控制；变流器控制发电机的电磁转矩，按照主控制器发送的指令实现风机的变速运行及有功、无功功率控制。

2.4.2　风电机组的偏航控制

风电机组在启动前首先要检测电网、风况和机组状态，若各项状态正常则进行偏航对风。偏航系统是一套伺服系统，当主控检测到风向与风轮轴线方向存在偏离时，控制系统控制偏航执行机构，将风轮轴线方向调整至与风向一致。

风向仪检测风向与机舱轴线的偏离角度信号，计算该信号的10min平均值传送给偏航控制器，控制器输出指令使电机驱动执行机构动作，同时，风力机轴线方向发生改变，并通过绝对值编码器记录当前调整的角度，调整完毕后电机停转并启动偏航制动。偏航控制系统示意如图2-41所示。

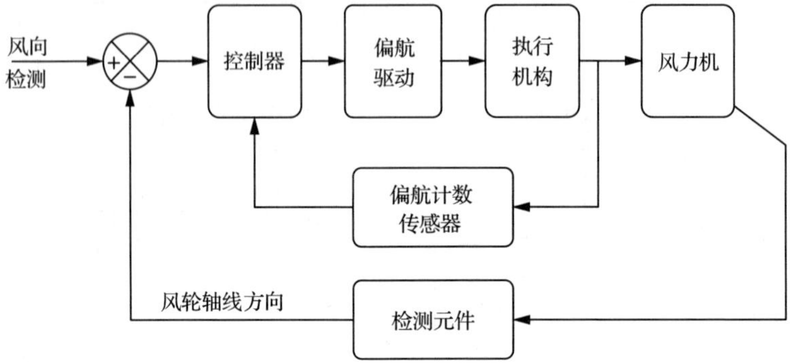

图2-41　偏航控制系统示意图

2.4.3　风电机组的变桨控制

变桨系统包括变桨控制器和变桨执行机构，主控制器给变桨控制器发送变桨指令，变桨控制器控制变桨执行机构实现桨叶的桨距调整。当风速超过额定风速后需要通过变桨控制将风力机气动功率控制为额定功率，实现机组的恒功率运行；机组在接收到风电场场站级控制系统的降功率运行指令时，也要进行变桨控制实现机组的降功率运行。风电机组正常运行时的变桨控制与机组启动或停机时的变桨控制不同，前者通过闭环控制实现，后者通常是预设的独立的变桨方案。变桨的控制方式包括统一变桨控制和异步变桨控制，下面将分别介绍。

1. 统一变桨控制

统一变桨控制是指3个桨叶桨距角的控制目标在任一时刻是一样的。具体控制方法包括基于转速反馈的变桨控制、基于功率反馈的变桨控制，以及二者结合的变桨控制，如图2-42所示（图中ω_n表示机组额定转速，P^*表示功率参考值，ω和P_e分别为当前机组转速和功率）。同时采用转速反馈和功率反馈的变桨控制方案可以更好地保证转速和功率不超限。基于转速反馈的变桨控制，通常依据发电机的检测转速与额定转速的偏差经过PI调节器后产生变桨指令，该指令需要限制变桨速率（通常为±7°/s）和变桨幅值（0°～90°）。

基于功率反馈的变桨控制，通常依据发电机的检测功率P_e与功率指令P^*的偏差经过PI调节器后产生变桨指令，该指令同样需要限制变桨速率（通常为±7°/s）、变桨幅值（0°～90°）。当机组不限制功率运行时，功率指令P^*为机组的额定功率。

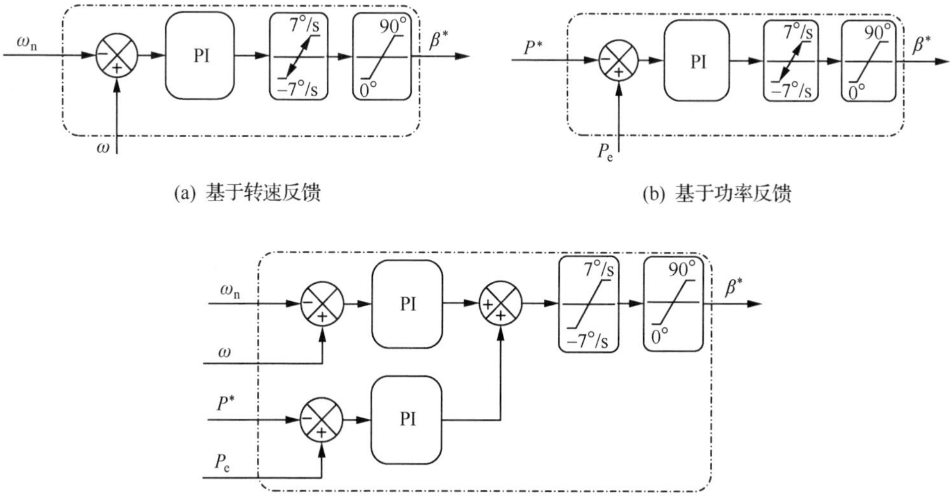

(a) 基于转速反馈　(b) 基于功率反馈

(c) 转速反馈与功率反馈结合

图 2-42　统一变桨控制

变桨控制的主要作用是将风力机气动功率限制在额定功率及以下。气动功率与桨距角之间具有较强的非线性关系。随着桨距角的增大，功率对桨距角变化的灵敏度降低，单一的控制器参数难以在全风况下取得好的控制效果。通常采用变增益的控制器对非线性环节进行补偿，这种方法便于工程应用、简单可靠而且控制效果较好。

2. 异步变桨控制

统一变桨控制器设计的前提是假定整个风轮扫掠面内风速分布是均匀的。在实际中，由于风剪切、塔影效应和湍流等影响，桨叶在风轮旋转平面内的不同位置受到的风速各不相同，导致气动转矩处于持续变化过程中，影响风力机的输出功率以及电能质量；同时造成桨叶上的载荷不平衡，这些载荷作用在风轮主轴、传动链、轮毂、偏航轴承和塔架上，带来风机机械振动、疲劳寿命和电能质量等方面的负面影响。随着风轮直径不断增大，风剪切、塔影效应和湍流等引起的风轮旋转力矩波动、桨叶和机舱的不平衡载荷也随之增大，上述问题更加突出。

异步变桨控制是在统一变桨控制的基础上给每个桨叶叠加一个独立的桨距角信号，使 3 个桨叶桨距角各不相同从而具有不同的空气动力学特性，补偿风速不均匀性引起的不平衡载荷，从而降低桨叶上力矩的波动，减弱桨叶和机舱上的不平衡载荷。随着风机容量的增加，通过异步变桨减轻风机的载荷越来越受到关注。异步变桨控制策略主要分为如下内容。

1) 基于桨叶方位角的异步变桨控制

控制思想是在风轮旋转时，风剪切和塔影效应引起的风轮转矩、俯仰力矩和偏航力矩呈周期性变化，它们是风轮方位角的函数，因此根据方位角预测桨叶的受风情况，推导出每个桨叶中心位置处的平均风速，进而估计风轮受力和桨叶载荷，确定相应的权系数，将统一桨距角给定转化为每个桨叶的桨距角给定，实现异步变桨控制[9]。这种控制方法的优点是桨叶的方位角比较容易测量，因为大多数风机都装有测速传感器，桨叶方位角的测量可以通过风力机的风轮转速传感器计算而得到。同时由于检测量不包含实际的桨叶气动载荷信号，无法准确估计桨叶的气动载荷，主要依靠控制经验，因此控制效果不够理想。

2）基于 Coleman 坐标变换的异步变桨控制

风电机组模型是含有时间变量的线性时变模型，为了控制方便，可利用 Coleman 坐标变换将线性时变系统模型变换为固定坐标系下的线性时不变模型。在异步变桨控制中，利用 Coleman 逆坐标变换将风轮旋转坐标系中输出变量变换到轮毂固定坐标系上，作为异步变桨控制器的输入；利用 Coleman 变换将异步变桨控制器的输出变换到风轮旋转坐标上，与统一变桨控制器参考值叠加后作为各自变桨执行机构的桨距角参考值[9,28]，如图 2-43 所示。

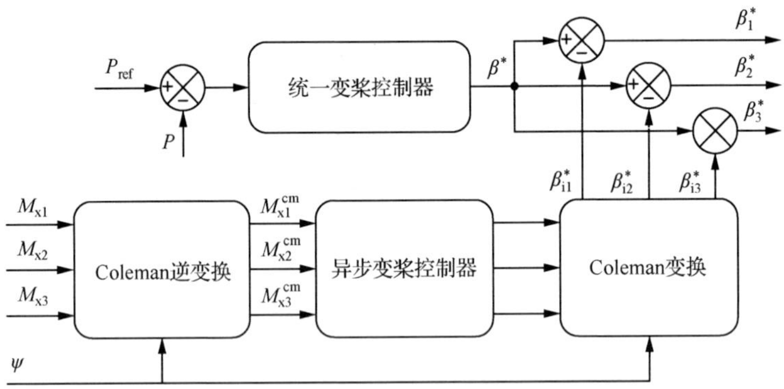

图 2-43　基于 Coleman 坐标变换的异步变桨控制

2.4.4　风电机组的启动

风电机组的并网启动包括机械启动和电气启动，前者是指风力机由停机状态加速到并网转速（即发电运行所要求的最低转速）的过程，后者指的是机组并网的过程。对于不同类型的机组来说，其机械启动方式基本一致，仅在并网过程中略有不同。

1. 风电机组的机械启动

风电机组的机械启动根据启动时的风速情况可分为小风启动和大风启动，二者的区别仅在于初始设定的桨距角目标值不同，小风启动的桨距角目标值通常为 15°，大风启动的桨距角目标值通常为 30°。这里以小风启动为例进行说明，启动前机组处于桨距角 90°的停机顺桨状态，机组自检正常且完成偏航对风后制动解除，若检测到 10min 之内的平均风速满足小风启动条件，则设定桨距角目标值为 15°，并以 2°/s 的变桨速率开环执行变桨指令，此时桨距角从 90°逐渐减小，风力机开始旋转并逐渐加速，注意到此过程发电机并未并网，不产生电磁阻力转矩，机组在变桨控制下自由加速。当桨距角到达 15°时，若风力机转速达到并网转速的 1/2，则进入二次变桨阶段；否则保持 15°桨距角直到机组加速到并网转速的 1/2(并网转速指机组发电运行的最低转速)。二次变桨阶段采用闭环变桨控制，变桨控制的目标是将机组转速稳定在并网转速附近，实现这一目标并保持 5s 后认为风电机组的机械启动完成。机组的小风机械启动过程如图 2-44 所示。

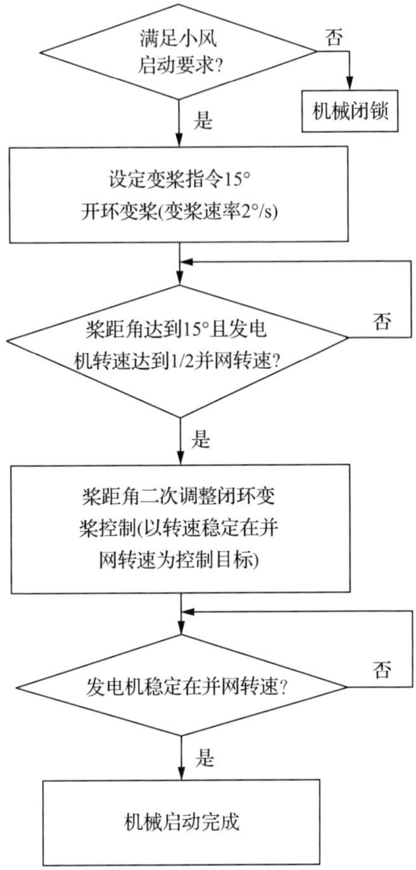

图 2-44 机组的小风机械启动

2. 风电机组的电气启动

风电机组机械启动完成后，主控制器发送给变流器指令，执行并网操作。不同类型的机组的电气启动过程略有不同。对于双馈机组而言，变流器得到并网指令后，首先由预充电回路对直流母线电容进行限流充电，直流母线电压提升到一定程度后，网侧变换器合闸并开始调制控制维持变流器直流母线电压恒定，随后启动机侧变换器为发电机励磁，检测发电机定子端电压是否与电网电压频率、幅值、相位一致，若达到要求则并网开关合闸，机组并网运行，此后逐渐将桨距角调整为最优桨距角(通常为 0°)。对于永磁直驱机组而言，变流器得到并网指令后，同样先对直流母线电容充电，随后网侧变换器工作跟踪电网电压幅值和相位，在完全同步后并网开关合闸，机组并网运行，此后逐渐将桨距角调整为最优桨距角。由于并网开关合闸瞬间，机组输出功率接近零，因此并网冲击很小。

2.4.5 风电机组的发电运行

风电机组的发电运行控制包括有功发电控制和无功控制，其中有功发电控制包括机组最大功率运行和机组降功率运行两种模式。

图 2-45 为风电机组全风况发电运行示意图，图中，ω_{min}代表机组发电运行的最低转速，ω_{max}代表机组最高转速；β_{min}为最小桨距角，β_{max}为最大桨距角（通常为90°），β_0为额定风速以下的最优桨距角，通常情况下$\beta_{min}=\beta_0=0°$；v_{cutin}代表机组切入风速，v_1代表机组 MPPT（maximum power point tracking）段的起始风速，v_2代表机组结束 MPPT 段的风速，v_n代表机组额定风速，v_{max}代表机组发电运行的切出风速，若风速进一步增大机组将顺桨停机。

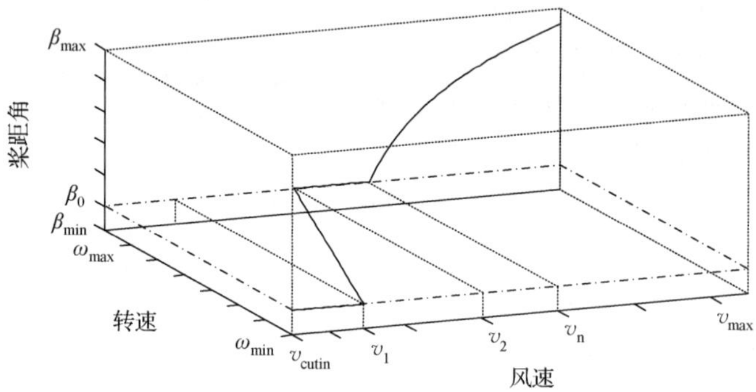

图 2-45　风电机组全风况发电运行示意图

风电机组运行的最低转速和最高转速受限于机械部件约束、变流器容量及变流器电流可控性。在风力机的原理介绍中已经提到，风力机以最佳叶尖速比运行时，可以捕获到最大的风能。从图 2-45 中可以发现，机组发电运行的最低转速限制和最高转速限制导致机组无法在额定风速以下均以最佳叶尖速比运行。因此，$[v_{cutin},v_1]$风速区间和$[v_2,v_n]$风速区间对于机组整体而言是限制条件下的最优运行，但对于风力机而言并不是最大功率运行。

1. 风电机组的最大功率运行

1）变速运行段最大功率跟踪控制策略

风电机组额定风速以下变速运行段的最大功率跟踪控制策略主要有最佳叶尖速比控制、爬山搜索法和功率反馈控制。其中最佳叶尖速比控制依赖风速信号，由于测风装置安装在风轮后方，所测风速不可避免地受到干扰，因此测风装置所测得的风速信号通常并不用作功率控制，而是作为状态监测量用于机组启动等判断操作。

爬山搜索法通过“主动尝试”调整机组工作点，从而不断搜寻机组的最优工作点，该方法理论上总能保证机组运行在最优工作点附近，并能应对包括空气密度变化等造成的负面影响。但是应用于大惯量的大型风电机组存在其局限性，且动态搜寻最优工作点的过程会受到自然风风速变化的影响，不断调整工作点可能增加机械疲劳载荷。

功率反馈控制是目前常用的功率跟踪控制方法,其有如下两种实现形式。

(1) 通过转速获取最优功率参考值(或最优转矩参考值)的方法。对于特定的机组,已知该机组的最优发电曲线,由此形成转速与最优转矩的关系 $T_e^* = f(\omega_r)$,这种关系以表格形式存入风机的主控制器中,需要时可以通过查表得到。这种方法的控制框图如图 2-46 所示,i_{dr}^* 代表 dq 坐标系下用于控制转矩的解耦分量。依据风机的转速反馈值,查表得到最优转矩参考值,由该参考值作为给定转矩,经变流器闭环控制该转矩,从而控制风电机组有功功率输出。风机转速的反馈形成外部闭环控制,最终使得发电跟踪最佳功率曲线。

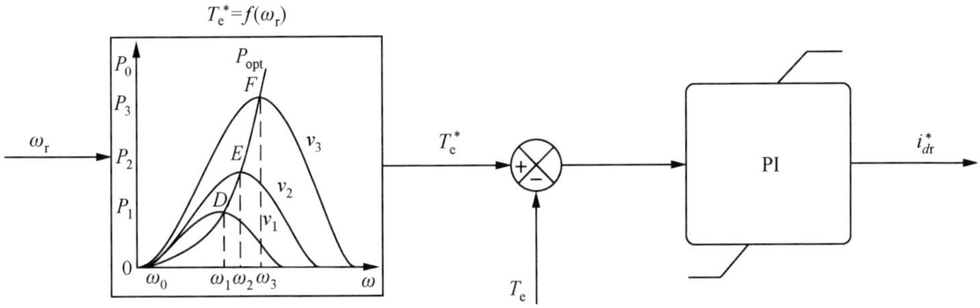

图 2-46　通过转速获取最优转矩参考的 MPPT 控制

(2) 通过功率(或转矩)获取最优转速参考值的方法。同理,对于特定的机组,已知最优转速与功率的关系为 $\omega_{opt}^* = f(P)$ 或最优转速与转矩的关系$\omega_{opt}^* = f(T)$,可以表格形式存入主控制器中,也可以根据式(2-39)确定。这种方法的控制框图如图 2-47 所示,反馈值既可以是估算得到的气动功率 P_a 或气动转矩 T_a,也可以是更容易获取的电功率 P_e 或电磁转矩 T_e。所获取的发电机最优转速参考值经过上、下限限幅后,再通过转速闭环得到最优转矩的参考值,由该参考值作为给定转矩,经变流器闭环控制该转矩,从而控制风电机组有功功率输出。

$$\omega_{opt}^* = \sqrt[3]{\frac{P_a}{k_{opt}}} = \sqrt{\frac{T_a}{k_{opt}}} \tag{2-39}$$

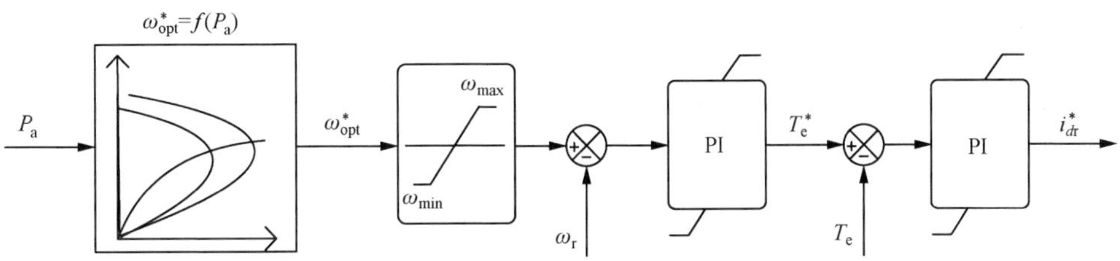

图 2-47　通过功率获取最优转速参考的 MPPT 控制

2）全风况下最大功率跟踪控制策略

为阐明该方法，按照风速划分 4 个发电运行区域，其中Ⅰ区对应于$[v_{cutin}, v_1]$风速区间的恒最低转速段，Ⅱ区为恒最佳叶尖速比的 MPPT 段（变速运行段），Ⅲ区为 MPPT 段结束到额定风速之间的恒定转速段（恒最高转速段），Ⅳ区为额定风速以上的恒额定功率段，如图 2-48 所示。

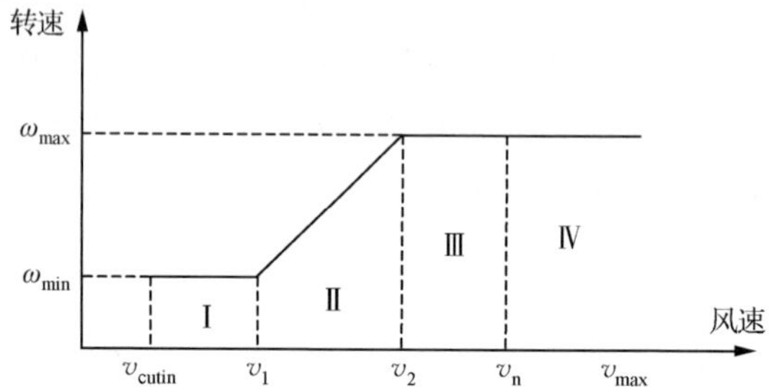

图 2-48　按照风速划分的机组运行区域

对于Ⅰ区和Ⅲ区，为了保持转速恒定需要采用转速闭环控制，可采用实际转速与给定转速的偏差经过 PI 调节器后作为发电机电磁转矩的参考值。

对于Ⅱ区，根据最优转矩系数 k_{opt} 计算最优转矩参考值 T_e^* 或最优功率参考值 P_e^*。其中

$$k_{opt} = \frac{1}{2}\pi\rho R^5 C_{p,max} \frac{1}{\lambda^3} \tag{2-40}$$

$$T_e^* = k_{opt}\omega^2 \tag{2-41}$$

$$P_e^* = k_{opt}\omega^3 \tag{2-42}$$

对于Ⅳ区，需要通过变桨控制将气动功率限制在额定功率，实现机组的恒功率运行，其方法已在 2.4.3 节中介绍。机组发电运行中，需要重点考虑的是机组在Ⅰ区与Ⅱ区、Ⅱ区与Ⅲ区之间的切换控制。一种切换控制由变限幅的 PI 调节器实现，如图 2-49 所示。当风速较小时转速也较小，对应于 $\omega<\omega_1$ 即 S=0 的控制回路，此时 PI 调节器的下限值为 0，上限值为 $k_{opt}\omega^2$。当风速较大时转速也较大，对应于 $\omega>\omega_1$ 即 S=1 的控制回路，此时 PI 调节器的下限值为 $k_{opt}\omega^2$，上限值为发电机能提供的最大转矩 T_{max}。

全风况下的风电机组发电运行包含恒转速段、变速段、恒功率段几种运行模式。根据机组转速查取机组转速-转矩关系表获取电磁转矩参考值的控制方法（图 2-46，以下简称查表法）需要保证转速与转矩一一映射的关系，因此在恒转速段的转矩数据需要有一定的“斜率”，如图 2-50 中的 A-B 段和 C-D 段所示。查表法正是通过表格中数据的斜率实现不同模式之间的平滑切换，但同时这种做法导

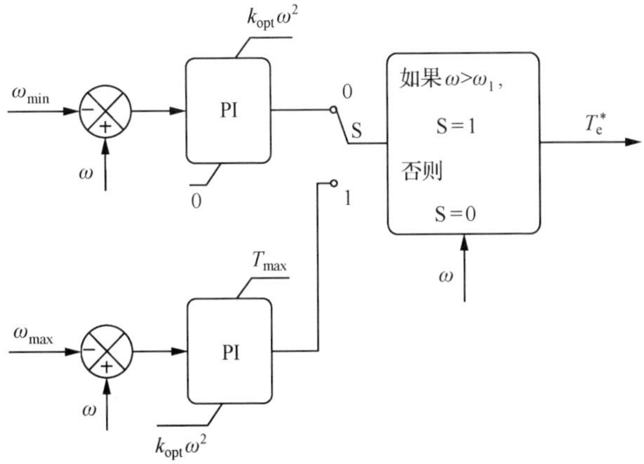

图 2-49 机组发电运行的切换控制

致机组没有真正意义上的恒转速段，造成 B_1-B 和 C-C_1 两个 MPPT 段缺失并损失一定的发电量。

图 2-50 中 T_{opt} 曲线代表风力机的最优工作曲线，由于机组转速的限制，机组可能在 B_1-C_1 段运行于最优工作曲线。但若采用查表控制法，仅有 B-C 段运行在最优工作曲线；而采用图 2-49 所示的控制方法时，得益于恒转速段与变速段之间的自然平滑切换，机组可以按照 A-B_1-C_1-E 运行，可见该方法可以完全利用风机的 B_1-C_1 变速运行段，实现了机组转速限制下的最优发电运行。

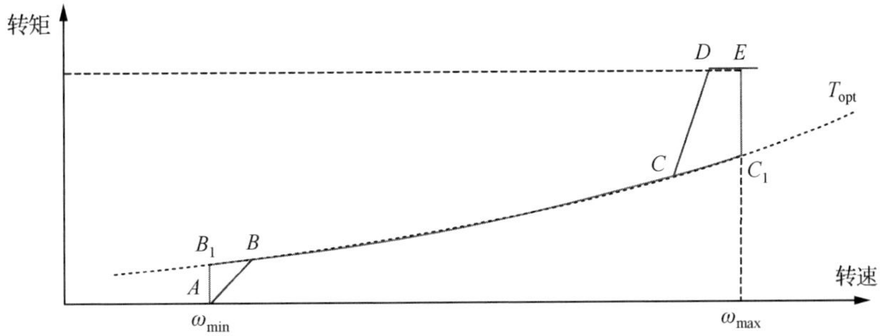

图 2-50 两种最大功率跟踪控制的对比

2. 风电机组的限功率运行

在一些特定条件下，风电机组需要限制发电功率运行，这些情况包括响应上级调度指令、降功率从而为机组预留上调裕量等。风能利用系数是叶尖速比和桨距角的函数，其中，改变叶尖速比可以通过变流器控制改变机组转速实现，因此机组降功率运行可从变桨和变流器控制下的变速两个方面来实现。

根据变桨和变流器控制下变速的主导作用可分为以下情形。

1) 变桨限功率

风能利用系数与桨距角的关系如图 2-51(a)所示。理论上,单纯通过变桨控制即可实现任意幅度的限功率运行。

完全采用变桨控制实现限功率运行时,将功率指令设定为功率限值 $P_{\lim}$ 即可,如图 2-51(b)所示。

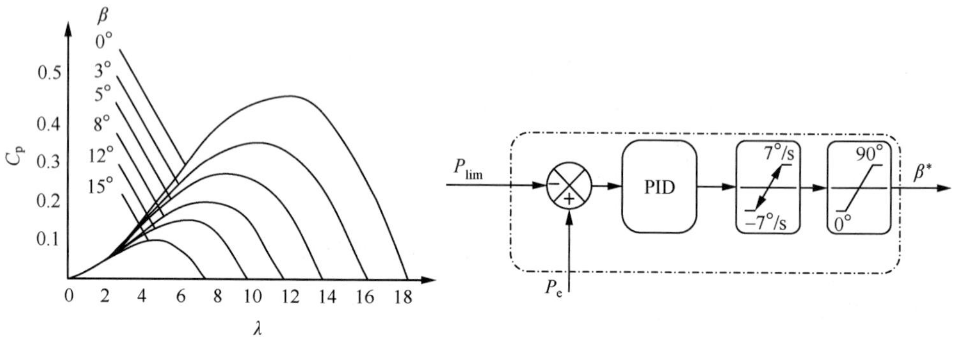

(a) C_p与β的关系　　(b) 变桨限功率控制

图 2-51　变桨限功率

2) 变速-变桨联合限功率

变速限功率运行的原理如图 2-52 所示,其本质是通过发电机转矩/有功控制改变机组运行工作点,即使得机组偏离最大功率工作点运行,降功率的多少取决于偏离最大功率跟踪点的程度,一个前提条件是变速限功率运行不应当超过机组转速的限制条件。变速限功率包括增速降功率运行和减速降功率运行两种方案。图 2-52 中粗实线表示最优工作曲线,图 2-52(a)中粗虚线表示减速降功率曲线,

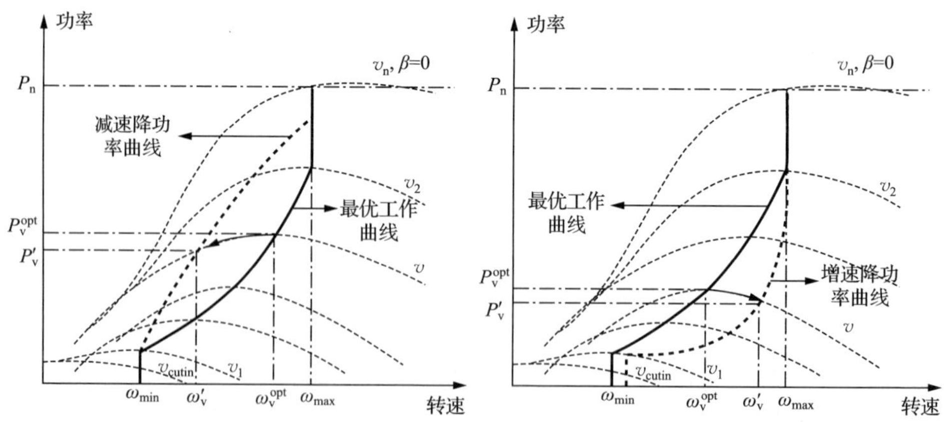

(a)　　(b)

图 2-52　变速限功率运行原理

图 2-52(b)中粗虚线表示增速降功率曲线。目前认为较理想的方案是增速限功率运行。单纯依靠变速并不一定能满足限功率需求，因此需要借助变桨的配合使用。

以变速控制为主、变桨控制为辅的限功率运行方案中，当转速较低时，可以通过升速来实现限功率；当转速超过运行范围时，采用变桨进行限功率控制，可以减小桨距角控制器频繁启动，同时降低变桨控制对整机的载荷。此外，升速降功率运行的同时增加了机组储存的动能。

3. 风电机组的无功控制

风电机组在发出有功功率的同时，也需要满足特定无功控制的需要，本节将介绍机组常态运行下的无功控制，同样仅介绍无功功率参考值的给定，无功控制是由变流器实现的。

无功控制通常采用给定功率因数控制或无功电压控制。

1）给定功率因数控制

目前商业机组大多采用给定功率因数($\cos\varphi$)控制，有功控制已在 2.4.2 节中介绍，通过功率因数与当前有功、无功的对应关系，得出需要的无功功率，并作为变流器无功控制回路的给定值。控制框图如图 2-53 所示。

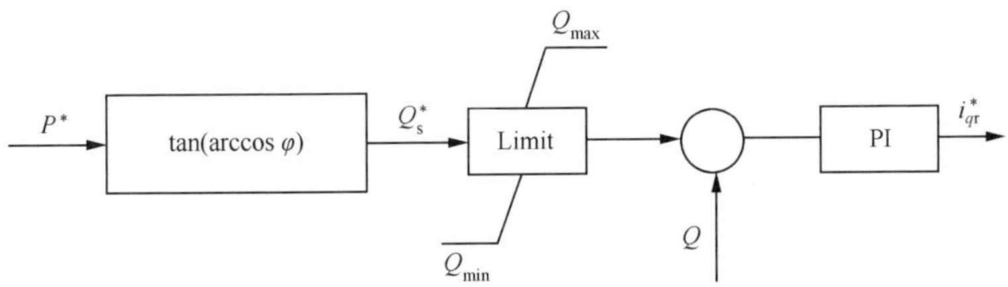

图 2-53 给定功率因数控制

对于全功率机组而言，电网的无功功率通过网侧变换器发出，因此将无功控制方案应用到网侧变换器即可；对于双馈机组而言，网侧变换器通常设置为单位功率因数控制，将无功控制方案应用到机侧变换器即可。

2）无功电压控制

风电机组实际运行环境中，电网并不是理想电源，无功电压控制方案中，无功功率的参考值通过机端电压来确定，从而可以为电力系统提供无功支撑。

对于直驱机组，电网的无功功率通过网侧变换器发出，通常的做法是电压的偏差通过一定死区，再经 PI 调节器后作为网侧变换器无功功率参考值。

双馈机组有机侧和网侧变换器两个无功电源可以利用，且机侧变换器无功控制能力要大于网侧变换器，但响应速度要比网侧变换器慢。因此，网侧变换器可以认为是调节时间常数较小的无功电源，用于平抑电压的快速变化（快速调压）；

而机侧变换器可认为是时间常数较大的无功电源，用于平抑电压的平缓变化（低速调压），两个无功电源在控制时间上错开，有助于节点电压的稳定。控制回路如图 2-54 所示。

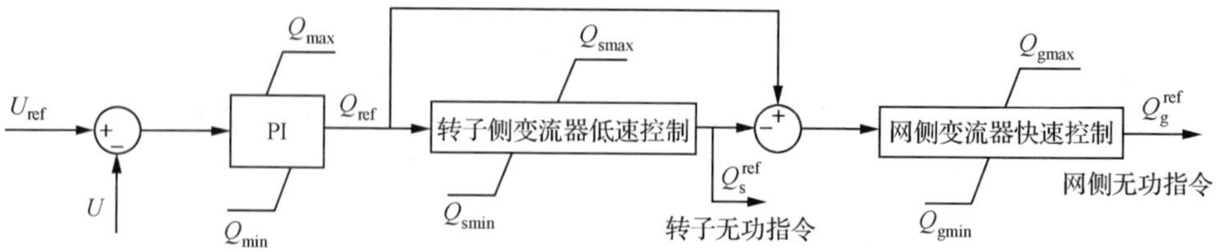

图 2-54　变流器无功电压协调控制框图

由图 2-54 可知，通过电压调节器得到所需无功指令，机侧、网侧变换器对无功控制的解耦是通过电压变化速率来实现的。当电压变化较快时，可以认为转子变流器来不及响应，网侧变换器响应电压调节器输出指令；当电压变化较缓慢时，转子变流器能够及时响应电压调节器指令，网侧变换器指令为电压调节器输出指令减去当前转子变流器的输出无功，如果转子变流器有能力完全输出给定的无功，此时网侧变换器无功指令为零，如果转子变流器达到极限，网侧变换器指令不为零。总体来说，双馈风电机组电压控制以机侧变换器为主，网侧变换器为辅。

2.4.6　风电机组的保护

风电机组需要时刻监测机组状态、风况、电气参数，从而为正常发电运行和机组安全提供保障。与用于控制器实时控制信号的检测不同，机组状态的监测侧重于事件的触发和机组的保护。

1. 风电机组的监测与保护

1) 电气参数监测

风电机组监测的电气参数包括电网电压、机组输出的电流、电网频率等。无论风电机组是处于并网还是脱网状态，这些电气参数都会被监测，用于判断风电机组的状态、启动条件及故障情况，还用于统计风电机组的有功功率、无功功率、功率因数和总发电量。

(1) 电压。风电机组检测电压的幅值和相位，并由此判断过电压、欠电压、过频、欠频、三相不平衡、相位突变等故障。在上述参数中，除了相位突变外，其他参数都可以分为短时判据和长时判据来监测，这些监测数据超过设定值，有可能是机组本身的原因，更可能是电网的原因。

(2) 电流。风电机组监测电流的幅值和相位，并由此判断过电流和三相不平衡故障。这些监测参数一般为短时判据，一旦出现，机组就必须停机。产生故障的原因通常在于机组自身。

(3) 有功功率和无功功率。通过分别测量电压相角和电流相角，经过移相补偿算法、平均值算法处理后，计算机组的有功功率和无功功率。发电机输出的无功功率会导致电网的电流增加，线损增大，且占用系统容量，因此机组送入电网功率的无功分量越少越好。

定速风电机组一般使用固定电容器来补偿无功功率，以减少感性无功。补偿电容器一般按照不同容量分为若干组，风电机组输出的功率常在大范围内波动，补偿电容器的投入和切除可以根据发电机输出功率的大小来设定，以确保满足电网功率因数的要求。变速风电机组一般采用变流器来调节机组的功率因数，在变流器容量允许的范围内可以灵活地调节有功功率和无功功率，甚至在发电机不运行时可以向电网输送感性或容性无功功率。

2) 风力参数监测

(1) 风速。风速通过机舱外的风速仪得到，风速信号用于判断机组是否适合启动及机组是否应当执行停机。

(2) 风向。风向标安装在机舱顶部，用来测量风向与机舱中心线的偏差角。一般需要采用两个风向标以便互相校验。控制器根据风向信号，启动偏航系统。当两个风向标不一致时，偏航会自动中断。一般，当风速低于 3m/s 时，偏航系统不启动。

3) 机组状态参数检测

(1) 转速。风电机组的转速测量点主要有两个：发电机转速和叶轮转速，对于变速机组还需要检测变桨转速。转速测量用于判断机组是否完成机械启动，以及判断机组是否超速，一旦超速、超限，机组将执行停机操作。

(2) 温度。风电机组的温度测量量非常多，用于监测风电机组的工作状态，主要包括齿轮箱油温、发电机绕组温度、轴承温度、变流器温度、变桨驱动器温度、制动盘温度等。温度的检测值会触发一些安全警报甚至保护事件。

(3) 机舱振动。为了检测风电机组的异常振动，在机舱上应安装振动保护开关。机组的振动监测主要针对机舱的前后、左右振动及传动系统的扭振。

此外，电缆缠绕、润滑油缺失及制动盘片磨损也作为机组的监测目标。

2. 风电机组的制动与保护

1) 风电机组的制动系统

风电机组的制动系统由叶尖扰流器和机械式制动器组成。当风力机组处于运行状态时，叶尖扰流器作为桨叶的一部分吸收风能，其动力是风电机组中的液压系统。液压系统提供的液压油通过旋转接头进入安装在桨叶根部的液压缸，压缩叶尖扰流器机构中的弹簧，使叶尖扰流器与桨叶主体平滑地连为一体。当风电机组需要停机时，液压系统释放液压油，叶尖扰流器在离心力的作用下，按设计的轨迹转过 90°,在空气阻力下起制动作用。盘式制动器是风电机组中的辅助制动装置,机械制动器都被安装在高速轴上。

制动装置是风电机组十分重要的组成部分,具防止机组发生飞车事故,保障机组安全运行。风电机组的制动包括机械制动和空气动力制动。空气动力制动是机组的主要制动装置。对于定桨距型风力机,通过加装叶尖扰流器装置,在风力机需要制动时,液压系统按照控制指令释放扰流器,桨叶尖部形成阻尼板,产生很大的气动阻力实现空气动力制动。对于变桨距型风力机,变桨系统除了在正常发电运行中限制气动功率之外,还可作为风电机组的空气动力制动装置。常规运行中,变桨系统是按照转速闭环或功率闭环控制运行的,当出现紧急情况时,变桨系统按照紧急开环指令(变桨速率通常为 15°/s)动作,迅速调整至顺桨位置,桨叶产生空气制动力矩,限制机组转速的不正常升速,保证机组安全。

2) 风电机组的保护

(1) 超速保护。当转速传感器检测到发电机或风力机转速超过额定转速的 1.1 倍时,控制器会发出正常停机指令。风电机组上另设有一个完全独立于控制系统的,通过作用于液压系统引起叶尖扰流器动作的紧急停机系统。在控制叶尖扰流器的液压缸与油箱之间,并联了一个受压力控制的可开启的突开阀。作用在叶尖扰流器上的离心力与叶轮转速的二次方成正比。叶轮超速时,液压缸的液压力迅速升高,达到设定值后突开阀被打开,液压油被泄回油箱,叶尖扰流器在离心力的作用下,迅速脱离桨叶主体,旋转 90°成为阻尼板,使机组在控制系统或检测系统或电磁阀失效的情况下得以安全停机。

(2) 电网失电保护。风电机组离开电网将无法正常工作,一旦失电,控制叶尖扰流器和机械制动器的电磁阀就会立即打开,液压系统失去压力,制动系统动作,相当于执行紧急停机。

(3) 电气保护。①过电压保护:控制器对通过电缆传入控制的浪涌冲击,具有自我保护能力。控制柜内设有瞬时冲击保护系统。②瞬态保护:瞬态保护包括功率器件的过电压保护,传感器输入信号的隔离以及通信电缆的隔离。③雷击保护:雷击保护的原理是保持机组所有部件的电位平衡,并提供便捷的接地通道以释放雷电,主要包括桨叶的雷击保护,机舱的雷击保护和塔基的雷击保护。

2.5 本章小结

本章介绍了几种典型风力发电系统的组成、结构和功能,并对风电机组的机械系统和电气系统的组成和工作原理进行了介绍。

风电机组的机械动力系统主要包括风力机、传动系统、塔架、变桨系统和偏航系统等，主要担负风能捕获、转换和机械能的传递任务。

风电机组的电气系统主要包括发电机、变流器、升压变压器和电气控制系统等。发电机实现机电能量转换，变流器实现电功率的变换、机组的变速控制与功率控制。发电机和变流器将风机输出的机械功率转换为电功率后，经变压器升压后以合格的电能并入电网。

风电机组的控制系统包括主控制器、偏航与变桨控制及变流器控制。主控制器处理机组的各类运行状态检测信息，经过控制决策算法，发送控制指令给机组的变桨系统及变流器等，以此协调控制整个机组的稳定可靠运行及最大风能捕获。主控制器同时还可以接收风场上级监控系统的指令，完成要求的电功率控制目标。变桨和偏航系统为典型的伺服控制系统，按指令进行目标控制。风电变流器的控制方法最广泛采用的是矢量控制，直接转矩控制也有应用。

参考文献

[1] 叶杭冶. 风力发电机组监测与控制. 北京：机械工业出版社，2011.

[2] 金风科技. 风电机组系列化产品. http://www.goldwind.cn/web/solution.do? action=product. [2015-7-15].

[3] Vestas wind system. The V90-3.0MW. http://www.vestas.com/en/products_and_services/turbines/v90-3_0_mw#! about. [2015-7-15].

[4] Siemens Renewable Energy. Siemens G4 platform. http://www.energy.siemens.com/hq/en/renewable-energy/wind-power/platforms/g4-platform/wind-turbine-swt-3-6-120.htm. [2015-7-15].

[5] Siemens Renewable Energy. Siemens D7 platform. http://www.energy.siemens.com/hq/en/renewable-energy/wind-power/platforms/d7-platform/wind-turbine-swt-7-0-154.htm. [2015-7-15].

[6] Enercon. Enercon product EP8. http://www.enercon.de/en-en/66.htm. [2015-7-15].

[7] 贺德馨. 风工程与工业空气动力学. 北京：国防工业出版社，2006.

[8] 徐大平. 风力发电原理. 北京：机械工业出版社，2011.

[9] 窦真兰. 大型风机异步变桨技术的研究. 上海：上海交通大学博士学位论文，2013.

[10] 弗拉基斯拉夫·阿赫玛托夫. 风力发电用感应发电机. 本书翻译组，译. 北京：中国电力出版社，2009.

[11] 百度百科. 鼠笼型感应电动机. http://baike.baidu.com/view/4203755.htm. [2015-7-15].

[12] 鹏芃科艺. 双馈风力发电机组工作原理. http://360dc.com/content/1410422121/12686102_371233903.shtm. [2015-7-15].

[13] Enercon. Annular generator. http://www.enercon.de/en/technology/wec-components/. [2015-7-15].

[14] 湘电风能. XE系列直驱风力发电机组. http://www.xemc-wind.cn/html/jixing/. [2015-7-15].

[15] 湘电风能. XE/DD115风电机组. http://www.xemc-wind.cn/. [2015-7-15].

[16] Blaabjerg F, Liserre M, Ma K. Power electronics converters for wind turbine systems. IEEE Transactions on Industry Applications, 2012, 48(2): 708-719.

[17] Yang S, Bryant A, Mawby P, et al. An industry-based survey of reliability in power electronic converters. IEEE Transactions on Industry Applications, 2011, 47(3): 1441-1451.

[18] Fischer K, Stalin T, Ramberg H, et al. Field-experience based root-cause analysis of power-converter failure in wind turbines. IEEE Transactions on Power Electronics, 2015,30(5):2481-2492.

[19] 王晗，王鹏，张建文，等. 有限电网容量下大功率变换器的测试方法. 电工技术学报，2013,(4):80-86.

[20] 张旭辉，温旭辉，赵峰. 电机控制器直流侧前置双向 Buck/Boost 变换器的直接功率控制策略研究. 中国电机工程学报，2012,(33):15-22.

[21] 陈根，王勇，蔡旭. 兆瓦级中压风电变流器的新型串联混合三电平 NPC 拓扑. 中国电机工程学报，2013,33(9):48-54.

[22] 王庆龙，张兴，张崇巍. 永磁同步电机矢量控制双滑模模型参考自适应系统转速辨识. 中国电机工程学报，2014,(6):897-902.

[23] 曾正，赵荣祥，汤胜清，等. 可再生能源分散接入用先进并网逆变器研究综述. 中国电机工程学报，2013,(24):1-12.

[24] 杭丽君，李宾，黄龙，等. 一种可再生能源并网逆变器的多谐振 PR 电流控制技术. 中国电机工程学报，2012,(12):51-58.

[25] 王斌，王跃，郭伟，等. 基于定子磁链降阶状态观测的永磁同步电机无差拍直接转矩控制系统. 电工技术学报，2014,(3):160-171.

[26] 杨建飞，胡育文. 永磁同步电机最优直接转矩控制. 中国电机工程学报，2011,31(27):109-115.

[27] ABB Product Note. All-compatible ACS880 low voltage wind turbine power converter.

[28] ABB Product Note. PCS 6000 for large wind turbines, Medium voltage, full power converters up to 9 MVA.

[29] 窦真兰，施刚，凌志斌，等. 减少风力机转矩波动的异步变桨控制研究. 电工技术学报，2014,29(1):236-245.

第 3 章　动力学系统的时间尺度与模型

建模是进行系统分析、研究的重要基础。建立数学模型的过程就是对实际物理系统进行假设、抽象，然后通过一系列代数方程和微分方程来描述物理系统的相互作用。对于复杂大系统，为了兼顾求解精度和数值仿真效率，往往需要将庞大的系统划分为研究系统和外部系统，对于定义域内的研究系统，可以进行详细建模；对于定义域外的系统则进行简化、等值，此时就涉及系统环节的动态时间尺度。本章着重探讨风电系统各环节的时间尺度，与电力系统时间尺度及模型相对应，分析风电电力系统的模型相关问题，为第 4 章、第 5 章的多时间尺度建模提供必要的理论基础。

3.1　系统动态时间尺度与模型的关系

组成物理系统的元件可以分为即时元件（如电阻、刚性轴等）和储能元件（电容、电感、惯量、柔性轴等）两大类。即时元件对激励的响应是瞬时的，储能元件则是非瞬时的。这些元件构成的物理系统具有不同的响应特性，如果用时间对其进行描述，那么这些元件的动态响应过程分别占据了一定的时间跨度，即元件的时间尺度。对于数学模型而言，一般由微分方程的特征时间常数来衡量。不同类型的储能元件具有不同的时间尺度，如电感、电容的时间尺度通常在毫秒级，而机械惯量的时间尺度在秒级。可见，两者的时间尺度没有重叠，可以理解为，后者的响应还没开始前者就已进入稳态，或者在前者的响应过程中后者的状态基本维持不变。这种解耦特性反映到数学模型上即体现了微分、代数方程的退化。事实上，时间尺度确定了动态模型的作用范围，即定义域。

电力系统是一个典型的复杂非线性动力学系统[1]，建立有效、合理的计算机仿真模型是研究该复杂物理系统的主要途径。然而，由于电力系统是典型的刚性系统，又包含了众多的动态元件，同时具有时间尺度跨度大的特点，由此带来的“维数灾”与“奇异性”是计算机仿真面临的主要问题。为此，根据研究目标的不同，建立不同时间尺度下的简化模型，在保证模型精度一致性的同时，大大降低了系统维数与奇异性，提高计算机仿真的效率和可行性。

电力系统分析的时间尺度主要划分为三类：电磁暂态、机电暂态与中长期动态，如图 3-1 所示（波过程在此不做讨论）。其中电磁暂态主要研究发电机、变压器等电气量的电磁过渡过程，时间尺度为毫秒至几百毫秒，主要用于短路特性分析、继电保护、传输线动/热稳定校验等。机电暂态主要研究含发电机、动态负荷等原件的机电暂态过渡过程，时间尺度为几百毫秒至十几秒，用于暂态稳定分析、安稳控制等。中长期动态主要研究含各种自动装置调节作用下的系统动态过渡过程，时间尺度为十几秒以上，用于系统动态稳定分析、自动装置的协调控制与参数设计等。

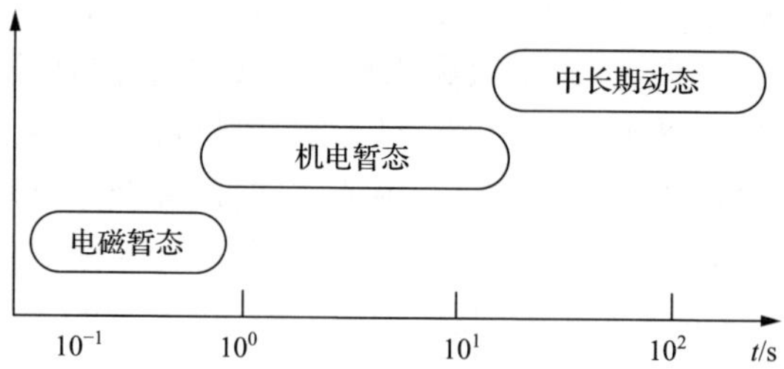

图 3-1　电力系统分析的时间尺度划分

除了按时间尺度划分外，也有学者将电力系统按失稳物理量/现象分类，如功角稳定、频率稳定及电压稳定等，如图 3-2 所示[2]，其本质仍以时间尺度为界定依据。因此，多时间尺度特性及其划分是贯穿于电力系统建模、稳定分析的重要思想。

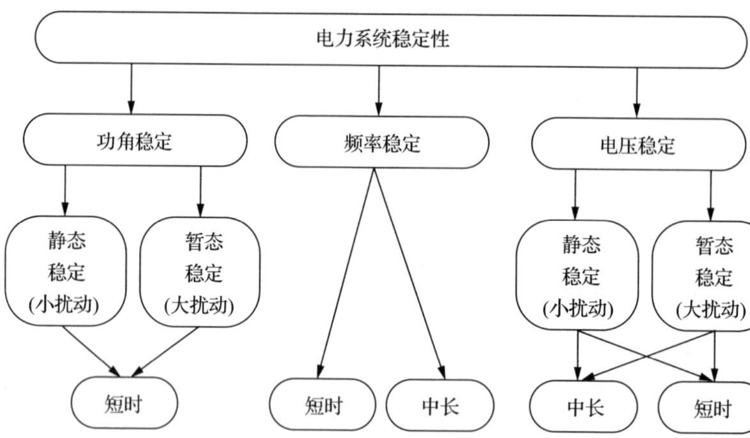

图 3-2　电力系统稳定性划分

模型的精度反映了对动态过程描述的准确性，一般来讲，模型精度越高，其用来描述动态现象的微分方程越多，包含动态现象的时间常数越多，最终导致模型阶数和复杂度的增加。模型阶数和仿真步长本质上没有直接关系，但是阶数的增长意味着模型包含的系统动态增多，这往往会引入时间常数更小的状态变量。考虑数值积分算法的稳定性，仿真时间步长通常和系统最小时间常数成正比。因此，阶数高的模型需要更小的仿真步长才能使系统稳定，这将消耗大量计算机资源。除此之外，小仿真步长会引入累积误差。所以，即使在计算机资源充足的情况下，也应尽量避免很小的仿真步长，这就需要对模型进行简化、降阶。

通过分析模型精度和仿真步长的关系，可以得到两种模型简化思路，一是模型算法简化(结构上的)；二是模型复杂度简化(时间尺度上的)。对于模型算法的简化，就是传统意义上的降阶，即用代数方程取代微分方程，实现模型算法的简化。对于模型复杂度的简化，是指时间尺度上的简化，就是将模型包含的不同时间常数进行分离，对所要研究的动态现象采用详细的微分方程描述。事实上，上面两种思路是耦合的，模型阶次的降低隐含着时间尺度的划分，但是这种伴随阶次降低的划分不一定合理。同时，按模型包含的时间常数进行分离也会伴随着模型阶次的降低。下面依据奇异摄动思想，推导出模型简化的一般原则。

例如，一个动力系统可表示为

$$\begin{cases}\dot{x} = f(t,x,z)\\ \varepsilon\dot{z} = g(t,x,z)\end{cases} \tag{3-1}$$

式中，x、z 分别为描述该系统慢动态、快动态的状态量；ε 为正实数，通常较小；f、g 为对应状态量的方向向量。

式(3-1)构成典型的双时间尺度奇异摄动结构。由于 ε 较小，导致 $g(t,x,z)/\varepsilon$ 较大，在 t 时间尺度下，状态量 z 的收敛速率要远快于 x。如果 z 状态量稳定，那么不难得出：

$$g(t,x,z) = 0 \Rightarrow z = h(x,t) \tag{3-2}$$

式中，$z = h(x,t)$ 为系统的慢变流形。可以看出，此时 z 状态的变化取决于慢动态 x，电力系统建模中称为准稳态模型。将其代入式(3-1)中的 x 状态方程，可得

$$\dot{x} = f(t,x,h(x,t)) \tag{3-3}$$

式(3-3)为式(3-1)在慢尺度 t 下的降阶模型。

如果令 $\tau = (t - t_0)/\varepsilon$，下面讨论在快变量时间尺度 τ 下的模型：

$$\frac{dz}{d\tau} = g(\varepsilon\tau + t_0, x(\varepsilon\tau + t_0), z(\tau)) \tag{3-4}$$

可以看出，在快尺度下，如果 ε 很小(工程上一般取 1/4)，那么状态量 $x(t) = \lim\limits_{\varepsilon\to 0} x(t_0 + \varepsilon\tau) = x(t_0)$，即维持其初值不变，此时动态系统式(3-4)可简化为

$$\frac{\mathrm{d}z}{\mathrm{d}\tau}=g(t_0,x(t_0),z(\tau)) \tag{3-5}$$

式(3-5)为式(3-1)在快尺度 τ 下的降阶模型，由于 z 状态快速收敛于慢流形 $z=h(x,t)$，所以状态量 z 体现为快、慢流形的边界层动态。关于边界层动态的稳定问题可通过构建相应的 Lyapunov 函数进行研究，在此不做进一步讨论。

通过对以上典型双时间尺度动力系统的降阶分析，可得出以下实用的模型简化原则：研究问题所处时间尺度以外的快变量认为已经进入稳态，微分方程降阶为代数方程；研究问题所处时间尺度以外的慢变量认为维持不变，微分方程对应的状态量用常值表示。下面简要分析电力系统在不同时间尺度建模上的实用方法和一般结论。

在研究电磁暂态问题时，需要对反映元件电磁过程的状态量进行详细建模，如发电机、变压器的电磁回路，用微分方程表示；而对机电过程进行降阶处理，如发电机不考虑转速对电磁过程的影响；除此之外，该过程还忽略一些自动调节装置的动作，如调速/调频器等，反映以上慢过程微分方程的状态量均认为维持不变。

在研究机电暂态问题时，需要对反映元件机电过程的状态量进行详细建模，如发电机、动态负荷的机电耦合回路，用微分方程表示；认为电磁过程衰减完毕，用代数方程表示；对于一些具有快速调节特性的自动装置需要详细建模，如同步机的励磁器等，用微分方程表示；而反映其他慢过程的微分方程状态量均认为维持不变。

在研究中长期动态问题时，需要对反映元件中长动态的状态量进行详细建模，用微分方程表示。例如，发电机、动态负荷的机械动态、具有慢调节特性的自动装置(如调频/调压器等)；电磁过程、机电过程以及具有快速调节特性的自动装置均认为已进入稳态，用代数方程表示。

3.2 风电时间尺度与模型

与分析常规电源动态建模不同，风电的动态建模需要同时考虑资源(风)与能量变换装置(风电机组)的动态特性。从动力学的角度来看，风的动态特性经风电机组的气动作用，体现在并网功率上；而电网的动态特性又经风电机组的机电耦合关系，反作用于机械转矩上，为研究该动力学相互作用机理，需要建立复杂的风电动态模型。同时，风电融合了大量电力电子装置，是典型的离散时间与非线性动态所构成的混杂系统，具有动态现象复杂、时间跨度大的特征，可以想象，含风电接入的电力系统在建模与分析方面将面临更大挑战。

考虑风与电网的动态特性均对风电机组产生较大影响，所以风电动态建模主要面向机组特性和并网特性两个方面，前者侧重于研究风电机组载荷及应力柔化控制等，后者侧重于研究风电机组启动、并网发电以及机-网交互特性等。而明确风电系统时间尺度和关键动态的元件时间常数，是建立合理、高效、满足精度要求的仿真模型的必要基础。

风电动态模型主要包含风速模型、气动模型、传动系模型、发电机模型、变流器模型、电气控制模型以及变桨控制器模型。通过分析各个动态部件的时间常数，可综合得出研究风电系统的时间尺度。在面向风电并网特性研究时，结合电力系统研究的时间尺度划分，建立相应时间尺度约束下的风电简化、降阶模型，从而可实现风电模型与电网模型精度的一致性；而对于面向机组特性的研究，则可根据风电机组自身时间尺度的划分建立相应时间尺度约束下的风电降阶模型。下面讨论风电机组中各动态部件的时间常数。

3.2.1 风速时间常数

一般意义的动态风通常用 4 种特征量组合进行描述：平均风、阵风、湍流和渐变风。其中平均风速经统计得到，根据范德豪芬(van der Hoven)的研究[3]，时距在 10min～1h 内时，可以不反映湍流引起的天气变化，平均风速基本为一个稳定的值。我国规定的时距为 10min。平均风速的变化与季节、纬度、地貌和高度相关，一般在 50～150m 高度内的日变化不明显。平均风速通常满足一定的概率分布(如威布尔斯分布)，是描述风资源状况和进行风电可信度评估的重要依据。该时间尺度通常与电力系统可靠性分析相对应，一般认为是静态的，其概率分布数学表述为[4]

$$h_{\mathrm{R}}(\sigma)=\frac{\pi}{2}\frac{\Delta v}{v_{\mathrm{av}}}\sigma\exp\left(-\frac{\pi}{4}\sigma^{2}\right) \tag{3-6}$$

式中，Δv 为风速分级跨度(用于测量统计)，一般取 1m/s；v_{av} 为风速均值；$\sigma=v/v_{\mathrm{av}}$。

在电力系统动态仿真的时间尺度下，一般认为平均风速不变，故所谓动态风主要由其余 3 个分量来描述。对于湍流，指的是短时间内的风速波动，一般用湍流强度来描述，定义为脉动风速的均方根值与平均风速之比，反映了风速随时间和空间变化的程度。大约 10min 内波动的平均值为零。仿真建模时一般采用白噪声加上低通滤波器，该低通滤波器可表示为[4]

$$H_{\mathrm{F}}(\mathrm{j}\omega)=\frac{K_{\mathrm{F}}}{(1+\mathrm{j}\omega T_{\mathrm{F}})^{5/6}} \tag{3-7}$$

式中，$K_{\mathrm{F}}\approx\sqrt{\dfrac{2\pi}{B\left(\frac{1}{2},\frac{1}{3}\right)}\dfrac{T_{\mathrm{F}}}{T_{\mathrm{s}}}}$，$T_{\mathrm{F}}=L/\bar{v}_{\mathrm{m}}$。可以看出，湍流时间常数可以用 T_{F} 表

示，与湍流长度 L 和平均风速 $\bar{v}_m$ 有关，文献[5]给出了湍流时间常数的典型值为 18s。

阵风是指变化率较快的突变风，通常采用阵风系数来描述最大阵风速度。阵风系数 G 定义为阵风风速与平均风速之比，其大小与湍流强度和阵风持续时间相关。T 秒阵风系数[3]为

$$G(T)=1+0.42I_u\ln\frac{3600}{T} \tag{3-8}$$

式中，I_u 为纵向湍流强度。按此式计算，在 10%～20%的典型湍流强度范围内，$1.34<G(1)<1.7$，$1.25<G(10)<1.5$，$1.17<G(60)<1.35$。因此，阵风可表示为 $v_g(t)=G(T)v_{av}$，对于不同作用时间长度的阵风可以由此式计算得出。

通过以上简要分析，可认为动态风的时间尺度为几秒到几十秒。

3.2.2 气动时间常数

风电机组的气动时间常数指风动能经风力机、桨叶到机械力矩的动态转化过程，体现为风流体与柔性桨叶的相互作用，即风力机的气动特性。

风力机的气动模型与风速模型、风力机模型详尽程度密切相关。对于风力机模型，一般指桨叶的受力模型，通常采用叶素动量（blade element momentum，BEM）法，由于该方法可以分析到叶素并能给出轴向、切向力矩，所以对风速模型也有较高的精度要求，不能采用之前讨论的单点风速模型，应考虑风在风轮平面的分布状况，如风剪切和旋转尾流等。虽然该方法可以分析到叶素的受力，但无法体现桨叶的弹性以及桨叶与风流体的动态相互作用，即动态入流现象，所以该方法仍是静态的。为了能够反映动态特性，在轴向和切向诱导因子上分别引入与风速和风轮转速相关的延时环节，可分别表示为 $T_1=2R/V$，$T_2=c/\omega_m R$（文献[2]），来模拟动态气动转矩（其中 R 为风力半径，V 为风速，c 为力矩系数，ω_m 为转速）。从 T_1、T_2 的表达式可以看出，气动时间常数与桨叶半径、风速、转速相关，风速越小，动态入流现象越明显，以目前兆瓦级风轮参数估算，该时间常数约为 10s。

以上分析了风轮气动转矩的计算和动态修正方法。该方法基于叶素动量理论，计算复杂，常用于风力机的载荷分析、主动减载控制器的设计与研究。而对于发电侧，更关注的是气动旋转力矩的传导过程。

对于并网发电特性研究，风力机通常作为刚体处理，即只考虑桨叶的整体受力，此时风力机模型是对静态叶素动量法计算结果进行曲线拟合，得到用于描述桨距角、风速、叶尖速比三者关系的曲线簇，即常指的 C_p 曲线。C_p 曲线不能反映风动能与桨叶的相互作用。为了模拟这一动态特性，文献[5]提出一种风速空间滤波器：

$$H_{SF}=\frac{\sqrt{2}+bs}{(\sqrt{2}+b\sqrt{a}s)\left(1+\frac{b}{\sqrt{a}}s\right)} \tag{3-9}$$

式中，$a=0.55$；$b=\gamma R/V_w$，R 为风轮半径，V_w 为平均风速，γ 为衰减系数；s 为拉氏变换的复数域变量。

可以看出，上述滤波器反映的时间常数与式(3-9)的轴向诱导修正因子相似，该因子是影响动态入流的主要因素，而切向诱导因子通常对尾流有较大影响。所以，将风速通过该滤波器，然后利用 C_p 曲线计算得到的气动转矩可以认为是动态的，其时间常数与采用修正的叶素动量法基本一致，约为 10s。

综上，风力机的气动时间常数约为 10s，研究该问题的仿真时间尺度应为十几秒到几十秒。面向载荷分析的风速模型应当关注与机械时间常数及气弹耦合时间常数匹配的时间尺度。

3.2.3 变桨系统时间常数

变桨系统用于驱动桨叶转动，根据动力来源有液压式和电动式。变桨系统的时间常数指描述桨距角从指令下达到实际位置输出的动态特征量，其典型控制框图如图 3-3 所示。

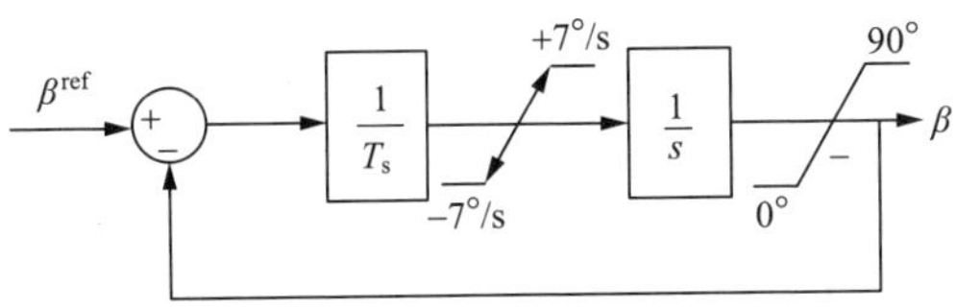

图 3-3 变桨驱动系统框图

图 3-3 中，T_s 为伺服驱动系统延时，一般为 0.25s(文献[2])，控制框图中包含变桨速率限制和幅值限制，一般正常变桨速率为±7°/s，紧急情况下可达±15°/s，变桨范围为 0°～90°。特殊情况下，如桨距角优化，允许桨距角为一个很小的负值。

动态特性方面，桨距角是影响风力气动特性的主要因素，因为变桨是一种扰流作用，导致包围桨叶的风轮廓发生改变，风的轮廓线再次进入稳态并产生稳定转矩所经历的时间为前面所分析的气动时间常数，可以想象，如果变桨速率足够慢，风的轮廓线变动不大，桨叶的扰流作用将不明显，动态入流现象可以忽略，文献[2]给出了满足该条件的变桨速率为±2°/s。

综上，变桨系统的时间常数为几百毫秒，研究该动态的仿真时间尺度应为几百毫秒到几秒。

3.2.4 传动系时间常数

风电机组的传动系主要由齿轮箱、联轴器、风力机、发电机构成,这里将发电机与风力机也纳入轴系范畴,需要强调的是,此时风力机模型指桨叶、轮毂在风轮平面内的惯量等效,而非其气动特性。传动系时间常数反映扭转力矩的传导特性。

风电机组用发电机具有多样性,有感应发电机、电励磁同步发电机、永磁多极发电机等,因此轴系在其中承担增速与轴向力矩传递的作用,如果风力机与发电机机械转速匹配,则齿轮箱、联轴器可以省略,轴系模型仅考虑风力机的惯量等效与发电机的惯量,该机型通常为永磁直驱式。对于采用感应式发电机的风电机组,由于其工作机械速度通常远高于风力机,需要齿轮箱进行增速,所以轴系模型要包含齿轮箱与联轴器的柔性作用。

根据反映轴向力矩传递过程的详尽不同,风电机组轴系模型按质量块划分(或惯量等效)通常有六质量块模型、三质量块模型、两质量块模型以及集总质量块模型[6]。不同质量块通过弹性轴相连,反映了多种振荡模式。其中六质量块模型将 3 个桨叶、轮毂、齿轮箱、发电机分别作为单质量块进行建模,共 11 阶,能够反映 5 种振荡模式;三质量块对桨叶部分进行简化,将 3 个桨叶以及轮毂统一处理,即忽略桨叶与轮毂的弹性连接,等效为单刚体,此时模型简化为 5 阶,能够反映 2 种振荡模式,包含一个低频、一个中频;两质量块模型进一步对齿轮箱柔性作用进行简化,将齿轮箱与发电机的高速轴连接作为单刚体处理,此时模型简化为 3 阶,能反映 1 种低频主导振荡模式;而集总质量块模型忽略了质量块之间所有的柔性作用,等效为单刚体,模型简化为 1 阶,不能反映任何振荡模式。

$$\begin{cases}\dot{\boldsymbol{\omega}} = \boldsymbol{f}(\boldsymbol{\omega},\boldsymbol{u}) + \boldsymbol{g}(\boldsymbol{\theta}) \\ \dot{\boldsymbol{\theta}} = \boldsymbol{k}(\boldsymbol{\omega})\end{cases} \tag{3-10}$$

式(3-10)为轴系动态方程,$\boldsymbol{\omega}$ 为转速向量;$\boldsymbol{u}$ 为输入向量;$\boldsymbol{\theta}$ 为扭角向量;$\boldsymbol{f}$、$\boldsymbol{k}$、$\boldsymbol{g}$ 为映射函数向量。

对于疲劳损耗研究,轴系模型越详细,循环次数、寿命周期的评价越全面;对于并网特性研究,一般认为两质量块模型已经足够反映机-网扭振作用和进行稳定性分析;而对于一些特殊场景,如次同步振荡,三质量块模型或多质量块模型则更能反映真实存在的次同步扭振现象。

以典型的两质量块轴系为例,其动态方程可表示为[7]

$$\begin{cases} 2H_{\mathrm{t}}\dfrac{\mathrm{d}\omega_{\mathrm{t}}}{\mathrm{d}t}=T_{\mathrm{m}}-K_{\mathrm{m}}\theta-D_{\mathrm{m}}(\omega_{\mathrm{t}}-\omega_{\mathrm{g}}) \\ 2H_{\mathrm{g}}\dfrac{\mathrm{d}\omega_{\mathrm{g}}}{\mathrm{d}t}=K_{\mathrm{m}}\theta+D_{\mathrm{m}}(\omega_{\mathrm{t}}-\omega_{\mathrm{g}})-T_{\mathrm{e}} \\ \dfrac{\mathrm{d}\theta}{\mathrm{d}t}=2\pi f(\omega_{\mathrm{t}}-\omega_{\mathrm{g}}) \end{cases} \tag{3-11}$$

式中，ω_{t}、ω_{g} 分别为风轮转速和电机转速；H_{t}、H_{g} 分别为等效风轮惯量和等效电机惯量；T_{m}、T_{e} 分别为风轮输入机械转矩和电机输入电磁转矩；K_{m} 为等效刚度；θ 为扭矩角；D_{m} 为等效互阻尼；f 为基频。

从式(3-11)可知其固有振荡频率为

$$\omega_{\mathrm{osc}}=\sqrt{\omega_{\mathrm{base}}\left(\frac{K_{\mathrm{m}}}{2H_{\mathrm{t}}}+\frac{K_{\mathrm{m}}-K_{\mathrm{e}}}{2H_{\mathrm{g}}}\right)} \tag{3-12}$$

对于兆瓦级风电机组，该模型反映的低频振荡模式一般为 1～2Hz，时间常数为 0.5～1s，与电力系统低频振荡非常接近；而三质量块模型除了能反映该低频主导分量，还能反映 10～20Hz 的高频分量[8]，时间常数为 0.05～0.1s。

综上，风电机组传动系的时间尺度约为几十毫秒到几秒。

3.2.5 发电机时间常数

目前主流的风电发电机主要有绕线感应式和永磁同步式，前者对应于双馈式风电机型，后者对应于永磁直驱式风电机型。

不同发电机的本质都是实现电与磁的变换，与其他静态电磁变换元件相比(如变压器)，发电机是旋转部件，其实现电磁变换是建立在一定动能水平之上，稳态时，动能保持一定，输入-输出平衡；动态过程中，动能的释放与吸收起到输入-输出缓冲作用。动能的动态平衡体现为发电机转速波动，这部分已在 3.2.4 节轴系动态分析中考虑，本节主要考虑发电机的电磁过程。

以绕线感应发电机为例，其 dq 坐标系下定、转子电压方程可表示为[9]

$$\begin{cases} u_{\mathrm{s}d}=i_{\mathrm{s}d}R_{\mathrm{s}}+p\psi_{\mathrm{s}d}-\omega_{\mathrm{s}}\psi_{\mathrm{s}q} \\ u_{\mathrm{s}q}=i_{\mathrm{s}q}R_{\mathrm{s}}+p\psi_{\mathrm{s}q}+\omega_{\mathrm{s}}\psi_{\mathrm{s}d} \\ u_{\mathrm{r}d}=i_{\mathrm{r}d}R_{\mathrm{r}}+p\psi_{\mathrm{r}d}-s\omega_{\mathrm{s}}\psi_{\mathrm{r}q} \\ u_{\mathrm{r}q}=i_{\mathrm{r}q}R_{\mathrm{r}}+p\psi_{\mathrm{r}q}+s\omega_{\mathrm{s}}\psi_{\mathrm{r}d} \end{cases} \tag{3-13}$$

式中，$i_{\mathrm{s}d}$、$i_{\mathrm{s}q}$、$i_{\mathrm{r}d}$、$i_{\mathrm{r}q}$、$\psi_{\mathrm{s}d}$、$\psi_{\mathrm{s}q}$、$\psi_{\mathrm{r}d}$、$\psi_{\mathrm{r}q}$、$u_{\mathrm{s}d}$、$u_{\mathrm{s}q}$、$u_{\mathrm{r}d}$、$u_{\mathrm{r}q}$ 分别为定、转子电流、磁链以及电压的 dq 分量；ω_{s} 为同步角速度；s 为转差率；p 为微分算子。

从式(3-13)可知，其磁场储能的变化率可表示为

$$\dot{W} = \mathrm{Re}\{\underbrace{\dot{\boldsymbol{\psi}}_s \boldsymbol{i}_s^* + \dot{\boldsymbol{\psi}}_r \boldsymbol{i}_r^*}_{P_w} + \underbrace{s\mathrm{j}\omega_s \boldsymbol{\psi}_r \boldsymbol{i}_r^* + \mathrm{j}\omega_s \boldsymbol{\psi}_s \boldsymbol{i}_s^*}_{P_e}\} \tag{3-14}$$

式中，P_w 为瞬态功率，反映磁场储能的变化；P_e 为电磁功率，反映电气量进入稳态后由于机电耦合作用产生的电磁功率。

将定、转子电磁功率写成复向量内积的形式为

$$P_r = \mathrm{Re}\{s\omega_s\langle\boldsymbol{\psi}_r, \boldsymbol{i}_r\rangle\} = \mathrm{Re}\{\mathrm{j}s\omega_s L_m\langle\boldsymbol{i}_s, \boldsymbol{i}_r\rangle\} \tag{3-15}$$

$$P_s = \mathrm{Re}\{\mathrm{j}\omega_s\langle\boldsymbol{\psi}_s, \boldsymbol{i}_s\rangle\} = \mathrm{Re}\{\mathrm{j}\omega_s L_m\langle\boldsymbol{i}_r, \boldsymbol{i}_s\rangle\} \tag{3-16}$$

由式(3-15)和式(3-16)可知，$P_r = -sP_s$，$P_e = (1-s)P_s$。

发电机时间常数主要反映前者动态衰减过程，分别用定、转子开路、短路时间常数描述。基于式(3-14)可知，发电机转子开路时间常数为 $T_s = L_s/R_s$，对于兆瓦级风电机组，典型参数见表 3-1。该时间常数约为 2.5s；发电机转子短路时间常数为 $T'_s = \sigma L_s/R_s$，其中 $\sigma = 1 - L_m^2/(L_s L_r)$ 为漏感系数，对于兆瓦级机组，该时间常数约为 0.125s。同理，定子开路时间常数 $T_r = L_r/R_r \approx T_s$，为 2.5s；定子短路时间常数 $T'_r \approx \sigma L_r/R_r \approx T'_s$，约为 0.125s。

表 3-1　双馈风电机组主要参数[10]

参数名	值/pu
定子电阻	0.00489
转子电阻	0.0055
励磁电抗	3.954
定子漏抗	0.0924
转子漏抗	0.0996
绕组比	0.333
发电机惯量	0.5
风轮惯量	3.5
互阻尼	0.35
轴系刚度	0.35

至此，并未考虑变流器及保护装置(如 Crowbar)对发电机电气量的影响。考虑双馈式风电机组转子经变流器控制，等效为电流源，其时间常数与转子开路时间常数接近；电网故障下，Crowbar 的投入将会大大缩短定、转子暂态过程。

可见，感应发电机的时间常数与机组所处状态密切相关。总体来说，时间尺度为几毫秒到几秒。

3.2.6 变流器及电气控制时间常数

变流器是风电机组实现并网控制的核心部件，目前风电变流器多采用电压源型变流器（voltage source converter，VSC），本节分析变流器及其电气控制下的时间常数。

1. 变流器时间常数

变流器是典型离散事件与非线性动态构成的混杂系统，分析其时间常数通常是先建立一定条件下的线性化模型。对状态变量在一个开关周期内求平均（式(3-17)，$x(t)$ 为状态量，T_s 为开关周期）是常用的去离散手段，得到的模型为状态空间平均值模型。该模型忽略了电流、电压的纹波，但保留了系统状态量间的非线性特性，因此被大量用于变流装置的控制系统设计与研发。

$$\bar{x}=\frac{1}{T_s}\int_{t-T_s}^{t}x(t)\mathrm{d}t \tag{3-17}$$

$$\begin{cases}L_g\dfrac{\mathrm{d}i_d}{\mathrm{d}t}=s_d v_{dc}+\omega_s L_g i_q+u_d\\ L_g\dfrac{\mathrm{d}i_q}{\mathrm{d}t}=s_q v_{dc}-\omega_s L_g i_d+u_q\\ C\dfrac{\mathrm{d}v_{dc}}{\mathrm{d}t}=\dfrac{3}{2}(s_d i_d+s_q i_q)\end{cases} \tag{3-18}$$

式(3-18)描述了典型的 dq 坐标系下[11]，VSC 变流器的状态空间平均值模型，s_d、s_q 为 dq 调制度；L_g 为交流电感；C 为直流母线电容；ω_s 为同步坐标系旋转角频率；i_d、i_q 为 dq 电流状态量；v_{dc}为母线电压；u_d、u_q 为 dq 电网电压。

对于风电用 VSC 变流器，其离散特性体现在两个方面：直流侧体现为对交流电流的调制；交流侧体现为对直流电压的调制，状态空间平均值建模在去离散的同时也忽略了延时效应，所以为了提高线性化模型的高频精度，需要计及 PWM 调制和采样延时来近似变流器的动态响应，一般取 1.5 倍的开关周期，对于兆瓦级风电机组，约为 1ms。

2. 变流器电气控制时间常数

变流器的电气控制主要指风电机组的有功、无功解耦控制，目前风电机组通常采用基于电网电压矢量定向的功率解耦控制（图 3-4）。从控制结构和功能上看，主要包含 3 个环节：同步环、功率调节环和电流调节环。3 个环构成串级控制解耦，为了减小环间的耦合作用，需要采用不同的控制带宽。下面分别分析 3 个环节的时间常数。

1）PLL 锁相环时间常数

PLL 锁相环提供电网电压相角信息，用于矢量解耦控制，其结构框图如图 3-5

所示[12]。式(3-19)为其状态方程描述。

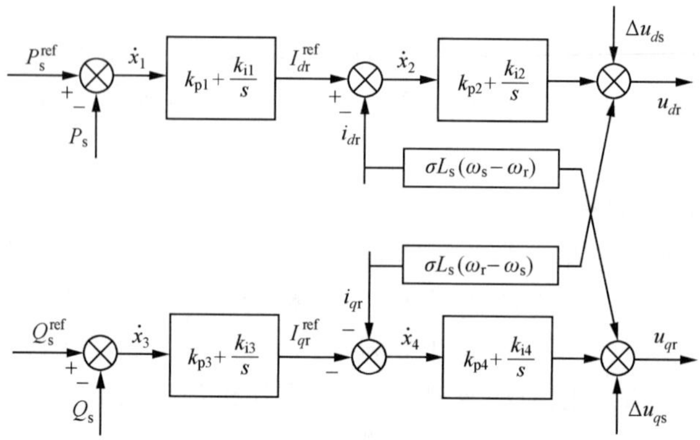

图 3-4 风电机组功率控制框图

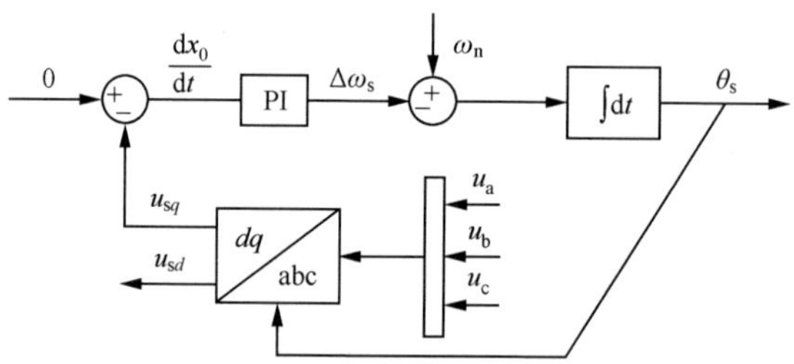

图 3-5 锁相环结构框图

PLL 锁相环的时间常数反映了其跟踪电网相角的能力,并影响矢量控制效果。

$$\begin{cases}\Delta\omega_s = -k_{p0}u_{sq} + k_{i0}x_0 \\ px_0 = -u_{sq} \\ p\Delta\theta_s = \Delta\omega_s\end{cases} \tag{3-19}$$

快速 PLL 可以保证电网扰动下功率仍动态解耦,较慢的 PLL 虽难以实现功率的动态解耦,但稳态目标总可以达到设定值,如下式所示:

$$\begin{bmatrix}P \\ Q\end{bmatrix} = \underbrace{\begin{bmatrix}E_d & E_q \\ -E_q & E_d\end{bmatrix}}_{\boldsymbol{A}}\begin{bmatrix}I_d \\ I_q\end{bmatrix} \tag{3-20}$$

假设 PLL 较慢,动态过程中 $E_q \neq 0$,有功无功不解耦,但由于矩阵 **A** 始终可逆,即使 PQ 动态不解耦,同样可以找到满足 PQ 指令约束下的电流给定值。

根据图 3-5 反映的输入-输出特性,进行线性化,可得 PLL 系统的传递函数为

$$H_{pll}(s)=\frac{G_{pi}}{1+E_0G_{pi}} \tag{3-21}$$

式中，G_{pi} 为调节器；E_0 为稳态工作点电压。从式(3-21)可知，如果令 $G_{pi}=\alpha_{pll}/E_0$，可以很方便地设计 PLL 的响应速度，α_{pll} 为 PLL 的带宽，单位为 rad/s，一般 PLL 带宽设计为 50rad/s，对应的时间常数为 20ms。

2）电流环时间常数

矢量控制下，变流器在带宽和调制范围内体现为受控电流源，其控制框图如图 3-6 所示。

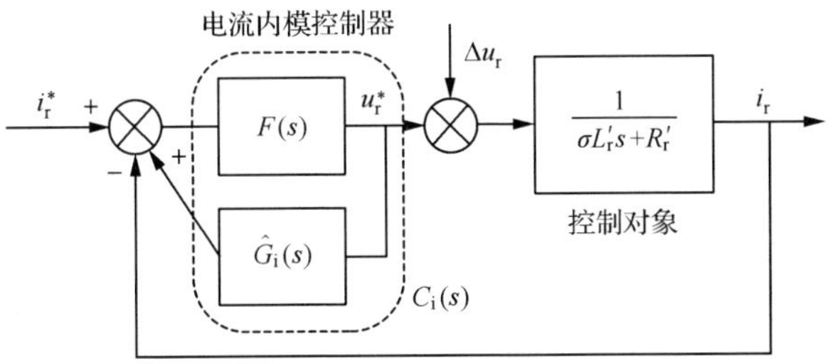

图 3-6　电流环控制框图

其中控制对象以双馈发电机为例，$\sigma L'_r$为转子漏抗，$R'_r=R_r+(L_m/L_s)^2R_s$ 为转子暂态电阻，R_s、R_r 为定、转子电阻，L_m、L_s 为励磁、定子电抗。

为了便于带宽分析，基于内模控制器设计(文献[13])，$C_i(s)=\dfrac{F(s)}{1-F(s)\hat{G}_i(s)}$，$\hat{G}_i(s)$ 是对控制对象的估计。由于电流环动态为一阶系统，令 $F(s)=\dfrac{\alpha_i}{s+\alpha_i}\hat{G}_i^{-1}(s)$，可得内模控制器为

$$C_i(s)=\frac{\alpha_i}{s}\hat{G}_i(s)=\alpha_i\sigma L'_r+\frac{\alpha_iR'_r}{s} \tag{3-22}$$

可以看出，该内模控制器为 PI 调节器，电流环闭环带宽为 α_i。电流环带宽设计一般结合变流器开关频率和滤波器设计，工程上一般采用 10 倍频程来减小动态耦合，兆瓦级风电机组变流器开关频率一般为 $f_s=2$kHz，所以电流环带宽通常为开关频率的 1/10，即 $\alpha_i=200$rad/s，对应电流环时间常数约为 5ms。

3）功率环时间常数

功率环与电流环构成串级控制解耦，如图 3-7 所示。

由图 3-7 可知，功率环的控制对象为电流闭环传递函数，功率环同样采用基于内模控制的设计方法：

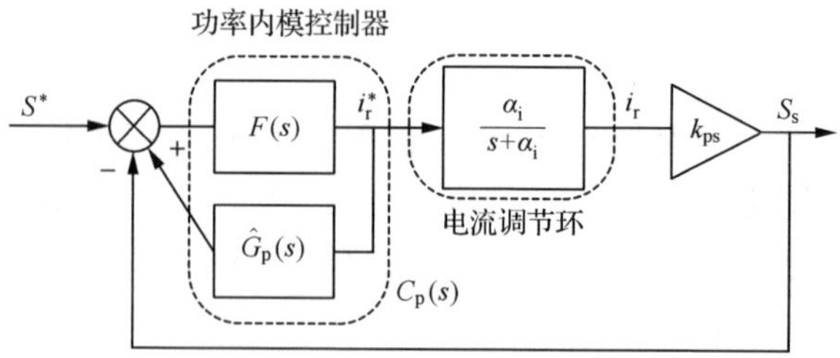

图 3-7　功率环控制框图

$$C_p(s) = \frac{\alpha_p}{s}\hat{G}_p(s) = \frac{\alpha_p}{s}(s/\alpha_i + 1) = \frac{\alpha_p}{\alpha_i} + \frac{\alpha_p}{s} \tag{3-23}$$

由式(3-23)可知,功率环的内模控制器参数为 $k_{pp} = \alpha_p/\alpha_i, k_{pi} = \alpha_p, \alpha_p$ 为功率环带宽,考虑串级控制的解耦特性,设计功率环带宽为电流环带宽的 1/10,即 $\alpha_p =$ 20rad/s,对应的时间常数为 50ms。

通过以上分析可知,变流器及其电气控制的时间尺度为几毫秒到几百毫秒。

3.2.7　风电系统时间尺度划分

前面分析了风电系统各主要动态部件的时间常数,包含风速、气动及变桨控制、传动系、发电机、变流器及电气控制,其时间尺度分布如图 3-8 所示。

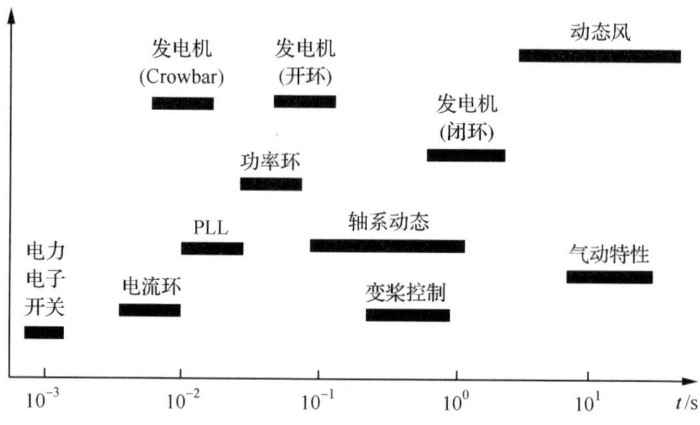

图 3-8　风电系统时间常数

风电系统是以上动态元件的有机整合,这种有机整合体现为状态量的相互影响与制约,如变流器对发电机转子电流的控制,改变发电机定子电流时间常数,在时间尺度上体现为时间常数右移;变桨速率与气动特性也存在较大耦合关系。当变桨速率较低时,桨叶的扰流作用减小,动态入流现象减弱,将使气动时间常数向右移动。气动扭矩输出与齿轮箱低速轴的动态耦合,改变了风力机原有的滤波特性，在时间尺度上体现为时间常数左移。运行状态的改变也会影响原有特性，如发电机转子 Crowbar 投入后，将会改变转子电流时间常数，在时间尺度上体现为时间常数左移。所以，风电机组多时间尺度简化建模时，要充分考虑各动态元件的相互影响。

3.3 风电电力系统时间尺度

图 3-9 所示为含风电的电力系统时间尺度的划分示意图。可以看出，风电的接入大大丰富了电力系统电磁暂态过程。为突出风电对该时间尺度的影响，将电磁暂态过程进一步划分为功率环时间尺度和电流环时间尺度。在该时间尺度下，传统的电力系统通常仅存在短路和电能质量问题，因此，谐波、不平衡等电能质量问题基本与系统稳定无关；而随着风电接入比重的不断增加，大量电力电子装置必将在该时间尺度内产生更为复杂的动态现象，如谐波振荡、次同步谐振等问题，稳定性分析不再局限于机电过程，如发电机转子-定子间的能量交换问题；还应包含电磁过程，如电感-电容间的能量交换问题。

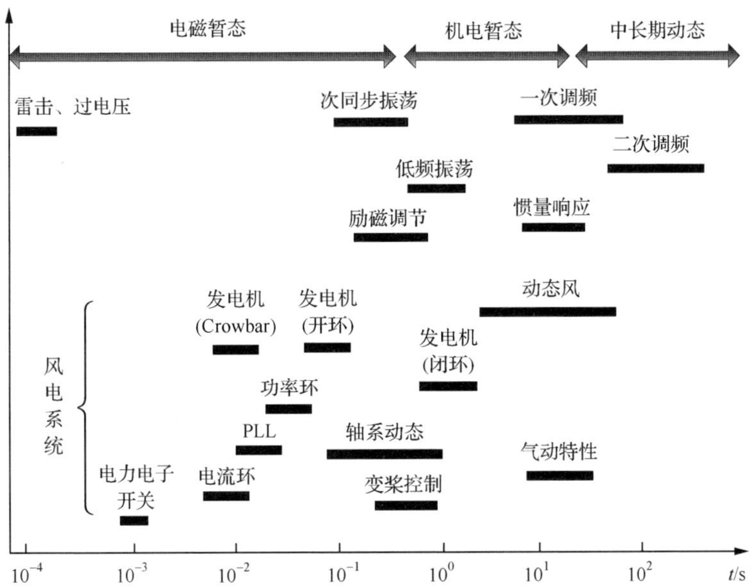

图 3-9 含风电电力系统时间尺度

风电接入除了对电磁过程有较大影响外，还对机电过程产生较大影响，如图 3-9 所示，轴系动态与电力系统次同步振荡、低频振荡频段存在耦合，有参与机电振荡、激发次同步振荡的风险，除此之外，风电接入还存在削弱系统阻尼、减小系统惯量等问题。

风电还对系统可靠性产生一定影响，因为风的随机性、间歇性将使风电容量可信度评估较为困难。

可见，风电的大规模接入对电力系统的各个时间尺度均产生影响，以电磁暂态、机电暂态时间尺度最为显著。根据研究对象的不同，建立相应时间尺度下的分析模型是研究以上关键问题的基础。

3.4 本章小结

本章探讨了时间尺度与模型的关系。时间尺度实际上确定了动态模型的定义域，对于定义域以内的动态元件，需要进行详细建模，而对于定义域以外的动态元件，其模型可进行简化、等值，数学模型上体现为微分、代数方程的退化。

以该思路为主线，首先分析了电力系统时间尺度的划分和分析方法，按照时间尺度，通常将系统划分为电磁暂态、机电暂态以及长期动态 3 个区间；按照失稳现象和机理，也有学者划分为功角稳定、频率稳定以及电压稳定。由于每个稳定分析问题都包含暂态、短期以及长期，其本质是按研究问题的类型对时间尺度划分进行重新分类，按时间尺度划分、建模是电力系统分析的基础。在此之上，进一步讨论了风电系统的时间常数，以确定动态元件的时间尺度和作用范围。通过分析可知，风电系统的时间常数主要分布在电磁暂态时间尺度和机电暂态时间尺度内。需要指出的是，由于风电变流装置对并网电气量的调节作用，其对电磁过程有较大影响，除此之外，电网常态下变流器的控制和故障下的失控还使风电具有变时间常数特性。这种状态的切换对后续风电机组分时间尺度建模有重要影响。通过分析变流器对风电并网电气量的调节作用，依据推导出的相关时间常数，将电力系统电磁暂态时间尺度进一步细化为功率环时间尺度和电流环时间尺度，突出了风电电力系统的重要特性。本章的分析结论为第 4 章、第 5 章的分时间尺度建模提供理论基础和技术支撑。

参考文献

[1] 倪以信，陈寿孙，张宝霖. 动态电力系统的理论和分析. 北京：清华大学出版社，2002.

[2] 弗拉基斯拉夫·阿赫玛托夫. 风力发电用感应发电机. 本书翻译组，译. 北京：中国电力出版社，2009.

[3] Burton T，等. 风能技术. 武鑫，等，译. 北京：科学出版社，2007.

[4] Stiebler M. Wind Energy Systems for Electric Power Generation. Netherlands：Springer Science & Business Media，2008.

[5] Nichita C, Luca D, Dakyo B, et al. Large band simulation of the wind speed for real time wind turbine simulators. IEEE Transactions on Energy Conversion, 2002, 17(4): 523-529.

[6] Petru T. Modeling of wind turbines for power system studies. Goteborg: Chalmers University of Technology, 2003.

[7] Muyeen S M, Ali M H, Takahashi R, et al. Comparative study on transient stability analysis of wind turbine generator system using different drive train models. Renewable Power Generation, IET, 2007, 1(2): 131-141.

[8] Ramtharan G, Jenkins N, Anaya-Lara O, et al. Influence of rotor structural dynamics representations on the electrical transient performance of FSIG and DFIG wind turbines. Wind Energy, 2007, 10(4): 293-301.

[9] Petersson A, Thiringer T, Harnefors L, et al. Modeling and experimental verification of grid interaction of a DFIG wind turbine. IEEE Transactions on Energy Conversion, 2005, 20(4): 878-886.

[10] Ackermann T. Wind Power in Power Systems. Chichester:John Wiley, 2005.

[11] Pena R, Clare J C, Asher G M. Doubly fed induction generator using back-to-back PWM converters and its application to variable-speed wind-energy generation. IEE Proceedings-Electric Power Applications, 1996, 143(3): 231-241.

[12] Teodorescu R, Liserre M, Rodriguez P. Grid Converters for Photovoltaic and Wind Power Systems. Chichester:John Wiley, 2011.

[13] Petersson A. Analysis, modeling and control of doubly-fed induction generators for wind turbines. Goteborg: Chalmers University of Technology,2005.

第 4 章　风力机及风的动态建模

风电机组及风电场的建模是研究风电机组自身和并网以及其所在电力系统分析的必要基础。其中首先涉及风力机和风的动态建模。

风速的随机波动是引发含风电的电力系统稳定、控制和可靠运行等问题的主要根源，此外，风速还直接影响风力机出力和气弹耦合，在需要考虑功率波动以及载荷分析的研究中，风速模型应当具有与机械时间常数、气弹耦合时间常数相匹配的时间尺度。因此，建立真实合理的风速模型是重要的。

风电机组动态行为的展现与风电机组各部分的模型精度密切关联，研究不同的问题可以选择不同简化程度的模型。机组模型的完整性有利于整机机械系统及控制系统的设计及验证；精细化模型要求模型尽可能精确、详细，可提升仿真的真实性，能较完整表现模态间的耦合，更适合于机组全动态展现及控制器验证。但是针对控制器设计或一些特定研究问题，机组模型可进行适当简化，这是由于机组的部分模态超出了控制器的带宽或不与控制器耦合，且这种仅保留机组主要耦合模态的简化模型有利于控制器的设计与综合[1]。本章重点讨论风力机和风速的建模方法以及模型的简化，这些模型包括风模型、气动模型、机械模型、变桨执行机构模型、偏航模型。

4.1　风电机组模型的划分及其关联

风力发电系统是一个复杂的机电耦合系统，图 4-1 给出了完整的风电机组模型。其中，机械部分模型可划分为从机电耦合主要通道考虑出发的扭转机械模型和从气弹耦合主要通道出发考虑的非扭转机械模型。前者特指机械模型中的传动系统（即轴系，包含桨叶面内模态），后者主要包含柔性桨叶的面外模态和柔性塔架的前后及左右模态。各部分模型交叉耦合[2]。

风模型用于描述空间中任意点的风向和各方向的风速，其中风向与偏航执行机构关联。

气动模型与大部分其他模型直接或间接耦合。风速、风轮转速及桨距角均对气动模型的输出气动载荷产生影响。此外需要注意偏航动作、风速变化、桨距角

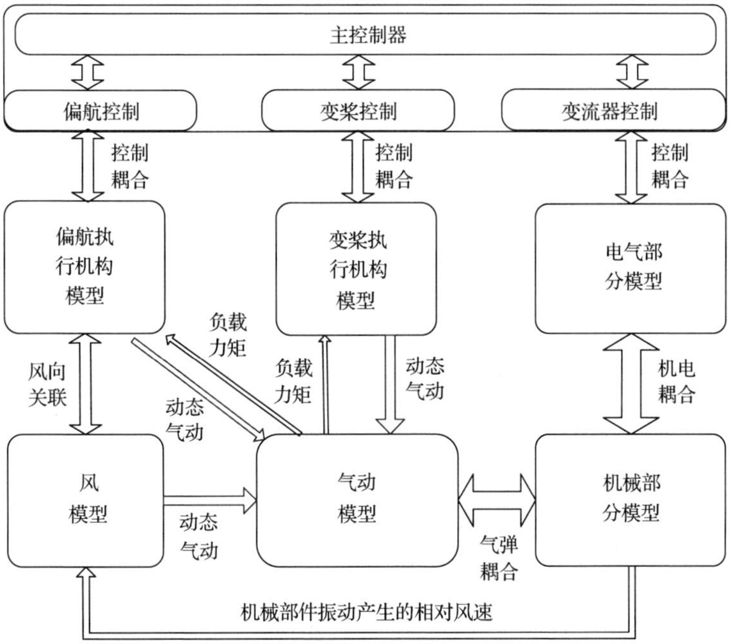

图 4-1 风电机组模型构成及各部分耦合关联

动作均会造成动态气动现象,即通称的动态入流。

此外,气动模型输出的气动载荷还包括变桨及偏航执行机构的负载力矩,对变桨执行机构(桨叶沿变桨轴线的转动)及偏航执行机构(机舱沿塔架轴线的转动)的执行过程产生动态影响。

非扭转机械部件的振动会产生结构运动速率并形成一个相对风速,该相对风速与自然风速关联;同时气动模型输出的轴向推力载荷、机舱俯仰力矩等构成非扭转机械模型的动力/力矩,如此形成了气动模型和非扭转机械模型之间的气-弹耦合。

气动模型输出的气动转矩和发电机电磁转矩共同作用于轴系。风速波动或风速空间分布不均导致的气动转矩波动及电网故障激发的电磁暂态均可能激发轴系扭振,并产生机电耦合。

控制系统主要包括偏航控制、变桨控制、变流器控制及机组启停与保护控制,前三者构成闭环控制,反馈量与控制回路形成耦合作用。

4.2 风速的建模

通过研究风电场的风速分布和变化规律，可以建立合理的风电场随机风速变化模型，从而得到风电机组的出力特性，建立有效的风电场稳态和暂态模型，并利用仿真分析风电场接入后电力系统的运行状态。

现有的风场数据可供某些方面的研究分析使用，但无法对数据的规模和质量、地理差异性、输出历史、未来技术、多样轮毂高度等做到全面覆盖，直接用于建立合理的风电仿真模型存在诸多局限性。风速的变化规律是研究风力发电系统的必要课题，风速模型主要反映风能的位置分布和时间变化特性，是风力发电仿真研究的基础。

4.2.1 风速模型的分类及特点

风速建模方式基本可分为两种：风速概率分布模型和时间序列模型。风速概率分布模型是体现风能资源统计特性的最重要指标，通常风速的概率分布函数可采用不同参数的瑞利(Rayleigh)或威布尔(Weibull)函数拟合[3-5]。不同的风速概率分布可涵盖大部分的风向和时间尺度范围，但风速概率分布模型无法反映风速的波动特性，因此对风电系统的特性研究、设计和运行控制作用甚微。一般意义上的时间序列模型可在大时间尺度范围内反映特定区域的风速变化规律，不同的时间尺度风速模型作用领域可见表 4-1[3]。

表 4-1 风速的多时间尺度定义及作用领域

时间尺度	时间跨度	作用领域
长时间尺度	年	风电经济效应评估
	季度	产能预测
中等时间尺度	日	产能预测
	小时	产能预测
短时间尺度	分钟	稳态分析和控制
	秒	暂态分析和电能质量控制

在风能研究领域中，人们常采用统计方法总结规律，建立风速的模型。一般采用的统计手段有如下几种。

(1) 计算平均风速。平均风速的计算可以采用算术平均、平方平均和三次方平均[6-8]。

(2) 计算风速-风向联合概率分布。

(3) 对风速概率分布进行 Weibull 函数拟合。

风速的概率分布特性可评估风电场的可用风能资源,通常用于计算风电场的投资回报率,为风电场建设决策提供参考信息。利用统计结果的建模方法都只能提取和模拟风速的部分特征,适合风电场长期风资源和经济效益的评估分析,但无法全面模拟多时间尺度的风速变化规律,因此不适用于风电场动态运行和控制的仿真研究。

4.2.2 风速的一般模型

风速建模就是用一个模拟风速的特性去逼近自然风速的特性。从统计学的角度,可以将自然风速看作由基本风 V_A、阵风 V_B、渐变风 V_C 和随机风 V_D 四种基本风组成[3]。

基本风可以看作一直存在的,它的大小等于风电场的平均风速,决定了风电机组能够向电网提供的有功功率大小,可以由风电场测量所得的 Weibull 分布函数近似确定为

$$V_A = A \cdot \Gamma\left[1 + \frac{1}{k}\right] \tag{4-1}$$

式中, V_A 为基本风速(m/s);A、k 分别为 Weibull 分布的尺度参数和形状参数;Γ 为伽马函数。考虑秒级时间段的计算时,基本风速可视为常数。

描述风速突然变化的特性一般用阵风来表示为

$$V_B = \begin{cases} 0, & t < T_{1G} \\ V_{Gm}\left(1 - \cos 2\pi \dfrac{t - T_{1G}}{T_G}\right), & T_{1G} \leqslant t \leqslant T_{1G} + T_G \\ 0, & t > T_{1G} + T_G \end{cases} \tag{4-2}$$

式中, V_B 为阵风风速(m/s);V_{Gm}为阵风的最大风速(m/s);T_{1G}为阵风的启动时间(s);T_G 为阵风的持续时间(s)。

在风电系统动态稳定分析中,通常可以用它来考核系统在较大风速变化情况下的动态特性。

对风速的渐变特性可以用渐变风成分来表示为

$$V_C = \begin{cases} 0, & t < T_{1R} \text{ 或 } t \geqslant T_{2R} + T_R \\ \dfrac{V_{Rm}}{3} \dfrac{T_{1R} - t}{T_{1R} - T_{2R}}, & T_{1R} \leqslant t < T_{2R} \\ V_{Rm}, & T_{2R} \leqslant t < T_{2R} + T_R \end{cases} \tag{4-3}$$

式中, V_C 为渐变风风速(m/s);V_{Rm}为渐变风的最大风速值(m/s);T_{1R}为渐变风的

启动时间(s);T_{2R}为渐变风的终止时间(s);T_R 为渐变风的保持时间(s)。

风速的随机变化特性可用随机噪声风速来表示为

$$\begin{cases} V_D = 2\sum_{i=1}^{N} [S_V(\omega_i)\Delta\omega]^{1/2}\cos(\omega_i + \varphi_i) \\ \omega_i = \left(i - \dfrac{1}{2}\right)\cdot \Delta\omega \\ S_V(\omega_i) = \dfrac{2K_N F^2 |\omega_i|}{\pi^2 \{1 + [F\omega_i/(\mu\pi)]^2\}^{4/3}} \end{cases} \tag{4-4}$$

式中,φ_i 为 0～2π 内均匀分布的随机变量;K_N 为地表粗糙系数,一般取 0.004;F 为扰动范围(m^2);μ 为相对高度的平均风速(m/s);$\Delta\omega$ 为风速频率间距,一般取 0.5～2.0rad/s,ω_i 为概率密度函数角速度(rad/s);$S_V(\omega_i)$为风速随机分量分布谱密度(m^2/s);N 为概率密度函数累加上限。

综合上述 4 种风速成分,模拟实际作用在风力机上的风速为

$$v = V_A + V_B + V_C + V_D \tag{4-5}$$

这种风速模型虽然给出了风速的随机和隔歇特性的比较精确描述,但在实际中,一些相关的参数却很难确定,因此,此模型一般只用于一般仿真分析中。若只考虑在平均风速及其单步变化下,风力发电机组的建模及运行特性,则可利用上述方案模拟实时风速,结果如图 4-2 所示。

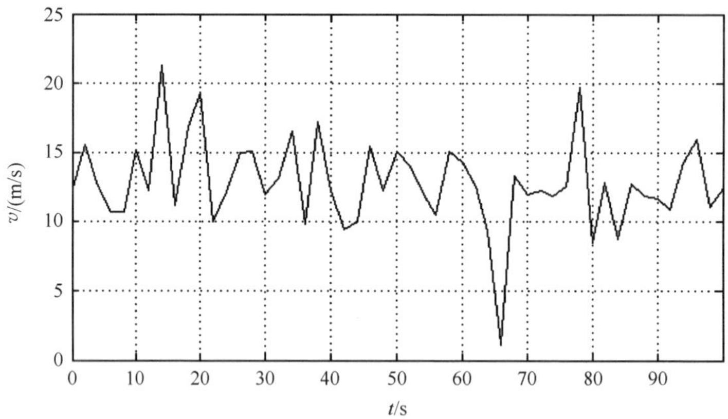

图 4-2　简化风速模型

4.2.3　风速的空间分布

风电机组的桨叶半径随机组容量的提升逐渐增大,风轮扫掠面积与半径成平

方的关系增长。典型 5MW 机组的风轮扫掠面积达 $10^4\,m^2$ 左右。不难想象，如此大的扫掠面积内风速不是均匀分布的，风速空间分布不均匀既有一些确定性的影响因素，也包含一些不确定性的影响因素。需要特别指出的是，风速空间分布的影响需要与之匹配的风力机气动模型来展现。

1. 确定性分量

对于水平轴风电机组，风速空间分布的确定性分量主要包括风剪切和塔影效应造成的影响，其确定性体现为二者对风速空间分布的影响有其特定规律。风剪切和塔影效应对于水平轴风电机组来说是不可避免存在的负面影响，这些负面影响体现在对轴系疲劳的影响、对电功率的影响以及对机组载荷的影响。二者造成的不平衡气动载荷(包括机舱俯仰力矩和偏航力矩)对机组结构强度提出了更高要求。

1) 风剪切

风剪切是指稳定状态的平均风速随高度而发生变化，常采用指数律或对数律分布对其描述[9]。大量实测结果表明，用指数律计算的风速值与实测值的偏差比对数律小，且随着高度的增加，这一优势更加明显，因此选取指数律分布描述风剪切：

$$V(r,\psi_B) = V_h(1 + r\cos\psi_B/h_{hub})^\alpha \tag{4-6}$$

式中，r 为叶素距离轮毂中心的距离；h_{hub} 为轮毂中心高度；V_h 为轮毂处风速；α 为风剪切指数；ψ_B 为桨叶方位角，令桨叶竖直朝上时 ψ_B 为零度。

2) 塔影效应

塔影效应是指由于塔架对气流的阻碍导致塔架附近空气流速度和方向的改变。对于上风向风力机塔影效应常采用潜流模型描述，认为塔影在 $2\pi/3 < \psi_B < 4\pi/3$ 产生影响，则 $2\pi/3 < \psi_B < 4\pi/3$ 时叶素上的风速为[9]

$$V(r,\psi_B) = V_h\left[1 + ma^2\,\frac{r^2\sin^2\psi_B - x^2}{(r^2\sin^2\psi_B + x^2)^2}\right] \tag{4-7}$$

式中，$m = 1 + \alpha(\alpha - 1)R^2/(8h_{hub}^2)$；$a$ 为塔架顶部半径；x 为桨叶旋转平面到塔架中心线的距离，即垂悬距离。

图 4-3 所示为同时考虑风剪切和塔影效应时，某一桨叶在旋转过程中不同桨叶半径处叶素上的风速，其中 V_h 为轮毂处风速，令 V_h 从 3m/s 以 0.25m/s^2 的变化率上升并假设风力机始终运行在最佳叶尖速比上，$V_{r=R/3}$ 代表 $r=R/3$ 处叶素上的水平来流风速，$V_{r=R}$ 代表叶尖处叶素上的水平来流风速，Ψ 为该桨叶的方位角，令桨叶竖直朝上时 Ψ 为 0°。仿真参数 $H=88$m，桨叶半径 $R=59$m(其中轮毂半径 $R_{hub}=2$m)，$a=1.75$m，$x=4.7$m，$\alpha=0.1$。

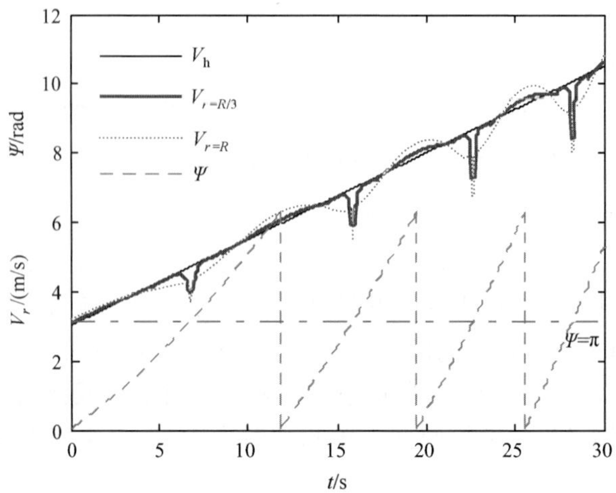

图 4-3　考虑风剪切和塔影效应的风速分布

从图 4-3 中可以看出，①受塔影效应影响，对应 $\Psi=\pi$ 的时刻风速有明显骤降，风剪切则表现为风速周期性地在轮毂风速上下波动；②随着风速增大，风剪切和塔影效应的影响都明显增大；③同一时刻靠近叶尖处的叶素受风速分布不均的影响比较大；④随着风轮转速上升，风速周期性变化的频率增大。图 4-3 仅示出了桨叶 1 上叶素风速的变化情况，桨叶 2 和桨叶 3 上的风速分别超前和滞后其 $2\pi/3$。

就对气动转矩产生的影响而言，风剪切会产生气动转矩的 $3P$ 脉动，塔影效应则产生气动转矩的 $3P,6P,9P,\cdots$脉动，其中 P 代表风轮旋转频率。

2. 不确定性分量

不确定性分量的影响主要包括湍流的影响，以及上一台风机尾流的影响。由于风轮扫掠面积很大，湍流或尾流的空间尺度可能小于该扫掠面积。湍流和尾流十分复杂，对于旋转桨叶上的叶素而言，考虑到实际机组中风轮旋转频率通常高出湍流带宽数倍，旋转叶素上流过的风速呈现近似的周期性波动，在风力机气动功率谱中体现为 $1P$ 的整数倍分量。

4.2.4　用于动态仿真的多时间尺度风速建模方法

该方法首先从实际风速数据中提取相似趋势和形态的样本形成典型趋势模式，使用径向基函数神经网络拟合各模式，构造了风速的低频变化趋势模型，提高了模型的泛化能力；然后聚合相同趋势的真实风速样本，估计概率分布函数参数，生成相同分布随机风速集，按趋势特征对该风速集进行序列重构得到模拟风速序列[3]。

1. 风速概率分布和趋势特征提取

对大量的风速数据进行多分辨率的相似度匹配，提取风速变化的低频趋势，是重建风速序列的形态，对风速进行重新描述的基础。

1）风速规范化处理和趋势提取

风力发电系统正常工作的风速变化范围为 0～25m/s，风速幅值的不同会带来很大的形态误差，为了弱化幅值差异带来的影响，需要对风速进行归一化。一般数据序列规范化处理的算法有最大-最小规范化、z-score 规范化及小数定标规范化等。本书使用最大-最小方法对风速序列进行规范化处理。假设 $v_{\max}$、$v_{\min}$ 为样本风速的最大、最小值，则任意时刻 k 的风速规范值计算为

$$v_k = \frac{v'_k - v_{\min}}{v_{\max} - v_{\min}} \tag{4-8}$$

经过规范化处理后，风速序列 $v'_1, v'_2, \cdots, v'_k$ 化为[0,1]区间内的 $v_1, v_2, \cdots, v_k$。一定时间范围内的风速序列可在时域上分解为最小等距子时间段 $t_1, t_2, \cdots, t_m$，每一时间段的长度为 t，标记特定时间段的起始时间点为 t_i，采用各子时间段内的风速变化率界定风速变化趋势，设子时间段 t_i 的起始和结束风速分别为 v_i^0 和 v_i^1，则该风速序列的分段线性化模型可以表示为三维样本集：

$$\boldsymbol{M} = \{(v_1^0, v_1^1, t_1), (v_2^0, v_2^1, t_2), \cdots, (v_m^0, v_m^1, t_m)\} \tag{4-9}$$

由于子时间段的连续性，对于任意时段 t_i 的风速值有

$$v_i^1 = v_{i+1}^0 \tag{4-10}$$

又对于风速模型内的任意样本 i，都可求其变化率

$$k_i = \frac{V_i^1 - V_i^0}{t} \tag{4-11}$$

提取风速趋势模型

$$N = \begin{bmatrix} k \\ t \end{bmatrix} = \begin{bmatrix} k_1, & k_2, & \cdots, & k_m \\ t_1, & t_2, & \cdots, & t_m \end{bmatrix} \tag{4-12}$$

2）风速的分段线性化

分段线性化具有很强大的形态表达和趋势分割能力，是经典的时间序列表达方法之一。对风速序列进行分段线性化处理可支持其在不同时间分辨率下的观察分析，分段数量大可提取风速变化的细节，分段数量小有较高的滤波去噪和数据抽象能力，同时大幅压缩数据规模，可表现风速的长期趋势。分段线性化的方法有很多，这里采用 Bottom_Up 算法和分段线性回归作为风速分段线性化的近似方法，具有易于操作、计算量小等特点。

线性分段数 n 由统计趋势的时间尺度 T 和风速样本的规模决定，可采用上一级至二级的时间尺度作为时间分辨率，如分析时间尺度为日的风速序列，则可采

用时或分作为时间分辨率。时间分辨率记为 T_r，则线性分段数 n 为$\frac{T}{T_r}$，每段的跨度样本数目 j 为$\frac{T_r}{t}$。考察一段样本$[v_1, v_2, \cdots, v_j]$，线性化后可计算变化率：

$$k=\frac{V_j-V_1}{jt}=\frac{V_1+k_1t+k_2t+\cdots+k_jt-V_1}{jt}=\frac{k_1+k_2+\cdots+k_j}{j} \tag{4-13}$$

分段线性化后得单日时间尺度的风速变化率序列样本为 $\boldsymbol{S}_l=[k_1,k_2,\cdots,k_n]$；$\boldsymbol{S}_1,\boldsymbol{S}_2,\cdots,\boldsymbol{S}_l$ 分别为分段线性化后的不同单日风速变化序列；$\boldsymbol{T}=[t_1,t_2,\cdots,t_n]$ 为对应风速变化率点的采样时间点。

3）风速趋势的相似度匹配和聚类样本集

根据不同的统计时间尺度提取出对应的序列样本集 $\boldsymbol{S}=[\boldsymbol{S}_1,\boldsymbol{S}_2,\cdots,\boldsymbol{S}_l]$后，需要寻找最大相似的序列样本个体集合。因任意时刻 t_p 的风速变化率为 k_p，可求取该时刻变化趋势的角度为 $\alpha_p=\arctan k_p/s$，其中系数 s 为角度归算系数。搜索采用基于夹角距离的时间序列相似性算法，通过夹角距离的计算可度量时间序列的形状相似度，避免了由于平移和旋转造成的判断误差，同时又有鲁棒性高、计算高效等特点。两风速变化率序列 $\boldsymbol{S}_i$、$\boldsymbol{S}_j$ 的差异度量计算值为

$$D(\boldsymbol{S}_i,\boldsymbol{S}_j)=\frac{\sum_{p=1}^{n}|\alpha_p^i-\alpha_p^j|}{n}=\frac{\sum_{p=1}^{n}|\arctan k_p^i-\arctan k_p^j|}{ns} \tag{4-14}$$

该算法共可计算 $C_l^2=\frac{l(l-1)}{2}$ 个序列对的差异结果，记为 $\boldsymbol{D}=[D_1,D_2,\cdots,D_{\frac{l(l-1)}{2}}]$，把差异度值按单调递增规律排序后提取差异最大的 q 组样本组成典型趋势集$\boldsymbol{S}'=[S_1,S_2,\cdots,S_q]$。利用 K 均值聚类把样本集 $\boldsymbol{S}$ 分为 q 类，以每个样本与典型趋势集内一类的重心距离和最小为准则确定样本类别，把 $\boldsymbol{S}$ 归入典型趋势集 $\boldsymbol{S}'$。

2. 基于神经网络和概率分布的风速建模

1）风速和趋势模型映射的非线性回归

径向基函数（radical basis function，RBF）是多维空间插值的传统技术[8]，RBF 神经网络属于三层的前向型神经网络。第一层为输入层，由信号源节点组成；第二层为隐藏层，变换函数即为径向基函数，是对中心点径径向对称且距离衰减的非负非线性函数，为局部响应函数；第三层为输出层，是隐藏层的加权响应。

采用径向基函数神经网络对样本集 $\boldsymbol{V}$ 和 $\boldsymbol{S}'$ 的映射关系进行自组织选取中心的非线性拟合，使拟合模型与实际样本集的残差加权平方和达到最小。输入层训

练集为风速序列 $\boldsymbol{V}=[v_1,v_2,\cdots,v_m]^{\mathrm{T}}$ 的集合,输出层训练集为趋势序列 $\boldsymbol{S}=[k_1,k_2,\cdots,k_n]^{\mathrm{T}}$ 的集合,建立神经网络如图 4-4 所示。

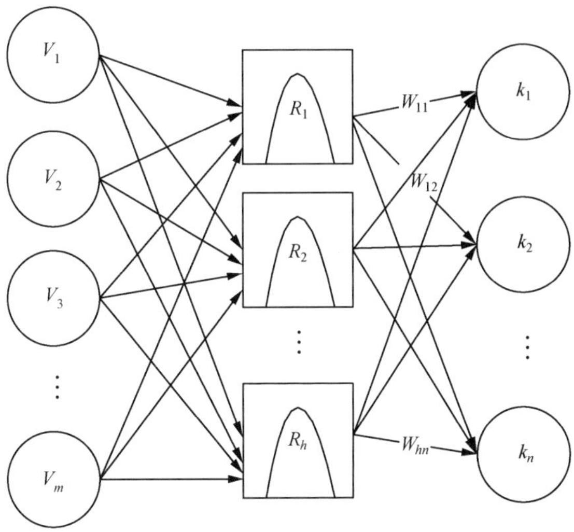

图 4-4　径向基函数神经网络

采用高斯函数作为径向基函数,激活函数表示为

$$R(V-c)=\exp\left(-\frac{1}{2\sigma^2}\|V-c\|^2\right) \tag{4-15}$$

式中,c 为高斯函数中心;σ 为高斯函数的方差;$\|V-c\|$ 为 V 和 c 的欧氏距离。由图 4-4 所示的神经网络的结构可得网络的输出为

$$k_j=\sum_{i=1}^{h}w_{ij}\exp\left(-\frac{1}{2\sigma^2}\|\boldsymbol{V}_q-\boldsymbol{c}_i\|^2\right),\quad j=1,2,\cdots,n \tag{4-16}$$

式中,$\boldsymbol{V}_q=[v_1^q,v_2^q,\cdots,v_m^q]$为第 q 个输入样本;$\boldsymbol{c}_i$ 为网络隐藏层各节点的中心;w_{ij} 为隐藏层到输出层的连接权值;$i=1,2,\cdots,h$ 为隐藏层节点数;k_j 为第 j 个输出节点的输出值。设 k_{dj} 是第 j 个输出节点的期望输出值,则基函数方差为

$$\sigma=\frac{1}{q}\sum_{j}^{n}\|k_{dj}-k_j\boldsymbol{c}_i\|^2 \tag{4-17}$$

神经网络的训练过程分为两个阶段:阶段一是自组织学习阶段,此阶段为无导师学习过程,用于求解隐藏层基函数的中心与方差。过程如下。

(1) 随机选取 h 个样本作为聚类中心 $\boldsymbol{c}_i$。

(2) 将样本集 $\boldsymbol{T}'$ 按最近邻规则分组:按照 $\boldsymbol{V}_q$ 与中心 $\boldsymbol{c}_i$ 间的欧氏距离将 $\boldsymbol{V}_q$ 分配到输入样本的各个聚类集合 $\boldsymbol{\theta}'$ 中。

(3) 计算各个聚类集合 $\boldsymbol{\theta}'$ 中输入样本的平均值，作为新的聚类中心 $\boldsymbol{c}_i$，若新的聚类中心不再发生变化，则迭代结束，所得到的 $\boldsymbol{c}_i$ 即为最终基函数 i 的中心，否则返回(2)进行下一轮求解。

(4) 计算方差

$$\sigma_i = \frac{c_{\max}}{\sqrt{2h}}, \quad i = 1,2,\cdots,h \tag{4-18}$$

式中，$c_{\max}$ 为选取中心之间的最大距离。

阶段二是计算隐含层到输出层的权值，可用最小二乘法计算得

$$w_i = \exp\left(\frac{h}{c_{\max}^2}\|\boldsymbol{V}_q - \boldsymbol{c}_i\|^2\right), \quad i = 1,2,\cdots,h \tag{4-19}$$

训练完毕后可获得风速趋势的非线性回归模型 $\boldsymbol{S} = F(\boldsymbol{V})$。

使用该方法构建模型可对风速序列进行趋势识别，划分未知风速的变化趋势类型，是后面风速样本归类和概率分布计算的基础。

2) 风速集合随机生成和风速序列重构

由于风速符合一定参数的 Weibull 分布，本书利用实际运行数据整定 Weibull 分布参数。根据不同的研究需要定义时间尺度和时间分辨率的采集时间点 $\boldsymbol{T} = [t_1, t_2, \cdots, t_n]$，计算符合一种趋势模型 $\boldsymbol{S}$ 的同参数 Weibull 概率分布函数的参数，随机生成风速序列 $\boldsymbol{V} = [v_1, v_2, \cdots, v_n]$。该风速序列只满足数值范围内的 Weibull 分布，在时间趋势上未作约束，在时域内无法反映真实数据的变化规律，故还需对 $\boldsymbol{V}$ 进行时序重整。由前述风速趋势模型 $\boldsymbol{S} = F(\boldsymbol{V})$ 可得趋势序列 $\boldsymbol{S} = [k_1, k_2, \cdots, k_n]$。引入随机风速序列均值 v_μ 作为风速初值 v_1'，由变化率模型 $k_i = \frac{V_i^1 - V_i^0}{t}$ 反变换可生成符合趋势 $\boldsymbol{S}$ 的风速序列 $\boldsymbol{V}' = [v_1', v_2', \cdots, v_n']$。随机风速序列 $\boldsymbol{V} = [v_1, v_2, \cdots, v_n]$ 的不同序排列组合共有 $z = n(n-1)$ 种，分别记为 $\boldsymbol{V}_1, \boldsymbol{V}_2, \cdots, \boldsymbol{V}_z$，可求得每个序列 $\boldsymbol{V}_z$ 与 $\boldsymbol{S}$ 趋势风速序列 $\boldsymbol{V}'$ 的偏度集 D：

$$D = \begin{cases} d_1 \\ d_2 \\ \vdots \\ d_z \end{cases} = \begin{cases} \|\boldsymbol{V}_1 - \boldsymbol{V}'\| \\ \|\boldsymbol{V}_2 - \boldsymbol{V}'\| \\ \vdots \\ \|\boldsymbol{V}_z - \boldsymbol{V}'\| \end{cases} = \begin{cases} \sqrt{\sum_{i=1}^{n}(v_i^1 - v_i')^2} \\ \sqrt{\sum_{i=1}^{n}(v_i^2 - v_i')^2} \\ \vdots \\ \sqrt{\sum_{i=1}^{n}(v_i^z - v_i')^2} \end{cases} \tag{4-20}$$

比较获得偏度集 D 内最小偏度 d_x，其对应的风速序列为 $\mathbf{V}_x$，$\mathbf{V}_x$ 即为最符合趋势 $\boldsymbol{S}$ 的风速序列。

因 $\mathbf{V}_x$ 是规范化到[0,1]区间的风速序列，还需对 $\mathbf{V}_x$ 反规范化才可得到真实风速序列 $\mathbf{V}_F=[v_1^F,v_2^F,\cdots,v_n^F]$。元素 v_n^F 的计算方法为

$$v_n^F = v_n^x(v_{\max} - v_{\min}) + v_{\min} \tag{4-21}$$

3. 算例与分析

1）算例仿真

以江苏省某50MW风电场的25台2MW风电机组20个月的风速观测值作为原始数据，采样时间间隔为10min。可构建时间尺度为日、月、季、年的趋势随机序列，从原始数据提取样本集的原则是按时间尺度分段提取，即把每台机组的风速观测数据按给定时间长度分割，样本提取方式如表4-2所示。

表4-2　依不同时间尺度需要提取的原始风速样本

时间尺度	日	月	季	年
样本维度	144	4320	12960	51840
样本数量	15000	500	150	25
数据点总数	2160000	216000	194400	129600

以日时间尺度为例，对编号为1的风机提取的风速样本进行规范化处理，计算变化率，转换为风速趋势样本，如图4-5所示。

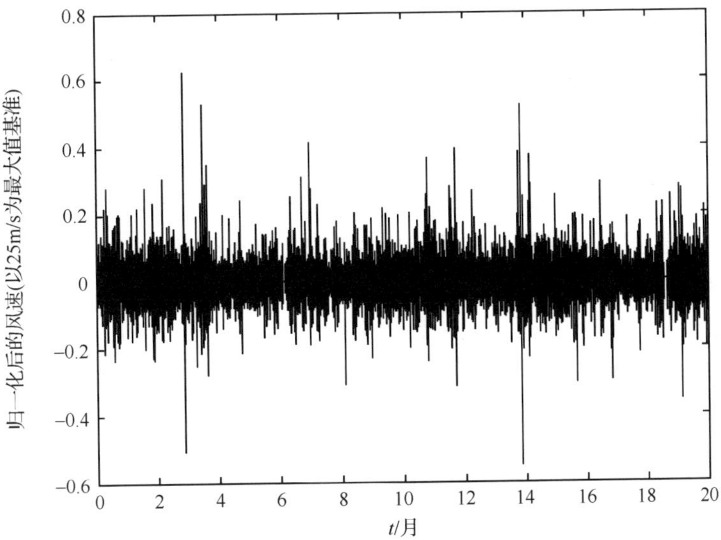

图4-5　编号为1的风机风速趋势样本

进行风速建模的步骤如下。

(1) 分段线性化。由表 4-2 知，样本维度为 144，取趋势维度为 24，则分段跨度 $j=6$，计算每个趋势点的

$$k=\frac{V_j-V_1}{jt}=\frac{V_1+k_1t+k_2t+\cdots+k_jt-V_1}{jt}=\frac{k_1+k_2+\cdots+k_j}{j} \tag{4-22}$$

24 个趋势点合成 1 个趋势样本，得 15000 个样本组成趋势样本集。

(2) 趋势样本集的相似性聚类。同一风场内的风机地理位置相隔不远，风速的变化趋势认为基本一致，因此挑选同一台风机的 600 个趋势样本代表风场作为聚类前数据不会造成结果缺失，并可大大减小冗余计算量，提高聚类速度。计算趋势样本两两之间的差异度值为

$$\boldsymbol{D}=[D_1,D_2,\cdots,D_{179700}] \tag{4-23}$$

本书取差异度最大的 10 组样本代表 10 种典型风速趋势(见图 4-6，图中横坐标为时间轴，纵坐标为风速序列值，其趋势为加粗线条)，最后把剩下的 590 个趋势样本按和典型趋势差异度最小准则归入某种趋势。

(3) 构建径向基函数神经网络并训练。样本风速维度为 144，趋势维度为 24。因此采用输入 144 个输入层节点，24 个输出层节点，200 个径向基层神经元构建 3 层径向基函数神经网络，隐含层激发函数采用高斯函数。训练时采用前述 1 台风机的 590 个趋势样本的对应风速序列组成网络输入矩阵，风速序列归入的趋势序列组成网络的输出矩阵，为平衡拟合精度和泛化能力，取径向基函数的扩展速度 SPREAD=1。经样本聚类和径向基函数神经网络拟合后，可求得典型样本集和拟合趋势曲线。其中一种类型的样本结果如图 4-7 所示。

(4) 同类趋势风速样本集的概率分布估计及同分布随机风速模型生成。选定上述典型样本趋势作为随机风速的类型，从风电场风速数据样本中提取该类趋势风速集合进行概率密度函数的参数估计，获取概率分布函数，即可随机生成符合该概率分布函数的风速序列 $\boldsymbol{V}$。风速样本集概率密度和随机风速序列的概率密度分布如图 4-8 所示。

(5) 随机风速模型重构。风速趋势模型 $\boldsymbol{S}$ 迭代生成参考风速序列 $\boldsymbol{V}'$，然后遍历 $\boldsymbol{V}$ 的所有排列形式，计算每种排列方式与 $\boldsymbol{V}'$ 的偏度 d，取最小偏度的序列 $\boldsymbol{V}_x$，反规范化转换后得目标随机风速序列 $\boldsymbol{V}_F$，随机序列 $\boldsymbol{V}$ 与重构序列 $\boldsymbol{V}_F$ 的波形如图 4-9 所示。重构后的风速序列大大减少了原随机集合的无序变化和大幅振荡，与风速趋势模型契合较好，反映了对应时间尺度内的风速变化特性。

2) 结果分析

由概率分布函数随机生成的风速模型在数值分布上符合真实风速的概率，但

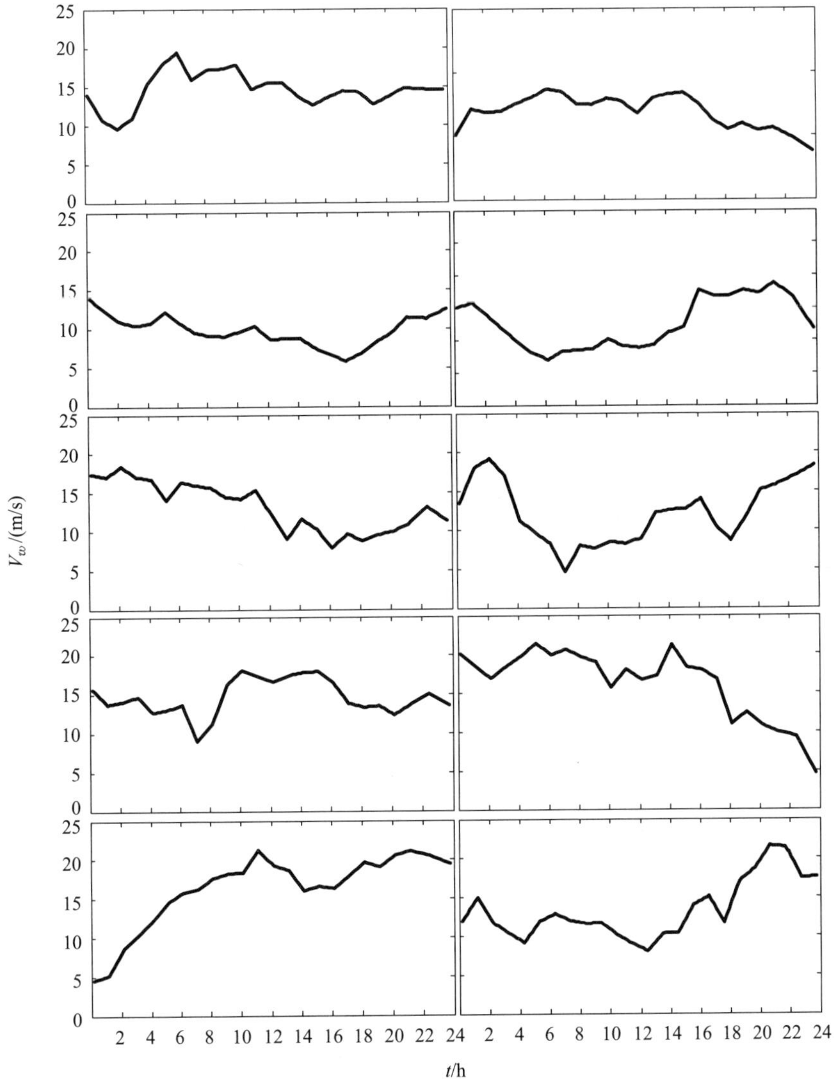

图 4-6 10 组典型风速趋势

未考虑时序状况，因此常常出现连续的大幅值变化，导致随机风速在时间轴上失真，短时间内发生较大的波动。风速时序上的变化规律也可由功率谱密度(power spectral density，PSD)描述，即把其分解为不同的幅值的频率成分，刻画频域的变化规律。真实风速通常有着较高幅值的低频分量和较低幅值的高频分量，经过许多学者的实验，风速的功率谱密度函数可表示为 von Karman 模型[6]，函数记为

$$S(f)=\frac{4\sigma_{\mu}^{2}(L/\bar{v})}{[1+70.8\,(fL/\bar{v})^{2}]^{5/6}} \tag{4-24}$$

式中，σ_μ 为风速标准差；L 为湍流尺度；$\bar{v}$ 为平均风速；f 为频率。依据风力机设计标准：

$$\sigma_\mu = \bar{v}/\ln(z/z_0) \tag{4-25}$$

$$L = 100Cz^m \tag{4-26}$$

式中，z 为风力机高度；z_0 为地面粗糙度；C、m 为与地面粗糙度 z_0 有关的系数，通常由实验确定。

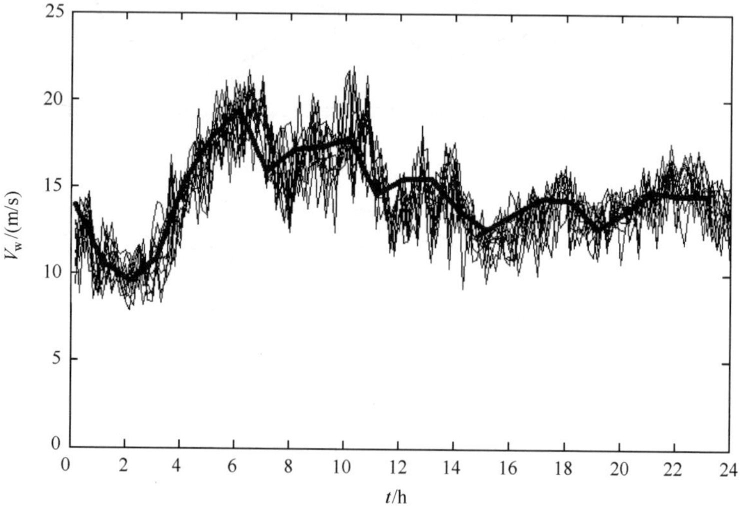

图 4-7　一种典型聚类样本及其趋势曲线

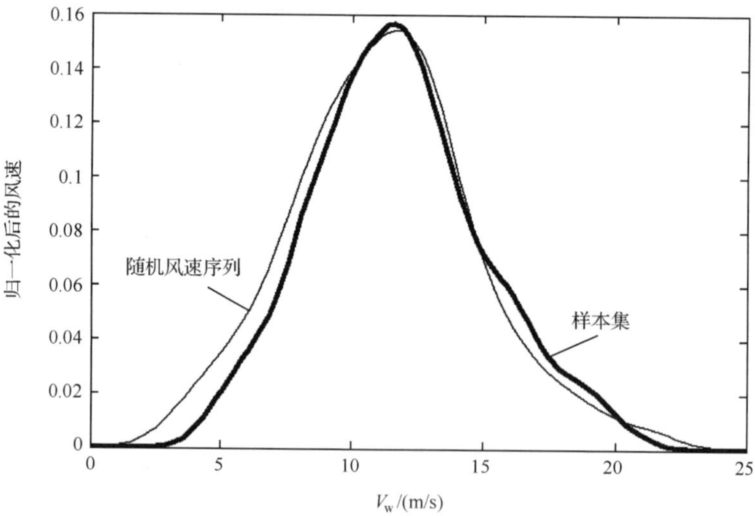

图 4-8　一种典型聚类样本及其趋势曲线

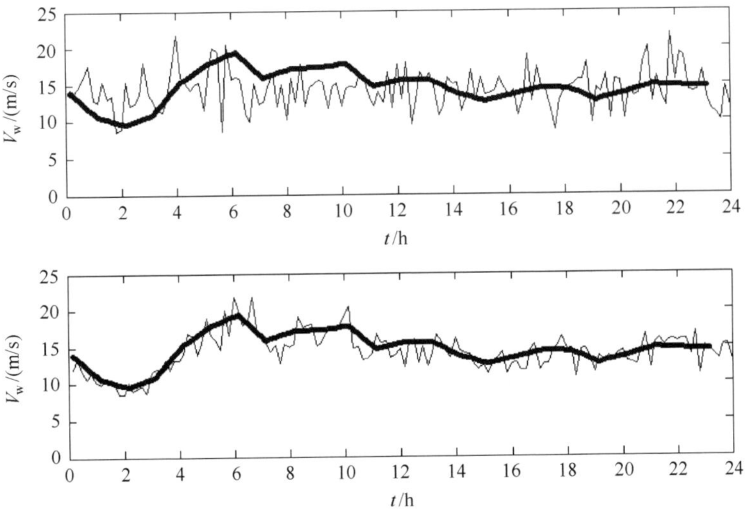

图 4-9　重构前后的随机风速序列

引入风速趋势模型 S 对随机风速进行最小偏度时序重构后，明显减小了风速的大幅波动，使风速的时域和频域变化规律与实测数据差别较小，接近真实情况。计算采样频率为 10Hz 的风速功率谱，绘制按趋势重构前后风速序列的功率谱密度，如图 4-10 所示。比较可知，按趋势对风速序列重构，能够使风速的功率谱特性

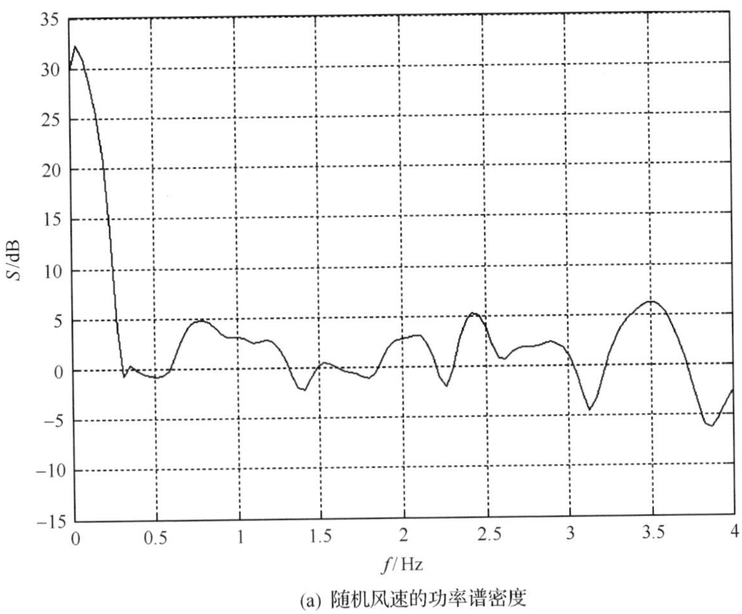

(a) 随机风速的功率谱密度

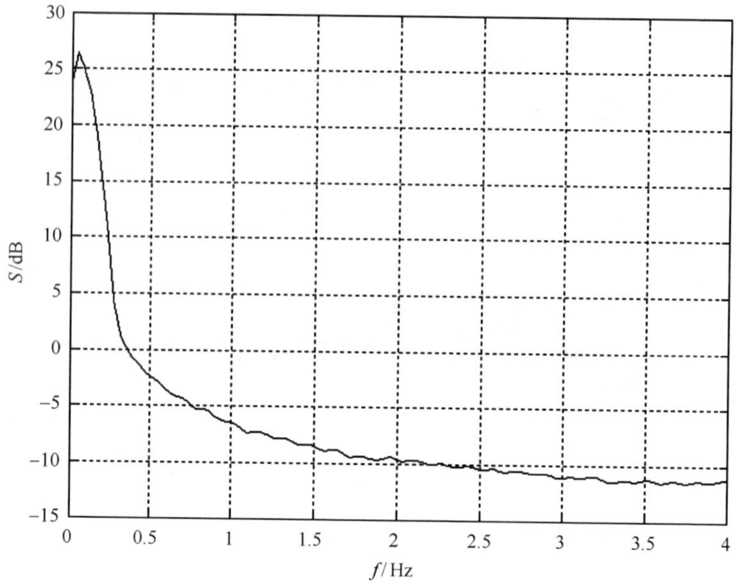

(b) 趋势重构后风速的功率谱密度

图 4-10 重构前后的随机风速序列功率谱密度

更接近理想的 von Karman 模型，减少了随机风速序列中的高频分量失真，能够充分表现真实风速的变化规律。

4.3 风力机的数学模型

4.3.1 风轮的空气动力学模型

1. 空气动力的机理模型

叶素动量理论和 CFD 流体力学方法均可作为风力机空气动力学的机理性模型。本节选取更易于理解风力机原理的叶素-动量理论[9]展开讨论。

基于叶素理论的风轮建模将桨叶分为若干个微元，每一个桨叶微元称为叶素。对叶素进行受力分析求得微元在各个方向的气动载荷。选取在桨叶半径 r 处一段长度为 $\mathrm{d}r$ 的叶素，其弦长为 l。该叶素在水平来流风速和风力机旋转共同产生的相对风速 W 的作用下产生升力 $\mathrm{d}L$ 和阻力 $\mathrm{d}D$，叶素微元的面积 $\mathrm{d}S=l\mathrm{d}r$，则

$$\begin{cases} \mathrm{d}L = \frac{1}{2}\rho C_l l W^2 \mathrm{d}r \\ \mathrm{d}D = \frac{1}{2}\rho C_d l W^2 \mathrm{d}r \end{cases} \tag{4-27}$$

式中，ρ 为空气密度；C_l 和 C_d 分别为升力系数和阻力系数，二者随攻角 i 变化，如图 4-11 所示。

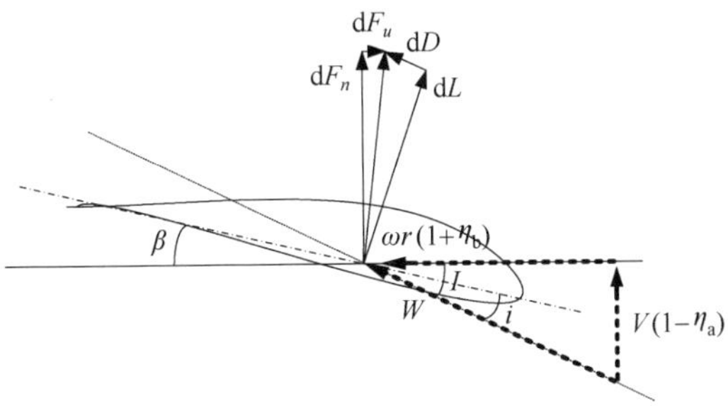

图 4-11　叶尖处叶素上的受力示意图

升力和阻力按照平行于叶素旋转方向和垂直于风轮旋转平面可分解为切向力 $\mathrm{d}F_u$ 和法向力 $\mathrm{d}F_n$，其中切向力沿叶素运动方向，法向力垂直于旋转平面，法向力也就是轴向推力微元，则

$$\begin{cases} \mathrm{d}F_u = \mathrm{d}L \cdot \sin I - \mathrm{d}D \cdot \cos I \\ \mathrm{d}F_n = \mathrm{d}L \cdot \cos I + \mathrm{d}D \cdot \sin I \end{cases} \tag{4-28}$$

式中，I 为入流角，则叶素所受到的切向力产生的气动转矩微元 $\mathrm{d}T_a$ 为

$$\mathrm{d}T_a = r \cdot \mathrm{d}F_u \tag{4-29}$$

所有微元所受气动载荷沿桨叶半径积分即得到桨叶根部在各个坐标系的气动载荷，经过轮毂的汇集最终形成风力机的气动转矩、轴向推力、机舱偏航力矩、机舱俯仰力矩等关键载荷。

事实上，气动特性复杂在叶素动量理论模型中体现为轴向诱导因子 η_a 和周向诱导因子 η_b 的动态变化。二者的变化会对相对风速 W、攻角 i 和入流角 I 产生影响。这些影响体现为

$$W = \sqrt{[(1-\eta_a)V]^2 + [(1+\eta_b)\omega r]^2} \tag{4-30}$$

$$I = \arctan[(1/\lambda)(1-\eta_a)/(1+\eta_b)] \tag{4-31}$$

$$\lambda = \frac{\omega r}{V} \tag{4-32}$$

$$i = I - \beta - \alpha_{\text{twist}}(r) \tag{4-33}$$

式中，V 为叶素上的相对水平来流风速；β 为桨距角；α_{twist} 为叶素的扭角，α_{twist} 随叶素半径 r 变化。

在叶素动量理论的计算中，轴向诱导因子 η_a 和周向诱导因子 η_b 的动态变化需要通过反复迭代计算和各种修正提高其计算精度，这些修正包括叶尖损失和轮毂损失修正(Prandtl 修正)、Glauert 修正、Wilson 修正等[10-13]。偏航、变桨或风速突变可能造成的动态气动特性均在轴向诱导因子 η_a 和周向诱导因子 η_b 的动态变化中体现。现有的修正方法已使得叶素动量理论具有了相当高的计算精度，如商用风电软件 GH Bladed 的计算精度得到了实际机组的验证。

可见叶素动量理论易于理解风力机的工作原理，其气动载荷计算精度使其适用于桨叶翼型设计及机组控制器的验证。但是考虑动态气动特性的叶素动量理论在实际建模中难于实现，且不利于控制器的设计。

2. 空气动力的线性化模型

风轮气动模型具有典型的非线性特性，在一些研究问题中可对其进行线性化处理，得到特定工作点附近的线性化模型。

在工作点 $(\bar{V}, \bar{\omega}_r, \bar{\beta})$ 处对气动模型进行泰勒级数展开，以气动转矩为例：

$$\begin{aligned} T_a(V, \omega_r, \beta) &= T_a(\bar{V}, \bar{\omega}_r, \bar{\beta}) + k_{T_a,V} \cdot \hat{V} + k_{T_a,\omega_r} \cdot \hat{\omega}_r + k_{T_a,\beta} \cdot \hat{\beta} \\ &\quad + \frac{1}{2!}(k_{T_a,V^2}\hat{V}^2 + k_{T_a,\omega_r^2}\hat{\omega}_r^2 + k_{T_a,\beta^2}\hat{\beta}^2 + 2k_{T_a,V,\omega_r}\hat{\omega}_r\hat{V} \\ &\quad + 2k_{T_a,V,\beta}\hat{V}\hat{\beta} + 2k_{T_a,\beta,\omega_r}\hat{\omega}_r\hat{\beta}) + \text{hots} \end{aligned} \tag{4-34}$$

式中，符号上方的“－”表示变量的稳态值；“ ˆ ”表示相对于稳态值的波动量；hots 表示高阶项；$\bar{V}$、$\bar{\omega}_r$、$\bar{\beta}$ 分别表示稳态工作点对应的风速、转速和桨距角。

$$k_{T_a,V} = \left.\frac{\partial T_a}{\partial V}\right|_{(\bar{V},\bar{\omega}_r,\bar{\beta})}, \quad k_{T_a,\omega_r} = \left.\frac{\partial T_a}{\partial \omega_r}\right|_{(\bar{V},\bar{\omega}_r,\bar{\beta})}, \quad k_{T_a,\beta} = \left.\frac{\partial T_a}{\partial \beta}\right|_{(\bar{V},\bar{\omega}_r,\bar{\beta})}$$

$$k_{T_a,V^2} = \left.\frac{\partial^2 T_a}{\partial V^2}\right|_{(\bar{V},\bar{\omega}_r,\bar{\beta})}, \quad k_{T_a,\omega_r^2} = \left.\frac{\partial^2 T_a}{\partial \omega_r^2}\right|_{(\bar{V},\bar{\omega}_r,\bar{\beta})}, \quad k_{T_a,\beta^2} = \left.\frac{\partial^2 T_a}{\partial \beta^2}\right|_{(\bar{V},\bar{\omega}_r,\bar{\beta})}$$

$$k_{T_a,V,\omega_r} = \left.\frac{\partial^2 T_a}{\partial V \partial \omega_r}\right|_{(\bar{V},\bar{\omega}_r,\bar{\beta})}, \quad k_{T_a,V,\beta} = \left.\frac{\partial^2 T_a}{\partial V \partial \beta}\right|_{(\bar{V},\bar{\omega}_r,\bar{\beta})}, \quad k_{T_a,\beta,\omega_r} = \left.\frac{\partial^2 T_a}{\partial \beta \partial \omega_r}\right|_{(\bar{V},\bar{\omega}_r,\bar{\beta})}$$

据此可以得到工作点 $(\bar{V}, \bar{\omega}_r, \bar{\beta})$ 附近气动转矩 T_a 的线性化表达式为

$$\hat{T}_a = k_{T_a,V} \cdot \hat{V} + k_{T_a,\omega_r} \cdot \hat{\omega}_r + k_{T_a,\beta} \cdot \hat{\beta} \tag{4-35}$$

采用类似的方法可以得到工作点 $(\bar{V}, \bar{\omega}_r, \bar{\beta})$ 附近轴向推力 F_a 的线性化表达式为

$$\hat{F}_a = k_{F_a,V} \cdot \hat{V} + k_{F_a,\omega_r} \cdot \hat{\omega}_r + k_{F_a,\beta} \cdot \hat{\beta} \tag{4-36}$$

式中

$$k_{F_a,V} = \left.\frac{\partial F_a}{\partial V}\right|_{(\bar{V},\bar{\omega}_r,\bar{\beta})},\quad k_{F_a,\omega_r} = \left.\frac{\partial F_a}{\partial \omega_r}\right|_{(\bar{V},\bar{\omega}_r,\bar{\beta})},\quad k_{F_a,\beta} = \left.\frac{\partial F_a}{\partial \beta}\right|_{(\bar{V},\bar{\omega}_r,\bar{\beta})}$$

对式(4-35)进行拉氏变换

$$\Delta T_a(s) = k_{T_a,\omega_r}\Delta\omega_r(s) + k_{T_a,V}\Delta V(s) + k_{T_a,\beta}\Delta\beta(s) \tag{4-37}$$

根据风轮转子运动学方程

$$J_{\text{turb}} s\Delta\omega_r(s) = \Delta T_a(s) \tag{4-38}$$

联立式(4-37)与式(4-38)，则

$$\Delta\omega_r(s) = \frac{k_{T_a,V}\Delta V(s) + k_{T_a,\beta}\Delta\beta(s)}{J_{\text{turb}} s - k_{T_a,\omega_r}} \tag{4-39}$$

可得如图 4-12 所示的风轮线性化模型框图。

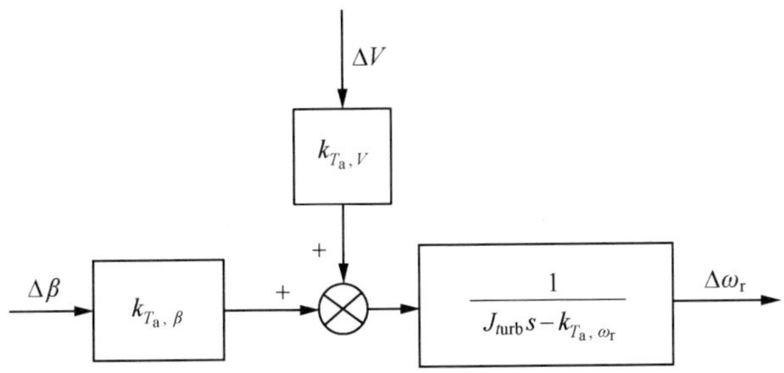

图 4-12　风轮线性化模型框图

风轮的线性化模型可以很好地模拟在线性化工作点附近的风轮动态行为，但无法应用于工作点大幅偏离线性化工作点的情形。

3. 空气动力的静态模型

在面向并网或最大功率跟踪控制等问题中，并不需要考虑复杂的动态气动特性，而是更关注风力机受到的“稳态”空气动力/力矩，此时采用静态模型即可满足研究需要。之所以称为静态模型，是由于这种模型在风速、风轮转速或桨距角发生变化时，尾流及诱导速度场无时滞的响应至新的稳态值，从空气动力学意义来讲该模型是静态的。

借助于风能利用系数 C_p，风力机捕获的气动功率 P_a 可表示为

$$P_a = \frac{1}{2}\rho\pi R^2 v_w^3 C_p(\lambda,\beta) \tag{4-40}$$

借助于气动转矩系数 C_T，风力机捕获的气动转矩 T_a 可表示为

$$T_a = \frac{P_a}{\omega_r} = \frac{1}{2}\rho\pi R^3 v_w^2 C_T(\lambda,\beta) \tag{4-41}$$

借助于推力系数 C_F，风轮受到的轴向气动推力 F_a 可表示为

$$F_a = \frac{1}{2}\rho\pi R^2 v_w^2 C_F(\lambda,\beta) \tag{4-42}$$

式中

$$\lambda = \frac{\omega_r R}{v_w} \tag{4-43}$$

式中，ρ 为空气密度；v_w 为风速；R 为叶片半径；λ 为叶尖速比；β 为桨距角；ω_r 为风机风轮的角速度。特别地，风速 v_w 为水平来流风速 V 与桨叶 x 方向的相对运动速度之和。

风能利用系数 C_p 和气动转矩系数 C_T 之间有如下关系：

$$C_T(\lambda,\beta) = \frac{C_p(\lambda,\beta)}{\lambda} \tag{4-44}$$

可见，风能利用系数 C_p、气动转矩系数 C_T 及推力系数 C_F 均可以看作叶尖速比 λ 和桨距角 β 的连续非线性函数，这种非线性关系可以借助于有限离散数据点构成的查找表并配合插值算法来模拟，也可以通过假设合理的表达式并通过参数拟合获取表达式中的待定系数。其中，气动模型表达式中参数的拟合需借助于构成查找表的离散数据。

通过实际机组的离散数据拟合获取的气动模型表达式可以看作风轮气动模型的一种辨识模型。以下几种表达式结构可较好地模拟气动系数与叶尖速比 λ 和桨距角 β 的非线性关系。

1）全风速段的模拟

以风能利用系数 C_p 为例，一种常用的 C_p 拟合表达式如下：

$$C_p = \left(\frac{c_1}{\Lambda} - c_2\beta - c_3\beta^{c_4} - c_5\right)e^{-\frac{c_6}{\Lambda}} \tag{4-45}$$

式中，$\frac{1}{\Lambda} = \frac{1}{\lambda + c_7\beta} - \frac{c_8}{\beta^3 + 1}$。

另一种常用的 C_p 拟合表达式如下：

$$C_p = (c_1 - c_2\beta)\sin\left[\frac{\pi(\lambda - c_3)}{c_4 - c_5\beta}\right] - c_6(\lambda - c_7)\beta \tag{4-46}$$

该模型结构的典型参数为 $c_1=0.44, c_2=0.0167, c_3=3, c_4=15, c_5=0.3, c_6=0.00184, c_7=3$。

2）额定风速以下的模拟

考虑到额定风速以下桨距角恒定为零，此时风能利用系数是叶尖速比的一元函数（对于定桨距风力机也可以采用该模型结构进行模拟），此时用多项式即可很好地模拟 C_p。这种模型结构简单，可应用于额定风速以下的最大功率跟踪控制或面向并网的研究。

$$C_p = c_1\lambda^4 + c_2\lambda^3 + c_3\lambda^2 + c_4\lambda + c_5 \tag{4-47}$$

以上模型的本质是假设一种能较好拟合 C_p 曲线的表达式结构，并采用实际机组数据拟合出表达式中的待定系数。这种模型能在大范围内准确地模拟风力机稳态出力情况。需要注意到，用于拟合出待定系数的机组数据实际是静态 C_p 数据，因此这种模型无法反映出动态的气动特性。

上述方法同样适用于模拟 C_T 和 C_F 与叶尖速比 λ 和桨距角 β 之间的非线性关系。

4.3.2 偏航系统模型

偏航系统在叶轮轴线偏离风向时控制偏航执行机构使叶轮轴线与风向一致，从而为风电机组实现最大功率捕获提供可能。偏航系统模型需要考虑风向的风模型与之匹配，详细的偏航系统模型包括偏航伺服电机控制和偏航伺服机构动态响应的模型。

偏航系统包括偏航控制和偏航执行机构，其中偏航执行机构通过包含偏航电机转矩出力 T_y、偏航负载力矩 T_{yl} 及风机绕偏航轴线转动惯量 J_y 的动态方程来模拟，如图 4-13 所示。

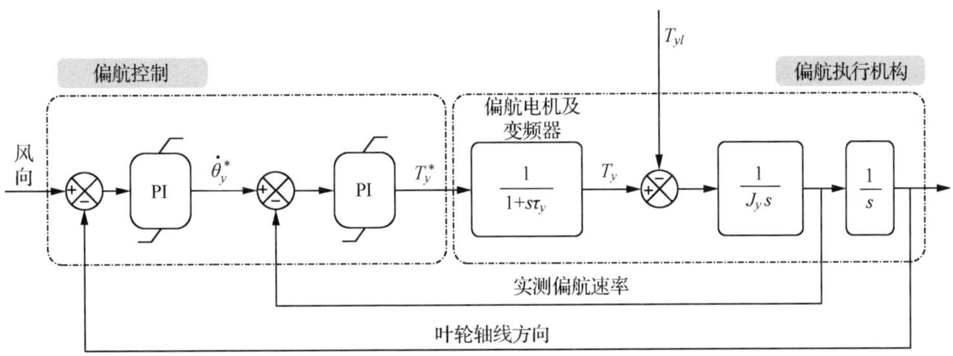

图 4-13 偏航系统模型

偏航控制检测风轮轴线方向及风向信号，二者的偏差角度经过 PI 调节器产生偏航速率的参考值 $\dot{\theta}_y^*$，$\dot{\theta}_y^*$ 与实测偏航速率的偏差经过 PI 调节器得到偏航电机期望的输出转矩 T_y^*（或矢量控制中的电流转矩分量指令），该控制信号作为偏航变频器指令控制偏航电机。变频器内部事实上还包括电流内环控制和 PWM 调制、开关门极驱动及变频主电路，考虑到内环跟踪带宽通常较高且变频器和电机能快速响应，图 4-13 中偏航电机及其变频器用 T_y^* 的滞后环节简化表示，τ_y 为偏航电机和偏航变频器的等效时间常数。

T_{yl} 主要包括气动模型输出的机舱偏航力矩和摩擦力矩。由于机舱偏航力矩很大程度上取决于风剪切和塔影效应造成的风轮不平衡气动载荷，该影响是精确描述 T_{yl} 所必要考虑的。

考虑到偏航执行机构可以看作伺服机构，因此偏航系统模型可以简化为特定的偏航速率。在不考虑风向变化时，偏航系统模型可以完全忽略。

4.3.3 变桨系统模型

变桨执行机构接收主控制器的变桨指令 β^* 并以此控制桨叶的实际桨距角 β，包括变桨控制和变桨执行机构。详细建模时需要考虑变桨控制器和变桨执行机构的响应。图 4-14 所示为统一变桨系统模型(也可看作独立变桨机组单个桨叶的变桨系统)。β^* 与实测桨距 β 的偏差经过 PI 调节器输出变桨速率指令 $\dot{\beta}^*$，$\dot{\beta}^*$ 与实测值的偏差经过 PI 调节器输出变桨电机的转矩指令 T_p^*，由变桨变频器控制变桨电机执行[17](类似于 4.3.2 节用滞后环节表示，τ_p 为变桨电机及变频器的等效时间常数)。变桨执行机构的动态可由包含变桨电机转矩出力 T_p、变桨负载力矩 T_{pL} 及桨叶绕变桨轴线转动惯量 J_p 的动态方程来模拟。变桨执行机构的负载由桨叶沿变桨轴线的转动惯量 J_{pitch}、变桨空气动力负载力矩和变桨摩擦力矩决定，其中变桨轴承的摩擦包括库仑摩擦和与变桨速率成比例的转动摩擦。

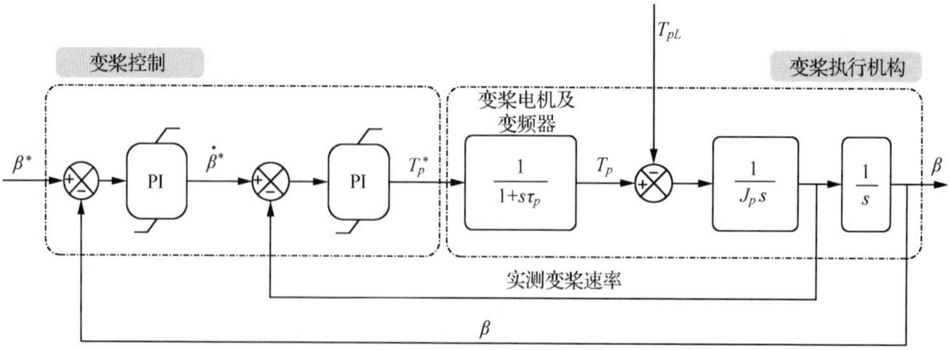

图 4-14　变桨执行机构模型

考虑到实际变桨系统的特性，设计变桨控制器时并不需要如此详细的变桨系统模型，建模时通常以惯性延时系统进行模拟，传递函数的阶数及参数可从机组实测数据中估算得到。

通常认为一个带延迟的二阶滞后传递函数完全能满足控制分析的需要。

$$\frac{\beta(s)}{\beta_{\mathrm{ref}}(s)}=\frac{\omega_{\mathrm{pt}}^{2}}{s^{2}+2\omega_{\mathrm{pt}}\xi_{\mathrm{pt}}s+\omega_{\mathrm{pt}}^{2}}\mathrm{e}^{-(\tau_{\mathrm{ptv}}+\tau_{\mathrm{ptx}})s} \tag{4-48}$$

式中，ξ_{pt}为阻尼率，无量纲；ω_{pt}为桨距系统特征频率，单位为 Hz；τ_{ptv}和 τ_{ptx}分别为变桨延迟时间和克服轴承摩擦的延迟时间，单位为 s。采用二阶滞后传递函数能反映桨距系统的特征频率。

大型风力发电机组的变桨距执行机构多采用电伺服机构。考虑到风力机、齿轮箱和发电机轴系属于大惯性环节，也可以用一阶模型作为变桨距执行机构的数学模型。

$$\dot{\beta}=\frac{1}{T_{\beta}}(\beta_{\mathrm{ref}}-\beta) \tag{4-49}$$

式中，β_{ref}为桨距角的参考输入；T_{β} 为变桨距系统的时间常数。如果考察桨距系统的滞后响应，变桨系统可以用带延迟的一阶惯性环节近似描述：

$$\frac{\beta(s)}{\beta_{\mathrm{ref}}(s)}=\frac{1}{T_{\beta}s+1}\mathrm{e}^{-\tau s} \tag{4-50}$$

式中，τ 为变桨距伺服系统的延迟时间；T_{β} 为变桨距系统的时间常数。

另外，考虑桨叶动作的安全性和可靠性，变桨的速率是要受限制的，一般为3～10°/s，紧急情况可以达到 10～20°/s，限制变桨速率还可以减小动态入流现象。

变桨控制系统如图 4-15 所示，转速调节器输出桨距角给定值，用于限制发电机转速，虚线框是功率环调节器，可以用作辅助控制，由于转速响应总是滞后于功率，所以通过功率调节器进行桨距角补偿控制，可以达到减小转速超调的目的。桨距角控制器均有上、下限幅，在额定风速下时，机组输出功率小于额定功率(给定功率)，PI 调节器输出下限幅值，下限幅值通常被选定为桨距角最优值，此时风机吸收功率最大，此过程被称作桨距角优化控制；当风速超过额定风速，机组输出功率大于给定功率时，功率调节器输出正值，桨距角增大，限制风机捕获功率，桨距角输出最大值，通常为 90°。

若只考虑功率调节回路，采用一阶滞后环节模拟的变桨系统数学模型可表示为

$$\begin{cases}\dfrac{1}{K}\dfrac{\mathrm{d}\beta}{\mathrm{d}t}=\beta^{*}-\beta\\[2mm]\dfrac{\mathrm{d}\beta^{*}}{\mathrm{d}t}=\left[k_{\mathrm{i}}-k_{\mathrm{p}}K\dfrac{\partial f(\beta)}{\partial\beta}\right]\beta^{*}+k_{\mathrm{p}}K\dfrac{\partial f(\beta)}{\partial\beta}\beta-k_{\mathrm{i}}f(\beta)\end{cases} \tag{4-51}$$

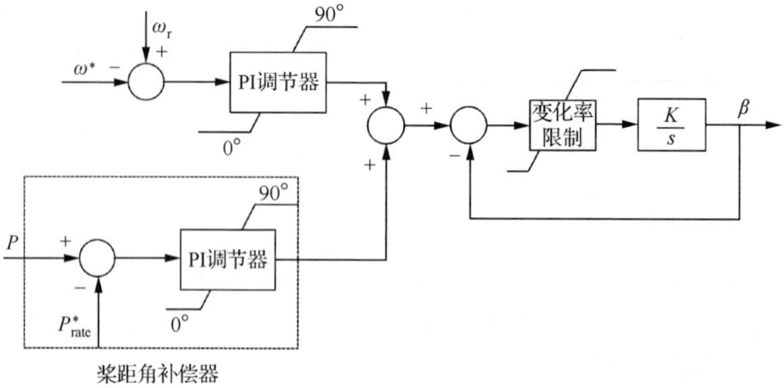

图 4-15　变桨系统控制框图

式中，k_p、k_i 分别为功率调节器比例积分系数；$f(\beta)$ 为功率与桨距角的非线性函数。

由式(4-51)可以看出，桨距角控制器存在较强的非线性，主要体现在功率和桨距角的关系上，这种非线性可以通过变增益的变桨控制器设计进行补偿。

4.3.4　机械部分模型

风电机组建模中的机械模型主要考察复杂机械载荷作用下柔性塔架和柔性桨叶的动态，以及这些动态与风电机组其他部分模型的耦合作用。水平轴风电机组机械模型主要包括图 4-16 所示的几种振动模式。

上述机械振动模式中，传动轴扭转和桨叶面内摆振同属扭转机械模式，桨叶面外挥舞、塔架前后振动及塔架左右振动则受限于结构约束仅能平动。本书将扭转机械模式统称为传动系统模型，对应于传输机械能的扭转模态；将桨叶面外挥舞、塔架前后及左右振动统称为非扭转机械模式，非扭转机械模式是气弹耦合的主要通道。

1. 非扭转机械模型

非扭转机械振动是区别于机械扭转振动而设置的，所针对的是受塔架基础及部件刚度限制而只能平动的机械部分，具体而言，包括塔架的前后振动、塔架的左右振动及桨叶的挥舞振动(面外)。

1) 假设模态法

采用线性模态处理的假设模态法[2]可作为机组结构动力学的一种折中方案，该方法将结构振动用一些正交、解耦的振荡模态表示，每一个振荡模态根据模态频率、模态阻尼系数和振型来定义，其中模态频率和振型由结构的有限元模型的特征值和特征向量计算得到。假设模态法的单一模态运动方程可描述如下：

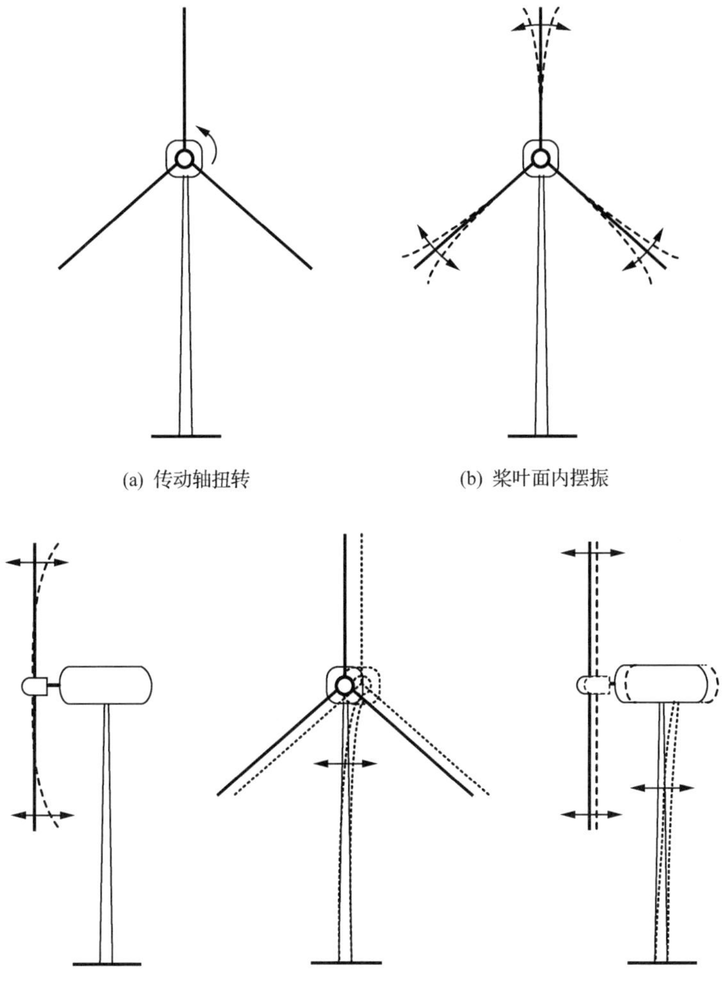

(a) 传动轴扭转　(b) 桨叶面内摆振

(c) 桨叶面外挥舞　(d) 塔架左右振动　(e) 塔架前后振动

图 4-16　风电机组的机械振动模式

$$\ddot{x}_i + 2\xi_i\omega_i\dot{x}_i + \omega_i^2 x_i = F_i / M_i \tag{4-52}$$

式中，x_i 为模态位移；ω_i 为模态频率；ξ_i 为模态阻尼系数；M_i 为模态质量；F_i 为模态推力。其中

$$M_i = \int m(r)\phi_i^2(r)\mathrm{d}r \tag{4-53}$$

$$F_i = \int f(r)\phi_i(r)\mathrm{d}r \tag{4-54}$$

式中，$\phi_i(r)$为模态振型；$m(r)$为机械部件上的分布质量；$f(r)$为机械部件上的分布推力。考虑不同模态之间存在耦合，机组整体运动模态描述如下：

$$\boldsymbol{M}_m\ddot{\boldsymbol{x}}+\boldsymbol{C}_m\dot{\boldsymbol{x}}\boldsymbol{K}_m\boldsymbol{x}=\boldsymbol{F}_m \tag{4-55}$$

式中，$\boldsymbol{M}_m$、$\boldsymbol{C}_m$、$\boldsymbol{K}_m$ 分别为模态质量矩阵、模态阻尼矩阵和模态刚度矩阵；$\boldsymbol{x}$ 和 $\boldsymbol{F}_m$ 分别为模态位移矢量和模态推力矢量。

假设模态建模方法可以反映部件上的分布位移，但前提条件是需要确定出振荡模式，包括模态振型、模态频率及阻尼，求解需要借助分布质量和分布力，因此该方法较适合用于机组设计和控制器验证。

2）集中等效建模

面向控制器设计的模型中，可以采用集中参数进行等效建模，这种模型不需要反映部件上的分布位移，但是可以反映影响机组动态的主要模态。对于非扭转机械振动，重点考虑塔架前后振动、塔架左右振动及桨叶挥舞振动的主导模态。

采用集中等效建模的机械系统普适的运动方程如下：

$$\boldsymbol{M}\ddot{\boldsymbol{x}}+\boldsymbol{C}\dot{\boldsymbol{x}}\boldsymbol{K}\boldsymbol{x}=\boldsymbol{F} \tag{4-56}$$

式中，$\boldsymbol{M}$、$\boldsymbol{C}$、$\boldsymbol{K}$ 分别为集中质量矩阵、等效阻尼系数矩阵和等效刚度系数矩阵；$\boldsymbol{x}$ 和 $\boldsymbol{F}$ 分别为机械结构位移矢量和作用于机械系统上的集中推力矢量。对于自由度较少的机械结构，可列写广义坐标系下的拉格朗日方程：

$$\frac{\mathrm{d}}{\mathrm{d}t}\left(\frac{\partial E_k}{\partial \dot{x}_i}\right)-\frac{\partial E_k}{\partial x_i}+\frac{\partial E_d}{\partial \dot{x}_i}+\frac{\partial E_p}{\partial x_i}=F_i \tag{4-57}$$

式中，E_k、E_d 和 E_p 分别表示系统的动能(kinetic energy)、耗散能(dissipated energy)和保守势能(potential energy)；x_i 代表位移；F_i 代表广义力。需要注意的是，本节仅考虑非扭转机械建模，因此 E_k、E_d 和 E_p 仅考虑平动的动能、耗散能和势能。

根据需求状态矢量可选取为

$$\boldsymbol{x}=[x_{tw},\quad y_{tw},\quad x_{bl}]^{\mathrm{T}} \tag{4-58}$$

式中，x_{tw}为对应于塔架前后模态的塔架顶端 x 方向位移；y_{tw}为对应于塔架左右模态的塔架顶端 y 方向位移；x_{bl}为对应于桨叶挥舞方向的角位移。则 E_k、E_d 和 E_p 分别表示如下：

$$E_k=\frac{1}{2}m_{n\&t}\dot{x}_{tw}^2+\frac{1}{2}m_{n\&t}\dot{y}_{tw}^2+\frac{N}{2}m_{bl}[(\dot{x}_{tw}+r_{eq}\dot{x}_{bl})^2+\dot{y}_{tw}^2] \tag{4-59}$$

$$E_{\mathrm{d}} = \frac{1}{2}D_{\mathrm{tow}}\dot{x}_{\mathrm{tw}}^{2} + \frac{1}{2}D_{\mathrm{tow}}\dot{y}_{\mathrm{tw}}^{2} + \frac{N}{2}D_{\mathrm{bla}}\ (r_{\mathrm{eq}}\dot{x}_{\mathrm{bl}})^{2} \tag{4-60}$$

$$E_{\mathrm{p}} = \frac{1}{2}k_{\mathrm{tow}}x_{\mathrm{tw}}^{2} + \frac{1}{2}k_{\mathrm{tow}}y_{\mathrm{tw}}^{2} + \frac{N}{2}k_{\mathrm{bla}}\ (r_{\mathrm{eq}}x_{\mathrm{bl}})^{2} \tag{4-61}$$

$$\boldsymbol{F} = [NF_{\mathrm{bla}}, T_{\mathrm{e}}/h_{\mathrm{eq}}, NF_{\mathrm{bla}}r_{\mathrm{eq}}]^{\mathrm{T}} \tag{4-62}$$

式中，N 为桨叶个数；$m_{\mathrm{n\&t}}$ 为机舱和部分塔架的质量，为了得到正确的模态频率，$m_{\mathrm{n\&t}}$ 中包含的塔架质量建议取为塔架总质量的 23%；m_{bl} 为单个桨叶的质量；D_{tow} 为塔架阻尼系数(塔架材质均匀，可认为塔架前后模态与左右模态的阻尼系数相等)；D_{bla} 为桨叶阻尼系数；k_{tow} 为塔架刚度系数(塔架材质均匀，可认为塔架前后模态与左右模态的刚度系数相等)；k_{bla} 为桨叶刚度系数；F_{bla} 为桨叶上的集中推力；T_{e} 为发电机电磁转矩。

特别指出的是，r_{eq} 为桨叶等效半径，其意义在于将作用于桨叶微元上的分布力(随半径分布的轴向推力)对桨叶的作用等效为桨叶上的集中推力 F_{bla} 作用于半径 r_{eq} 处产生的作用。h_{eq} 为塔架弯曲中心高度，其意义在于将塔架顶端的弯矩载荷转化为推力载荷，h_{eq} 通常为 $2H/3$。

根据拉格朗日方程可以推导得到系统的数学模型：

$$m_{\mathrm{all}}\ddot{x}_{\mathrm{tw}} + Nm_{\mathrm{bl}}r_{\mathrm{eq}}\ddot{x}_{\mathrm{bl}} + D_{\mathrm{tow}}\dot{x}_{\mathrm{tw}} + k_{\mathrm{tow}}x_{\mathrm{tw}} = NF_{\mathrm{bla}} \tag{4-63}$$

$$m_{\mathrm{all}}\ddot{y}_{\mathrm{tw}} + D_{\mathrm{tow}}\dot{y}_{\mathrm{tw}} + k_{\mathrm{tow}}y_{\mathrm{tw}} = T_{\mathrm{e}}/h_{\mathrm{eq}} \tag{4-64}$$

$$Nm_{\mathrm{bl}}r_{\mathrm{eq}}\ddot{x}_{\mathrm{tw}} + Nm_{\mathrm{bl}}r_{\mathrm{eq}}^{2}\ddot{x}_{\mathrm{bl}} + ND_{\mathrm{bla}}r_{\mathrm{eq}}^{2}\dot{x}_{\mathrm{bl}} + Nk_{\mathrm{bla}}r_{\mathrm{eq}}^{2}x_{\mathrm{bl}} = NF_{\mathrm{bla}}r_{\mathrm{eq}} \tag{4-65}$$

式中，$m_{\mathrm{all}}=m_{\mathrm{n\&t}}+Nm_{\mathrm{bl}}$，代表机舱、风轮及部分塔架的等效总质量，其中 m_{all} 中包含的塔架质量建议取为塔架总质量的 23%。

2. 传动系统模型

有限元分析是现有方法中能精确模拟机械振动的建模方法，在针对部件的设计及验证时可作为有力的分析工具，但是在风电机组面向控制器设计的整机建模中，由于气动模型和电气模型的考量更为重要，针对局部机械部件的有限元模型往往并不可取。

风力发电系统的传动系统按照自然划分，可看作由有限个惯性元件、弹性元件及阻尼元件组成的系统[14]。因此，可采用集中质量块、集中弹性元件和集中阻尼元件构建传动系统模型，其中刚度系数和阻尼系数采用等效参数。此时仍可以列写形如式(4-57)所示的广义坐标系下的拉格朗日方程，区别在于本节考虑扭转部分的机械建模，因此 E_{k}、E_{d} 和 E_{p} 仅考虑转动的动能、耗散能和势能。根据拉格朗日方程可以得到传动系统的基本动力学方程：

$$\boldsymbol{M}\ddot{\boldsymbol{x}}+\boldsymbol{C}\dot{\boldsymbol{x}}+\boldsymbol{K}\boldsymbol{x}=\boldsymbol{R} \tag{4-66}$$

式中，$\boldsymbol{M}$ 是惯量矩阵；$\boldsymbol{C}$ 是阻尼矩阵；$\boldsymbol{K}$ 是刚度矩阵；$\boldsymbol{R}$ 是外载荷矩阵。

带齿轮箱的传动系统中，变速比造成了部件转速的差异。标幺化可以简化研究问题，本书中传动系统均采用标幺化模型，不带齿轮箱的传动系统可看作有齿轮箱传动系统传动比 $N_{gb}=1$ 的特例。

功率基准 P_B 选取为机组额定功率，电角速度基准选取为同步电角速度 ω_n，设发电机极对数为 n_p，则各机械变量的基准值如表 4-3 所示。

表 4-3　机械量的基准值

基准值	发电机侧（高速）	风轮侧（低速）
机械转速基准值	$\omega_{BH}=\omega_n/n_p$	$\omega_{BL}=\omega_{BH}/N_{gb}$
转矩基准值	$T_{BH}=P_B/\omega_{BH}$	$T_{BL}=P_B/\omega_{BL}$
惯量时间常数基准值	$H_{BH}=2P_B/\omega_{BH}^2$	$H_{BL}=2P_B/\omega_{BL}^2$
刚度系数基准值	$K_{BH}=P_B/\omega_{BH}^2$	$K_{BL}=P_B/\omega_{BL}^2$
阻尼系数基准值	$D_{BH}=P_B/\omega_{BH}^2$	$D_{BL}=P_B/\omega_{BL}^2$

1）自然分块的六质量块模型

对于带有齿轮箱的风电机组，按照自然分块可以得到 6 个质量块，分别为 3 个桨叶质量块、轮毂质量块、齿轮箱质量块以及发电机质量块。借助于 6 个质量块的转动惯量和质量块之间的柔性连接等效参数，可以得到传动系统的六质量块模型。这些柔性连接包括各个叶片与轮毂之间的柔性连接、轮毂与齿轮箱低速部分之间的柔性连接，以及齿轮箱高速部分与发电机之间的柔性连接，各质量块的自阻尼及柔性连接等效互阻尼也分别计及，如图 4-17 所示。可见，六质量块模型能够较为精确、详细地反映传动链的动态过程。

按照自然分块的六质量块传动系统的状态方程如下：

$$\boldsymbol{M}\ddot{\boldsymbol{x}}+\boldsymbol{C}\dot{\boldsymbol{x}}+\boldsymbol{K}\boldsymbol{x}=\boldsymbol{R} \tag{4-67}$$

式中

$$\boldsymbol{x}=[\theta_{B1},\theta_{B2},\theta_{B3},\theta_H,\theta_{GB},\theta_G]^T$$

$$\boldsymbol{R}=[T_{a1}+T_{g1},T_{a2}+T_{g2},T_{a3}+T_{g3},0,0,T_e]^T$$

$$\boldsymbol{M}=\text{diag}(J_{B1},J_{B2},J_{B3},J_H,J_{GB},J_G)$$

$$\boldsymbol{C}=\begin{bmatrix}\boldsymbol{C}_1 & \boldsymbol{C}_2\\ \boldsymbol{C}_3 & \boldsymbol{C}_4\end{bmatrix}$$

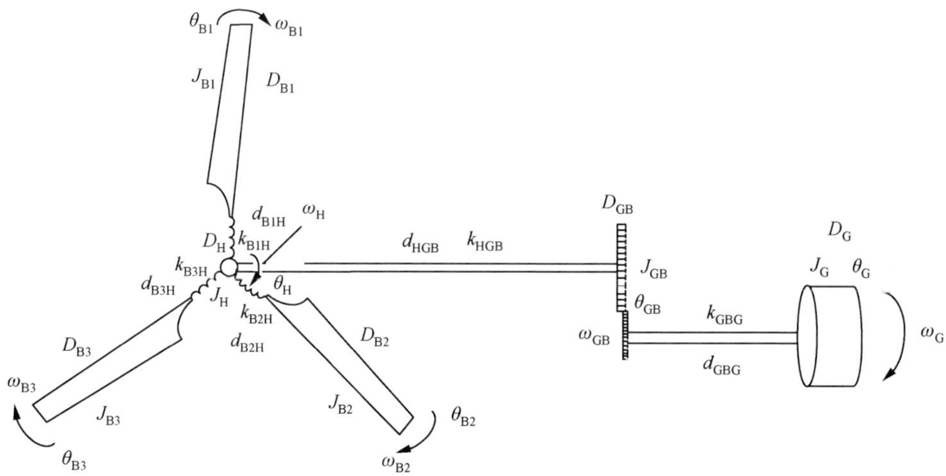

图 4-17 轴系六质量块模型示意图

$$
\boldsymbol{K}=\begin{bmatrix}
k_{\mathrm{B1H}} & & & -k_{\mathrm{B1H}} & & \\
& k_{\mathrm{B2H}} & & -k_{\mathrm{B2H}} & & \\
& & k_{\mathrm{B3H}} & -k_{\mathrm{B3H}} & & \\
-k_{\mathrm{B1H}} & -k_{\mathrm{B2H}} & -k_{\mathrm{B3H}} & \begin{matrix} k_{\mathrm{B1H}}+k_{\mathrm{B2H}} \\ +k_{\mathrm{B3H}}+k_{\mathrm{HGB}} \end{matrix} & -k_{\mathrm{HGB}} & \\
& & & -k_{\mathrm{HGB}} & k_{\mathrm{HGB}}+k_{\mathrm{GBG}} & -k_{\mathrm{GBG}} \\
& & & & -k_{\mathrm{GBG}} & k_{\mathrm{GBG}}
\end{bmatrix}
$$

$$
\boldsymbol{C}_1=\begin{bmatrix}
D_{\mathrm{B1}}+d_{\mathrm{B1H}} & & \\
& D_{\mathrm{B2}}+d_{\mathrm{B2H}} & \\
& & D_{\mathrm{B3}}+d_{\mathrm{B3H}}
\end{bmatrix},\ \boldsymbol{C}_2=\begin{bmatrix}
-d_{\mathrm{B1H}} & 0 & 0 \\
-d_{\mathrm{B2H}} & 0 & 0 \\
-d_{\mathrm{B3H}} & 0 & 0
\end{bmatrix},\ \boldsymbol{C}_3=\boldsymbol{C}_2'
$$

$$
\boldsymbol{C}_4=\begin{bmatrix}
d_{\mathrm{B1H}}+d_{\mathrm{B2H}}+d_{\mathrm{B3H}}+d_{\mathrm{HGB}}+D_{\mathrm{H}} & -d_{\mathrm{HGB}} & 0 \\
-d_{\mathrm{HGB}} & D_{\mathrm{GB}}+d_{\mathrm{HGB}}+d_{\mathrm{GBG}} & -d_{\mathrm{GBG}} \\
0 & -d_{\mathrm{GBG}} & D_{\mathrm{G}}+d_{\mathrm{GBG}}
\end{bmatrix}
$$

式中，θ_{B}、J_{B}、D_{B} 分别为桨叶的转角、转动惯量(相对于转轴)、自阻尼，下标数字代表桨叶编号；θ_{H}、θ_{GB}、θ_{G} 分别为轮毂、齿轮箱和发电机转角；J_{H}、J_{GB}、J_{G} 分别为轮毂、齿轮和发电机转动惯量；D_{H}、D_{GB}、D_{G} 分别为轮毂、齿轮和发电机自阻尼；k_{B1H}、d_{B1H}分别为桨叶 1 与轮毂之间柔性元件的等效刚度和阻尼系数，其他桨叶与此类似；T_{a1}、T_{g1}分别为桨叶 1 的气动转矩与重力力矩，其他桨叶与此类似；k_{HGB}、d_{HGB}分别为低速轴的等效刚度和阻尼系数；k_{GBG}、d_{GBG}分别为高速轴的等效刚度和阻尼系数。上述变量均已标幺化。

2）自然分块的三质量块模型

在六质量块模型的基础上，若将桨叶和轮毂作为一个整体，则传动系统按照自然划分可划分为 3 个质量块，依次为风轮质量块、齿轮箱质量块和发电机质量块，如图 4-18 所示。3 个质量块通过两个柔性轴连接，该模型忽略了轮毂和叶片之间的柔性，但能同时反映高速轴和低速轴的动态特性，且忽略桨叶柔性后，3 个桨叶的重力载荷互相平衡从而抵消了影响。本节所述三质量块传动系统模型仅适用于有齿轮箱的风电机组。

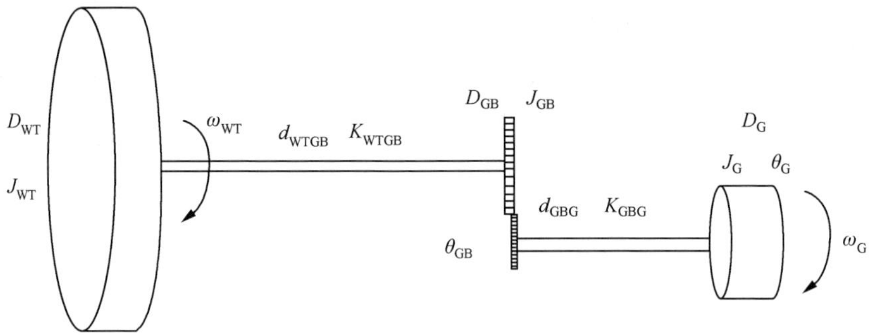

图 4-18 轴系三质量块模型示意图

按照自然分块的三质量块传动系统的状态方程如下：

$$\boldsymbol{M}\ddot{\boldsymbol{x}} + \boldsymbol{C}\dot{\boldsymbol{x}} + \boldsymbol{K}\boldsymbol{x} = \boldsymbol{R} \tag{4-68}$$

式中

$$\boldsymbol{x} = [\theta_{WT}, \theta_{GB}, \theta_G]^T, \quad \boldsymbol{R} = [T_a, 0, T_e]^T, \quad \boldsymbol{M} = \text{diag}(J_{WT}, J_{GB}, J_G)$$

$$\boldsymbol{K} = \begin{bmatrix} k_{WTGB} & -k_{WTGB} & \\ -k_{WTGB} & k_{WTGB} + k_{GBG} & -k_{GBG} \\ & -k_{GBG} & k_{GBG} \end{bmatrix}$$

$$\boldsymbol{C} = \begin{bmatrix} D_{WT} + d_{WTGB} & -d_{WTGB} & \\ -d_{WTGB} & D_{GB} + d_{WTGB} + d_{GBG} & -d_{GBG} \\ & -d_{GBG} & D_G + d_{GBG} \end{bmatrix}$$

式中，θ_{WT}、θ_{GB}、θ_G 分别为风轮、齿轮箱和发电机的角位移；D_{WT}、D_{GB}、D_G 分别为风轮、齿轮箱和发电机的自阻尼；T_a、T_e 分别为风轮的气动转矩和发电机电磁转矩；K_{WTGB}、d_{WTGB}分别为低速轴的等效刚度和阻尼系数；K_{GBG}、d_{GBG}分别为高速轴的等效刚度和阻尼系数。

3）考虑主导模态的三质量块模型

以上按照自然分块的传动系统模型中，两质量块模型能反映出主导的振荡模式，但是无法计及桨叶面内模态。考虑桨叶面内模态的六质量块模型适用于展现轴系动态细节及控制器验证，但是阶数过高不利于控制器设计。从这个角度出发，若认为桨叶面内模态比高速轴动态影响更为显著，可建立考虑传动系统主导模态的三质量块模型[15]。

该方法认为桨叶由刚性部分与柔性部分组成，三个质量块分别为桨叶柔性部分质量块 J_B，由桨叶刚性部分与轮毂组成的质量块 J_H，以及发电机与齿轮箱组成的质量块 J_G。J_B 与 J_H 之间通过一等效柔性环节连接，其阻尼和刚度分别为 D_{BH} 和 K_{BH}；J_G 与 J_H 之间通过等效低速轴连接，其阻尼和刚度分别为 D_{LS} 和 K_{LS}。各质量块的自阻尼分别为 D_B、D_H 和 D_G，角位移分别为 θ_B、θ_H 和 θ_G，如图 4-19 所示。该方法的优点在于能用最低的模型阶数反映轴系主要振荡模式而忽略次要振荡模式，需要指出的是这种建模方法同时适用于有齿轮箱和无齿轮箱的风电机组。

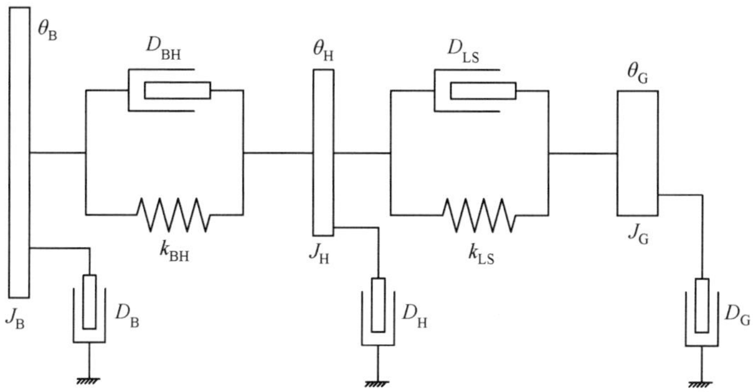

图 4-19　考虑主导模态的三质量块模型示意图

该三质量块模型的数学模型结构与自然分块的三质量块模型相同，不同之处在于轴系的关键参数。三质量块传动系统的状态方程如下：

$$\boldsymbol{M}\ddot{\boldsymbol{x}} + \boldsymbol{C}\dot{\boldsymbol{x}} + \boldsymbol{K}\boldsymbol{x} = \boldsymbol{R} \tag{4-69}$$

式中

$$\boldsymbol{x} = [\theta_B, \theta_H, \theta_G]^T, \quad \boldsymbol{R} = [T_a, 0, T_e]^T, \quad \boldsymbol{M} = \mathrm{diag}(J_B, J_H, J_G)$$

$$\boldsymbol{K} = \begin{bmatrix} k_{BH} & -k_{BH} & \\ -k_{BH} & k_{BH} + k_{LS} & -k_{LS} \\ & -k_{LS} & k_{LS} \end{bmatrix}$$

$$\boldsymbol{C} = \begin{bmatrix} D_B + d_{BH} & -d_{BH} & \\ -d_{BH} & D_H + d_{BH} + d_{LS} & -d_{LS} \\ & -d_{LS} & D_G + d_{LS} \end{bmatrix}$$

4) 两质量块模型

对于无齿轮箱的直驱结构风电机组，若将风轮视作一个整体，传动系统可自然划分为两个质量块，二者通过柔性轴连接，如图 4-20 所示。

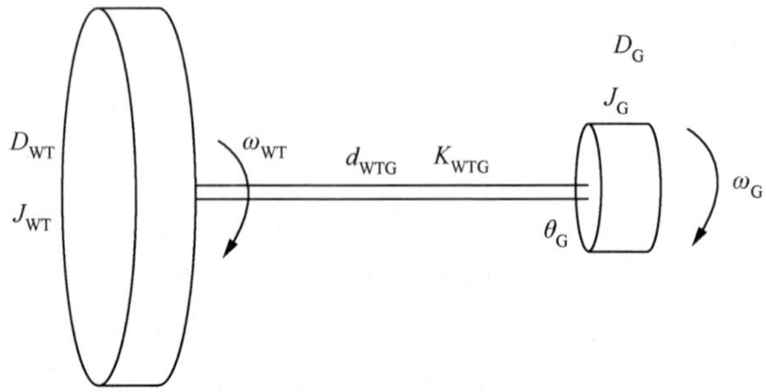

图 4-20　两质量块模型示意图

对于有齿轮箱的风电机组，考虑到高速轴刚度(标幺值)远大于低速轴，三质量块模型中以低速轴为主导振荡模式，可将齿轮箱质量块折算后添加到风轮或发电机惯量盘上，并借助平行轴原理采用等价刚度的柔性轴连接两个惯量盘，从而得到简化的两质量块模型。根据齿轮箱质量块添加至风轮惯量盘或发电机惯量盘，该简化方法分为两种情况，已有研究表明，将齿轮箱惯量折算至发电机惯量盘可更真实地模拟轴系动态。

两质量块传动系统的状态方程如下：

$$\boldsymbol{M}\ddot{\boldsymbol{x}} + \boldsymbol{C}\dot{\boldsymbol{x}} + \boldsymbol{K}\boldsymbol{x} = \boldsymbol{R} \tag{4-70}$$

式中

$$\boldsymbol{x} = [\theta_{WT}, \theta_G]^T, \quad \boldsymbol{R} = [T_a, T_e]^T, \quad \boldsymbol{M} = \mathrm{diag}(J_{WT}, J_G)$$
$$\boldsymbol{K} = \begin{bmatrix} K_{WTG} & -K_{WTG} \\ -K_{WTG} & K_{WTG} \end{bmatrix}, \quad \boldsymbol{C} = \begin{bmatrix} D_{WT} + d_{WTG} & -d_{WTG} \\ -d_{WTG} & D_G + d_{WTG} \end{bmatrix}$$

式中，θ_{WT}、θ_G 分别为风轮等效质量块和发电机等效质量块的角位移；D_{WT}、D_G 分别为风轮等效质量块和发电机等效质量块的自阻尼；K_{WTG} 为等效柔性轴刚度系数；d_{WTG} 为等效柔性轴阻尼系数；T_a、T_e 分别为风轮的气动转矩和发电机电磁转矩。对于有齿轮箱的传动系统而言，K_{WTG} 根据平行轴原理确定如下，其中 K_{WTGB}、K_{GBG} 分别为低速轴和高速轴的等效刚度系数：

$$\frac{1}{K_{WTG}} = \frac{1}{K_{WTGB}} + \frac{1}{K_{GBG}} \tag{4-71}$$

关于轴系模型简化的研究已有很多，并且已经在一些特定的研究问题上达成了共识。如应用于轴系柔性对机组稳定性影响的研究时，将齿轮箱转动惯量计入发电机转动惯量的两质量块模型能满足研究需要，并且能达到精度要求。两质量块模型结构如图 4-21 所示。

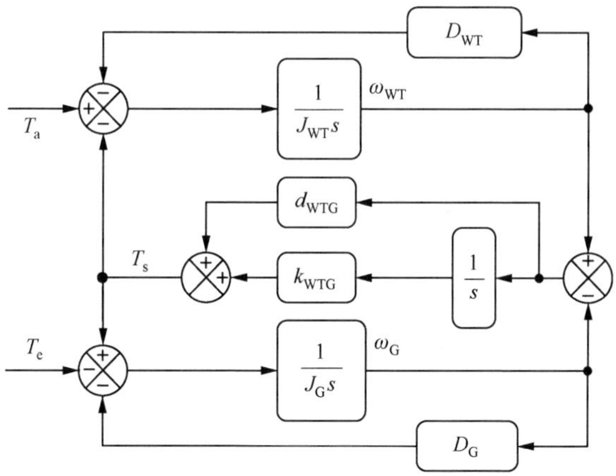

图 4-21 两质量块模型结构

5）单质量块模型

单质量块模型将整个传动系统视作一个整体，忽略其内部柔性连接，此时传动系统简化为集中质量块的运动学方程：

$$J_{sum}\ddot{\theta}_G + D_{sum}\dot{\theta}_G = T_a - T_e \tag{4-72}$$

式中，J_{sum}、D_{sum}分别为集中质量块的转动惯量和自阻尼系数；θ_G 为集中质量块的角位移；T_a、T_e 分别为风轮的气动转矩和发电机电磁转矩，各变量均已标幺化。

4.4 风力机特定动态及耦合问题的模拟

风力机的气动模型是十分复杂的流体力学问题，此外，构成风力机的桨叶以及用于支撑风力机的塔架都具有柔性，导致空气动力学与结构动力学相互耦合，造成风力机模型一些复杂的动态及耦合现象，主要表现在以下几个方面：在偏航、变桨或风速突变瞬时，稳定的流场被破坏并逐渐达到新的稳定流场，造成一些动态气动特性，即通称的动态入流；大型风力机的桨叶达数十米以上，桨叶无法认为是完全刚性的，在空气动力的主导作用下会发生弹性形变，造成气动弹性耦合问题，即通称的气弹耦合现象；柔性塔架的前后模态及左右模态均与气动模型耦合；上风向水平轴风力机不可避免地受到风剪切及塔影效应造成的风速空间分布不均匀影响。

4.4.1 风力机的动态入流现象及模拟

经典的风力机空气动力学分析方法(叶素动量理论)基于平衡尾流假设,即认为尾流及诱导速度场随叶片承受载荷的变化迅速做出反应,因而是一个准稳态模型。然而事实上风力机运行在极不稳定的环境之中,叶素动量理论并不适用于机组运行过程中桨距角、转速和风速的随机变化情况下的分析。在这些情况下,风轮的尾流及其引起的诱导速度场必须经过一段延迟时间才能达到稳定状态,这种现象被称为"动态入流"。

研究表明,在桨叶快速变桨距角时,动态入流效应有时会使叶片挥舞弯矩和风轮主轴扭矩与用准稳态模型分析的结果相差较大。因此,在进行载荷分析时,对动态入流效应的考虑非常重要。

1. 动态入流现象

偏航动作、变桨动作或风速变化瞬间,风轮的尾流平衡均会被打破,导致诱导速度场经过一段时间延迟才能到达新的稳定状态,在此过程中均会造成动态入流现象[10]。

以风速阶跃变化为例(在 50s 时刻风速由 6m/s 突增至 8m/s),考虑动态入流与静态 C_p 模型对比如图 4-22 所示,其中考虑动态入流的仿真结果来源于专业仿真软件 Bladed。同时为了使结果更具代表性,对仿真结果进行了标幺化,功率基准为额定功率,转速基准为发电机同步转速。可见,风力机的动态气动特性导致气动转矩出现瞬时尖峰,该峰值远大于稳态值,会对轴系产生影响,在计及极限载荷时尤其重要。

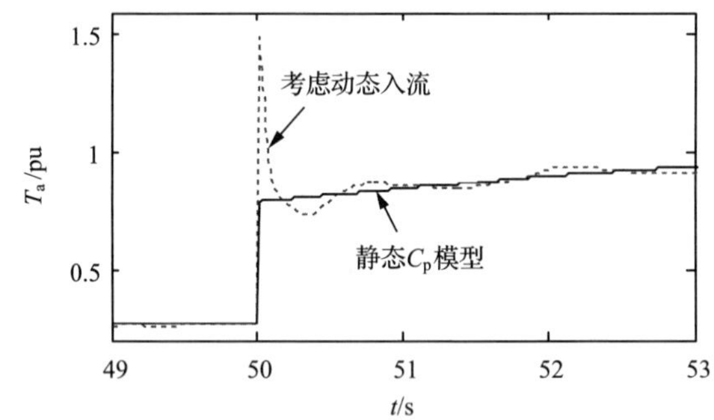

图 4-22 风速变化造成的动态入流现象

2. 动态入流的模拟

风力机空气动力的动态入流现象在基于叶素动量理论的机理模型中体现为轴向诱导因子 η_a 和周向诱导因子 η_b 的动态变化。为诱导因子添加动态方程可以很好地模拟动态入流现象，且有助于从机理上解释动态入流。虽然一阶滞后环节足以描述诱导因子的动态过程，即便如此，动态的诱导因子用于叶素动量理论模型中复杂的迭代计算（且考虑整个桨叶的若干叶素微元均涉及各自的此种动态），会对数值计算提出很高的要求。

1）借助 lead-lag 滤波器

对于空气动力的线性化模型和静态模型，仍然有较为简单的方法可用于动态入流的展现。一种简单的方法是通过线性化模型和静态模型得到气动转矩及轴向推力后，采用 lead-lag 滤波器对动态入流现象进行模拟。其中，lead-lag 滤波器的时间常数需要随风速变化做出适当调整，这种方法侧重于现象的展现，lead-lag 滤波器时间常数的获取可视作动态入流现象的参数辨识。

典型 lead-lag 滤波器的传递函数如下：

$$G(s) = K_{\mathrm{ldlg}} \frac{1 + sT_1}{1 + sT_2} \tag{4-73}$$

2）借助虚拟风速

折中的，提供另一种对数值计算要求不高且有助于解释机理的动态入流模拟方法。考虑到轴向诱导因子对动态入流的影响占主导地位，仅考虑 η_{a} 的动态变化，从而用一个与 η_{a} 相关的虚拟风速 V_{virt} 模拟动态入流。由于 η_{a} 与推力系数 C_{F} 存在如下关系：

$$C_{\mathrm{F}} = 4\eta_{\mathrm{a}}(1 - \eta_{\mathrm{a}}) \tag{4-74}$$

考虑在机组正常发电运行情况下，不发生失速运行时 η_{a} 的范围为[0,1/3]，据此可以确定出稳态下的轴向诱导因子 η_{as}：

$$\eta_{\mathrm{as}} = \frac{1}{2}(1 - \sqrt{1 - C_{\mathrm{F}}}) \tag{4-75}$$

式中，$C_{\mathrm{F}}(\lambda,\beta)$ 由查找表或拟合得到的表达式得到，其瞬态变化至当前 λ、β 对应的稳态值。轴向诱导因子的动态值 η_{at} 可用一阶滞后环节模拟如下：

$$\eta_{\mathrm{at}} = \frac{1}{\tau_{\mathrm{adyn}} s + 1} \eta_{\mathrm{as}} \tag{4-76}$$

式中，τ_{adyn} 为空气动力时间常数。虚拟风速 v_{virt} 表示如下：

$$v_{\mathrm{virt}} = v_{\mathrm{w}} \frac{1 - \eta_{\mathrm{at}}}{1 - \eta_{\mathrm{as}}} \tag{4-77}$$

用虚拟风速 v_{virt} 代替式(4-40)～式(4-42)中的 v_{w}，即可模拟动态入流现象。

4.4.2 桨叶面内模态与塔架左右模态的影响与模拟

1. 桨叶面内模态与塔架左右模态的影响

风力机趋向大型化发展，随着风电机组电机容量的提升，风力机桨叶尺寸越来越大，桨叶的柔性也随之增加，叶片的模态成为一个必要的考虑因素。桨叶的挥舞、摆振以及塔架振动均与叶素上的风速存在耦合，这些气弹耦合现象增加了桨叶气动特性的复杂程度。

在 Bladed 中进行仿真，塔架左右模态及桨叶面内模态对电功率 P_e 和低速轴扭矩 T_{ls}产生的影响，如图 4-23 所示。仿真在 6m/s 的恒风速下进行，图中标注"全柔性"代表考虑了塔架前后、左右以及桨叶面内、面外模态，标注"无塔架左右模态"代表在"全柔性"基础上仅去除塔架左右模态，标注"无桨叶面内模态"代表在"全柔性"基础上仅去除桨叶面内模态。

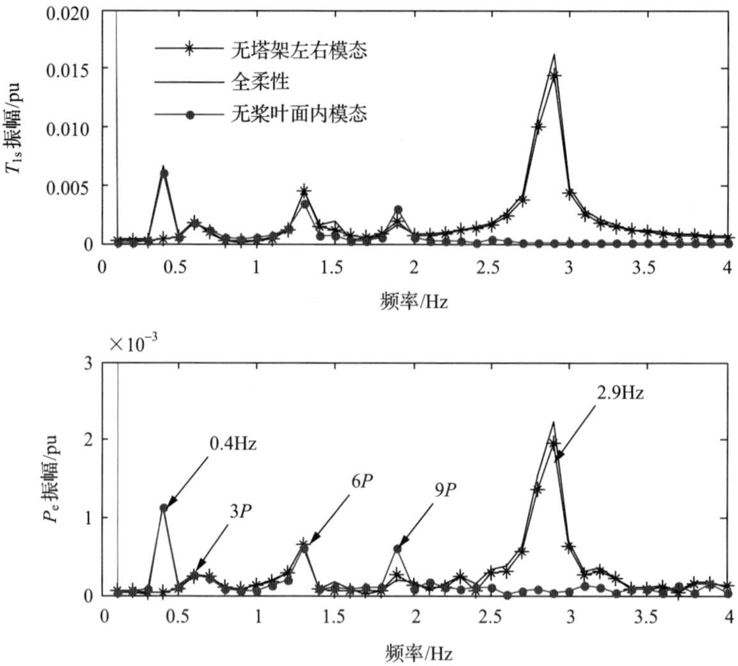

图 4-23 塔架左右模态及桨叶面内模态的影响

对比"全柔性"与"无塔架左右模态"可以发现，去除塔架左右模态后，P_e 和 T_{ls} 中的 0.4Hz 波动分量消除，表明该分量由塔架左右一阶模态的耦合造成。类似地，对比"全柔性"与"无桨叶面内模态"可以发现，去除桨叶面内模态后，P_e 和 T_{ls} 中的 2.9Hz 波动分量消除，表明该分量由桨叶面内模态的耦合造成。需要注意二者的影响是常态存在的。

2. 桨叶面内模态与塔架左右模态影响的模拟

若需要对桨叶面内模态与塔架左右模态的影响进行模拟，需要在机械模型中考虑这些机械模态。机械结构十分复杂，图 4-16 中的每一种振动模式均包含多种振动模态。在 V3. 82 版本的 Bladed 中提供桨叶面内最高 9 阶、塔架左右最高 3 阶模态可供选择。在实际简化建模模拟这些特性时，仅需考虑主导的振动模态。其中桨叶面内模态包含在传动系统模型中，采用自然分块的六质量块模型或考虑主导模态的三质量块模型均可以计及桨叶面内主导振动模态；塔架左右振动主导模态可采用非扭转机械的集中等效建模方法模拟。模拟这些机械动态时，根据实际机组提取正确的参数是关键，这部分内容将在第 8 章中介绍。

4.4.3 桨叶面外模态与塔架前后模态的影响与模拟

1. 桨叶面外模态与塔架前后模态的影响

桨叶面外模态和塔架前后模态直接与水平来流风速耦合并产生气弹耦合。在塔架模型被简化的机组模型中，一些特定的机械与气动模型之间的耦合作用无法体现。以塔架前后模态为例，弱阻尼的塔架前后振动被激发后，塔顶机舱和风轮在 x 方向的振动会产生一个相对风速，造成气弹耦合，对气动转矩产生影响，这种影响也会通过轴系逐级向后传递。图 4-24 仿真考察了风速突变（风速在 50s 时

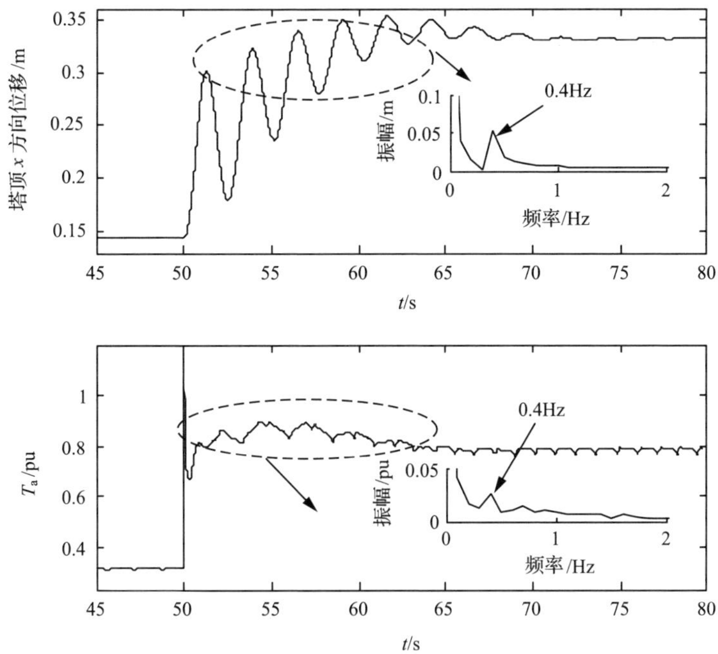

图 4-24 塔架前后模态与气动模型的耦合

刻由 6m/s 突增至 8m/s)激发塔架前后一阶模态(0.4Hz),并对气动转矩造成影响的现象,该仿真在 Bladed 中完成。

2. 桨叶面外模态与塔架前后模态影响的模拟

在机械模型中,考虑桨叶面外振动与塔架前后振动机械模态,即可展现桨叶面外模态与塔架前后模态的影响。机械振动包含多种模态,在实际简化建模模拟这些特性时,仅需考虑主导的振动模态。其中桨叶面外主导模态可通过式(4-65)来模拟,塔架前后振动主导模态可通过式(4-63)来模拟。另外,机械结构的运动速率对水平来流风速的影响需要计及,从而完整地反映气弹耦合现象。

4.4.4 风速空间分布不均匀的影响及模拟

随着桨叶半径的增大,风轮扫掠面积与之成平方的增加。例如,5MW 机组的桨叶半径达 59m,风轮扫掠面积约为 $10^4 m^2$,一方面,风剪切导致风速存在一个空间上的分布,另一方面,湍流、阵风等风况的空间尺度可能小于该扫掠面积,此外,对于水平轴风力机还不可避免地存在塔影效应的影响,这些因素造成了风速空间分布的不均匀性。风速空间的不均匀分布会造成 3 个桨叶的载荷不平衡,影响桨叶的柔性特性,并对机舱偏航力矩和俯仰力矩产生很大影响。研究表明,不考虑风剪切、塔影效应的情况下,一定风速下每个桨叶在风轮旋转平面内受力均匀,风轮转矩、桨叶的挥舞力矩和摆振力矩为常值,机舱的偏航力矩和俯仰力矩为零[3];而实际情况中,塔影效应和风剪切造成风速在风轮平面内不均匀分布,导致气动转矩存在周期性的 $3P$,$6P$,…脉动[16](P 为风轮旋转频率)。在研究这些特定问题时就需要考虑风速空间分布的影响,主要是考虑风剪切和塔影效应的影响。

1. 风速空间分布不均匀的影响

在 Bladed 中进行仿真,以风剪切和塔影效应为主的风速空间分布(为使结果直观假设轮毂处风速恒定)对风力机气动转矩 T_a 的影响如图 4-25(a)所示,T_a 波动分量的频谱分析结果(图 4-25(b))表明波动分量主要为 $3P$ 及其倍频分量。当前仿真机组运行在额定转速 1.8rad/s,$3P$ 约为 0.9Hz。通过联合仿真发现,气动转矩的波动分量激发了低速轴扭矩 T_{ls} 在轴系主导振荡频率(1.5Hz)及 $3P$ 倍频处的振荡(图 4-25(c)),轴系扭振进一步通过机电耦合影响发电机功率(图 4-25(d))。需要特别说明的是,风剪切和塔影效应是一直存在的不利因素,这种影响是常态存在的,可能加速轴系疲劳损坏,对机电耦合的影响也值得关注。

2. 风速空间分布不均的模拟

不考虑风速空间分布时,轮毂风速可看作时间的函数,用 $v_h(t)$ 表示。考虑风速空间分布后,特定叶素微元上的风速还与叶素的空间位置有关,叶素的空间位置可通过其与轮毂的相对位置关系来描述,该相对位置可由叶素所处半径和桨叶

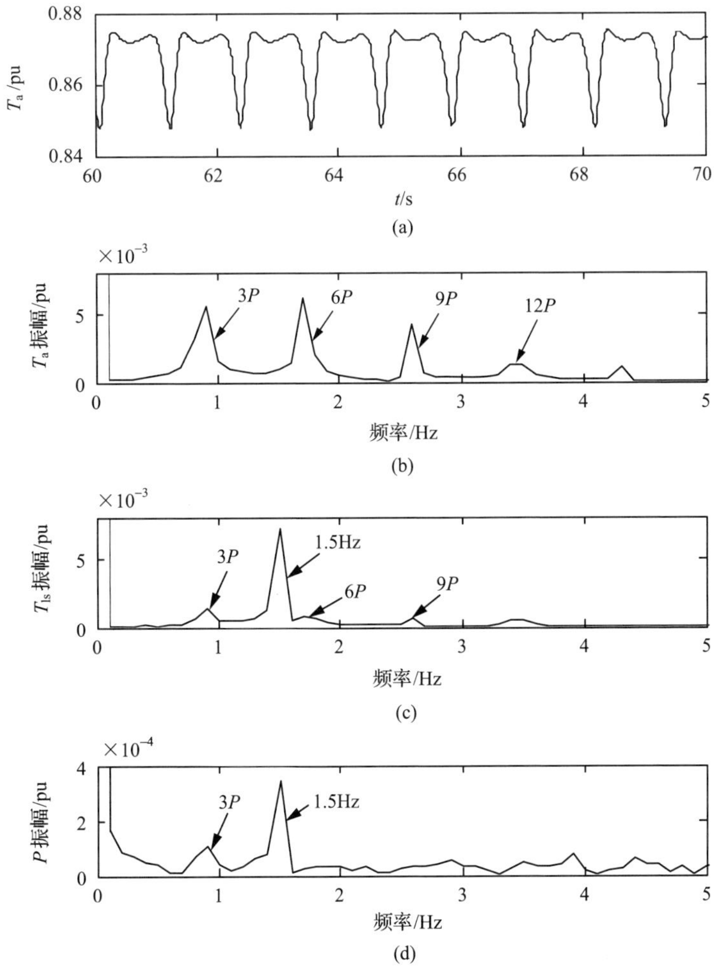

图 4-25 风速空间分布不均的影响

方位角 ψ_B 确定。此时，特定叶素上的风速可看作时间、半径 r 及方位角 ψ_B 的函数，用 $v(r,\psi_B,t)$ 表示。特别地，对于叶尖处的叶素，风速为 $v(R,\psi_B,t)$。

虽然风剪切和塔影效应造成了风速在整个风轮扫掠面积内各不相同，但是轮毂处风速 v_h 仍有其代表意义。一方面，$v_h(t)$代表了当前风速的平均水平；另一方面，风剪切和塔影效应对风速空间分布的影响有其特定规律，特定叶素上的风速 $v(r,\psi_B,t)$ 可以表示为 $v_h(t)$ 关于 r 和 ψ_B 的函数。这样，整个风轮扫掠面积内的风速可以通过 $v_h(t)$、r、ψ_B，以及若干个决定风速空间分布规律的参数描述。

风剪切和塔影效应同时作用时，桨叶 1 上微元的风速模型可表示如下。

当 $0° \leqslant \psi_B < 120°$ 或 $240° \leqslant \psi_B < 360°$ 时：

$$v(r,\psi_B,t) = v_h(t)\left(1+\frac{r\cos\psi_B}{h_{hub}}\right)^{\alpha} \tag{4-78}$$

当 $120° \leqslant \theta < 240°$ 时：

$$v(r,\psi_B,t) = v_h(t)\left(1+\frac{r\cos\psi_B}{h_{hub}}\right)^{\alpha}\left[1+ma^2\frac{r^2\sin^2\psi_B - x_t^2}{(r^2\sin^2\psi_B + x_t^2)^2}\right] \tag{4-79}$$

采用图 4-26 所示方法可以对风速空间分布不均的影响进行模拟。首先依据 v_h 确定出风力机的风能利用系数 C_p、气动转矩系数 C_T 及推力系数 C_F，这些系数除以桨叶数 N 得到单个桨叶的 C_p、C_T 及 C_F，并采用各个桨叶叶尖处的瞬时水平来流风速 $V_i(R,\psi_B,t)$ 参与桨叶各自的气动功率、气动转矩及轴向推力的计算，最终各个桨叶上的气动功率、气动转矩及轴向推力分别求和，得到风力机的气动功率、气动转矩和轴向推力。

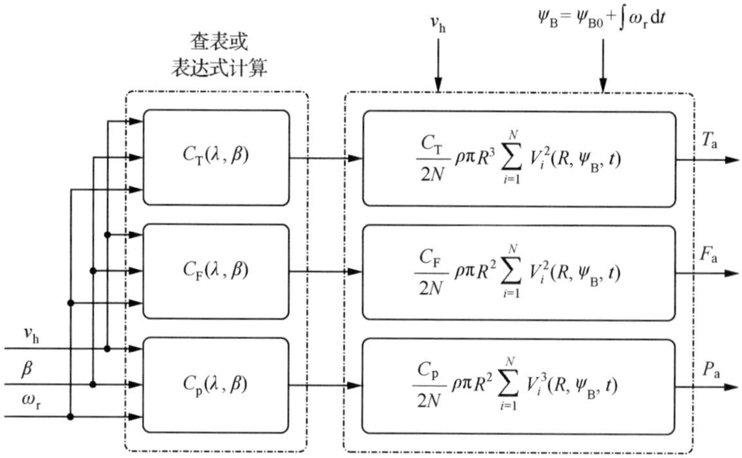

图 4-26　风速空间分布不均的模拟

采用上述方法对空间风速分布不均匀的影响进行模拟，并与专业软件 Bladed 的结果对比，结果如图 4-27 所示。仿真中轮毂处平均风速在 10s 由 6m/s 匀速升至 7m/s 并保持，并考虑塔影效应和风剪切对风速空间分布的影响，其中悬垂距离 $x_t=3.4$m，塔顶半径 $a=1.3$m，轮毂中心高度 $h_{hub}=88$m，风剪切指数 $\alpha=0.1$。对比在 MATLAB 软件中完成，其中“书中方法”中的 C_p 表达式通过 Bladed 中的模型事先拟合得到，并直接采用 Bladed 软件仿真结果中的转速、桨叶方位角和桨距角时序数据作为其输入，并采用与 Bladed 软件相同的风速。

从仿真结果可以看出，书中方法在保留静态 C_p 模型气动转矩稳态值准确的同时，展现出风速空间不均匀分布对气动转矩的脉动影响。从频谱分析结果可以

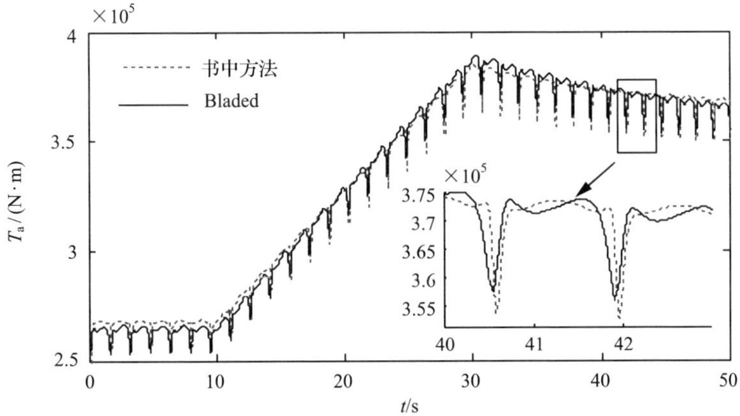

(a) 气动转矩

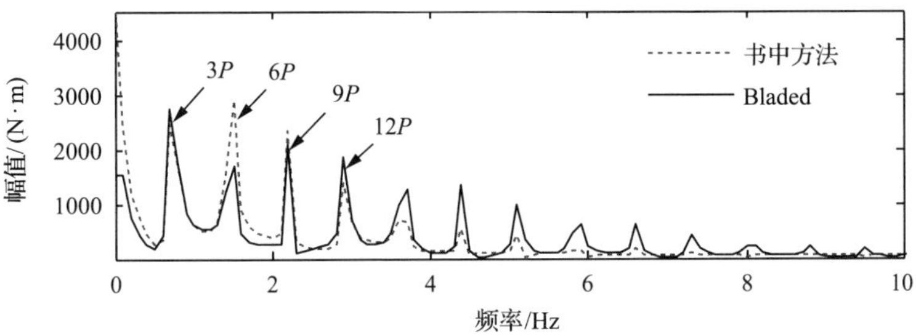

(b) 气动转矩频谱分析

图 4-27 风速空间分布不均匀的模拟结果

看出，两种方法的频率分量基本一致，主要集中在 $3P$ 及其倍频处，差异较大的是 $6P$ 频率分量的幅值，此外，Bladed 软件仿真结果的高频分量幅值更大。

4.5 本章小结

风速模型主要反映风能的位置分布和时间变化特性，是风力发电仿真研究的基础。研究风电的波动及随机变化对电力系统运行的冲击和影响，首先需要掌握风速随机变化规律。因此，建立各种时间尺度的风速模型对研究含风电的电力系统动态变化过程和中长期经济调度问题具有非常重要的作用。

本章介绍了风速建模的时间尺度划分及风速的一般模型，并介绍了影响风速空间分布的确定性因素和不确定性因素，提出了适合多种时间尺度的风速建模方法。该方法采用分段线性化方法和基于夹角距离的相似度匹配进行风速的同类趋势聚合，利用聚合数据构建径向基函数神经网络拟合风速趋势，并在此基础上结合风速集合量化概率分布和趋势变化两个约束，对概率分布函数生成的随机风速序列按照趋势的最小偏度进行重构，建立符合真实变化规律的风速模型。与传统的建模方法相比，建立的模型既能够反映风速的长期趋势特征，又保留了风速变化的动态特性，显著提升了风速模型的多样性与真实性。

借助于叶素动量理论介绍了空气动力的机理模型，引出了气动模型的复杂性及机理模型的局限性，在此基础上介绍了空气动力的线性化模型及静态模型，介绍了偏航系统模型及变桨执行机构的数学模型。

将机械模型分为非扭转机械模型和传动系统模型，介绍了非扭转机械模型的假设模态建模方法和集中等效建模方法，其中等效建模方法根据广义坐标系下的拉格朗日能量函数引出。对于传动系统模型，详细介绍了按照自然分块的六质量块模型、按照自然分块及反映主导模态的三质量块模型、两质量块模型及单质量块模型，对这些模型所能展现的动态也进行了阐述。

本章最后介绍了风力机的一些特定动态与耦合问题，以及这些动态与耦合问题的模拟方法，包括动态入流现象及其模拟，气弹耦合对轴系及电功率的影响，以及风速空间分布不均匀的影响及其模拟方法。

参 考 文 献

[1] Bianchi F D, de Battista H, Mantz R J. Wind Turbine Control Systems - Principles, Modelling and Gain Scheduling Design. Berlin: Springer, 2007.

[2] Bossanyi E A. GH Bladed Theory Manual. Glasgow: GH & Partners Ltd, 2003.

[3] 余慎思，李征，蔡旭. 用于风力发电仿真的多时间尺度风速建模方法. 电网技术，2013，37(9)：2559-2566.

[4] 丁明，吴义纯，张立军. 风电场风速概率分布参数计算方法的研究. 中国电机工程学报，2005，25(10)：107-110.

[5] 余慎思，李征，蔡旭. 基于风电场动态时空关系的风速分布模型研究. 电网技术，2014，38(6)：1432-1438.

[6] Nichita C, Luca D, Dakyo B, et al. Large band simulation of the wind speed for real time wind turbine simulators. IEEE Transactions on Energy Conversion, 2002, 17(4): 523-529.

[7] 窦真兰，王晗，张秋琼，等. 虚拟风场和风力机模拟系统的实验研究. 中国电机工程学报，2011，31(20)：127-135.

[8] Han J, Kamber M. Data Mining: Concepts & Techniques. San Francisco: Morgan Kaufman Publishers, 2001.

[9] 窦真兰. 大型风机异步变桨技术的研究. 上海：上海交通大学博士学位论文，2013.

[10] Knudsen T, Bak T. Simple model for describing and estimating wind turbine dynamic inflow//2013 American Control Conference, Washington, 2013: 640-647.

[11] 曾庆川，刘浩，Wah L C，等. 基于改进叶素动量理论的水平轴风电机组气动性能计算. 中国电机工程学报，2011，31(23)：129-135.

[12] 祝贺，徐建源，滕云，等. 风力机风轮气动性能三维流场数值模拟. 中国电机工程学报，2010，30(17)：

85-90.

[13] 王建礼,徐建中.一种改进的诱导因子计算方法.工程热物理学报,2009,30(9):1489-1491.

[14] Muyeen S M. Comparative study on transient stability analysis of wind turbine generator system using different drive train models. IET Renewable Power Generation, 2007, 1(2): 131-141.

[15] Licari J, Ugalde-Loo C E, Liang J, et al. Torsional damping considering both shaft and blade flexibilities. Wind Engineering, 2012, 36: 181-196.

[16] Thiringer T, Dahlberg J A. Periodic pulsations from a three-bladed wind turbine. IEEE Transactions on Energy Conversion, 2001, 16: 128-133.

[17] 窦真兰，王晗，凌志斌，等. 电动变桨距控制系统设计与实现. 电力电子技术，2011，45(7)：1-4.

第 5 章　风力发电系统电气部分的建模

风力发电系统电气部分的建模主要包含：发电机、变流器以及变流器保护系统。该部分模型具有较强的非线性与离散特性，通过非线性变换和状态空间平均可以在一定程度上减小非线性和离散特性的影响，如发电机建模时，通常采用 PARK 变换来减小系统的时变非线性特性；在变流器建模时，通过对状态变量求平均，可以将模型简化为便于解析分析的连续非线性系统，这对所有开关器件均适用，如 Crowbar、Chopper 保护电路的建模。本章根据第 3 章得出的风电时间常数结论，主要分析风电电气系统相关组成部件在电磁暂态模型和考虑变流器控制后，功率环时间尺度模型以及电流环时间尺度模型。

5.1　电磁暂态模型

5.1.1　发电机模型

风力发电用发电机主要有感应发电机和永磁同步发电机。根据转子的结构不同，感应发电机又可分为绕线式和鼠笼式两种，其中绕线式感应发电机通过外加转子变频器构成双馈风电机组（或 Vestas 的可变滑差风电机组）；鼠笼发电机主要用于早期的定速风电机组和基于全功率变换的变速风电机组。永磁同步发电机主要用于基于全功率变换的直驱型变速风电机组。从发电机建模的角度来看，主要分为感应发电机建模和永磁同步发电机建模。

对于发电机建模，通常先做如下基本假设[1]：

(1) 不考虑磁路的饱和非线性；

(2) 磁链在空间分布为正弦，不考虑空间谐波；

(3) 忽略铁心损耗，只考虑铜耗；

(4) 不考虑频率变化和温度变化对绕组电阻的影响。

无论是感应发电机还是同步发电机，由于发电机转子的运动，其三相瞬时值模型均体现时变非线性特性，不便于分析。为了解决该问题，三相发电机模型一般建立在 dq 坐标系下，通过 abc/dq0 旋转变换矩阵，可将三相时变非线性系统转

化为三相定常线性系统，由于得到

$$
\boldsymbol{T}_{\mathrm{abc/dq0}}=\frac{2}{3}\begin{bmatrix}\cos\theta & \cos\left(\theta-\frac{2}{3}\pi\right) & \cos\left(\theta+\frac{2}{3}\pi\right)\\ -\sin\theta & -\sin\left(\theta-\frac{2}{3}\pi\right) & -\sin\left(\theta+\frac{2}{3}\pi\right)\\ \frac{1}{2} & \frac{1}{2} & \frac{1}{2}\end{bmatrix} \tag{5-1}
$$

的模型不包含时变系数，便于模型的线性化和控制设计。

abc/dq0 变换矩阵为式(5-1)，对于永磁同步发电机，$\theta=\theta_0+\omega_r t$，$\theta_0$ 为转子初始相角，ω_r 为转子电气角速度。对于感应发电机定子侧，$\theta=\theta_0+\omega_s t$，其中 ω_s 为电网频率；对于感应发电机转子侧，$\theta=\theta_0+s\omega_s t$，其中 s 为转差率。

1. 感应发电机模型

dq 坐标系下的感应发电机模型一般可用五阶状态方程描述[2]，如图 5-1 所示。

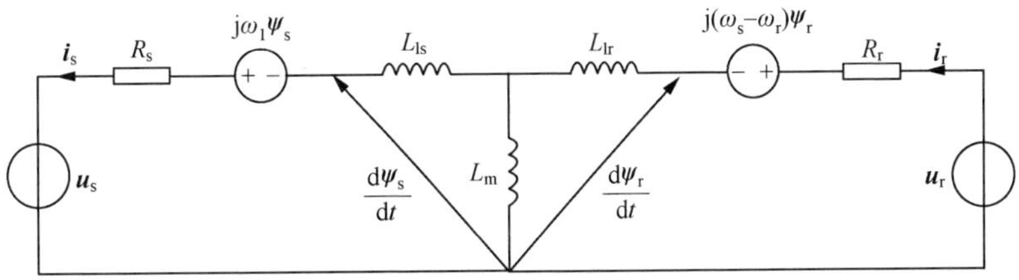

图 5-1 感应发电机电磁暂态模型

由于感应发电机三相参数对称，且 dq 参数相等，可以写成矢量的形式，定、转子电压方程可表示为(定子采用发电机惯例，转子采用电动机惯例，所有变量均为已折算到定子侧)[3]

$$
\begin{cases}\boldsymbol{u}_s=-\boldsymbol{i}_s R_s+p\boldsymbol{\psi}_s+\mathrm{j}\omega_s\boldsymbol{\psi}_s\\ \boldsymbol{u}_r=\boldsymbol{i}_r R_r+p\boldsymbol{\psi}_r+s\mathrm{j}\omega_s\boldsymbol{\psi}_r\end{cases} \tag{5-2}
$$

磁链方程表示为

$$
\begin{cases}\boldsymbol{\psi}_s=-\boldsymbol{i}_s L_s+L_m\boldsymbol{i}_r\\ \boldsymbol{\psi}_r=-\boldsymbol{i}_s L_m+L_r\boldsymbol{i}_r\end{cases} \tag{5-3}
$$

式中，$\boldsymbol{u}_s$、$\boldsymbol{u}_r$、$\boldsymbol{i}_s$、$\boldsymbol{i}_r$、$\boldsymbol{\psi}_s$、$\boldsymbol{\psi}_r$ 为定、转子电压，电流以及磁链矢量；s 为转差率；ω_s 为同步转速；R_s、R_r 为定、转子电阻；L_s、L_r 为定、转子电感；L_m 为互感；p 为微分算子。对于鼠笼发电机有 $\boldsymbol{u}_r=0$。

电磁转矩方程为

$$T_e = \frac{3L_m}{2L_s} n_p \boldsymbol{\psi}_s \times \boldsymbol{i}_r \tag{5-4}$$

运动方程为

$$J_g \frac{d\omega_r}{dt} = T_m(\theta) - T_e \tag{5-5}$$

式中，$T_m(\theta)$ 为扭矩；J_g 为发电机惯量；ω_r 为发电机转速；n_p 为极对数。

1) 双馈风力发电机

为了与双馈风电机组矢量控制结合，将式(5-2)写成以定子磁链和转子电流为状态量的形式：

$$\begin{cases} \boldsymbol{u}_s = p\boldsymbol{\psi}_s + \left(\dfrac{R_s}{L_s} + j\omega_s\right)\boldsymbol{\psi}_s - \dfrac{L_m}{L_s} R_s \boldsymbol{i}_r \\ \boldsymbol{u}_r = \boldsymbol{i}_r R_r + \sigma L_r p\boldsymbol{i}_r + (\boldsymbol{u}_s - j\omega_r \boldsymbol{\psi}_s + \sigma L_r sj\omega_s \boldsymbol{i}_r) \end{cases} \tag{5-6}$$

转子电压方程的推导中，假设定子电阻很小，可以忽略，并且定、转子漏抗很小。从式(5-6)的定子电压方程可以看出，当发电机转子电流受变频器控制并且无定子磁链状态反馈时，该双馈发电机定子呈现为二阶弱阻尼系统，该特性对双馈风电机组故障特性和小干扰稳定有很大影响；从转子电压方程可以看出，转子等效回路由漏感和转子感应电势组成，定子电压扰动时，由于漏感很小，容易引起过电流，如果在控制回路对转子感应电势 $\boldsymbol{u}_s - j\omega_r \boldsymbol{\psi}_s$ 进行补偿，可以减小过流风险，但需要满足转子变流器调制度限制。

2) 鼠笼感应发电机

鼠笼感应发电机用于全功率变换型风电机组时，由于发电机与电网经变流器实现电气隔离，电网扰动不会直接影响发电机电磁过程，相比双馈风电机组，电磁过程过渡更为平滑(更多地取决于变流器控制)，结合感应发电机在该机型下的控制，选取转子磁链和定子电流作为状态量，式(5-2)可重写为

$$\begin{cases} \boldsymbol{u}_s = -\boldsymbol{i}_s R_s - \sigma L_s p\boldsymbol{i}_s + \boldsymbol{u}_r - j\omega_r \boldsymbol{\psi}_r - j\sigma L_s \omega_s \boldsymbol{i}_s \\ 0 = p\boldsymbol{\psi}_r + \left(\dfrac{R_r}{L_r} + sj\omega_s\right)\boldsymbol{\psi}_r + \dfrac{L_m}{L_r} R_r \boldsymbol{i}_s \end{cases} \tag{5-7}$$

式(5-7)中的定子电压采用了与式(5-6)相同的假设，可以看出，式(5-6)和式(5-7)呈现一定的对偶特性，此时，转子暂态对定子电流的控制品质有一定影响，如在控制中增加定子感应电势的补偿项 $\boldsymbol{u}_r - j\omega_r \boldsymbol{\psi}_r$ 可以改善动态特性。相比双馈风电机组的电网暂态扰动，感应发电机转子扰动一般由负载突变产生，属于机电过程，一般不会引起变流器过流。

2. 同步发电机模型

风电用同步发电机主要有永磁和电励磁两种形式，第 2 章介绍了两种发电机的基本原理。考虑目前风电用电励磁同步发电机均采用恒定励磁的方式，因此可以认为气隙磁链恒定，与永磁发电机特性接近，同时，同步发电机目前均用于基于全功率变换的风电机组，变流器的电气隔离作用也使得发电机的电磁变换形式对电网基本没有影响，所以本节在讨论同步发电机模型时，均以恒定气隙磁链为基础。

与感应发电机建模方法和基本假设类似，同步发电机模型也是建立在 dq 坐标系下（图 5-2），不同的是，同步发电机气隙磁链恒定，电磁暂态过程主要体现在定子侧，所以同步发电机的 DQ 模型为三阶。

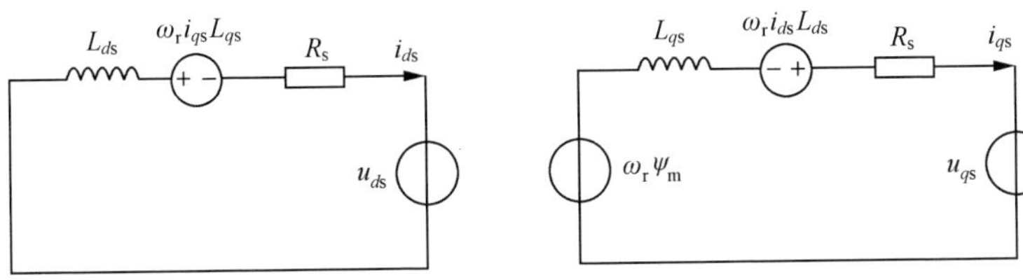

(a) d 轴等效电路　　(b) q 轴等效电路

图 5-2　同步发电机等效电路

由于同步发电机 DQ 参数不再对称，不能写成矢量形式，其定子电压方程如下[4]：

$$\begin{cases} u_{ds} = -i_{ds}R_s + p\psi_{ds} - \omega_r \psi_{qs} \\ u_{qs} = -i_{qs}R_s + p\psi_{qs} + \omega_r \psi_{ds} \end{cases} \tag{5-8}$$

磁链方程为

$$\begin{cases} \psi_{ds} = -i_{ds}L_{ds} + \psi_m \\ \psi_{qs} = -i_{qs}L_{qs} \end{cases} \tag{5-9}$$

电磁转矩方程为

$$T_e = \frac{3}{2} n_p [\psi_m i_{qs} + i_{ds} i_{qs} (L_{qs} - L_{ds})] \tag{5-10}$$

式中，u_{ds}、u_{qs}、ψ_{ds}、ψ_{qs}、i_{ds}、i_{qs} 为定子电压、磁链、电流的 dq 分量；ψ_m 为永磁体产生的主磁链；ω_r 为发电机电气角速度；n_p 为极对数；L_{qs}、L_{ds} 为定子 q 轴和 d 轴电感。同步发电机的运动方程形式为与式(5-5)一致。

从电磁转矩方程(5-10)可以看出，电磁转矩由于 DQ 参数不对称产生耦合项，不解耦因素使基于同步发电机的全功率型风电机组具有较为多样性的控制策略，

如零 d 轴电流控制、最大电流利用率控制、被动去磁控制(永磁同步发电机)、主动弱磁控制(电励磁同步发电机)以及无功优化控制等。该机型同样与电网电气解耦,电网暂态扰动不会直接影响发电机的电磁暂态过程。

5.1.2 变流器及其控制模型

1. 变流器模型

变流器拓扑多样,目前风电中广泛使用的是基于双 PWM 拓扑结构的变流器,该变流器可以实现四象限运行。

对于双 PWM 变流器开关数学模型的建立,通常做以下假设[5]:

(1) 电网电动势为三相对称正弦波;

(2) 进线滤波电感为线性的,不考虑饱和;

(3) 开关器件损耗以电阻表示,即可等效为理想开关器件串联损耗电阻,并归算到进线电阻 R 内。

(4) 不考虑单个开关输入-输出动态特性,均认为是理想开关。

双 PWM 变流器由一个 PWM 整流器(voltage source rectifier,VSR)和一个逆变器(voltage source inverter,VSI)组成,其结构完全对称,因此只要分析一个即可。图 5-3 为 PWM 整流器拓扑图。

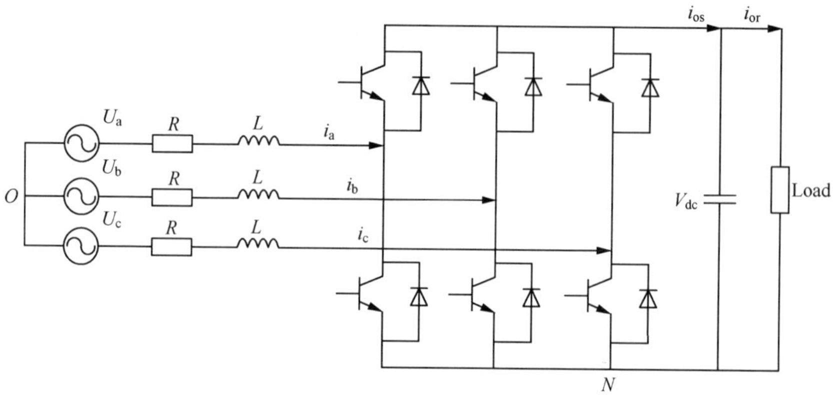

图 5-3 PWM 整流器拓扑

由图 5-3 可写出该整流器的三相动态方程:

$$\begin{pmatrix} \dfrac{di_a}{dt} \\ \dfrac{di_b}{dt} \\ \dfrac{di_c}{dt} \end{pmatrix} = -\frac{R}{L}\begin{pmatrix} i_a \\ i_b \\ i_c \end{pmatrix} - \begin{pmatrix} \dfrac{2}{3} & -\dfrac{1}{3} & -\dfrac{1}{3} \\ -\dfrac{1}{3} & \dfrac{2}{3} & -\dfrac{1}{3} \\ -\dfrac{1}{3} & -\dfrac{1}{3} & \dfrac{2}{3} \end{pmatrix}\begin{pmatrix} S_a \\ S_b \\ S_c \end{pmatrix} v_{dc} + \begin{pmatrix} u_a \\ u_b \\ u_c \end{pmatrix} \tag{5-11}$$

式中，i_a、i_b、i_c、u_a、u_b、u_c 为三相电流、电压；L 为滤波电感；R 为交流电阻；v_{dc} 为直流母线电压；S_a、S_b、S_c 为开关函数，满足：

$$S_k=\begin{cases}1, & \text{上桥臂导通,下桥臂关闭}\\ 0, & \text{下桥臂导通,上桥臂关闭}\end{cases},\quad k=a,b,c \tag{5-12}$$

直流母线电压动态方程可表示为

$$C\frac{dv_{dc}}{dt}=(S_a,S_b,S_c)\begin{pmatrix}i_a\\ i_b\\ i_c\end{pmatrix}-i_{or} \tag{5-13}$$

将式(5-11)和式(5-13)经 DQ 变换后为

$$\begin{cases}C\dfrac{dv_{dc}}{dt}=\dfrac{3}{2}(i_dS_d+i_qS_q)-i_{or}\\ L\dfrac{di_q}{dt}+\omega_sLi_d+Ri_q=u_q-u_{qc}\\ L\dfrac{di_d}{dt}-\omega_sLi_q+Ri_d=u_d-u_{dc}\end{cases} \tag{5-14}$$

式中

$$\begin{cases}u_{qc}=\dfrac{v_{dc}}{2}S_q\\ u_{dc}=\dfrac{v_{dc}}{2}S_d\end{cases} \tag{5-15}$$

式(5-12)为开关函数。准确判断开关时刻需要较小的仿真步长或采用插值算法倒推开关时刻，在进行互联或多机系统仿真时，采用开关函数进行变流器建模是非常低效的。假设开关指令进入稳态，开关函数为周期性函数，其周期为调制信号的周期，一般为工频，此时开关函数可以进行傅里叶级数展开：

$$\begin{cases}s(t)=\displaystyle\sum_{n=-\infty}^{n=+\infty}\boldsymbol{S}_n(f)e^{j2\pi nf_1t}\\ \boldsymbol{S}_n(f)=\dfrac{1}{T_1}\displaystyle\int_0^{T_1}s(t)e^{-j2\pi nf_1t}dt\end{cases} \tag{5-16}$$

由于 $s(t)$ 为实函数，$s(t)=2\mathrm{Re}\left\{\displaystyle\sum_{n=0}^{n=+\infty}S_n(f)e^{j2\pi nf_1t}\right\}$。

考虑之前的 DQ 变换：

$$s_{dq}(t)=[S_a(t)+S_b(t)a+S_c(t)a^2]e^{-j\omega_1t} \tag{5-17}$$

式中，开关函数 $S_a(t)$、$S_b(t)$、$S_c(t)$ 满足式(5-16)，所以式(5-14)的 DQ 变换保留了开关函数的所有谐波分量，只是频谱被平移了一个工频单位。以上得到的变流器模型可以反映变流器与交流系统的电磁交互过程。

2. 控制模型

变速风电机组一般都采用矢量控制实现功率控制[6]，分为机侧变换器控制和网侧变换器控制。对于网侧变换器控制，一般都采用基于电网电压定向的矢量解耦控制，控制目标为保证母线电压恒定。对于机侧变换器控制，不同机型的控制方法略有不同，主要体现在矢量定向方案上，例如，①采用感应发电机或同步发电机的全功率变换型风电机组，通常采用转子磁链定向的矢量解耦控制；②采用感应发电机的双馈机型，一般采用电网电压定向的矢量解耦控制。不同定向方案主要体现在解耦特性上。不失一般性，本节主要分析基于电网电压定向的矢量解耦控制。

1) 机侧变换器模型

图 5-4 为机侧变换器控制框图[7]，其对应状态方程如下：

$$\begin{cases} px_1 = P_s^{\text{ref}} - u_{ds}\dfrac{L_m}{L_s}i_{dr} \\ px_2 = k_{p1}P_s^{\text{ref}} - \left(k_{p1}u_{ds}\dfrac{L_m}{L_s}+1\right)i_{dr} + k_{i1}x_1 \\ px_3 = Q_s^{\text{ref}} + u_{ds}\dfrac{L_m}{L_s}i_{qr} + \dfrac{u_{ds}^2}{\omega_s L_s} \\ px_4 = -k_{p3}Q_s^{\text{ref}} - \left(k_{p3}u_{ds}\dfrac{L_m}{L_s}+1\right)i_{qr} - k_{p3}\dfrac{u_{ds}^2}{L_s} - k_{i3}x_3 \end{cases} \tag{5-18}$$

转子电压控制方程为

$$\begin{cases} u_{dr} = k_{p2}k_{p1}P_s^{\text{ref}} - k_{p2}\left(k_{p1}u_{ds}\dfrac{L_m}{L_s}+1\right)i_{dr} + k_{p2}k_{i1}x_1 + k_{i2}x_2 + \Delta u_{ds} \\ \qquad - \sigma L_s(\omega_s - \omega_r)i_{qr} \\ u_{qr} = -k_{p4}k_{p3}Q_s^{\text{ref}} - k_{p4}\left(k_{p3}u_{ds}\dfrac{L_m}{L_s}+1\right)i_{qr} - k_{p4}k_{p3}\dfrac{u_{ds}^2}{L_s} - k_{p4}k_{i3}x_3 + k_{i4}x_4 \\ \qquad + \Delta u_{qs} + \sigma L_s(\omega_s - \omega_r)i_{dr} \end{cases} \tag{5-19}$$

机侧变换器由功率外环和电流内环组成，从第 3 章的分析可知，功率环和电流环均在电磁暂态时间尺度内，电流环要快于功率环 10 倍，在电流环带宽内体现为电流源特性。值得指出的是，由于电流环调节器的作用，机侧变换器在电流环控制带宽附近体现为容性，而电网一般呈感性，这种特性带来了谐振的可能。

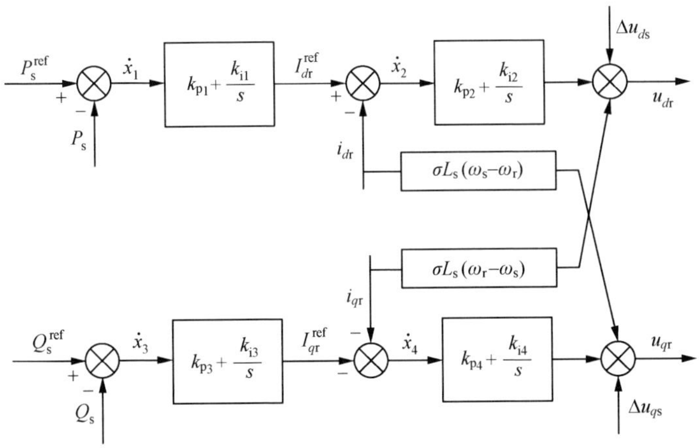

图 5-4 机侧变换器模型

2）网侧变换器

如图 5-5 所示[8]，网侧变换器主要实现母线电压的控制，为消除直流母线非线性，以 E_{dc}^2 作为状态变量：

$$\frac{dE_{dc}^2}{dt}=\frac{2}{C}(u_{ds}i_{dg}-u_{dr}i_{dr}-u_{qr}i_{qr}) \tag{5-20}$$

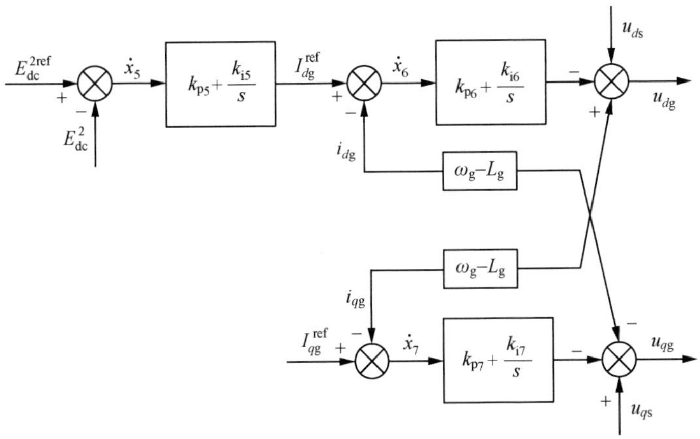

图 5-5 网侧变换器控制框图

如果将转子功率看成一个扰动，并只考虑稳态功率，可以简化因转子功率引起的非线性，直流母线动态可以写成

$$\frac{dE_{dc}^2}{dt}=\frac{2}{C}\left[u_{ds}i_{dg}-(\omega_s-\omega_r)u_{ds}\frac{L_m}{L_s}i_{dr}\right] \tag{5-21}$$

其中包含弱非线性，由于转速和电流时间常数有较大差异，可以对式(5-21)进行线性化处理。

控制回路状态方程为

$$\begin{cases} px_5 = k_{p5}(E_{dc}^{2ref} - E_{dc}^2) \\ px_6 = k_{p5}(E_{dc}^{2ref} - E_{dc}^2) + k_{i5}x_5 - i_{dg} \\ px_7 = I_{qg}^{ref} - i_{qg} \end{cases} \tag{5-22}$$

控制方程为

$$\begin{cases} u_{dg} = -k_{p6}k_{p5}(E_{dc}^{2ref} - E_{dc}^2) - k_{p6}k_{i5}x_5 + k_{p6}i_{dg} + \omega_g L_g i_{qg} + u_{ds} \\ u_{qg} = -k_{p7}(I_{qg}^{ref} - i_{qg}) - k_{i7}x_7 - \omega_g L_g i_{dg} + u_{qs} \end{cases} \tag{5-23}$$

网侧变换器在电流环带宽内与机侧变换器特性基本一致，但在电压环带宽内，其特性有别于机侧变换器。

5.1.3 变流器保护系统模型

变流器保护系统主要包含直流卸荷电路和转子 Crowbar 电路，其中直流卸荷电路用以抑制直流母线过电压，适用于双馈风电机型和全功率风电机型，而转子 Crowbar 电路主要用于双馈机型，用于旁路变流器时可使其免受暂态冲击。

1. 直流卸荷电路模型

直流卸荷电路主要由全控型电力电子开关和卸荷电阻组成[9]，考虑卸荷电路电阻温升和电力电子器件热过载能力的限制，卸荷电路一般只能短期投入。

直流卸荷电路的控制如图 5-6 所示，对应状态、代数、开关方程组如式(5-24)所示，其中电压的设定值一般为 1.05pu，当占空比 d 的值大于三角载波时，$k=1$，反之 $k=0$。

$$\begin{cases} \dot{x} = uk_i \\ u = E_{dc} - E_{dc}^* \\ \Delta P = k_p u + x \\ S = k \in \{0,1\} \end{cases} \tag{5-24}$$

2. 转子 Crowbar 电路模型

转子 Crowbar 电路主要用于双馈风电机组，这是因为双馈风电机组定子直接并网，在电网暂态扰动下，定、转子的电磁耦合作用使得双馈感应发电机转子产生较大暂态电流，易损坏变流器，所以需要转子 Crowbar 电路提供额外的通路、旁路转子变流器，使其免受暂态冲击。

转子 Crowbar 电路可见图 5-7[10]，其通过三相整流桥，串入开关电阻。正常

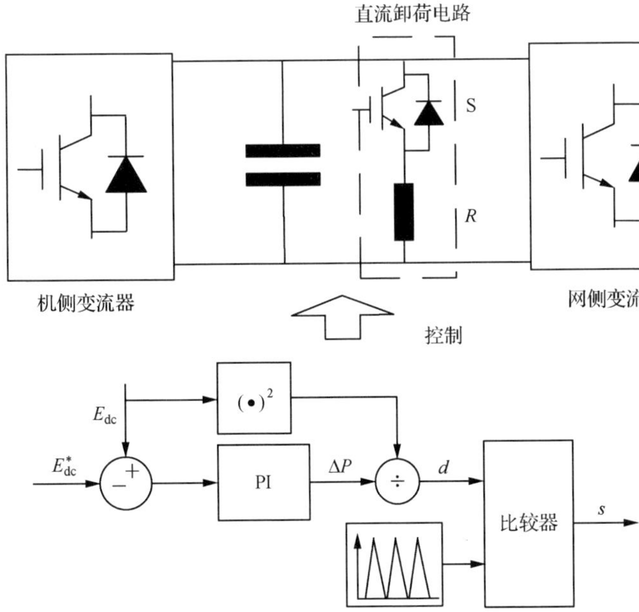

图 5-6 直流卸荷电路及其控制

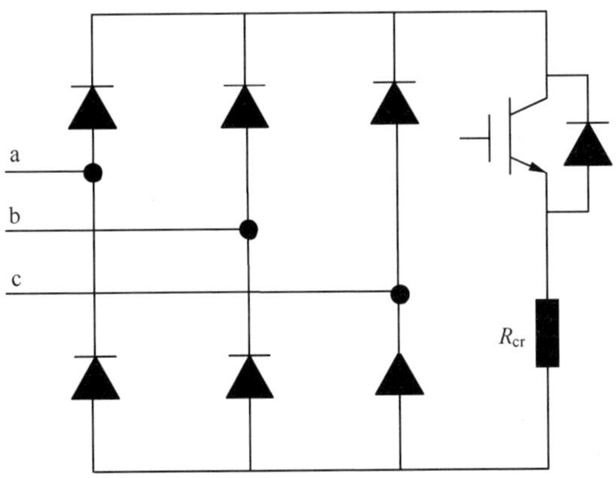

图 5-7 主动式转子 Crowbar 电路

工作时,直流开关断开,Crowbar 电路不起作用;当转子瞬态电流大于允许值时,直流开关导通,Crowbar 电阻接入。其模型如式(5-25)所示。可见,Crowbar 电路的阻值选取是关键,当阻值过小时,暂态电流无法被快速抑制;阻值过大,等效电阻压降也大于三相电压峰值时,转子 Crowbar 电路无法起到旁路变流器的作用[11]。一般 Crowbar 电路取值为转子电阻的 50～100 倍。转子 Crowbar 触发条件如图 5-8 所示。

$$\begin{cases} u_{dc} = s_a u_{ar} + s_b u_{br} + s_c u_{cr} \\ i_{dc} = u_{dc}/R_{cr} \\ s_a, s_b, s_c \in \{-1, 1\} \end{cases} \tag{5-25}$$

式中，s_a、s_b、s_c 满足转子电压自然换向；“1”表示上管导通；“−1”表示下管导通。

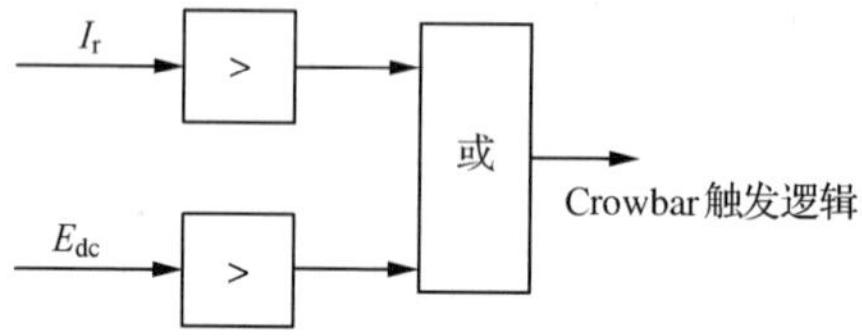

图 5-8　转子 Crowbar 触发条件

5.2　功率控制环和电流控制环时间尺度下的模型

5.1 节主要分析了各电气部件(发电机、变流器、控制及保护)在电磁暂态时间尺度下的模型，建立的模型能够反映每个部件电气量的瞬时变化，该类模型主要研究风电系统的故障传播、短路特性、保护整定、电磁兼容等问题。本节在 5.1 节建立的模型基础之上，进一步考虑发电机变流器组的“电流源-电压源-无源阻性”三种状态特性对建模过程的影响，并给出功率环、电流环时间尺度下的模型。

5.2.1　发电机变流器组的“三态”特性

在讨论发电机变流器组“三态”特性时，主要关注的对象是双馈风电机组。全功率机组由于发电机与电网完全隔离，外部扰动下，机侧变换器对发电机仍可控，只体现三态中的“电流源”状态，因此，以下以双馈机组为例进行分析讨论。

以电网电压扰动为例，变流器的运行状态随着电网电压瞬态的扰动强度发生变化(图 5-9)，状态转换的依据是变流器对转子电流的控制力。这里强调瞬态扰动是考虑了发电机定子直流及其感应电势在转子侧的暂态放大作用。

(1) 电网电压瞬态扰动较小时($\Delta U(t) \leqslant U_1$)，变流器对电流完全可控，体现为理想电流源特性(状态一)。此时，变流器的调节特性是线性的，输出电流不随电压扰动而发生变化。

(2) 电网电压瞬态扰动幅值增加时 ($U_1 < \Delta U(t) \leqslant U_2$)，变流器对电流不完全可控，体现为受控电压源特性(状态二)。此时，变流器的调节特性进入非线性区，存在瞬时过调制、电压限幅等非线性作用。由于变流器采用的是电流控制，所以该受控电压源状态只存在于过渡阶段，最终稳定于“状态一”或“状态三”。

(3) 电网电压扰动幅值继续增大时($\Delta U > U_2$),变流器对电流失控制,此时Crowbar保护投入、变流器闭锁,转子侧体现为无源阻性(状态三)。此时,双馈发电机以感应电机/发电机的方式运行;当电流衰减到允许范围内时,Crowbar切出、变流器重启,“状态三”经过渡态“状态二”回到“状态一”。

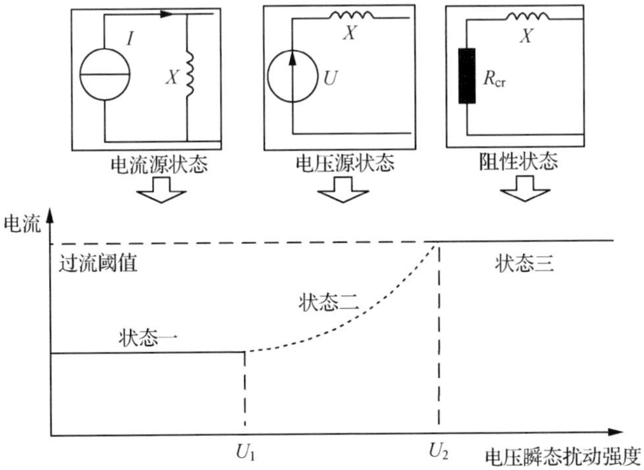

图 5-9 变流器运行状态与电压扰动强度关系

以上分析了电网电压瞬态扰动强度与变流器运行状态的关系。下面分别给出考虑以上“三态”特性的电流环、功率环时间尺度简化模型。

5.2.2 发电机模型

1. 感应发电机模型

5.1.1节介绍的感应发电机为五阶电磁暂态模型,其包含定子暂态,在不加转子控制时,定子暂态一般衰减较快,在研究机-网动态交互作用时,一般可以忽略,得到的模型可用于暂态稳定分析等。但增加转子控制时,感应发电机特性改变,定子暂态呈现弱阻尼趋势,但考虑电力系统在研究机-网交互问题时,一般忽略定子和网络的电磁暂态过程。为保持模型的一致性和兼容性,本节也做相同的简化。

由式(5-2)可知,忽略定子暂态后,感应发电机模型退化为三阶[12-13]:

$$\begin{cases} \boldsymbol{u}_s = -\boldsymbol{i}_s R_s + j\omega_s \boldsymbol{\psi}_s \\ \boldsymbol{u}_r = \boldsymbol{i}_r R_r + p\boldsymbol{\psi}_r + sj\omega_s \boldsymbol{\psi}_r \end{cases} \tag{5-26}$$

其中,另外一阶体现在转子运动方程上,此时磁链方程、电磁转矩方程形式均不变。

下面基于式(5-26),分析可控条件下,功率环及电流环对发电机特性的影响,并建立相应时间尺度下的模型；同时，建立 Crowbar 保护投入后对应时间尺度下的模型。

1）电流源状态下发电机模型（状态一）

在三阶模型（式(5-26)）基础上，消去定、转子磁链，式(5-26)可重写为

$$\begin{cases}\boldsymbol{u}_{\mathrm{s}}=(R_{\mathrm{s}}+\mathrm{j}\omega_{\mathrm{s}}L_{\mathrm{s}})\boldsymbol{i}_{\mathrm{s}}+\mathrm{j}\omega_{\mathrm{s}}L_{\mathrm{m}}\boldsymbol{i}_{\mathrm{r}}\\ \boldsymbol{u}_{\mathrm{r}}=R_{\mathrm{r}}\boldsymbol{i}_{\mathrm{r}}+\sigma L_{\mathrm{r}}\dfrac{\mathrm{d}\boldsymbol{i}_{\mathrm{r}}}{\mathrm{d}t}+s\mathrm{j}\omega_{\mathrm{s}}L_{\mathrm{r}}\boldsymbol{i}_{\mathrm{r}}+s\mathrm{j}\omega_{\mathrm{s}}L_{\mathrm{m}}\boldsymbol{i}_{\mathrm{s}}\end{cases}\tag{5-27}$$

其对应转子闭环控制框图如图 5-10 所示。

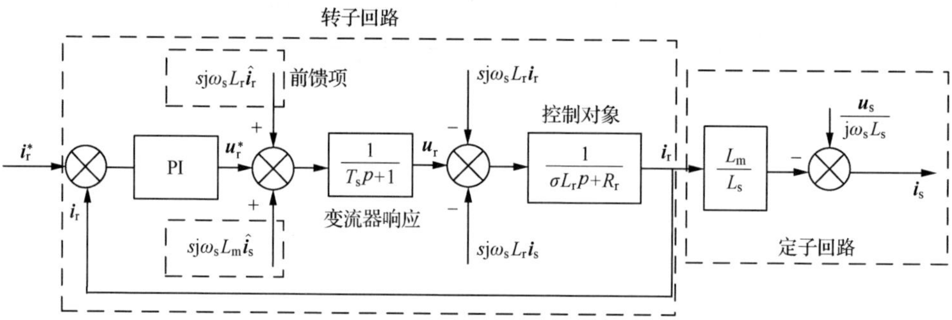

图 5-10　三阶模型下转子闭环控制

加入转子闭环控制后，发电机等效电路如图 5-11 所示。

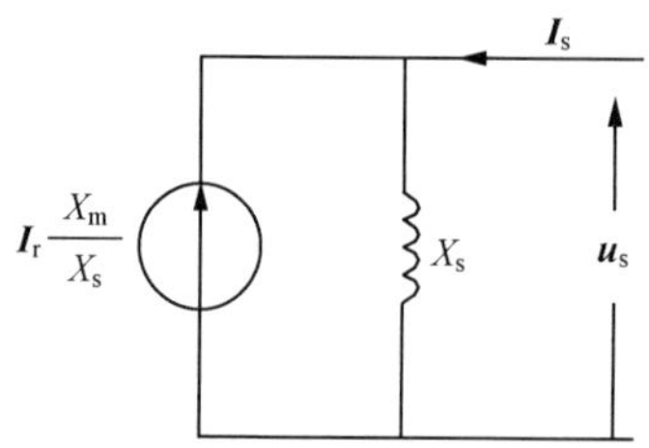

图 5-11　转子闭环下感应发电机诺顿等效

(1) 电流环时间尺度模型。由图 5-10 可知，电流环时间尺度下，感应发电机模型需要考虑电流环的调节过程，即诺顿等效电流的输出。

(2) 功率环时间尺度模型。由于电流环时间常数远小于功率环时间尺度，所以可以认为诺顿电流源始终为给定值 $\boldsymbol{I}_{\mathrm{r}}^{*}=\boldsymbol{I}_{\mathrm{r}}$，诺顿特性阻抗为定子同步电抗。

2）无源阻性状态下发电机模型（状态三）

转子开环下，转子不加励磁，可认为转子电压 $\boldsymbol{u}_{\mathrm{r}}=0$，若此时 Crowbar 电路投入后，可认为 $\boldsymbol{u}_{\mathrm{r}}=-\boldsymbol{i}_{\mathrm{r}}R_{\mathrm{cb}}$。两种情况的本质都是感应电机模型，一般采用暂态电抗后电势来描述感应电机的三阶模型：

$$\begin{cases} \boldsymbol{u}_s = \boldsymbol{i}_s(R_s + jX'_s) + j\omega_s \dfrac{L_m}{L_r}\boldsymbol{\psi}_r \\ \dfrac{d\boldsymbol{\psi}_r}{dt} = -\dfrac{\boldsymbol{\psi}_r}{L_r}(R_r + R_{cb}) - s\,j\omega_s\boldsymbol{\psi}_r + \dfrac{L_m}{L_r}(R_r + R_{cb})\boldsymbol{i}_s \end{cases} \tag{5-28}$$

式中，R_r、R_{cb} 分别为转子电阻和转子撬棒等效电阻；$\boldsymbol{\psi}_r$ 为转子磁链矢量。式(5-28)忽略定子电阻，将定子方程代入转子磁链方程得

$$\frac{d\boldsymbol{\psi}_r}{dt} = -\boldsymbol{\psi}_r\left(\frac{1}{T_r} + \frac{1}{T'_r}\right) - sj\omega_s\boldsymbol{\psi}_r - \frac{\boldsymbol{u}_s}{j\omega_s X'_s} \tag{5-29}$$

式中，$T_r = L_r/(R_r + R_{cb})$ 为转子时间常数；$T'_r = \sigma L_r/(R_r + R_{cb})$ 为转子暂态时间常数，并用到了 $\sigma L_r \approx \sigma L_s$ 近似。

(1) 电流环时间尺度模型($R_{cb}=0$)。式(5-28)即为感应电机的三阶暂态稳定模型。

(2) 功率环时间尺度模型($R_{cb}\neq 0$)。由式(5-29)可知，转子磁链等效时间常数为 $T_r^{eq} = \dfrac{T_r T'_r}{T_r + T'_r}$，由于 $T'_r \ll T_r$，所以 $T_r^{eq} \approx T'_r$。可以看出，Crowbar 投入后，转子磁链暂态迅速衰减，时间常数远小于功率环时间尺度，可认为进入稳态，用代数方程表示，此时感应电机的模型简化为

$$\begin{cases} \boldsymbol{u}_s = jX_s\boldsymbol{i}_s + j\dfrac{X_m}{X_s}\boldsymbol{i}_r \\ \boldsymbol{i}_r = -\dfrac{sT_r j}{sT_r j + 1}\boldsymbol{i}_s \end{cases} \tag{5-30}$$

可以看出，与转子闭环下的三阶模型有相同的诺顿解耦，只是诺顿电流发生改变，此时诺顿电流不再独立于定子电流。

3) 电压源状态下发电机模型(状态二)

该状态是“状态一”与“状态二”转变的过渡态，体现了变流器对电网暂态扰动的线性、非线性响应特性。此时，变流器虽无法对转子电流实现完全控制，但能够起到一定的抑制效果。当转子电流不越界时，该过渡态稳定于“状态一”；反之，稳定于“状态三”。所以，该状态下的发电机模型可作为“状态一”与“状态三”的切换依据，即 Crowbar 的投切依据。

下面讨论电网电压瞬态扰动下，变流器对转子暂态电流的抑制作用。

分析该电磁过程需要计及定子暂态，此时双馈发电机定、转子电压矢量方程可表示为

$$\begin{cases} \boldsymbol{u}_s = \boldsymbol{i}_s R_s + \dfrac{d\boldsymbol{\psi}_s}{dt} + j\omega_s\boldsymbol{\psi}_s \\ \boldsymbol{u}_r = \boldsymbol{i}_r R_r + \dfrac{d\boldsymbol{\psi}_r}{dt} + sj\omega_s\boldsymbol{\psi}_r \end{cases} \tag{5-31}$$

以转子电流、定子磁链为状态变量，并忽略定子电阻，将定子电压方程代入转子电压方程并消去转子磁链得

$$\boldsymbol{u}_\mathrm{r}=\boldsymbol{i}_\mathrm{r}R_\mathrm{r}+\sigma L_\mathrm{r}\frac{\mathrm{d}\boldsymbol{i}_\mathrm{r}}{\mathrm{d}t}+s\mathrm{j}\omega_\mathrm{s}\sigma L_\mathrm{r}\boldsymbol{i}_\mathrm{r}+\boldsymbol{E}_\mathrm{semf} \tag{5-32}$$

式中，$\boldsymbol{E}_\mathrm{semf}=\boldsymbol{u}_\mathrm{s}-\mathrm{j}\omega_\mathrm{r}\boldsymbol{\psi}_\mathrm{s}$ 为定子在转子侧感应出的等效电势，一般认为电磁暂态过程中发电机转速不变，所以式(5-31)可认为是线性定常系统。利用叠加原理，可以将式(5-31)等效为稳态分量(图 5-12(a))和定、转子电压扰动分量(图 5-12(b))。

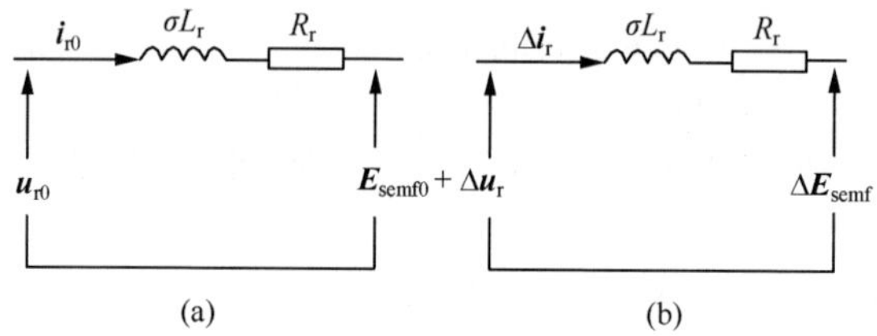

图 5-12　转子回路等效叠加电路

电网扰动下，转子电流暂态可表示为

$$\boldsymbol{i}'_\mathrm{r}=\boldsymbol{i}_{\mathrm{r}0}+\Delta\boldsymbol{i}_\mathrm{r} \tag{5-33}$$

下面对转子电流稳态分量和暂态分量响应进行求解。

(1) 稳态分量求解。

转子电流稳态分量可以直接根据潮流计算得出

$$\boldsymbol{S}=\frac{3}{2}u_\mathrm{s}\left(\mathrm{j}\frac{u_\mathrm{s}}{\omega_\mathrm{s}L_\mathrm{s}}-\frac{L_\mathrm{m}}{L_\mathrm{s}}\boldsymbol{i}_\mathrm{r}^*\right) \tag{5-34}$$

式中，$\boldsymbol{S}$ 为复功率。

(2) 暂态分量求解。

转子电流的暂态分量是定子暂态和变流器调控作用共同产生的，可分两步求解：第一步计算定子暂态在转子侧的感应电势 $\Delta\boldsymbol{E}_\mathrm{semf}$；第二步计及转子电流调节环的作用，即 $\Delta\boldsymbol{u}_\mathrm{r}$ 的作用。首先分析电网电压扰动，在转子侧感应电动势 $\Delta\boldsymbol{E}_\mathrm{semf}$的暂态特性，设电网电压阶跃变化，变化量用 k 表示：

$$\Delta\boldsymbol{u}_\mathrm{s}(p)=\frac{-k\boldsymbol{u}_\mathrm{s}}{p} \tag{5-35}$$

此时，定子感应反电势为

$$\Delta\boldsymbol{E}_\mathrm{semf}(p)=\frac{-k\boldsymbol{u}_\mathrm{s}(p+\mathrm{j}s\omega_\mathrm{s})}{p(p+\mathrm{j}\omega_\mathrm{s})} \tag{5-36}$$

再分析转子电流调节环的作用。考虑到转子漏抗和转差率的乘积较小，以及前馈控制响应快的特点，认为变流器能够对其完全补偿，此时，由式(5-32)可以得到转子暂态电流的扰动分量：

$$\Delta \boldsymbol{i}_{\mathrm{r}}(p)=\frac{\Delta \boldsymbol{E}_{\mathrm{semf}}(p)G_{\mathrm{L}}(p)}{1+G_{\mathrm{L}}(p)G_{\mathrm{PI}}(p)} \tag{5-37}$$

式中，$G_{\mathrm{L}}(p)=1/(\sigma L_{\mathrm{r}}p+R_{\mathrm{r}})$；转子电流调节器可设计为 $G_{\mathrm{PI}}(p)=\frac{\alpha_{\mathrm{c}}}{p}G_{\mathrm{L}}^{-1}(p)$，$\alpha_{\mathrm{c}}$ 为电流环带宽。将式(5-36)代入式(5-37)可得转子暂态电流象函数：

$$\Delta \boldsymbol{i}_{\mathrm{r}}(p)=\frac{k\boldsymbol{u}_{\mathrm{s}}(p+\mathrm{j}s\omega_{\mathrm{s}})}{(\sigma L_{\mathrm{r}}p+R_{\mathrm{r}})(p+\mathrm{j}\omega_{\mathrm{s}})(p+\alpha_{\mathrm{c}})} \tag{5-38}$$

求解式(5-38)得

$$\Delta \boldsymbol{i}_{\mathrm{r}}=k'(a\mathrm{e}^{-\mathrm{j}\omega_{\mathrm{s}}t}+b\mathrm{e}^{-\alpha_{\mathrm{c}}t}+c\mathrm{e}^{-\frac{1}{T_{\mathrm{r}}'}t}) \tag{5-39}$$

式中，$k'=ku_{\mathrm{s}}/(\sigma L_{\mathrm{r}})$，电压矢量退化为标量是认为 PLL 可以快速锁定电网电压相角。

下面对该暂态过程做进一步分析，得出实用的简化模型。①式(5-39)中 b 项衰减取决于电流环带宽，其时间常数远小于电流峰值到达时间(约 10ms)，认为衰减完毕；②转子暂态时间常数 ($T_{\mathrm{r}}'=\sigma L_{\mathrm{r}}/(R_{\mathrm{r}}\omega_{\mathrm{b}})$，约 0.1s)远大于电流峰值到达时间，$c$ 项认为保持不变。因此，式(5-39)可退化为

$$\Delta \boldsymbol{i}_{\mathrm{r}}=k'[s+k''(1-s)\mathrm{e}^{-\mathrm{j}\omega_{\mathrm{s}}t}] \tag{5-40}$$

式中，$k'=ku_{\mathrm{s}}/(\alpha_{\mathrm{c}}\sigma L_{\mathrm{r}})$；$k''=1/\sqrt{1+\omega_{\mathrm{s}}^2/\alpha_{\mathrm{c}}^2}$。

至此，得出了电压源状态下的简化模型。可以看出，转子暂态电流增量主要受变流器控制带宽的影响，带宽越大，抑制效果越明显，“状态二”最终稳定于“状态一”的可能性也就越大。该简化模型可用于电力系统暂态稳定分析中双馈机组 Crowbar 的触发判断。

2. 同步发电机模型

同步发电机的简化与感应发电机类似。由于同步发电机通常与全功率变流器结合，不存在发电机运行状态的切换，相对简单；除此之外，由于变流器的隔离作用，永磁同步机机-网的电气量交互作用不明显。

1) 电流环时间尺度模型

当考虑电流环调节作用时，永磁同步发电机采用 5.1.1 节的电磁暂态模型。

2）功率环时间尺度模型

功率环时间尺度下，可以不考虑电流环动态的影响，认为电流进入稳态，此时永磁同步发电机模型采用忽略定子暂态的模型：

$$\begin{cases} u_{ds} = -i_{ds}R_s - \omega_r\psi_{qs} \\ u_{qs} = -i_{qs}R_s + \omega_r\psi_{ds} \end{cases} \tag{5-41}$$

可以看出，忽略定子暂态后，所有电气量均为代数方程描述。

此时，同步发电机的磁链方程、电磁转矩方程、运动方程的形式均与电磁时间尺度下的模型一致。该时间尺度下，同步发电机的模型为一阶。

5.2.3　变流器及其控制模型

变流器、发电机、功率/电流控制的模型存在相互耦合，在分析功率环、电流环时间尺度下的发电机模型时，其实已经考虑了变流器控制对发电机特性时间常数的影响，并推导了其诺顿等效模型。本节首先分析用于功率/电流控制的变流器状态空间平均值模型，然后进一步给出功率环、电流环时间尺度下变流器机/网侧接口模型。

1．状态空间平均值模型

5.1.2 节分析了开关函数的傅里叶无穷级数近似，该模型需要微秒级的仿真步长才能准确判断开关时刻，在功率环、电流环时间尺度下，该过程是完全没有必要的。所以首先要去离散，常用的手段是对状态量求平均[14]。

定义状态量的平均为

$$\langle x(t)\rangle_{T_s} = \frac{1}{T_s}\int_t^{t+T_s} x(t)\,dt \tag{5-42}$$

式中，T_s 为所取时间窗宽度，这里取开关周期。需要注意的是平均状态量仍是时变的，对式(5-43)进行求导：

$$\frac{d}{dt}\langle x(t)\rangle_{T_s} = \frac{d}{dt}\frac{1}{T_s}\int_t^{t+T_s} x(t)\,dt = x(t+T_s) - x(t) \tag{5-43}$$

对于 DC-DC 系统，如果系统进入稳态，有 $x(t+T_s)-x(t)=0$，即状态变量的平均与时间无关，此时系统进入“稳态”，为真正意义上的平均值模型；否则，状态空间平均描述的是其在不同时间窗内的平均量，如图 5-13 的虚线表示，只有电流变化率远小于开关周期，状态空间平均法都是有效的。

对式(5-43)求平均后，得到变流器的状态空间平均值模型：

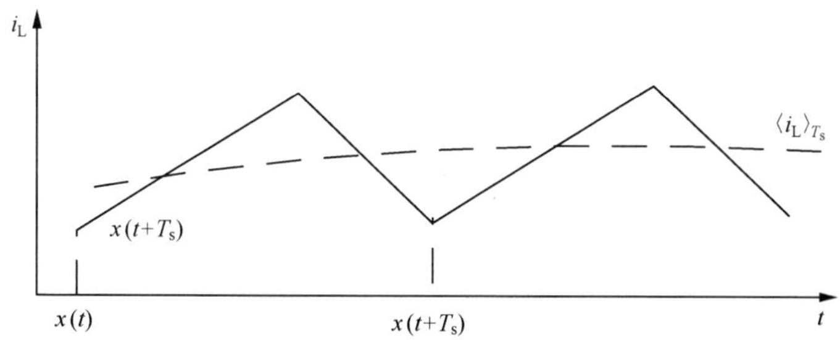

图 5-13 电感电流纹波和平均电流

$$\begin{cases} C\dfrac{\mathrm{d}\langle v_{dc}\rangle_{T_s}}{\mathrm{d}t}=\dfrac{3}{2}(\langle i_d\rangle_{T_s}\langle S_d\rangle_{T_s}+\langle i_q\rangle_{T_s}\langle S_q\rangle_{T_s})-\langle i_{or}\rangle_{T_s} \\ L\dfrac{\mathrm{d}\langle i_q\rangle_{T_s}}{\mathrm{d}t}+\omega_s L\langle i_d\rangle_{T_s}+R\langle i_q\rangle_{T_s}=\langle u_q\rangle_{T_s}-0.5\langle v_{dc}\rangle_{T_s}\langle S_q\rangle_{T_s} \\ L\dfrac{\mathrm{d}\langle i_d\rangle_{T_s}}{\mathrm{d}t}-\omega_s L\langle i_q\rangle_{T_s}+R\langle i_d\rangle_{T_s}=\langle u_d\rangle_{T_s}-0.5\langle v_{dc}\rangle_{T_s}\langle S_d\rangle_{T_s} \end{cases} \tag{5-44}$$

需要注意的是,状态空间平均值模型主要忽略了纹波,即开关频率附近的谐波,$\langle S_d\rangle_{T_s}$、$\langle S_q\rangle_{T_s}$ 仍可包含除直流分量外的其他谐波。$\langle S_d\rangle_{T_s}$、$\langle S_q\rangle_{T_s}$ 的快速变化或谐波分量反映了交流系统的包络变化。但在功率环/电流环时间尺度下,不需要体现高频谐波,只需要体现带宽内的动态,即 $\langle S_d\rangle_{T_s}$、$\langle S_q\rangle_{T_s}$ 的低频部分。

那么为什么要建立 dq 坐标系下的状态空间模型?对于变流器而言,其状态量可以是三相工频交变电流和直流母线电压,但三相电流即使进入稳态,也是时变的,仍需较高的采样频率(较小的计算步长),而且难以线性化。所以,将其转化到 dq 坐标系下,使其稳态状态量为直流量,基本可以等效为两个 DC-DC 系统,分别为直轴和交轴分量。下面从信号调制的角度简要分析 DQ 模型对低频动态仿真的高效性。

假设 dq 坐标系下有如图 5-14 所示的有限时间信号。

忽略频域的边带,图 5-13 中的时域信号其频谱呈现为窄带宽信号,DQ 时域信号变化越慢,即 T 越大,f_T 越小,信号越窄,在 dq 坐标系中可以用较大的仿真步长进行计算。而在 abc 坐标系下,即使信号具有窄带宽特性,但由于工频调制的原因,步长要减小。考虑功率环带宽一般小于工频,而电流环带宽要大于工频,所以在 dq 坐标系下描述功率环时间尺度的动态特性更高效。

2. 电流控制环时间尺度模型(受控电压源模型)

前面利用状态空间平均法,将变流器的开关模型转化为用连续调制度或占空比描述的平均值模型,但所取时间窗为开关周期,仍具有较高的频率分量。考虑变流器功率、电流环的控制后,调制度所含谐波成分实际上受限于电流环带宽,高

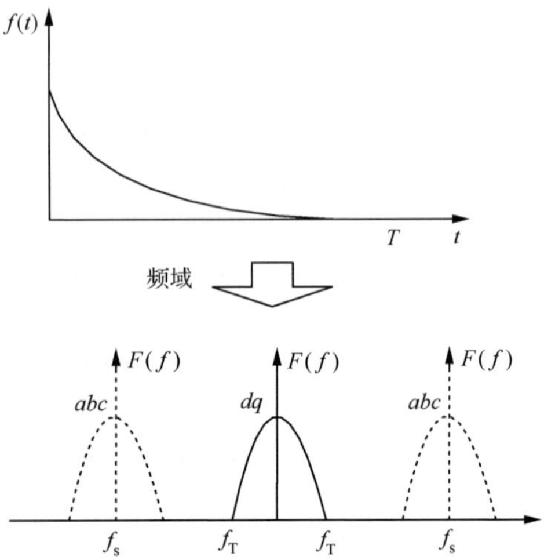

图 5-14　频域特性

于电流环带宽的扰动分量将被滤除，所以，将电流环输出作为变流器调制度，得到变流器的受控电压源模型，如图 5-15 所示。

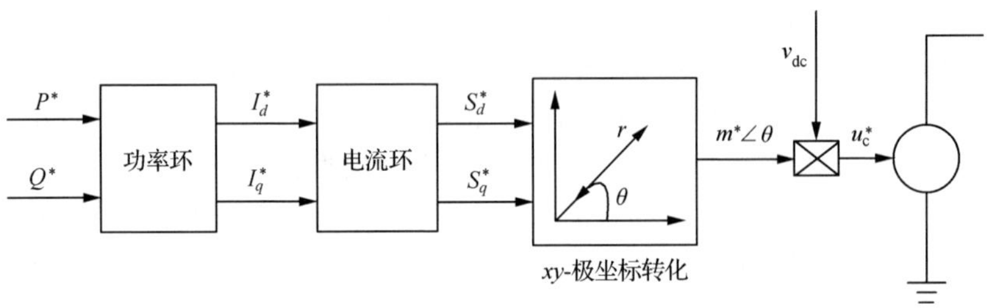

图 5-15　机侧/网侧受控电压源模型

其中直流母线动态用电流源注入表示，如图 5-16 所示。

$$i_{dc}=\frac{3}{2}(\langle i_d\rangle_{T_s}\langle S_d\rangle_{T_s}+\langle i_q\rangle_{T_s}\langle S_q\rangle_{T_s}) \tag{5-45}$$

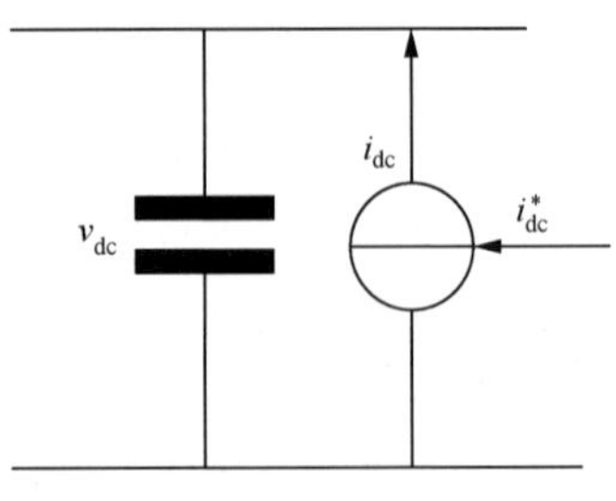

图 5-16　直流母线模型

该模型由于考虑了电流环动态，电压输出中仍会包含一定的高频分量，并能反映电流受控下与电网的电磁交互过程，但对于大扰动，瞬态电流变化率、幅值等超出电流控制能力时，该模型不能准确反映。

3. 功率控制环时间尺度模型(受控电流源模型)

由于电流环时间常数要远小于功率环，在考虑功率环时间尺度内的动态时，可以认为电流环进入稳态，此时变流器等效为受控电流源，从电路上形成诺顿等效(图 5-17)。需要区分的是，网侧变换器和机侧变换器的诺顿特性阻抗是不同的，根据 5.2.2 节可知，双馈机型机侧变换器的诺顿特性阻抗为定子同步电抗，而网侧变换器一般为滤波电抗。

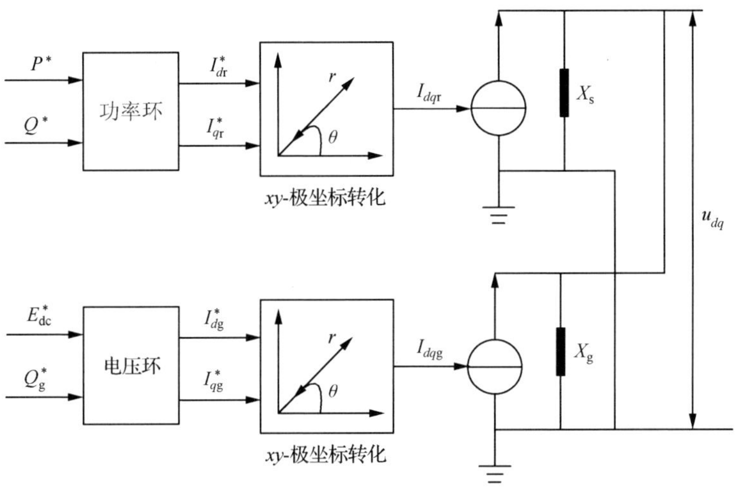

图 5-17 电流环时间尺度模型(受控电流源)

此时，电容动态用功率平衡表示为

$$\frac{C}{2}\frac{\mathrm{d}v_{\mathrm{dc}}^2}{\mathrm{d}t}=\frac{3}{2}(u_d i_d+u_q i_q) \tag{5-46}$$

5.2.4 变流器保护系统模型

本节考虑的功率环、电流环时间尺度模型均认为变流器、发电机在可控范围内，该模型主要用于机-网动态交互研究，很难准确判断保护的投切时刻，但在一定条件下，可以采用等效电阻的方式描述直流卸荷电路和转子 Crowbar 的投入对交互特性的影响。

1. 直流卸荷电路

直流卸荷保护电路采用占空比近似开关动作，其状态方程可表示为

$$\begin{cases}\dot{x}=uk_{\mathrm{i}}\\u=E_{\mathrm{dc}}-E_{\mathrm{dc}}^{*}\\D=k_{\mathrm{p}}u+x\end{cases}\tag{5-47}$$

并修改直流母线动态方程：

$$\frac{C}{2}\frac{\mathrm{d}v_{\mathrm{dc}}^{2}}{\mathrm{d}t}=\frac{3}{2}(u_{d}i_{d}+u_{q}i_{q})-\frac{(Dv_{\mathrm{dc}})^{2}}{R}\tag{5-48}$$

式中，k_{p}、k_{i} 为比例、积分增益；u 为输入；x 为状态输出；D 为占空比；v_{dc} 为母线电压；R 为卸荷电阻；u_d、i_d、u_q、i_q 分别为交流电压、电流 dq 分量。

2. 转子 Crowbar 电路

转子 Crowbar 电路采用等效电阻表示，投入后，修改发电机转子电阻，或令 $\boldsymbol{u}_{\mathrm{r}}=-\boldsymbol{i}_{\mathrm{r}}R_{\mathrm{cb}}$，其中，等效电阻估算如下：

$$u_{\mathrm{av}}=\frac{3}{2\pi}\int_{\frac{\pi}{6}}^{\frac{5\pi}{6}}u_{\mathrm{m}}\sin(\theta)\mathrm{d}\theta=\frac{3\sqrt{3}u_{\mathrm{m}}}{2\pi}\tag{5-49}$$

平均电流为

$$i_{\mathrm{av}}=\frac{u_{\mathrm{av}}}{R}=\frac{3\sqrt{3}u_{\mathrm{m}}}{2\pi R}\tag{5-50}$$

从交流侧往 Crowbar 电路看，等效电阻为

$$R_{\mathrm{cb}}=\frac{u_{\mathrm{m}}}{\sqrt{2}i_{\mathrm{av}}}=\frac{2\pi}{3\sqrt{6}}R\tag{5-51}$$

式中，R_{cb}为撬棒等效电阻；u_{m} 为交流电压幅值；u_{av}、i_{av}为直流电压、电流平均值。

3. Crowbar 保护判据及模型

根据式(5-33)和式(5-40)，画出转子暂态全电流向量如图 5-18 所示。

由图 5-18 可知，转子暂态电流空间矢量顺时针旋转一定角度后达到最大值：

$$|\boldsymbol{i}'_{\mathrm{rmax}}|=(1-s)k'k''+\sqrt{i_{\mathrm{r}q0}^{2}+(i_{\mathrm{r}d0}+sk')^{2}}\tag{5-52}$$

1) Crowbar 投入判据

Crowbar 投入判据为

$$S_1=\begin{cases}1, & |\boldsymbol{i}'_{\mathrm{rmax}}|>i_{\mathrm{cb}}\\0, & |\boldsymbol{i}'_{\mathrm{rmax}}|\leqslant i_{\mathrm{cb}}\end{cases}\tag{5-53}$$

式中，S_1 为 Crowbar 投入标志位；i_{cb}为电流阈值。$S_1=1$ 时，Crowbar 投入，此时双馈发电机变流器组模型由“状态一”切换到“状态三”；$S_1=0$ 时，维持状态不变。

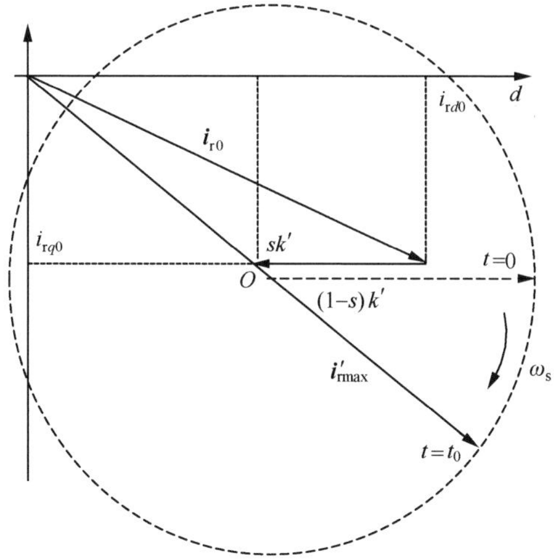

图 5-18 转子暂态全电流向量图($s<0$)

2) Crowbar 切出判据

Crowbar 切出判据以转子暂态电流衰减速率为依据进行相应延时处理，延时时间取该时间常数的 4 倍以上。为适应不同故障清除时间和电网要求，给出如下 Crowbar 切出判据：

$$S_2 = S_1 \ \text{and} \begin{cases} \left.\begin{matrix} 1(t=t_{cl}) \\ 0(t \neq t_{cl}) \end{matrix}\right\}, t_{cl} \leqslant t_c \\ \left.\begin{matrix} 1(t=t_c) \\ 0(t \neq t_c) \end{matrix}\right\}, t_{cl} > t_c \end{cases} \tag{5-54}$$

式中，S_2 为 Crowbar 投入标志位；t_{cl}为电网故障清除时间。当 $S_2=1$ 时，Crowbar 切出，此时双馈发电机变流器组模型由“状态三”切换到“状态一”；当 $S_2=0$ 时，维持状态不变。

5.3 动态模型中的机组保护

机组保护是通过对电网主要电气量，如电压、电流、频率等的实时监测，确保机组在允许的范围内可靠运行。表 5-1 给出机组主要保护的参数设置和整定。机组保护建模是在动态模型中，包含表 5-1 所设定的保护阈值。当监测到某一参数越限时，触发相应的保护动作，机组保护模块是动态模型的重要组成部分。

表 5-1 机组保护设置[15-16]

监视参数	继电保护整定值	
电压	低电压	按照国标曲线
	高电压大于 1.1pu	大于 60s
频率	47Hz 以下	大于 200ms
	51Hz 以上	大于 200ms
电流	2.0pu 以上	大于 40ms
转速	1.3pu 以上	切机
	0.7pu 以下	停机
变流器电流	1.25pu	转子 Crowbar
直流母线电压	1.1pu	直流卸荷

在面向机组特性分析时，为了能更好地反映机组动态过程的响应特性，一般只保留与机组特性相关的保护，如变流器保护，而对其他与电网参数相关的保护进行简化，如电压、频率等。

在面向电网分析时，为了能准确反映机-网交互特性，保证电网参数发生变化时，机组能够按照规定的运行条件进行响应，动态模型中需要包含所有保护，否则将导出不可信的结论。

5.4 本章小结

本章参照第 3 章风电系统的时间尺度划分，对风电系统电气部分多时间尺度建模，主要包含发电机、变流器、变流器控制以及变流器保护回路的模型。首先建立了以上部件的电磁暂态模型，如发电机的四阶模型(不包含机械运动方程)、变流器开关模型、功率控制模型、电流控制模型、变流器的卸荷保护模型、转子 Crowbar 保护模型。在此模型基础上，进一步考虑变流器控制对各部件时间常数的影响，深入探讨了功率环时间尺度、电流环时间尺度下的相关模型。由于功率环、电流环分别确定了动态模型的定义域，针对每个定义域，建立了相应的模型，如发电机忽略定子暂态的两阶模型、变流器电流环定义域内的受控电流源模型、功率环定义域内的受控电压源模型以及变流器保护的等效模型。最后强调了整机电气保护对模型以及动态仿真的影响。

本章建立的风电机组电气部分多时间尺度模型，为第 6 章面向机组特性、电网分析等不同应用场合的风电机组模型提供了模型基础。

参考文献

[1] 陈伯时. 电力拖动自动控制系统：运动控制系统. 北京：机械工业出版社，2004.

[2] Sørensen P, Hansen A D, Lund T, et al. Reduced models of doubly fed induction generator system for wind turbine simulations. Wind Energy, 2006, 9(4): 299-311.

[3] Wang C, Shi L, Wang L, et al. Small signal stability analysis considering grid-connected wind farms of DFIG type//Power and Energy Society General Meeting-Conversion and Delivery of Electrical Energy in the 21st Century, IEEE, 2008: 1-6.

[4] Kim H W, Kim S S, Ko H S. Modeling and control of PMSG-based variable-speed wind turbine. Electric Power Systems Research, 2010, 80(1): 46-52.

[5] 张崇巍，张兴. PWM 整流器及其控制. 北京：机械工业出版社，2003.

[6] 马祎炜，俞俊杰，吴国祥，等. 双馈风力发电系统最大功率点跟踪控制策略. 电工技术学报，2009, 24(4): 202-208.

[7] Wu F, Zhang X P, Godfrey K, et al. Small signal stability analysis and optimal control of a wind turbine with doubly fed induction generator. IET Generation, Transmission & Distribution, 2007, 1(5): 751-760.

[8] 陈树勇，常晓鹏，孙华东，等. 风电场接入对电力系统阻尼特性的影响. 电网技术，2013, 37(6): 1570-1577.

[9] Pannell G, Zahawi B, Atkinson D J, et al. Evaluation of the performance of a DC-link brake chopper as a DFIG low-voltage fault-ride-through device. IEEE Transactions on Energy Conversion, 2013, 28(3): 535-542.

[10] Petersson A. Analysis, modeling and control of doubly-fed induction generators for wind turbines. Goteborg: Chalmers University of Technology, 2005.

[11] Ling Y, Dou Z, Gao Q, et al. Improvement of the low-voltage ride-through capability of doubly fed induction generator wind turbines. Wind Engineering, 2012, 36(5): 535-552.

[12] Feijóo A, Cidrás J, Carrillo C. A third order model for the doubly-fed induction machine. Electric Power Systems Research, 2000, 56(2): 121.

[13] Ledesma P, Usaola J. Doubly fed induction generator model for transient stability analysis. IEEE Transactions on Energy Conversion, 2005, 20(2): 388-397.

[14] 徐德鸿. 电力电子系统建模及控制. 北京：机械工业出版社，2006.

[15] 弗拉基斯拉夫・阿赫玛托夫. 风力发电用感应发电机. 本书翻译组，译. 北京：中国电力出版社，2009.

[16] 全国电力监管标准化技术委员会. 风电场接入电力系统技术规定：GB/T 19963—2011. 北京：中国标准出版社，2011.

第6章 风电机组的动态建模

前面分别讨论了风电机组各组成部分在不同时间尺度下的模型，本章将着重讨论风电机组整机的详细模型及其简化相关问题。根据研究不同问题的需要，风电机组的整机模型可以分为面向机组分析设计的模型和面向电网分析的模型两类。因此，本章将从这两个角度给出满足不同分析、精度要求的实用模型，最后还将讨论新型风电机组——电压源型风电机组的控制模型。

6.1 典型风电机组的详细模型

6.1.1 双馈风电机组

完整的双馈风电机组详细模型应包含动态风、气动叶轮、变桨控制、轴系、双馈发电机、变流器及其控制以及整机保护这些环节。在文献[1]中机组的模型框图基础上，进一步完善后的机组详细模型如图 6-1 所示。双馈风电机组定、转子变流器的同步需要检测电网电压，同步后，虽然从控制上体现为机电解耦，但由于拓扑结构上仍与电网紧密耦合，在电网或气动扰动下，机电耦合作用明显，该特性在面向机组特性分析与电网分析建模和简化时应着重考虑。

6.1.2 采用同步发电机的全功率风电机组

同步发电机全功率风电机组模型的构成与双馈风电机组基本一致，机械部分的主要区别在于轴系，对于采用电励磁同步发电机的风电机组，一般需要齿轮箱进行升速，所以需要考虑传动系统的柔性；对于采用永磁多极同步发电机的风电机组，一般不需要齿轮箱升速，传动系统柔性可以忽略，但如果将桨叶面内弹性等效到传动系统中时，应考虑轴系的多质量块建模。电气部分的主要区别在于全功率机型的变流器保护只有直流卸荷电路，除此之外，发电机与电网经变流器基本实现电气隔离，该特性在面向电网分析建模与简化时十分重要。详细的机组模型框图如图 6-2 所示。

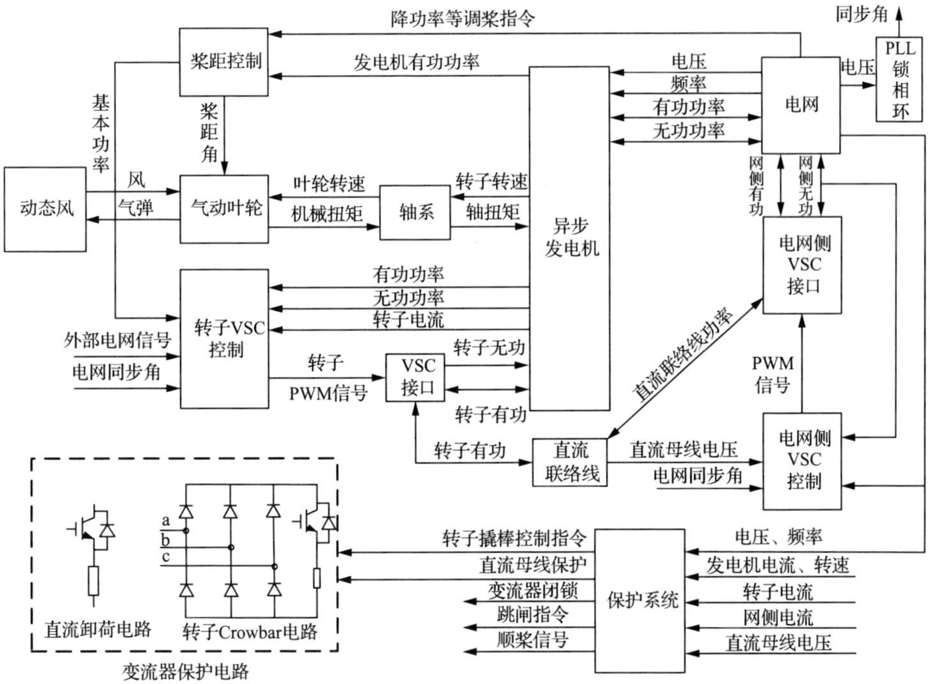

图 6-1 双馈风电机组详细模型框图

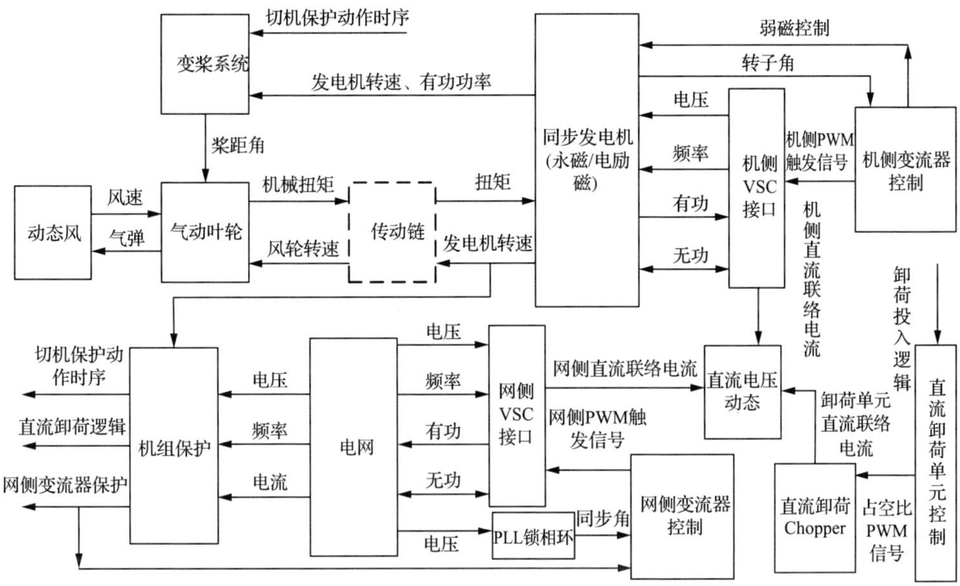

图 6-2 同步发电机全功率风电机组详细模型框图

6.1.3 采用鼠笼感应发电机的全功率风电机组

鼠笼感应全功率风电机组模型的组成与采用同步发电机的全功率风电机组类似,主要区别在于机侧变换器的励磁作用。永磁、电励磁同步发电机不需要从变流器励磁,甚至在高速时需要一定的弱磁控制,而鼠笼感应发电机需要从变流器励磁,无疑增大了机侧变换器的容量。为此,目前商用鼠笼感应全功率风电机组在机侧均配备一定容量的电容补偿器;除此之外,鼠笼感应全功率风电机组需要考虑轴系柔性;同时,变流器的电气隔离作用使其并网特性与采用同步发电机的全功率风电机组十分接近,在面向电网分析建模时,通常进行相同降阶处理。模型框图如图6-3所示。

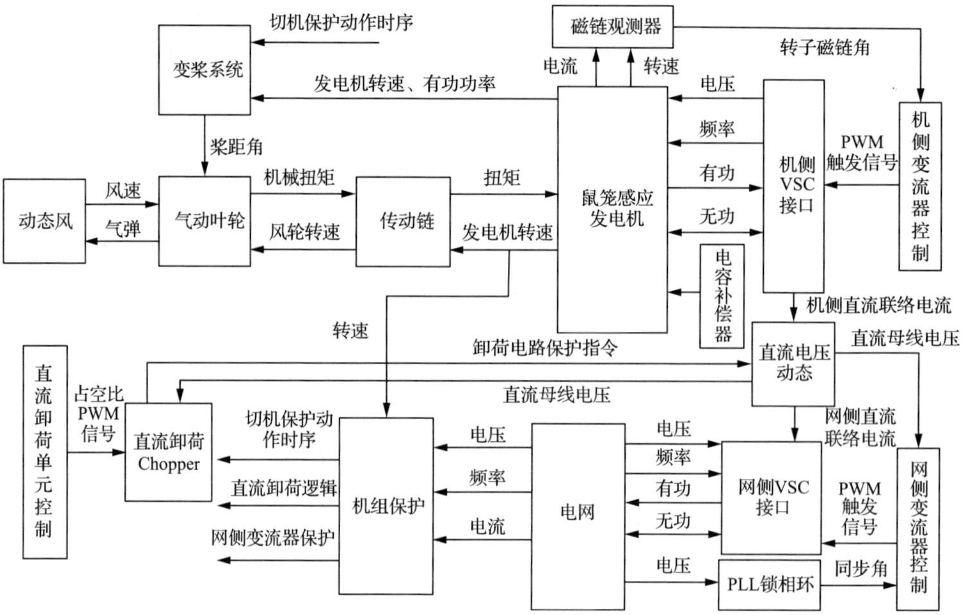

图6-3 鼠笼感应全功率风电机组详细模型框图

6.2 面向机组分析设计的模型

6.2.1 机组有功发电控制模型

在侧重于机组发电运行控制的研究中,重点关注的是机组的运行工作点及有功功率,研究对象是特定控制目标下变桨控制器及变流器控制器的设计,这些控制目标包括机组的提高发电量控制[2-3]或降功率运行控制策略。

考虑到对发电量和机组运行工作点产生主要影响的是平均风速(湍流和风速空间分布主要影响机组载荷和电功率质量),风模型可采用轮毂平均风速,且认为风向恒定。气动模型仅需关注气动功率,由于工作点可能大幅变化,适宜采用静态气动模型。

机械模型不需要考虑非扭转机械动态,对于传动系统模型的选取分两种情况,若仅需考虑发电运行工作点,可采用包含风轮、齿轮箱及发电机质量块在内的集总质量块 J_{sum}(单质量块)并忽略柔性轴的影响;若需要考虑轴系扭振对控制环路及电功率的影响,采用两质量块模型可以很好地满足研究需要。

对于采用了变流器的变速机组,考虑到变流器及发电机响应的快速性,电气模型可简化为发电机转矩参考值的一阶滞后环节。这种简化适用于采用变流器的所有机型。

模型整体结构如图 6-4 所示,该模型可用于机组最大功率跟踪控制策略或降功率运行控制策略的研究。图中传动系统采用集总质量块模型,变桨控制和电气控制仅给出了基本的控制策略。

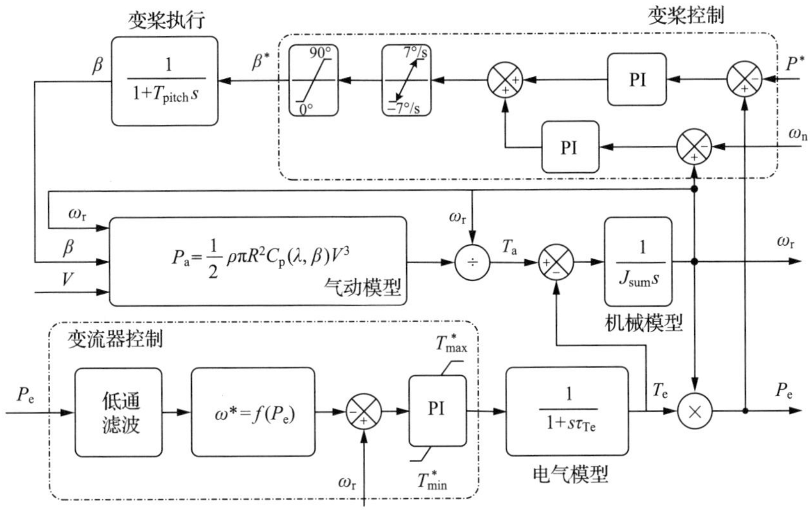

图 6-4 风电机组的电气功率控制模型

1. 最大功率跟踪运行控制

采用上述模型结构和控制策略,考察机组全风况下的最大功率跟踪运行。机组额定功率为 1.5MW,额定风速为 10m/s,转速、转矩、功率均已标幺化,转速基准为发电机同步转速。

设定初始风速为机组切入风速 3m/s,30～220s 风速以 0.089m/s^2 的速率上升至 20m/s，保持 60s 后以同样的速率减小为 3m/s 并保持。仿真结果如图 6-5 所示。

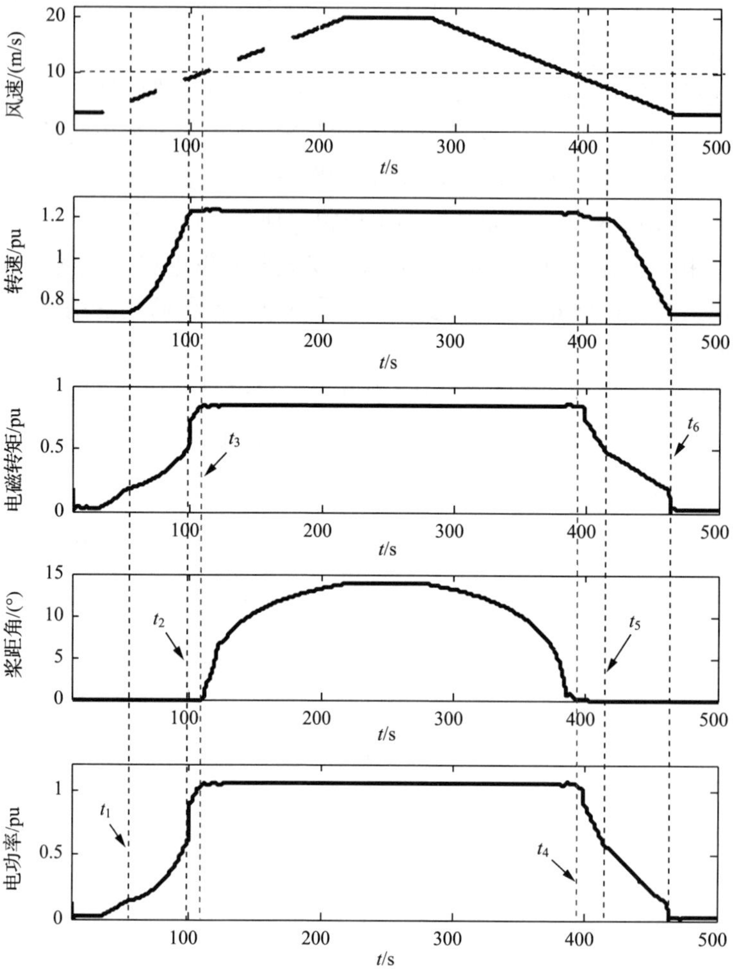

图 6-5　最大功率运行控制

图 6-5 中，0～t_1 时间段，机组运行于恒最低转速段；t_1～t_2 时间段，机组运行于 MPPT 段，该段机组保持最佳叶尖速比变速运行；t_2～t_3 时间段，机组运行于恒最高转速段；t_3～t_4 时间段，机组运行于恒功率段，恒功率是通过变桨控制保障的；t_4～t_5 时间段，机组运行于恒最高转速段；t_5～t_6 时间段，机组运行于恒最低转速段。

2. 提高最大功率跟踪带宽

从图 6-5 所示仿真结果可以看出，机组从较低风速进入恒最高转速段时转速滞后于风速变化，在图 6-5 中表现为恒转速段对应的稳态风速先于 t_2 时刻到达；同样地，机组从较高风速退出恒最高转速段时，转速同样滞后于风速变化，在图 6-5 中表现为风速先于 t_5 时刻降低到恒最高转速段对应的稳态风速。究其本质是由于大型风电机组惯量时间常数大[3]，导致机组在动态风速中无法快速跟踪到最优转速，即 MPPT 动态跟踪带宽不足的问题。

一种改进的方法是通过估算气动功率，气动功率与当前电功率的偏差经过一个比例系数得到电磁转矩参考值的附加控制项，该附加控制项与常规控制方法中的转矩参考值之和作为改进的电磁转矩参考值。采用 6.1.2 节中相同的风速条件，改进前后的仿真对比结果如图 6-6 所示，可见转速跟踪动态风速的带宽显著提升。

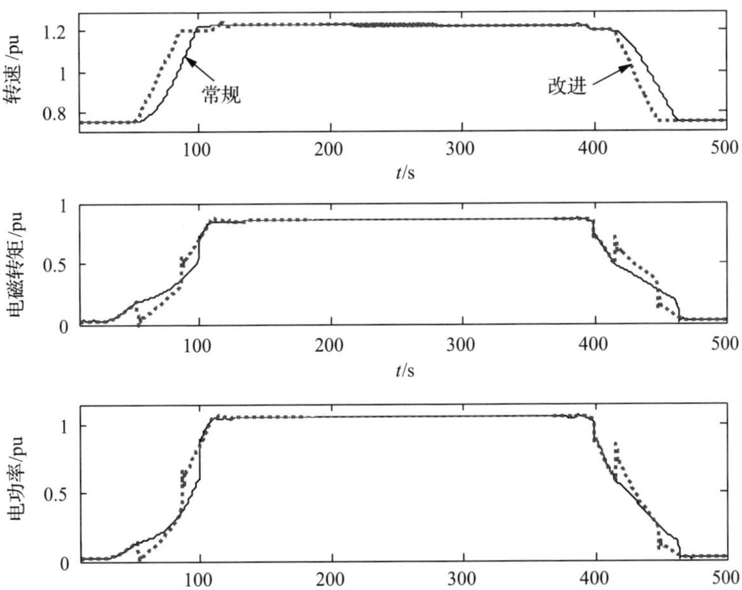

图 6-6 改进的最大功率跟踪控制

采用相同的控制方法，考察风速特定频率波动时改进控制方法对功率跟踪带宽的影响。图 6-7 中，“wopt”代表对应于当前风速下的最优转速。可见，相比于常规控制方法，改进的方法可以更快地追踪到最优转速，并提高风能利用系数，从而提高发电量。相应地，作为提高转速跟踪带宽的代价，改进的控制方法会增大功率波动。

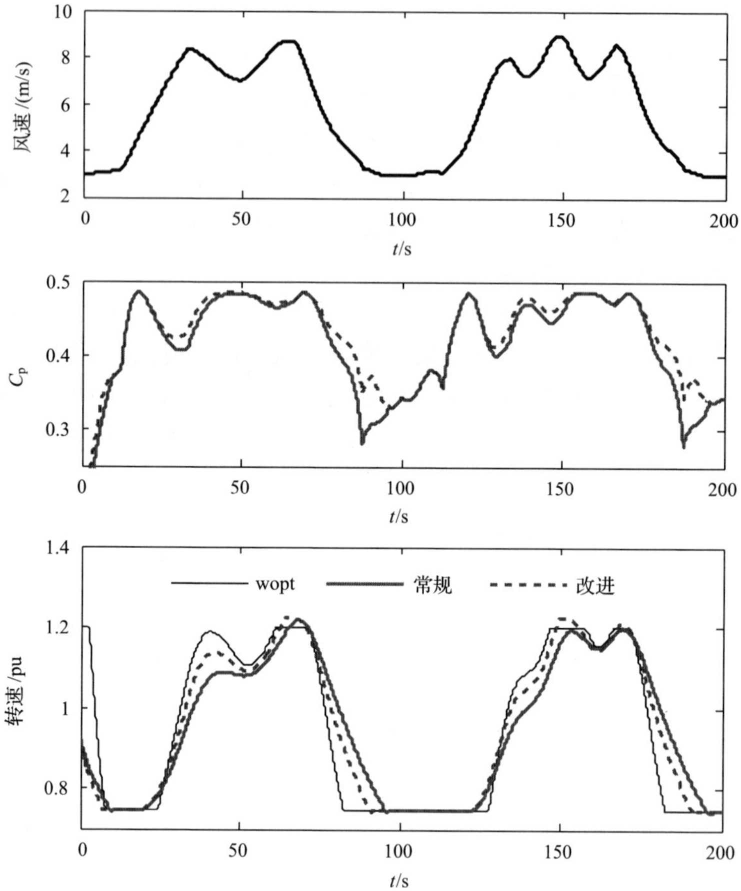

图 6-7　波动风速下的转速跟踪带宽

3. 降功率运行控制

由于风速的随机性和间歇性，以及网源建设间的矛盾，风场弃风限电现象越来越严重，在一些地区，机组降功率运行成为一种常态。此外，随着风电渗透率的提高，电网对风电机组提供了惯量响应和辅助调频服务的需求，此时需要风电机组降功率运行从而留有一定备用容量。

就风电机组而言，风电机组的降功率运行方式包括有功功率的有级调节和有功功率的 delta 控制。前者依据主控制器接收到的上层降有功功率指令，后者主要依据机组当前可发的最大有功功率减去一定的备用容量。

就降功率运行的实现而言，在 2.4.5 节中已述及几种实现方式，包括完全依靠变桨限功率和变速与变桨结合的限功率。

1) 有级降功率运行

机组按照功率限值进行限功率控制，分别采用单纯依靠变桨(图中 a)和变速与变桨结合(图中 b)的限功率方案，仿真结果如图 6-8 所示。

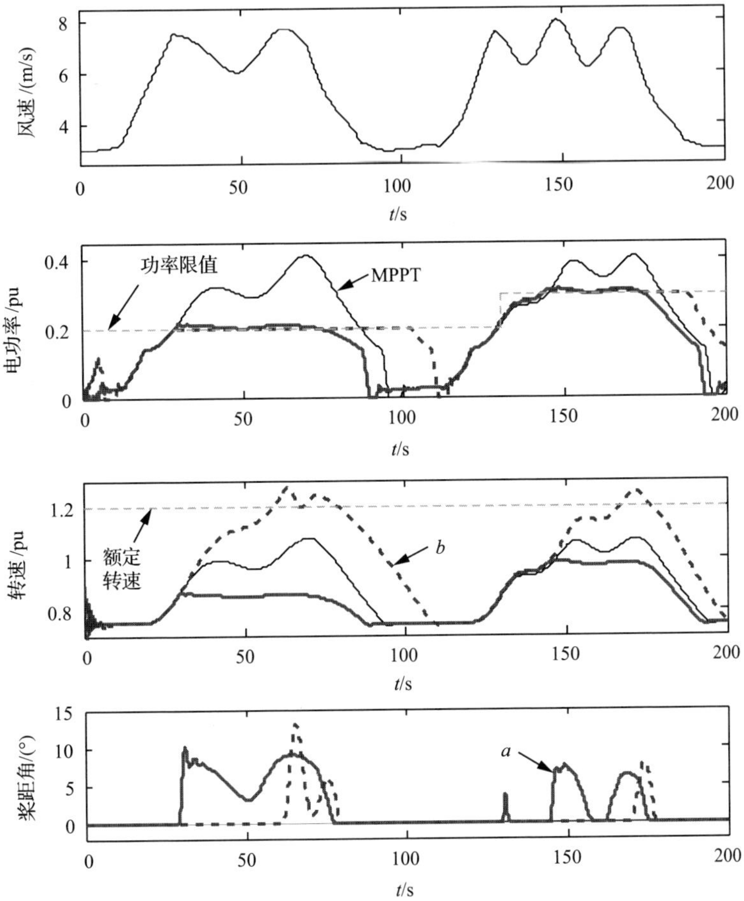

图 6-8 有级降功率运行

功率限值在 130s 时由 0.2pu 阶跃上升至 0.3pu，可见两种方案均能很好地实现降功率运行。其中变速与变桨结合的方案通过主动升速，减少了变桨动作的次数和时间，且升速储存的动能在低风速时释放，增加了发电量、减小了功率波动。需要指出的是，单纯依靠变桨的限功率方案虽然未直接参与变速，但是变桨动作导致风力机捕获的气动功率减少，机组转速会相应降低。

2) 恒定 delta 备用容量降功率运行

通过风速查表得到机组可发的最大功率，该最大功率减去需要预留的 delta 备用容量，得到降功率运行的功率限值。分别采用完全依靠变桨和变速与变桨结合的限功率方案，仿真结果如图 6-9 所示。

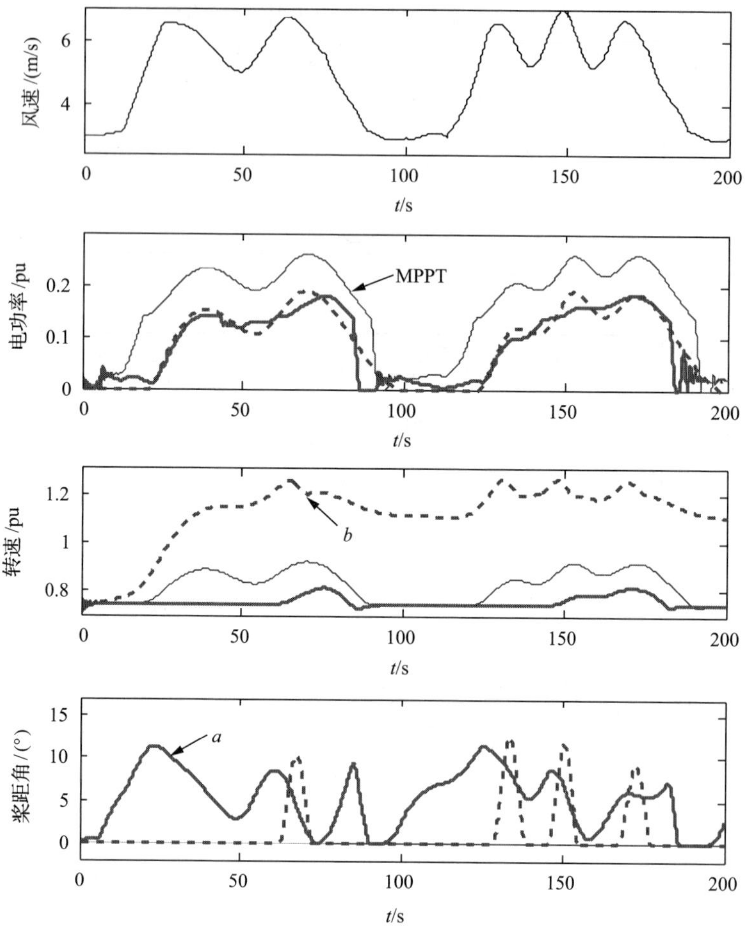

图 6-9　恒定 delta 备用容量降功率运行

可见两种方案均能很好地实现恒定 delta 备用容量降功率运行。其中变速变桨结合的方案通过主动升速，减少了变桨的动作次数和时间。

6.2.2　风电机组整机线性化模型

区别于适用于机组设计性能验证及控制器性能评估但不利于控制器设计的风电机组精细化的模型，本节提出一种面向控制器设计的风电机组整机线性化模型。该模型用尽量简单的形式，尽可能多地反映易被控制器激发的模态[4]。

在面向控制器设计的模型中，风模型可假设风向恒定，并忽略风速空间不均匀分布影响，采用轮毂风速代表整个风轮平面的风速；变桨执行机构采用一阶滞后环节可以很好地满足研究需要。下面将分别就机械模型、气动模型和电气模型展开论述。

1. 机械模型

对于机械模型，假设模态法认为各模态之间正交解耦，在此基础上简化得到的集中等效建模是一种较为理想的线性化模型。

根据 4.3 节中展现的特定耦合问题，建议采用包括桨叶面内扭振模式和传动轴主导扭振模式在内的三质量块传动系统模型，并采用包括塔架前后主导振动模式、塔架左右主导振动模式及桨叶面外主导振动模式在内的非扭转机械振动模型。可采用如下状态向量：

$$\boldsymbol{x} = [\boldsymbol{q}^{\mathrm{T}}, \dot{\boldsymbol{q}}^{\mathrm{T}}]^{\mathrm{T}} \tag{6-1}$$

式中

$$\boldsymbol{q} = [x_{\mathrm{tw}}, y_{\mathrm{tw}}, x_{\mathrm{bl}}, \theta_{\mathrm{B}}, \theta_{\mathrm{H}}, \theta_{\mathrm{G}}]^{\mathrm{T}}$$

x_{tw}为对应于塔架前后模态的塔架顶端 x 方向位移；x_{bl}为对应于桨叶挥舞方向的角位移；y_{tw}为对应于塔架左右模态的塔架顶端 y 方向位移。包括扭转模式和非扭转模式在内的机械模型可列写如下：

$$\dot{\boldsymbol{x}} = \boldsymbol{A}\boldsymbol{x} + \boldsymbol{B}\boldsymbol{u} \tag{6-2}$$

式中

$$\boldsymbol{A} = \begin{bmatrix} \boldsymbol{0}_6 & \boldsymbol{I}_6 \\ -\boldsymbol{M}^{-1}\boldsymbol{K} & -\boldsymbol{M}^{-1}\boldsymbol{C} \end{bmatrix}, \quad \boldsymbol{B} = \begin{bmatrix} \boldsymbol{0}_6 \\ \boldsymbol{M}^{-1} \end{bmatrix}$$

$$\boldsymbol{u} = [NF_{\mathrm{bla}}, T_{\mathrm{e}}/h_{\mathrm{eq}}, NF_{\mathrm{bla}}r_{\mathrm{eq}}, T_{\mathrm{a}}, 0, T_{\mathrm{e}}]^{\mathrm{T}}$$

$$\boldsymbol{M} = \mathrm{diag}(\boldsymbol{M}_1, \boldsymbol{M}_2), \quad \boldsymbol{K} = \mathrm{diag}(\boldsymbol{K}_1, \boldsymbol{K}_2), \quad \boldsymbol{C} = \mathrm{diag}(\boldsymbol{C}_1, \boldsymbol{C}_2)$$

$$\boldsymbol{M}_1 = \begin{bmatrix} m_{\mathrm{all}} & & Nm_{\mathrm{bl}}r_{\mathrm{eq}} \\ & m_{\mathrm{all}} & \\ Nm_{\mathrm{bl}}r_{\mathrm{eq}} & & Nm_{\mathrm{bl}}r_{\mathrm{eq}}^2 \end{bmatrix}, \quad \boldsymbol{M}_2 = \mathrm{diag}(J_{\mathrm{B}}, J_{\mathrm{H}}, J_{\mathrm{G}})$$

$$\boldsymbol{K}_1 = \mathrm{diag}(k_{\mathrm{tow}}, k_{\mathrm{tow}}, Nk_{\mathrm{bla}}r_{\mathrm{eq}}^2), \quad \boldsymbol{K}_2 = \begin{bmatrix} k_{\mathrm{BH}} & -k_{\mathrm{BH}} & \\ -k_{\mathrm{BH}} & k_{\mathrm{BH}} + k_{\mathrm{LS}} & -k_{\mathrm{LS}} \\ & -k_{\mathrm{LS}} & k_{\mathrm{LS}} \end{bmatrix}$$

$$\boldsymbol{C}_1 = \mathrm{diag}(D_{\mathrm{tow}}, D_{\mathrm{tow}}, ND_{\mathrm{bla}}r_{\mathrm{eq}}^2), \quad \boldsymbol{C}_2 = \begin{bmatrix} D_{\mathrm{B}} + d_{\mathrm{BH}} & -d_{\mathrm{BH}} & \\ -d_{\mathrm{BH}} & D_{\mathrm{H}} + d_{\mathrm{BH}} + d_{\mathrm{LS}} & -d_{\mathrm{LS}} \\ & -d_{\mathrm{LS}} & D_{\mathrm{G}} + d_{\mathrm{LS}} \end{bmatrix}$$

2. 气动模型

风力机的空气动力重点关注气动转矩和气动推力，二者可表示如下：

$$T_a = \frac{1}{2}\rho\pi R^3 v_{eq}^2 C_T(\lambda,\beta) \tag{6-3}$$

$$F_a = NF_{bla} = \frac{1}{2}\rho\pi R^2 v_{eq}^2 C_F(\lambda,\beta) \tag{6-4}$$

式中，v_{eq}表示考虑了气弹耦合作用后的相对水平风速，则

$$v_{eq} = v_w - (\dot{x}_{tw} + r_{eq}\dot{x}_{bl}) \tag{6-5}$$

v_w为相对地面静止坐标系的绝对水平来流风速。式(6-3)和式(6-4)中的C_T和C_F都具有高度的非线性特性。参照 4.3.1 节的方法，在特定的工作点对其进行线性化，可以得到气动模型的线性化模型：

$$\hat{T}_a = k_{T_a,V}\cdot\hat{V} + k_{T_a,\omega_r}\cdot\hat{\omega}_r + k_{T_a,\beta}\cdot\hat{\beta} \tag{6-6}$$

$$\hat{F}_a = N\hat{F}_{bla} = k_{F_a,V}\cdot\hat{V} + k_{F_a,\omega_r}\cdot\hat{\omega}_r + k_{F_a,\beta}\cdot\hat{\beta} \tag{6-7}$$

需要特别说明的是，风速可采用工作点稳态风速 $\bar{V}$ 及其波动分量 $\hat{V}$ 表示。其中风速的波动分量需要附加气弹耦合所造成相对风速的影响：

$$\hat{V} = v_w - \bar{V} - (x_{tw} + r_{eq}x_{bl}) \tag{6-8}$$

3. 电气模型

对于定速机组，由于不采用变流器控制，电磁转矩按照异步机工作特性“自然”响应。正常发电运行时，鼠笼型异步发电机工作在同步转速附近的超同步状态，转差通常在 2%以内，因此非线性的电磁转矩特性可以近似按照式(6-9)线性化：

$$\Delta T_e = k_{Te}\Delta\omega_g \tag{6-9}$$

式中，$\Delta\omega_g = \omega_g - \bar{\omega}_g$，$\bar{\omega}_g$ 表示稳态工作点转速。

对于采用变流器的风电机组，考虑到变流器和发电机的快速响应，电气模型可简化为转矩参考值的一阶滞后环节：

$$T_e = \frac{1}{1+s\tau_{Te}}T_e^* \tag{6-10}$$

常规控制中，MPPT 段电磁转矩的参考值按照式(6-11)给定：

$$T_e^* = k_{opt}\omega_g^2 \tag{6-11}$$

式中，k_{opt}是由风力机决定的最优转矩系数。考虑到电磁暂态的时间尺度远小于机械时间尺度，式(6-10)中的滞后时间常数 τ_{Te} 可忽略不计，则根据式(6-10)和式(6-11)可得到采用变流器机组的电磁转矩线性化表达式：

$$\Delta T_{\text{e}} = \Delta T_{\text{e}}^{*} = 2k_{\text{opt}}\bar{\omega}_{\text{g}}\Delta\omega_{\text{g}} \tag{6-12}$$

记 $2k_{\text{opt}}\bar{\omega}_{\text{g}} = k_{\text{Te}}$，则所有风电机组的电磁转矩线性化表达式可统一为

$$\Delta T_{\text{e}} = k_{\text{Te}}\Delta\omega_{\text{g}} \tag{6-13}$$

4. 整机线性化模型

将机组各部分的线性化模型组合即可得到整机的线性化模型。其中变桨执行机构的线性化模型重写如下：

$$\dot{\beta} = \frac{1}{T_{\beta}}(\beta_{\text{ref}} - \beta) \tag{6-14}$$

在本节机械模型的基础上，用式(6-6)和式(6-7)代替式(6-2)中的 NF_{bla} 和 T_{a}，则气动模型与机械模型之间的气弹耦合为其引入了一个阻尼项，空气动力对机械系统产生的阻尼作用可以用气动阻尼矩阵表示如下：

$$\boldsymbol{C}_{\text{a}} = \begin{bmatrix} \mathbf{A}_{4\times4} & \mathbf{0}_{4\times2} \\ \mathbf{0}_{2\times4} & \mathbf{0}_{2\times2} \end{bmatrix}, \quad \mathbf{A}_{4\times4} = \begin{bmatrix} k_{F_{\text{a}},V} & 0 & k_{F_{\text{a}},V}r_{\text{eq}} & k_{F_{\text{a}},\omega_{\text{r}}} \\ 0 & 0 & 0 & 0 \\ k_{F_{\text{a}},V}r_{\text{eq}} & 0 & k_{F_{\text{a}},V}r_{\text{eq}}^{2} & k_{F_{\text{a}},\omega_{\text{r}}}r_{\text{eq}} \\ k_{T_{\text{a}},V} & 0 & k_{T_{\text{a}},V}r_{\text{eq}} & k_{T_{\text{a}},\omega_{\text{r}}} \end{bmatrix} \tag{6-15}$$

在本节机械模型的基础上，用式(6-13)代替式(6-2)中的 T_{e}，则电气模型与机械模型之间的机电耦合为其引入了一个阻尼项，该阻尼作用可表示如下：

$$\boldsymbol{C}_{\text{e}} = [\mathbf{0}_{6\times5}, \boldsymbol{E}_{6\times1}] \tag{6-16}$$

式中，$\boldsymbol{E}_{6\times1} = [0, k_{\text{Te}}/h_{\text{eq}}, 0, 0, 0, k_{\text{Te}}]^{\text{T}}$。

完整的状态向量为

$$\boldsymbol{x} = [\boldsymbol{q}^{\text{T}}, \dot{\boldsymbol{q}}^{\text{T}}, \beta]^{\text{T}} \tag{6-17}$$

式中

$$\boldsymbol{q} = [x_{\text{tw}}, y_{\text{tw}}, x_{\text{bl}}, \theta_{\text{B}}, \theta_{\text{H}}, \theta_{\text{G}}]^{\text{T}}, \quad \dot{\theta}_{\text{B}} = \omega_{\text{b}}, \quad \dot{\theta}_{\text{G}} = \omega_{\text{g}}$$

系统的输入向量为

$$\boldsymbol{u} = \begin{bmatrix} \hat{V}, & \beta_{\text{ref}}, & \bar{\omega}_{\text{g}} \end{bmatrix} \tag{6-18}$$

整机线性化模型如下：

$$\dot{x} = \boldsymbol{Ax} + \boldsymbol{Bu} \tag{6-19}$$

式中

$$\boldsymbol{A} = \begin{bmatrix} \boldsymbol{0}_6 & \boldsymbol{I}_6 & 0 \\ -\boldsymbol{M}^{-1}\boldsymbol{K} & -\boldsymbol{M}^{-1}(\boldsymbol{C}+\boldsymbol{C}_{\mathrm{a}}+\boldsymbol{C}_{\mathrm{e}}) & \boldsymbol{M}^{-1}\boldsymbol{S} \\ \boldsymbol{0}_{1\times6} & \boldsymbol{0}_{1\times6} & -1/T_\beta \end{bmatrix},\quad \boldsymbol{B} = \begin{bmatrix} \boldsymbol{0}_{6\times3} \\ -\boldsymbol{M}^{-1}\boldsymbol{P} \\ \boldsymbol{Q} \end{bmatrix}$$

$$\boldsymbol{P} = \begin{bmatrix} k_{F_{\mathrm{a}},V} & 0 & 0 \\ 0 & 0 & k_{\mathrm{Te}}/h_{\mathrm{eq}} \\ k_{F_{\mathrm{a}},V}r_{\mathrm{eq}} & 0 & 0 \\ k_{T_{\mathrm{a}},V} & 0 & 0 \\ 0 & 0 & 0 \\ 0 & 0 & k_{\mathrm{Te}} \end{bmatrix},\quad \boldsymbol{S} = \begin{bmatrix} k_{F_{\mathrm{a}},\beta} \\ 0 \\ k_{F_{\mathrm{a}},\beta}r_{\mathrm{eq}} \\ k_{T_{\mathrm{a}},\beta} \\ 0 \\ 0 \end{bmatrix},\quad \boldsymbol{Q} = [0,\quad 1/T_\beta,\quad 0]$$

6.2.3 机械振动及气弹耦合研究模型

1. 模型介绍

机械振动包括轴系扭振和非扭转机械部件的振动。传动系统（以下简称轴系）是风电机组的机械能传递装置，其欠阻尼特性导致在激振源的作用下扭振容易被激发，累积轴系疲劳损伤，甚至造成机组转速失稳。非扭转机械部件的振动会造成机械疲劳损伤，且通过气弹耦合作用影响轴系及电功率。

对于传动系统模型，若面向控制器的设计研究，在反映传动系统与控制器耦合而可能被激发的模态的基础上，传动系统模型应当尽量简单。根据已有研究结论，两质量块模型能反映轴系的主导扭振动态且精度能够满足控制器的设计需求；若面向传动系统动态特性、控制器性能评估及验证机组设计等研究问题，传动系统模型应当足够详细，以完整、精确地反映尽可能多的动态。本节中的传动系统可采用等效两质量块模型或反映主导振荡模式的三质量块模型，这两种传动系统模型适用于所有机组类型。

4.3.4 节介绍的集中等效建模可以反映非扭转机械的主振模式，该机械振动通过结构运动速率与风模型耦合，从而可以反映气弹耦合作用。

气动模型可采用 4.3.1 节中的静态模型，其缺陷主要体现为在空气动力学上是静态的，事实上，考虑风轮转速动态和变桨执行机构的动态过程，该模型带有一定的动态过程。此外，配合 4.4.1 节中的动态入流模拟方法可以模拟空气动力学上的动态现象，配合 4.4.4 节中的方法可以展现风速空间分布不均匀的影响。

变桨执行机构采用一阶滞后环节，变桨控制采用转速反馈和功率反馈结合的方案。

当侧重于气动模型与传动系统模型耦合造成扭振的研究时，气动转矩是扭振的主要激振源，考虑到电磁暂态与轴系扭振耦合较弱，发电机模型不需要计及详细的电磁暂态，发电机可简化为转矩指令的一阶滞后环节。此时的变流器控制模型仅需考虑转矩指令如何给定。需要指出的是，对于采用转速闭环获取转矩指令的 MPPT 方案，转速环的调节器带宽会对机组动态产生影响。

2. 模型的动态展示

1) 气弹耦合

考察风速阶跃对气弹耦合的影响，传动系统采用等效两质量块模型，轮毂平均风速 v_h 在 $t=40$s 时由 5m/s 突增至 7m/s，欠阻尼的柔性塔架和柔性桨叶发生振动，在桨叶上产生一个相对风速 v_{delt}。塔架顶部位移如图 6-10(b)所示，可见，由于风速增加，轴向推力增大导致塔顶位移增大。图 6-10(c)为桨叶柔性部分的挥舞振动角速率，其对应于柔性桨叶的面外模态，其振动频率约为 2Hz。图 6-10(d)为塔架顶部前后振动速率，其对应于柔性塔架的前后模态，其振动频率约为 0.4Hz。图 6-10(e)为机组转速，机组以最大功率跟踪运行。图 6-10(f)为气动转矩，受风速阶跃激发的气弹耦合作用，气动转矩在 40～60s 出现了较大幅度的波动，波动频率包含 2Hz 分量和 0.4Hz 分量，二者分别对应于桨叶面外模态和塔架前后模态，且波动分量以 0.4Hz 为主，可见塔架柔性是气弹耦合的主要途径。图 6-10(g)为轴向推力，其也受风速阶跃激发的气弹耦合影响，在 40～60s 出现了 2Hz 分量和 0.4Hz 分量的波动，二者分别对应于桨叶面外模态和塔架前后模态，且波动分量以 0.4Hz 为主。图 6-10(h)为等效低速轴的扭矩，风速阶跃激发了轴系扭振，主导振荡频率为 1.5Hz，从 T_{ls} 曲线上可看到 0.4Hz 的“包络”存在，对其频谱分析后发现存在 0.4Hz 分量，其幅值较小被主导的自然振荡掩盖。

2) 桨叶面内模态的影响

考察考虑桨叶面内柔性的影响，分别采用等效两质量块模型(图 6-11 中标注为 2mass)和考虑主导振荡模态的三质量块传动系统模型(图 6-11 中标注为 3mass)进行仿真。可见，考虑桨叶柔性后，气动转矩中包含桨叶面内模态频率分量(3.5Hz 左右)，该频率分量也存在于传动轴扭矩中。

3) 风速空间分布不均对传动系统的影响

分别考察有风剪切和塔影效应造成的风速空间分布(图 6-12 中 sd)和无风速空间分布(图 6-12 中 nsd)，传动系统采用等效两质量块模型，轮毂平均风速 v_h 在 $t=40$s 时由 5m/s 突增至 7m/s，风速空间分布参数与 4.4.4 节一致，两组仿真仅在是否考虑风速空间分布上存在差异，仿真结果如图 6-12 所示。

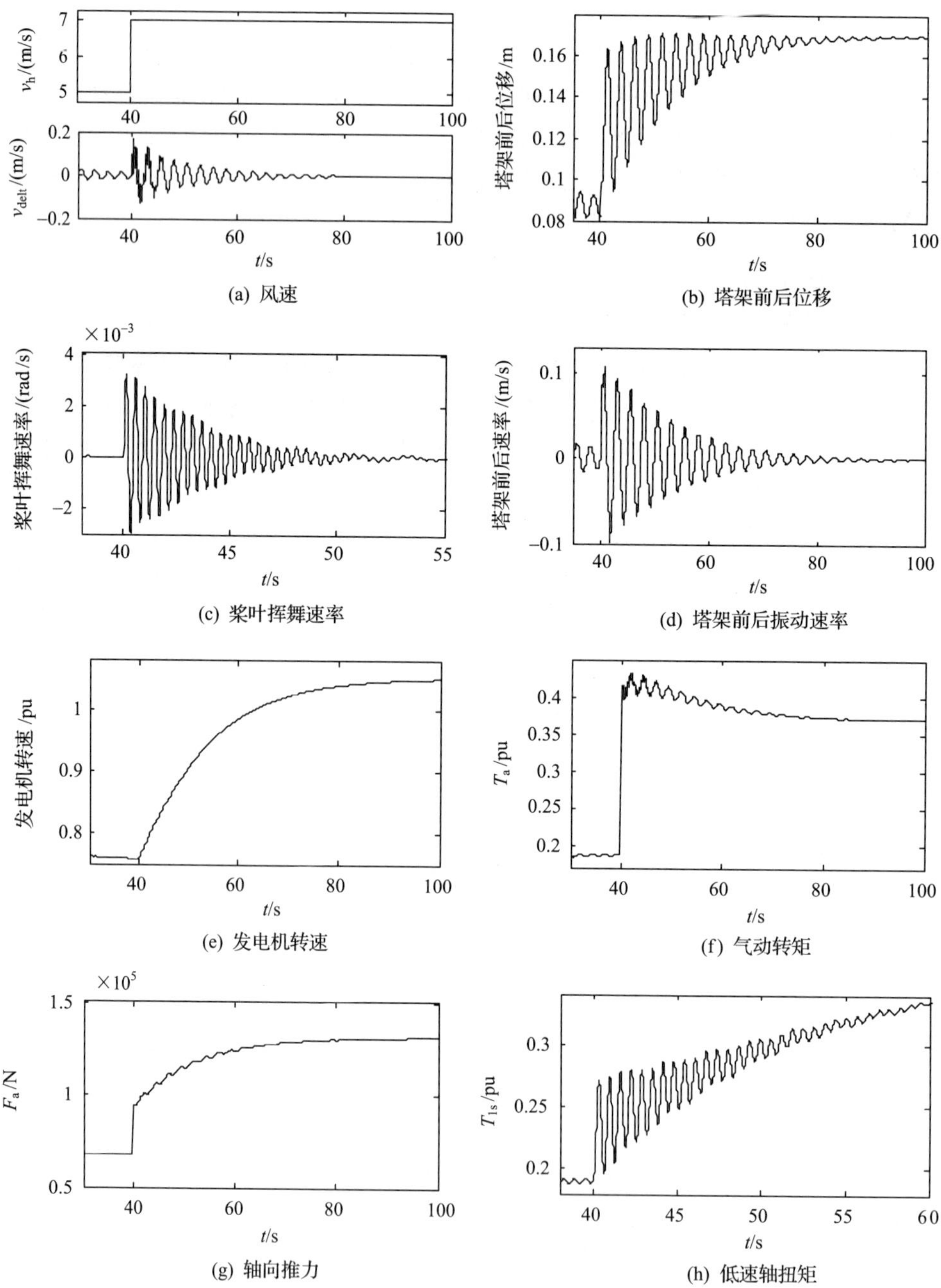

图 6-10　气弹耦合及机械振动仿真结果

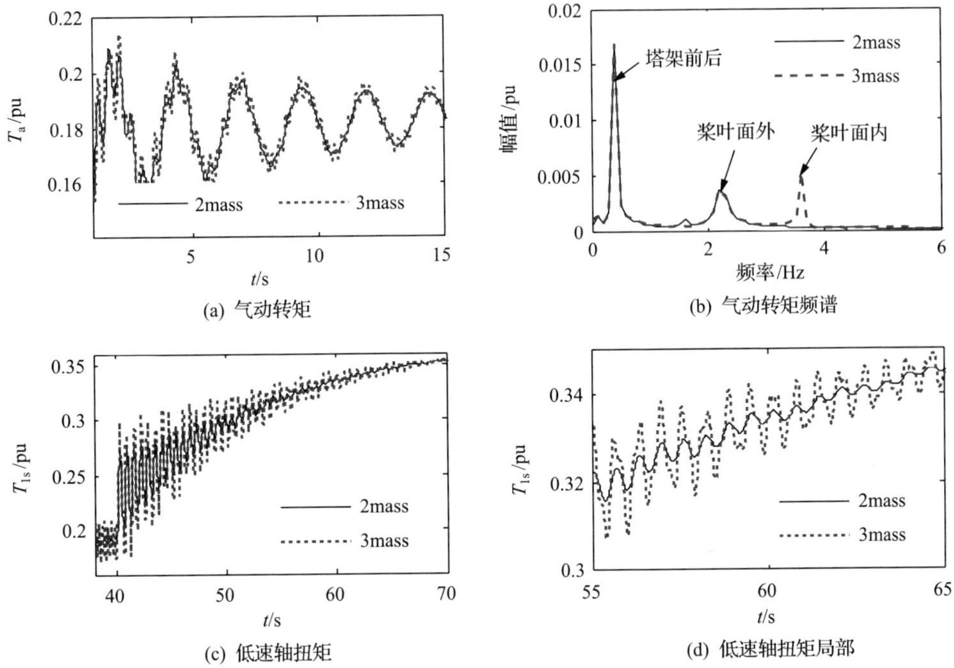

图 6-11 桨叶柔性的影响

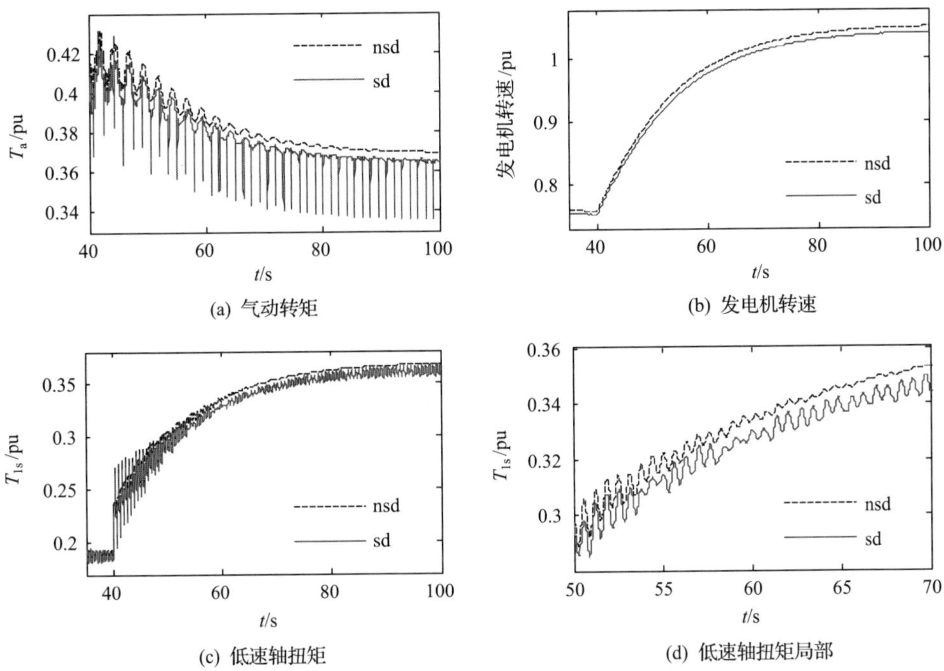

图 6-12 风速空间分布不均对传动系统的影响

可见，考虑风速空间分布后，气动转矩含有周期性脉动分量，且转矩幅值有所降低，造成转速工作点略有不同。从图 6-12(c)可以看出，在风速阶跃短时间内，nsd 与 sd 扭振均被激发且二者振幅相当，随后在传动系统机械阻尼和发电机虚拟电气阻尼的作用下，nsd 的低速轴扭振逐渐消除，而 sd 则仍然存在轴系自然振荡频率(1.5Hz)主导的轴系扭振，表明风速空间分布激发的气动转矩周期性脉动会激发轴系扭振。由于风剪切和塔影效应是不可避免存在的，这种常态下的扭振长期累积的疲劳损伤值得关注。

6.2.4 机组机电-电磁耦合分析模型

1. 模型介绍

双馈风电机组的机电-电磁耦合分析模型要求能反映风电机组的电磁暂态和机电暂态特性。为此，电气模型需要足够详细，电网模型可采用单机无穷大模型或特定短路比的模型，变流器及其保护电路采用开关模型，发电机采用五阶电磁暂态模型[5]。

在侧重于机电耦合造成的轴系扭振研究中，发电机电磁转矩是扭振的主要激振源。由于故障持续时间通常较短，而风轮惯性时间常数较大，可认为风轮转速和气动转矩近似保持不变，此时气动模型可以适当简化，气动模型可采用静态 C_p 模型。变桨执行机构可采用一阶惯性环节模拟。

机电耦合除动态展现外的另一个研究点是电气加阻尼控制。考虑到轴系主导的低频分量与控制器耦合更为紧密，设计控制器时可采用等效两质量块模型，所设计的控制器可在三质量块或六质量块模型中验证。

2. 模型的应用

1) 故障下的电磁转矩特性

由于采用全功率变流器的机组机侧与网侧近似解耦，因此选取电磁暂态行为更加复杂的双馈机组进行研究。在 PSCAD 中建立双馈风电机组的电磁暂态模型[6]，转子侧变换器采用定子电压定向的矢量控制，网侧变换器采用电网电压定向的矢量控制，分别选取机组发生三相对称和单相对地短路故障，故障电压跌落 80%，持续时间 300ms。故障发生前，机组运行在同步速附近，仿真结果分别见图 6-13(a)和图 6-13(b)，图中数据分析结果展示借助于 MATLAB。

由图 6-13 可见，在故障发生和故障恢复时刻电磁转矩幅值跳变很大，但波动基本在一个周波内趋于稳定；对转矩波动分量进行频谱分析，示于相应的图中，可见，对称故障期间转矩存在 50Hz 脉动，不对称故障期间还包含 100Hz 分量，这些频率分量与轴系主导的自然振荡频率(通常在 2Hz 左右)相差较大。

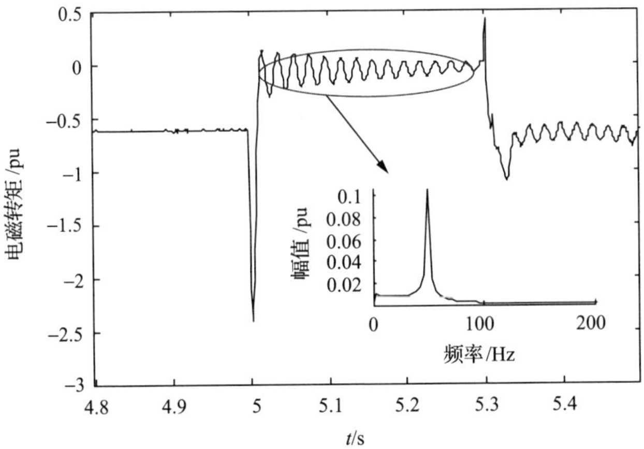

(a) 三相对称故障

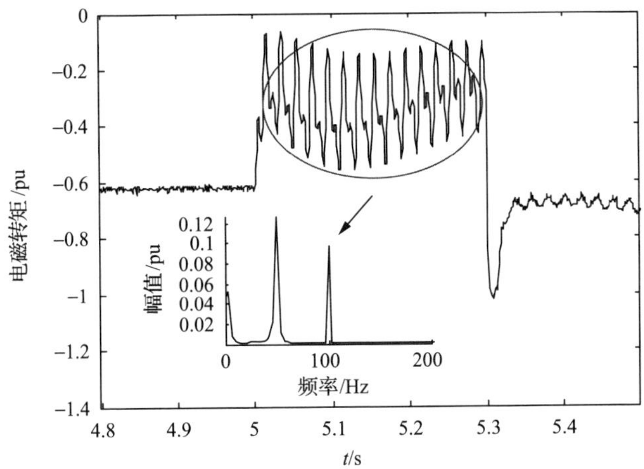

(b) 单相对地故障

图 6-13　双馈机组故障下的转矩特性

2）附加电气阻尼的扭振抑制控制

以等效两质量块模型进行分析并设计控制器。柔性传动轴可看作一个机械储能元件，扭振总是伴随着轴上储存能量的动态变化，因此一个能反映轴系扭振的特征量是扭转角速度 ε，其定义为柔性轴两端所连接质量块的转速差，可以写出从扭转角速度到电磁转矩的传递函数为

$$\frac{\varepsilon(s)}{T_e(s)}=\frac{s}{J_G s^2+\dfrac{J_{WT}+J_G}{J_{WT}}d_{WTG}s+\dfrac{J_{WT}+J_G}{J_{WT}}K_{WTG}} \tag{6-20}$$

若在发电机常规控制的基础上为其附加一个阻尼转矩 $\Delta T_e=-k_b\varepsilon$，则从扭转

角速度到电磁转矩的传递函数变为

$$\frac{\varepsilon(s)}{T_{e}(s)}=\frac{s}{J_{G}s^{2}+\frac{J_{WT}+J_{G}}{J_{WT}}d_{eq}s+\frac{J_{WT}+J_{G}}{J_{WT}}K_{WTG}} \tag{6-21}$$

式中

$$d_{eq}=d_{WTG}+\frac{J_{WT}}{J_{WT}+J_{G}}k_{b} \tag{6-22}$$

实际情况中，ε 是一个很小的量且难以获取。考虑到传动轴扭矩对于两端的质量块来说分别是动力转矩和阻力转矩，因此不考虑传动轴上转矩分布特性时，两个质量块的转速波动分量具有反相性质，且二者的波动幅值呈比例关系，用$\tilde{\omega}_{g}$、$\tilde{\omega}_{t}$分别表示发电机和风力机转速的扭振频率波动分量（转速已标幺化），则 $\tilde{\omega}_{g}/\tilde{\omega}_{t}=-J_{WT}/J_{G}$。

由于柔性轴两端的质量块转速的稳态分量可以认为是相等的，因此可以用发电机转速在轴系扭振频率附近的波动分量 $\tilde{\omega}_{g}$ 近似代替 ε：

$$\varepsilon=\omega_{t}-\omega_{g}=\tilde{\omega}_{t}-\tilde{\omega}_{g}=-\frac{J_{g}+J_{t}}{J_{t}}\tilde{\omega}_{g} \tag{6-23}$$

式中，$\tilde{\omega}_{g}$可以通过发电机转速的带通滤波获得，如图 6-14 所示。结合式(6-22)、式(6-23)，若需要为传动系统提供额外的数值为 b_{v} 的虚拟阻尼，需要的附加转矩为

$$\Delta T_{g}=\left(\frac{J_{g}+J_{t}}{J_{t}}\right)^{2}b_{v}\tilde{\omega}_{g} \tag{6-24}$$

若以定子有功功率作为控制输入，则有

$$\Delta P_{s}^{*}=\Delta T_{g}\omega_{s}=\frac{2\pi f}{p_{n}}\Delta T_{g} \tag{6-25}$$

式中，ω_{s}为同步转速；f 为电网频率；p_{n}为极对数。

仿真设定风速为 7m/s，机组在亚同步状态下运行，在 5s 时发生单相对地故障，故障持续 300ms。本例仿真中，$H_{WT}=2.5\text{s}(J=2H)$，$H_{G}=0.5\text{s}$，$d_{WTG}=0$，$K_{WTG}=157.07$。计算得到轴系自然振荡频率 $f_{n}=2.18\text{Hz}$，滤波器采用四阶 Butterworth 带通滤波器，滤波器的上下限截止频率分别设计为 1Hz 和 4Hz 以尽量保证 f_{n}在通带中心频率。仿真结果如图 6-15 所示，其中，“$b=0$”忽略了所有机械阻尼（即 d_{WTG}、D_{G}、D_{WT}均设为零，但是本书所采用的转子侧变流器控制策略本身能为轴系提供一定的正阻尼[6]），“$b=2$”设定传动轴自身的阻尼系数是 2pu，“beq”采用附加电气阻尼控制产生 $b_{v}=2$ 的虚拟阻尼。

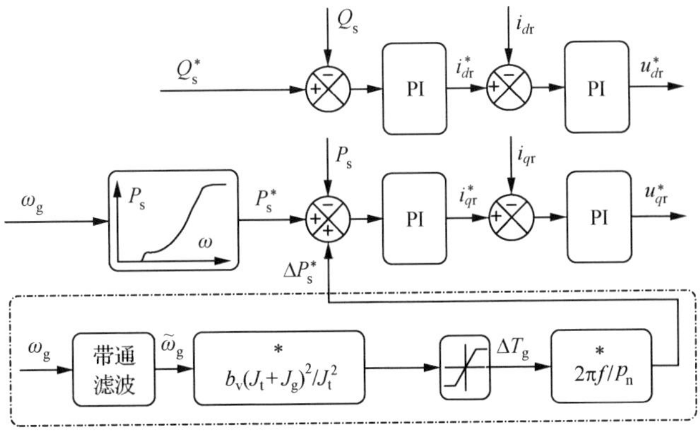

图 6-14 附加电气阻尼的扭振抑制控制

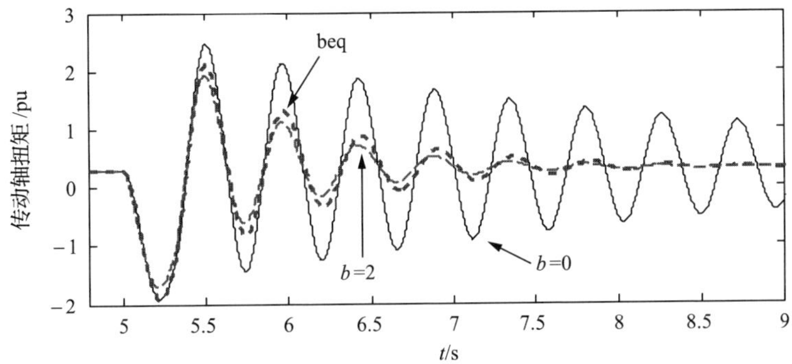

(a) 传动轴扭矩

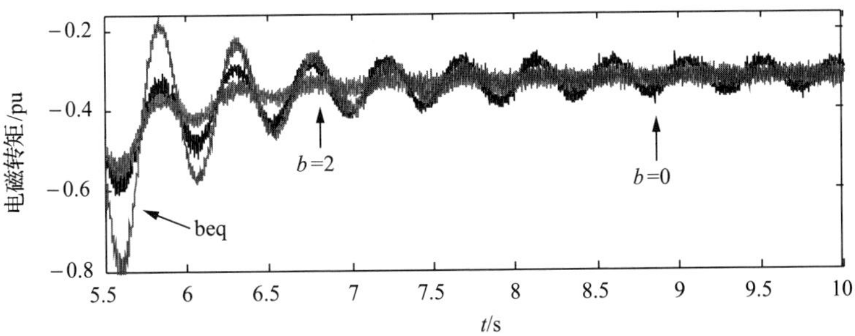

(b) 电磁转矩

图 6-15 附加电气阻尼的控制效果

三组仿真的传动轴扭矩和电磁转矩对比如图 6-15 所示，虽然本书所采用的控制器为轴系提供了一定的电气阻尼，但由于轴系欠阻尼特性依然很明显，"$b=0$"扭振长时间持续发生，并通过机电耦合造成电磁转矩和电功率长时间波动，不利于机组安全稳定运行和轴系寿命；为传动轴增加阻尼($b=2$)或采用虚拟配置

(beq)后，发电机转速较快稳定，扭矩振幅衰减明显加快，指数衰减时间常数分别为 1.46 和 1.30，且“beq”与“$b=2$”的扭振抑制效果相近，表明附加电气阻尼控制可以实现与物理机械阻尼相当的作用，不同之处在于电气阻尼发挥扭振抑制作用是通过电磁转矩实现的，因而在附加控制器发挥作用时不可避免地增大转矩和功率波动。

选取自然分块的三质量块模型对上述方法进行验证，仍然设置 $b_v=2$(标注为 damp)并与不采用该方案(标注为 no damp)对比，结果如图 6-16 所示。轴系三质量块模型参数为 $H_{WT}=2.5s$，$H_G=0.32s$，$H_{GB}=0.18s$，$K_{WTGB}=140$，$K_{GBG}=1293$，三质量块模型中也忽略高速轴、低速轴互阻尼以及发电机、齿轮箱、风力机自阻尼。三质量块模型中的两根柔性轴使得轴系有两个自然振荡频率，分别是 2.01Hz 和 12.2Hz，因此将带通滤波器上下限截止频率设为 1Hz 和 15Hz，仿真其他参数与上例一致。

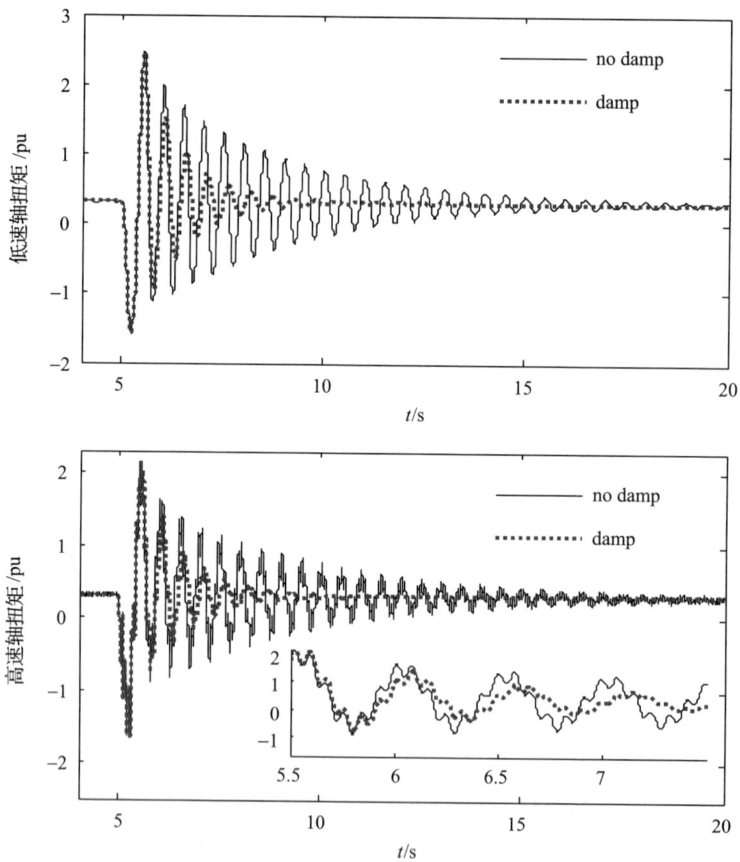

图 6-16　附加电气阻尼控制在三质量块模型下的验证

仿真结果表明，附加电气阻尼方案对于三质量块模型同样有效，且对低速轴和高速轴都具有很好的扭振抑制效果。两种方案中的低速轴扭矩振幅指数衰减时间常数分别 0.39 和 1.03，表明虚拟电气阻尼方案大幅增加了阻尼衰减因子。

6.2.5 气动-气弹-机电-电磁耦合精细化模型

风电机组整机模型具有多时间尺度、多耦合特点，其机械部分可以认为是一个慢时间尺度系统，电磁暂态则是一个快时间尺度系统。机组模型的完整性利于机械系统的设计及控制系统的验证；精细化模型要求模型尽可能精确、详细，精细化模型可提升仿真的逼真性，可作为简化模型的验证模型。实时的精细化模型甚至可以对装置级控制器进行硬件在环验证，或改造为半实物平台。

受限于计算资源，目前单一的仿真软件难以构建风电机组整机精细化模型。已有文献提出了跨仿真平台的联合仿真建模方法，文献[8]将 Simulink 中的电气及控制模型编译为 DLL，并嵌入至 Bladed 中被其调用；文献[9]采用命名管道技术、MATLAB Engine 技术设计出交互软件，实现了 Bladed 与 MATLAB 的联合仿真，实用性很强，但其主要是方便了外部控制器的设计，电气模型仍然不是详细模型。文献[10]采用 Simulink 调用 Fast 编译文件，受限于计算机性能，变流器和变压器被简化。此外，上述方案都不具有实时性。

GH Bladed 是一款用于风机性能和载荷计算的专业风机设计软件，该软件能对风力发电机进行详细设计和验证[11]。Bladed 内置了详细的风力机气动模型及机械模型，并能进行机组各机械部件的模态分析和后处理分析。作为专业的风电设计软件，Bladed 可以满足精细化风电机组模型的大部分需求，但还存在以下不足之处：其电气模型仍不够详细，表现在其电气模型考虑的是平均值模型，未计及电力电子开关动态及滤波器，因此也无法对变流器详细的控制策略进行验算；Bladed 中的电网结构仅能计及线路参数，无法计及复杂网络结构和完整的 LVRT 电磁暂态分析；用 Bladed 实现复杂的控制算法需要借助 DLL，实现较为复杂。

RTDS 仿真平台，全称为实时数字仿真仪（real time digital simulator），是一种专门设计用于研究电力系统中电磁暂态现象的装置。RTDS 仿真装置包括较广泛的电力系统控制系统元件模块库，电力系统、变流器主电路和控制系统都可在用户友好的环境中完成，且 RTDS 能用于装置级控制器的硬件在环验证。

构建基于 RTDS 和 Bladed 的联合仿真可发挥软件的优势互补从而满足精细化建模要求。联合仿真平台的设计思路为，在 Bladed 与 RTDS 中分别构建风电机组气动机械部分和电气部分的模型，以发电机转子运动学方程作为机电耦合快（电磁）、慢（机械）时间尺度之间的接口，并借助 PLC 实现 Bladed 机械部分和 RTDS 电气部分模型之间的通信。

联合仿真主要有以下优势。①完整、详细、精细化。充分发挥了软件优势互补，可最大限度地逼真模拟风电机组全动态，可方便地用于新型电气拓扑和新型控制策略的验证，并发挥 Bladed 软件强大的后处理能力。②实时性。可进行机组级长时间仿真，以及控制器硬件在环的半实物模拟。配合标准化的接口设计可支持商用主控制器及商用变流器装置级控制器的在环验证。③采用多步长混合仿真实现了多时间尺度、多耦合复杂系统的动态建模。其中，RTDS 采用大、小步长，大步长（50μs）用于求解电网模型，小步长（2μs）用于求解发电机、变流器电磁暂态；Bladed 采用 10ms 步长求解气动-机械动态；RTDS 内部采用兼作为机组升压变压器的接口变压器（interface transformer）作为大、小步长电气模型的接口，Bladed 与 RTDS 之间采用发电机转子运动学方程作为机电耦合快、慢时间尺度的接口。从而突破了气动-气弹-机电-电磁交叉领域问题研究手段的瓶颈。

1. 模型特点

Bladed 中的风模型除渐变风、阵风外，还可以模拟 3D 湍流风，并可在此基础上考虑风剪切及塔影效应对风速空间分布的影响。

Bladed 中的气动模型基于修正的叶素-动量理论，其考虑了叶尖损失和轮毂损失，并能计及动态尾流和动态失速，气流突变或变桨过程中的动态入流对气动载荷的影响也被计及。Bladed 的气动模型可以精确计算各叶素微元上各个方向的载荷，这些载荷合成为叶根处的载荷，并进一步合成得到气动转矩、俯仰力矩、偏航力矩、轴向推力等载荷。需要说明的是，Bladed 计算结果的准确性得到了多个实际机组的验证。Bladed 中的机械模型采用假设模态法进行建模，结构振动用一些正交、解耦的振荡模态表示，每一个振荡模态根据模态频率、模态阻尼系数和振型来定义，其中模态频率和振型由结构的有限元模型的特征值和特征向量计算得到。

Bladed 可考虑高至桨叶面内九阶模态、桨叶面外九阶模态、塔架左右三阶模态、塔架前后三阶模态和机舱偏航自由度。另外，各结构速率也反馈回桨叶空气动力学，对气动载荷产生影响。Bladed 中的传动系统模型考虑了传动轴柔性，也可以通过外部控制器实现更为复杂的轴系模型，轴系模型可计及机械损耗。

Bladed 中的变桨系统模型可以采用最高八阶的传递函数模拟，也可以采用详细的变桨模型。详细的变桨模型可考虑空气动力变桨力矩和桨叶轴承摩擦，并根据变桨作动器驱动转矩和桨叶绕其轴线旋转的转动惯量，真实模拟变桨执行过程。

Bladed 中的偏航系统有两种偏航控制给定方式：①给定某一固定的偏航速率；②通过外部控制器给定偏航电机实时转矩。偏航执行机构的响应即可以直接跟随给定（无动态），也可以考虑以偏航轴惯量为基础的动态过程。

RTDS 提供丰富的电气元件，可以实现精细化、拓展性强的电气建模。在

RTDS中可以方便地建立电磁暂态模型，并计及电力电子开关动态，另外，RTDS的可视化编程很适合搭建风电机组控制系统模型。

2. 实时性的保证

联合仿真解算的正确性需要仿真各部分同步运行来保证，实时性是本书联合仿真平台的一大特色，由于RTDS是实时运行的，因此重点是保证Bladed实时运行。

联合仿真中，Bladed的实时性是通过计算机内部与自然时间存在对应关系的机器时钟实现的。机器时钟控制仿真非阻塞等待，从而保持仿真时间与自然时间同步，如图6-17所示。该过程是借助Bladed配套的GH Hardware test模块实现的。为保证实时性，还需要Bladed采用定步长四阶龙格库塔显式求解法，且步长根据计算机性能设定到合理值。

基于PLC的通信通过工业ADS协议和模拟通信实现，在较慢时间尺度的机电耦合中可认为是实时的。因此整个联合仿真平台的实时性得以保证。

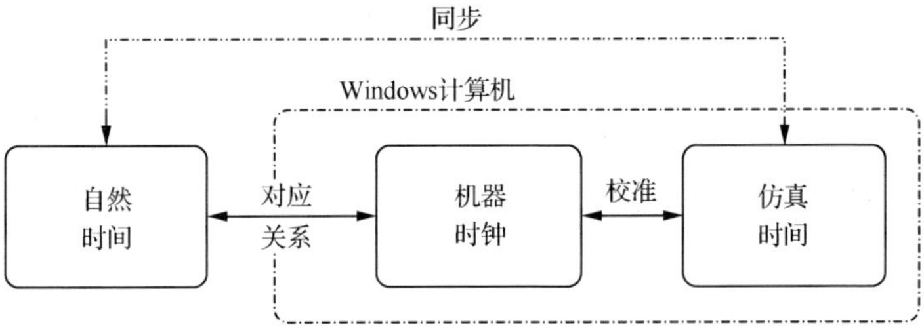

图6-17 Bladed实时性的保证

3. 总体设计

总体设计包括通信方案设计和闭环系统的设计。本书采用的通信方案示意图如图6-18所示，其中，Bladed调用其计算机载体的以太网网口，与PLC以太网组件以基于TCP/IP的工业实时通信协议进行通信(本书优选采用倍福的PLC和ADS通信)；PLC与RTDS通过各自的IO板卡通过模拟电信号进行通信。图示通信系统实现了整个联合仿真平台数据的实时的双向通信。

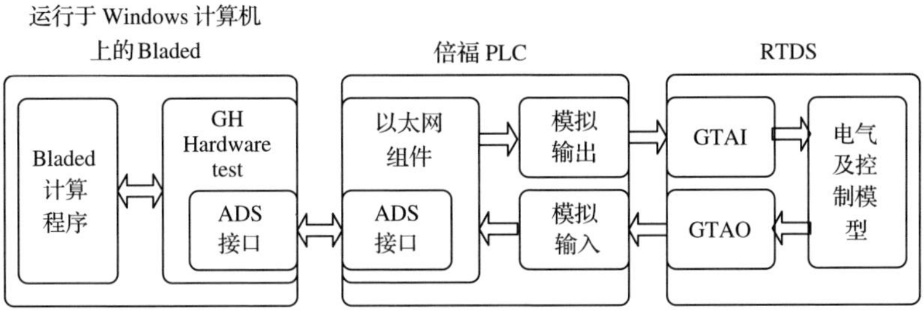

图6-18 联合仿真平台通信方案设计

在上述通信方案的基础上，整个闭环系统设计为：Bladed 中的发电机实时转速 w_g 通过 PLC 传递给 RTDS 后直接作为 RTDS 中发电机的转速输入，RTDS 中发电机的实时转矩 T_g 通过通信传递给 Bladed 直接作为 Bladed 中当前的发电机转矩，从而形成完整的闭环控制，如图 6-19 所示。可见，在本联合仿真方案中，发电机转子运动学方程作为机电耦合这一快慢时间尺度的接口，连接了慢时间尺度的机械模型和快时间尺度的电磁暂态模型。

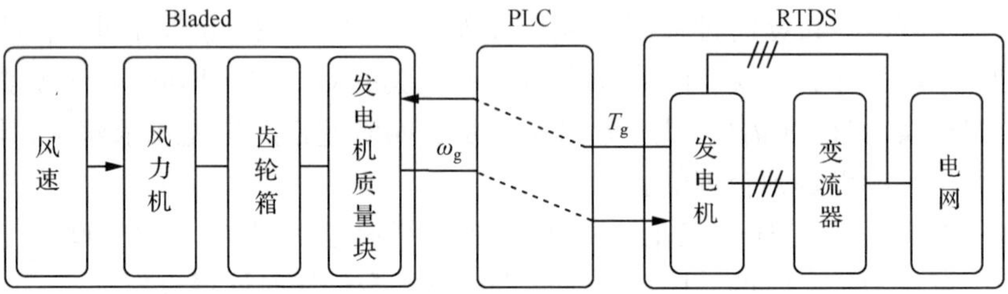

图 6-19　联合仿真平台的闭环设计

PLC 仅需编写简单的通信程序。图 6-20 仅给出了基本的通信变量，除用于构建闭环系统的 ω_g 和 T_e 外，还包括 MPPT 控制和变桨控制所需的反馈量。在其他应用场合可能需要拓展，如异步变桨控制时，Bladed 需要增加各桨叶根部的挥舞力矩输出，并由控制系统返回 3 个独立的桨距角参考值。

对于控制系统，一种方案是将其集成在 RTDS 中，构成纯仿真联合仿真系统，如图 6-20(a)所示。该方案的优点是系统简单，修改控制算法灵活方便。

另一种方案是采用实际机组的控制系统架构，实现主控制器和变流器控制器的硬件在环联合仿真，如图 6-20(b)所示。其中，为了有效保证实时性，保留了专用的通信 PLC；主控 PLC 实现实际机组中主控制器的功能，其接收风场功率指令，实现机组启、停、保护，以及偏航、变桨、有功发电(MPPT)及无功电压控制。变流器控制器主要包括信号调理电路、DSP 核心算法处理单元，其接收主控功率指令并按照矢量控制或直接转矩控制对变流器装置进行控制。

4. 仿真结果展示

在所建立的联合仿真平台中进行仿真，其中，RTDS 中的电气模型采用电磁暂态模型，变流器采用开关模型。仿真中考虑了风速空间分布的影响，机组线电压额定值为 690V，直流母线电压为 1100V，机侧网侧均采用单位功率因数控制，仿真结果如图 6-21 所示。可见联合仿真充分发挥了 Bladed 和 RTDS 的优势，可同时展现精确、丰富的气动载荷，包括风速空间分布的影响、机舱俯仰力矩、偏航力矩等；详尽的气弹耦合作用，包括塔架和桨叶各个模态与气动的复杂耦合作用；气动转矩和机电耦合对传动系统的动态展现是联合仿真的一大特色，发电机及变流器的响应也可以同时观测。

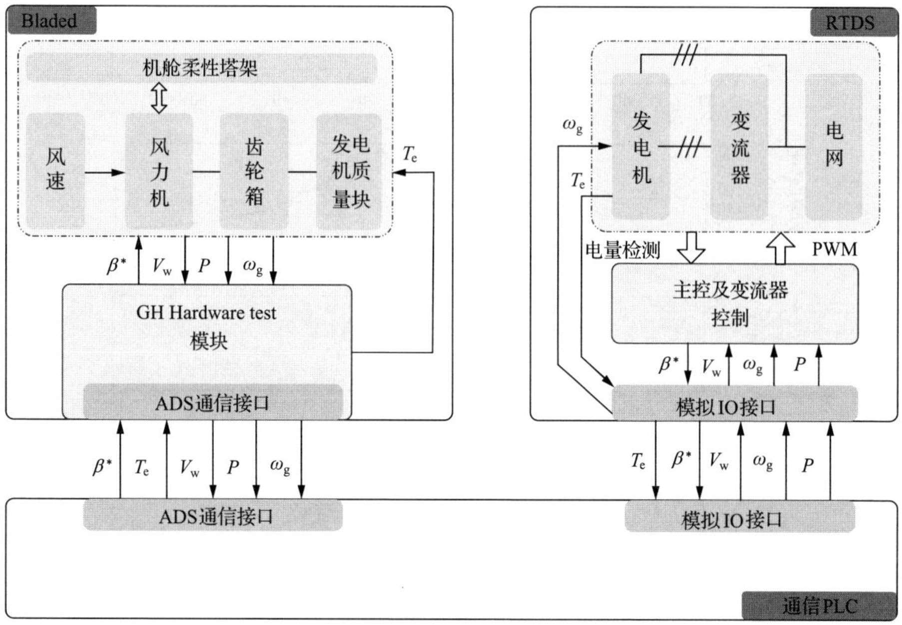

(a) 控制系统集成在RTDS中

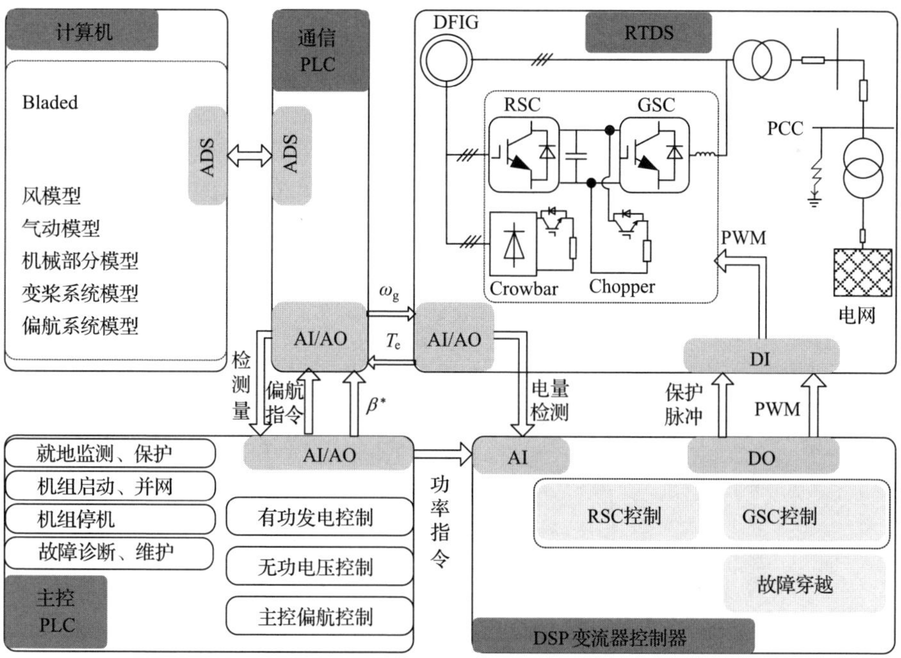

(b) 采用实际控制系统架构的控制器硬件在环联合仿真

图 6-20 联合仿真平台的整体设计图

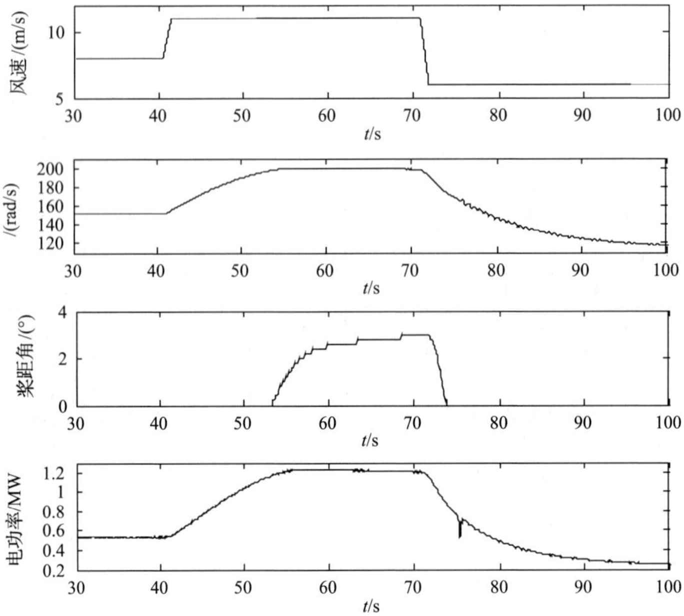

(a) 部分仿真结果

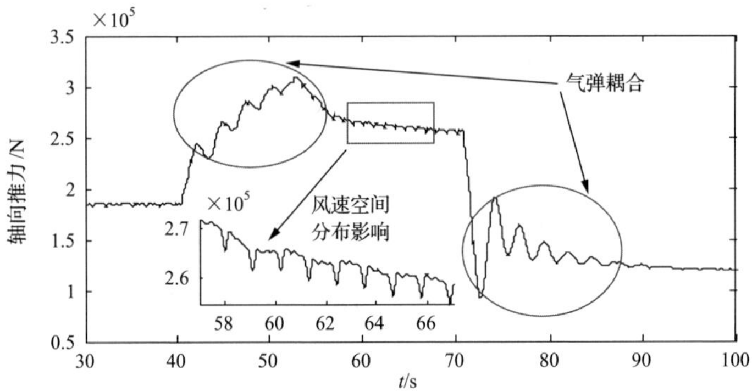

(b) 轴向推力

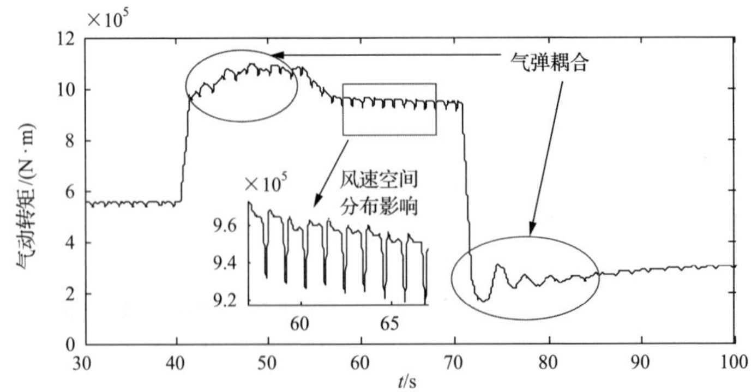

(c) 气动转矩

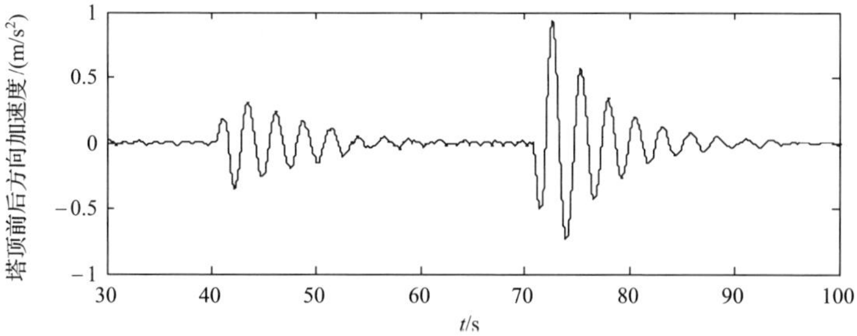

(d) 塔顶前后方向加速度

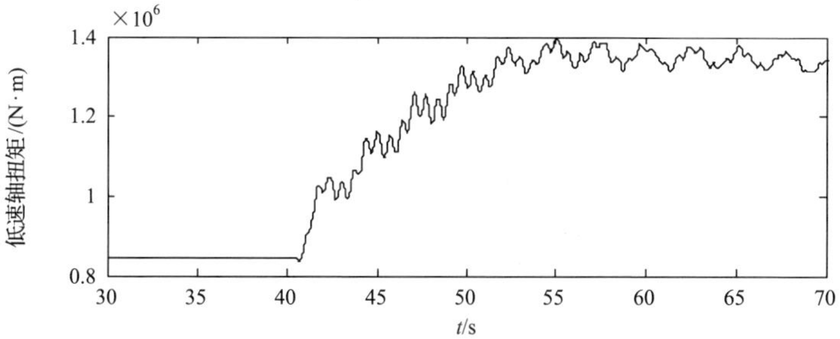

(e) 低速轴扭矩

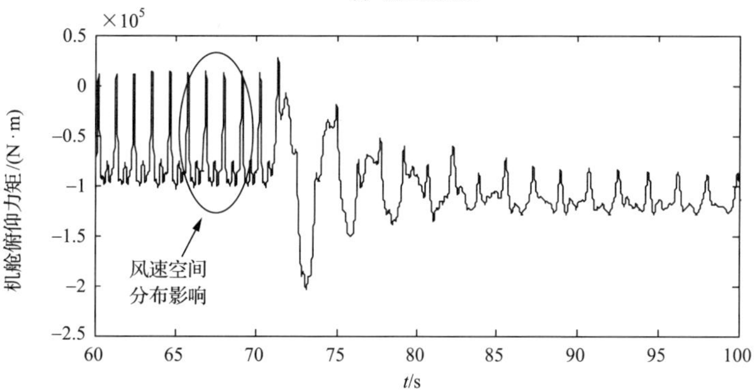

(f) 机舱俯仰力矩

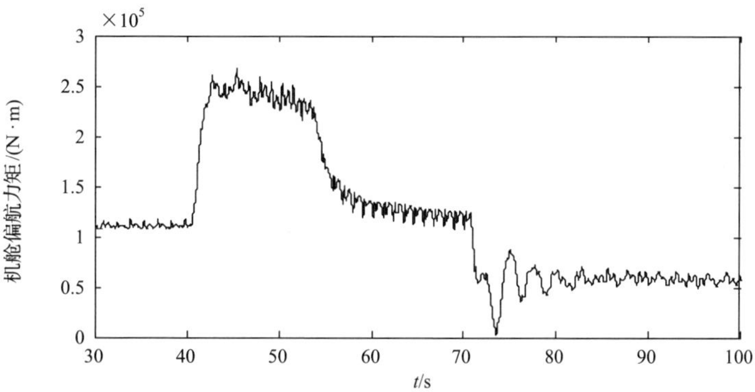

(g) 机舱偏航力矩

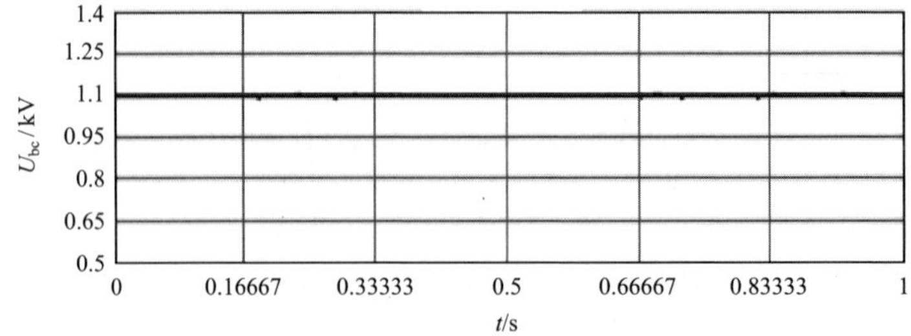

(h) 直流母线电压

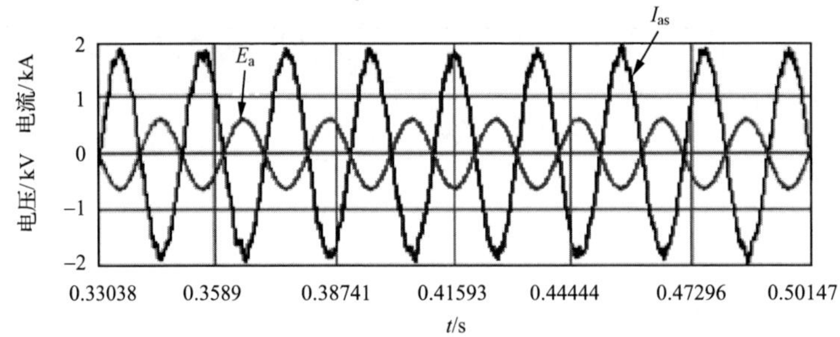

(i) 定子a相电流(I_{as})与电压(E_a)

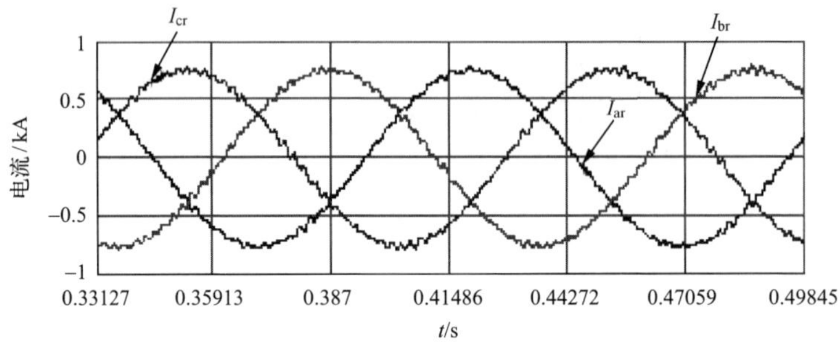

(j) 转子三相电流(A相为I_{ar}, B相为I_{br}, C相为I_{cr})

图 6-21 联合仿真结果

6.2.6 风电机组的阻抗分析模型

至此，所提风电机组的模型与控制均用于时域仿真分析，时域仿真虽然可以直观地反映风电机组在一定工况下的动态响应过程，但很难适用于所有工况，不便于理解、分析风电机组的固有特性，以及其与电网的交互机理。因此，需要建立便于稳定分析的解析模型。状态空间建模是一种研究互联系统小信号稳定的方法，但风电机组时间常数分布较广、时间跨度大，状态空间模型难以计及所有动态，而且物理含义不够明确也不便于多机扩展。为此，采用阻抗建模方法分析稳定性，该方法首先根据风电机组与常规电源（同步机）的控制方式以及外特性差异，分别作诺顿与戴维南等效(图 6-22)；然后建立风电机组的阻抗模型；最后，通过奈奎斯特判据分析互联系统的稳定性(式(6-26)的特征方程)。本节以全功率变换机型为例，主要阐述风电机组的阻抗建模方法和相应的特性分析。

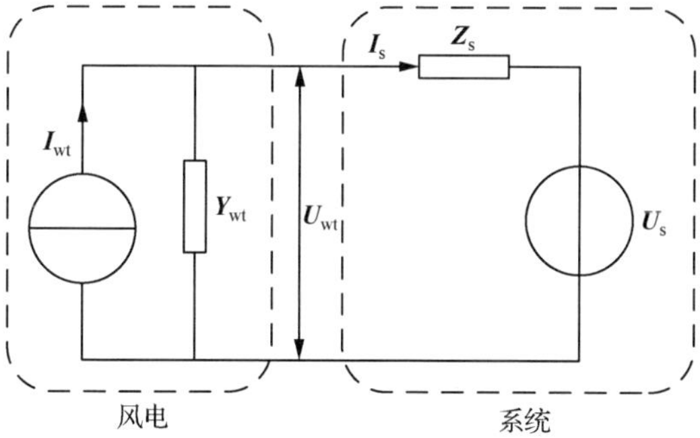

图 6-22 风电-系统等效电路图

$$\boldsymbol{I}_s(s) = (\boldsymbol{I}_{wt}(s) - \boldsymbol{U}_s(s)\boldsymbol{Y}_{wt}(s))\frac{1}{\boldsymbol{Y}_{wt}(s)\boldsymbol{Z}_s(s)+\boldsymbol{I}} \tag{6-26}$$

以图 6-23 所示的全功率变换机型网侧变换器为建模对象，建模过程主要包含列写 dq 坐标系下的动态模型、线性化、写出输入-输出方程(即阻抗模型)。

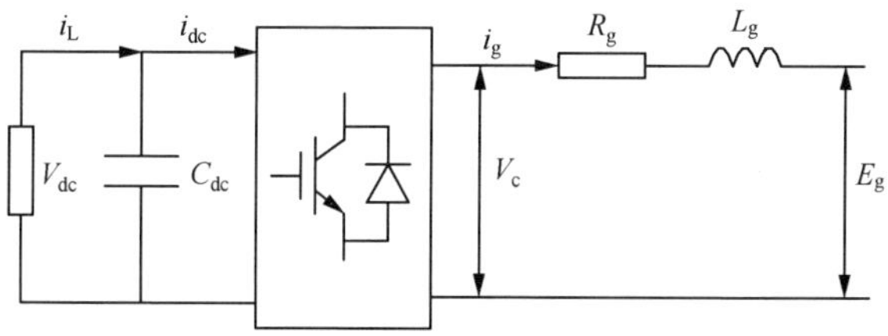

图 6-23 全功率变换机型网侧变换器电路图

根据图 6-23 列写同步坐标系下的交流侧电压方程：

$$\boldsymbol{E}_c^s = (sL_g + R_g)\boldsymbol{i}_g^s + j\omega_1 L_g \boldsymbol{i}_g^s + \boldsymbol{E}_g^s \tag{6-27}$$

式中，$\boldsymbol{E}_c^s$ 为同步坐标系下变流器的输出电压；$\boldsymbol{E}_g^s$ 为同步坐标系下的电网电压；$\boldsymbol{i}_g^s$ 为同步坐标系下的电网电流；s 为拉普拉斯算子；L_g、R_g 为交流电感、电阻。

其中，同步坐标系与变流器 PLL 坐标系存在如下变化：

$$\boldsymbol{E}^c = \boldsymbol{E}^s e^{j\theta_1} e^{-j\theta_{pll}} = (\boldsymbol{E}_0^s + \hat{\boldsymbol{E}}^s)e^{-j\Delta\theta} \approx \boldsymbol{E}_0^s - \boldsymbol{E}_0^s j\Delta\theta + \hat{\boldsymbol{E}}^s \tag{6-28}$$

式中，上标 c 表示 PLL 坐标系；$\boldsymbol{E}_0^s$ 为稳态时，同步坐标系下的电网电压；$\Delta\theta$ 为扰动或动态过程下，PLL 输出相角与电网同步相角的差。

结合图 3-5 所示的 PLL 结构框图，可得其线性化模型为

$$\Delta\theta(s)=\frac{H_{\mathrm{pll}}(s)\hat{E}_q^{\mathrm{s}}}{s+H_{\mathrm{pll}}(s)E_{d0}^{\mathrm{s}}}=\frac{1}{E_{d0}^{\mathrm{s}}}T_{\mathrm{pll}}(s)\hat{E}_q^{\mathrm{s}} \tag{6-29}$$

代入式(6-27)并写成 dq 分量的形式：

$$\begin{bmatrix}\hat{E}_d^{\mathrm{c}}\\ \hat{E}_q^{\mathrm{c}}\end{bmatrix}=\begin{bmatrix}\hat{E}_d^{\mathrm{s}}\\ \hat{E}_q^{\mathrm{s}}\end{bmatrix}+\underbrace{\begin{bmatrix}0 & \frac{E_{q0}^{\mathrm{s}}}{E_{d0}^{\mathrm{s}}}T_{\mathrm{pll}}(s)\\ 0 & -T_{\mathrm{pll}}(s)\end{bmatrix}}_{\boldsymbol{G}_{\mathrm{pll\text{-}v}}}\begin{bmatrix}\hat{E}_d^{\mathrm{s}}\\ \hat{E}_q^{\mathrm{s}}\end{bmatrix} \tag{6-30}$$

式(6-29)为电网电压扰动在 PLL 坐标系下的反映。

同理，可以写出电流扰动在 PLL 坐标系下的表现形式：

$$\begin{bmatrix}\hat{i}_d^{\mathrm{c}}\\ \hat{i}_q^{\mathrm{c}}\end{bmatrix}=\begin{bmatrix}\hat{i}_d^{\mathrm{s}}\\ \hat{i}_q^{\mathrm{s}}\end{bmatrix}+\underbrace{\begin{bmatrix}0 & \frac{I_{q0}^{\mathrm{s}}}{E_{d0}^{\mathrm{s}}}T_{\mathrm{pll}}(s)\\ 0 & \frac{-I_{d0}^{\mathrm{s}}}{E_{d0}^{\mathrm{s}}}T_{\mathrm{pll}}(s)\end{bmatrix}}_{\boldsymbol{G}_{\mathrm{pll\text{-}i}}}\begin{bmatrix}\hat{E}_d^{\mathrm{s}}\\ \hat{E}_q^{\mathrm{s}}\end{bmatrix} \tag{6-31}$$

根据电流环控制框图 5-4，可得变流器输出调制度的表达式为

$$\boldsymbol{m}^{\mathrm{c}}=G_{\mathrm{PWM}}[-\boldsymbol{i}_{\mathrm{g}}^{\mathrm{c}}H_{\mathrm{i}}(s)+\mathrm{j}\omega_1L_{\mathrm{g}}\boldsymbol{i}_{\mathrm{g}}^{\mathrm{c}}+G_{\mathrm{f}}(s)E_{\mathrm{g}}^{\mathrm{c}}] \tag{6-32}$$

式中，$H_{\mathrm{i}}(s)$ 为电流调节器；$G_{\mathrm{f}}(s)$ 为电压前馈项的滤波器。

将式(6-30)～式(6-32)代入式(6-27)可得

$$-G_{\mathrm{i\text{-}v}}\begin{bmatrix}\hat{i}_d^{\mathrm{s}}\\ \hat{i}_q^{\mathrm{s}}\end{bmatrix}=G_{\omega\text{-}\mathrm{i}}\boldsymbol{G}_{\mathrm{pll\text{-}i}}\begin{bmatrix}\hat{E}_d^{\mathrm{s}}\\ \hat{E}_q^{\mathrm{s}}\end{bmatrix}+G_{\mathrm{i\text{-}v}}\boldsymbol{G}_{\mathrm{pll\text{-}i}}\begin{bmatrix}\hat{E}_d^{\mathrm{s}}\\ \hat{E}_q^{\mathrm{s}}\end{bmatrix}+G_{\mathrm{f\text{-}e}}(\boldsymbol{I}+\boldsymbol{G}_{\mathrm{pll\text{-}v}})\begin{bmatrix}\hat{E}_d^{\mathrm{s}}\\ \hat{E}_q^{\mathrm{s}}\end{bmatrix} \tag{6-33}$$

式中，$H_{\mathrm{i}}=\frac{\alpha_{\mathrm{c}}}{s}(sL_{\mathrm{g}}+R_{\mathrm{g}})$；$G_{\mathrm{PWM}}=\frac{1}{1+T_{\mathrm{PWM}}s}$；$G_{\mathrm{f}}=\frac{\alpha_{\mathrm{f}}}{\alpha_{\mathrm{f}}+s}$；$G_{\mathrm{i\text{-}v}}=G_{\mathrm{PWM}}H_{\mathrm{i}}+(sL_{\mathrm{g}}+R_{\mathrm{g}})\boldsymbol{I}+(1-G_{\mathrm{PWM}})\begin{bmatrix}0 & -\omega_1L_{\mathrm{g}}\\ \omega_1L_{\mathrm{g}} & 0\end{bmatrix}$；$G_{\omega\text{-}\mathrm{i}}=sL_{\mathrm{g}}(G_{\mathrm{PWM}}-1)$；$\boldsymbol{G}_{\mathrm{pll\text{-}i}}=\begin{bmatrix}0 & \frac{I_{q0}^{\mathrm{s}}}{E_{d0}^{\mathrm{s}}}T_{\mathrm{pll}}(s)\\ 0 & \frac{-I_{d0}^{\mathrm{s}}}{E_{d0}^{\mathrm{s}}}T_{\mathrm{pll}}(s)\end{bmatrix}$；$\boldsymbol{G}_{\mathrm{pll\text{-}v}}=\begin{bmatrix}0 & \frac{E_{q0}^{\mathrm{s}}}{E_{d0}^{\mathrm{s}}}T_{\mathrm{pll}}(s)\\ 0 & -T_{\mathrm{pll}}(s)\end{bmatrix}$；$G_{\mathrm{f\text{-}v}}=1-G_{\mathrm{PWM}}G_{\mathrm{f}}$。

将式(6-33)写成输入-输出比值的形式，即得到并网变流器的阻抗模型：

$$\boldsymbol{Z}_{dq}(s)=-[G_{\omega\text{-}\mathrm{i}}\boldsymbol{G}_{\mathrm{pll\text{-}i}}+G_{\mathrm{i\text{-}v}}\boldsymbol{G}_{\mathrm{pll\text{-}i}}+G_{\mathrm{f\text{-}e}}(\boldsymbol{I}+\boldsymbol{G}_{\mathrm{pll\text{-}v}})]^{-1}G_{\mathrm{i\text{-}v}} \tag{6-34}$$

可见，dq 坐标系下的阻抗模型为 2×2 的矩阵。

图 6-24 给出了含直流电压控制的并网变流器阻抗模型，其中，“sims”为仿真中的阻抗测试结果，“analytical”为所推导的解析模型。可以看出，解析模型与仿真实测模型基本重合；更重要的是，高频段阻抗主要体现电感特性；电流环控制带宽内，Z_{dd} 呈现一定的容性，该频段下，如果风电机组输出阻抗与电网阻抗存在交点，并且相角裕度不够，可能与电网产生谐振。

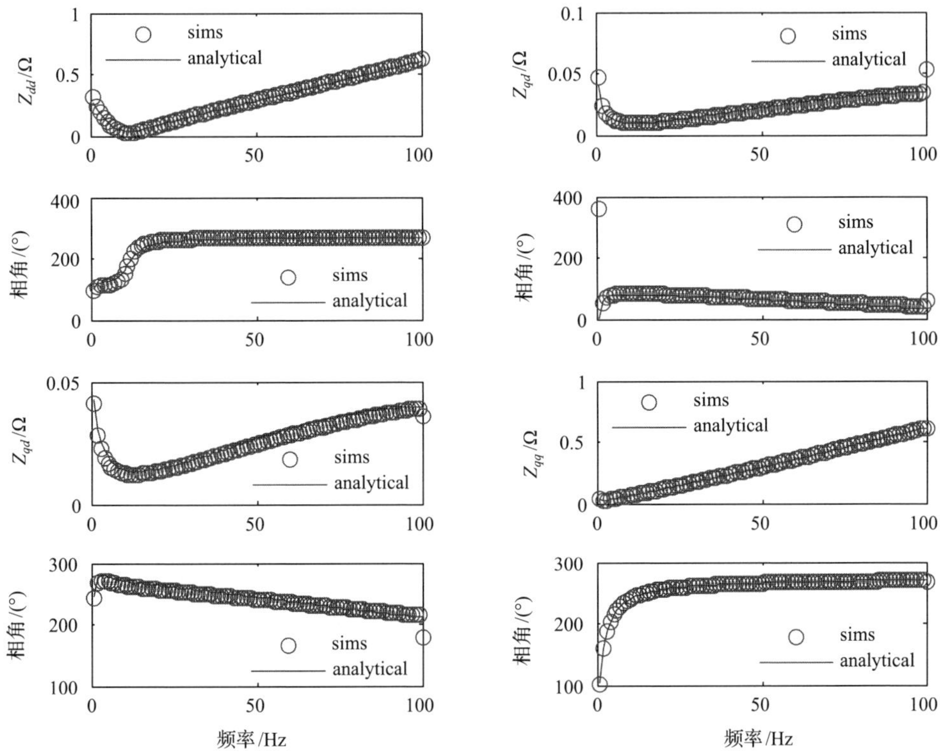

图 6-24 阻抗模型的 Bode 图

所以，大规模风电并网会引入新的失稳形式，即谐波振荡，通过控制改进对阻抗进行重塑是提高稳定性的有效手段，本节不再对此进行进一步探讨。

6.3 面向电网分析的模型

6.3.1 电磁暂态模型分析

电力系统电磁暂态仿真主要研究一个周波内(50Hz，20ms)的电压、电流等电磁动态现象的过渡过程，如系统瞬时过电流计算、电力电子开关器件瞬态特性、电力系统谐波等。这些动态现象的时间常数通常在毫秒级；除此之外，还有时间尺度更小的动态现象，如雷击过电压、行波扩散和短路电弧等，其时间常数通常在微秒级。电磁暂态仿真的主要特点是：系统网络需要采用动态模型，即用微分方程描述，相关电气、控制元件的模型能够反映对电磁暂态过渡过程的影响，所以电磁暂态仿真的仿真步长通常很小，典型值为 50μs。

面向电力系统电磁暂态仿真的风电机组模型，必须保留能够反映机组电磁暂态过渡过程的状态方程和状态变量。风电机组中，能够对电磁暂态过渡过程产生影响的动态主要有(图 3-9)：电力电子开关动态、直流母线电压动态、转子侧变流器输出电流及相应控制回路、网侧变换器输出电流及相应控制回路、转子变流器保护、直流母线卸荷保护，这些动态在研究电磁暂态问题时应详细建模；而对于风电机组，其他动态现象可以根据以下原则进行简化。

简化、降阶原则：风电机组动态现象时间常数小于研究对象所在时间尺度 1/4 以下的状态变量及状态方程，认为在电磁暂态过程发生之前已经衰减完毕，用代数方程表示；时间常数大于研究对象所在时间尺度 4 倍以上的状态变量，认为在电磁暂态过渡过程中保持不变，用常值表示。

6.3.2 机电暂态模型分析

电力系统机电暂态仿真主要研究系统的稳定性问题，时间尺度为 0.1～10s。研究机电暂态问题时，认为系统电磁动态已经进入稳态，采用基频电压、电流作为系统激励源，网络模型采用正序阻抗(或正序增广网络表示负序阻抗)表示，所以机电暂态仿真又称为基频仿真，典型仿真步长为 10ms。

电力系统机电暂态按照扰动和时间尺度大小又可分为暂态稳定和小扰动稳定。暂态稳定是电力系统在受到大扰动后(通常系统拓扑结构发生改变)，系统重新回到稳定工作点的能力，研究扰动后系统动态现象到新平衡点的过渡过程，时间尺度为 0.1～5s；小扰动稳定是电力系统受小扰动后(通常拓扑结构不改变)，系统重新回到原稳定工作点的能力，着重研究维持新平衡状态稳定的能力，而非过渡过程，时间尺度为 5～10s。下面就针对这两种稳定性问题进行风电机组模型简化。

1. 暂态稳定模型分析

电力系统暂态稳定一般指同步机在电网发生大扰动情况下，不发生非周期性失步的能力。讨论同步机暂态稳定时，考虑同步发电机惯量较大，直流制动转矩对转速影响不大而且衰减较快，所以忽略定子磁链暂态是可以接受的，同时在过渡过程中，通常认为励磁调节器、调速器不动作，但有时需要考虑暂态或次暂态电势的衰减动态。同步机暂态稳定性可以在1～2个摇摆周期判定，时间约为5s，对于多机系统，有时需要延伸至10s[12]。

对于风电机组，由于电力电子装置及保护装置的存在，暂态扰动后机组结构可能发生改变，存在多种状态，而同步机通常状态不变。基于部分功率变流器的双馈风电机组，虽然从变流器控制上实现了机、电基本解耦，但本质上（电路上）仍是耦合的，其定子直接与电网相连，因此对电网扰动敏感。当电网发生暂态扰动后，转子变流器通常需要闭锁，并投入保护装置（转子 Crowbar）以避免变流器损坏，这样，双馈风电机组在暂态扰动前后状态改变，暂态扰动后的状态取决于暂态发生前的运行状态，如果暂态扰动发生前双馈风电机组超同步运行，那么扰动后的状态变为感应发电机。当双馈风电机组在暂态扰动后变为感应发电/电动机组时，需要从电网吸收与转差大小成正比的无功功率，不利于电网电压恢复。除此之外，如果故障后状态变为感应电动机，机组的电磁转矩方向还会发生突变，对机组传动系统的寿命和稳定运行不利，所以暂态扰动后双馈风电机组的状态对电网及自身稳定都有很大影响。双馈风电机组暂态扰动前后状态改变与否是通过判断转子电流是否越限来确定的，因此需要对转子电流进行高频采样，并且风电机组模型需要包含转子电流动态，但转子电流动态通常为毫秒级，远小于机电暂态所研究的时间尺度范围（0.1～10s），所以机电暂态仿真不能准确计算电流峰值，需要经过特殊处理来判断双馈风电机组暂态扰动后的运行状态。

针对这个难点，可以从两个角度出发：一是对简化模型电流暂态进行修正；二是通过模拟外特性，使机组暂态特性与状态改变后基本一致。对于第一种思路，解决方法主要有变步长仿真法。变步长法是指仿真中外部系统（电网）采用较大步长，而研究系统（风电机组）采用较小步长[13]，所以风电机组可以对定、转子电流暂态进行计算，得出用于触发保护的瞬时电流值，该电流不注入电网中，保证了风电机组模型与外部模型的接口兼容性。对于第二种思路，可以从变流器控制法和查表法两种途径模拟暂态特性。查表法是预先估算好电压电流关系[4-15]，当电网发生暂态扰动后，通过查表的方式得到对应电压等级下电流的限制值，作为风电机组机电暂态简化模型电流控制回路的限值；变流器控制法是通过变流器控制，模拟转子 Crowbar 保护装置投入后的外特性，即有功、无功的特性。可以看出，前者较为准确，但需要额外的接口技术；后者是一种近似，但简单、易于实现。

基于全功率变流器的风电机组，如永磁直驱和鼠笼型机组，由于变流器从控制和电气拓扑上实现了机、电完全解耦，所以电网暂态扰动对机组没有影响，机组暂态特性取决于全功率变流器。

面向电力系统暂态稳定仿真的风电机组模型，除以上特殊因素外，必须保留能够反映机组机电暂态过渡过程的状态方程和状态变量。风电机组中，能够对机电暂态过渡过程产生影响的动态主要有变桨伺服系统及相应控制回路动态、风电机组传动系动态、转速或功率控制回路，这些动态在研究暂态稳定时应详细建模；而对于风电机组其他动态现象可以根据以下原则进行简化。

简化、降阶原则：风电机组动态现象时间常数小于研究对象所在时间尺度 1/4 以下的状态变量及状态方程，认为在机电暂态过程发生之前已经衰减完毕，用代数方程表示；时间常数大于研究对象所在时间尺度 4 倍以上的状态变量，认为在机电暂态过渡过程中保持不变，用常值表示。

2. 小干扰稳定模型分析

暂态稳定研究的是机电暂态过渡过程，而小扰动稳定则研究在新的平衡点系统保持稳定的能力。对于同步机，小扰动稳定指转速或功角不发生周期振荡失稳的能力。在小扰动下，系统的非线性因素可以在平衡点附近线性化，所以研究系统小扰动稳定有时域和频域两种方法。时域方法直观，可以直接从时域响应观察状态变量的振荡形式，但时域法通常是在某一激励源下，所以反映问题不够全面，小扰动时域仿真时间尺度为 5～10s，有时需要延伸至 20s。频域法是基于系统线性化模型，通过模态分析可以得出系统性的稳定性结论，分析全面，但不够直观。

面向电力系统小扰动稳定分析的风电机组模型，需要包含机组所有对电力系统机电振荡有贡献的模态。因此，风电机组的轴系动态、风轮气动特性、变桨伺服系统及相应控制回路、转速或功率控制环等要详细建模。对于其他动态现象，可以根据以下原则进行简化：时间常数小于电力系统机电振荡时间尺度 1/4 以下的状态变量，认为对机电振荡无影响，用代数方程取代微分方程；时间常数大于电力系统机电振荡时间尺度 4 倍以上的状态变量，认为动态过程期间保持不变，用常值取代状态变量。

6.3.3 动态模型的性能比较

1. 基于部分功率变换的风电机组简化模型及精度评估

1) 详细参考模型

基于部分功率变换的风电机组主要指双馈风电机组。为了评估电磁暂态、机电暂态简化模型精度，首先建立能够反映电磁、机电暂态特性的详细模型，根据 6.1 节给出的详细模型框图和时间尺度分析结论，按表 6-1 选择双馈风电机组各组成部件的数学模型。该模型包含动态风、风力机、变桨控制、轴系、发电机、变流器及其控制、保护、箱变等，其中电网采用戴维南等效模型。

表 6-1 双馈机组模型列表

风电机组模型简化综合对象	模型简化
风速模型	恒定风速模型
风力机模型	C_p 拟合曲线:式(4-45)
变桨系统	一阶伺服和桨叶控制器:式(4-50)
轴系模型	三阶模型(两质量块):式(4-70)
发电机模型	感应电机:四阶电磁暂态模型式(5-2)
变流器模型	开关模型:式(5-11)~式(5-14)
变流器控制模型	双闭环控制:式(5-18)~式(5-23)
保护模型	直流卸荷:式(5-24);转子 Crowbar:式(5-25)

虽然双馈风电机组经变流器控制实现机械、电气频率的解耦,但由于电气结构上的耦合,机、电相互作用仍非常明显,模型简化综合时需要详细考虑。除此之外,电网扰动下,变流器可能因保护退出运行,使得双馈机组以感应发电/电动机的方式运行,这种多状态切换特性也需慎重考虑。

2) 面向电力系统电磁暂态分析的模型简化综合

双馈风电机组的电磁暂态简化模型可以总结于表 6-2 中。

表 6-2 部分功率风电机组(双馈)电磁暂态简化模型

风电机组模型简化综合对象	模型简化
风速模型	恒定风速模型
风轮模型	恒转矩(由风速、风轮转速计算)
变桨系统	恒定桨距角(0°)
轴系模型	二阶简化模型(忽略风轮转速动态)
发电机模型	四阶电磁暂态模型
变流器及模型	开关模型及双闭环控制回路动态

双馈风电机组的电磁暂态简化模型(图 6-25)与详细模型的主要区别在于风轮、变桨及轴系模型,其中风轮和桨距角分别由初值取代动态模型,轴系模型用二阶简化模型取代,不考虑风轮转速的变化,只考虑轴的柔性和发电机的惯量。

模型评估针对以上提出的电磁暂态简化模型,并对比不考虑轴系柔性和发电机惯量时的误差,突出轴系柔性和发电机惯量对电磁暂态过程产生的影响。将以上几种情况简要描述如下。

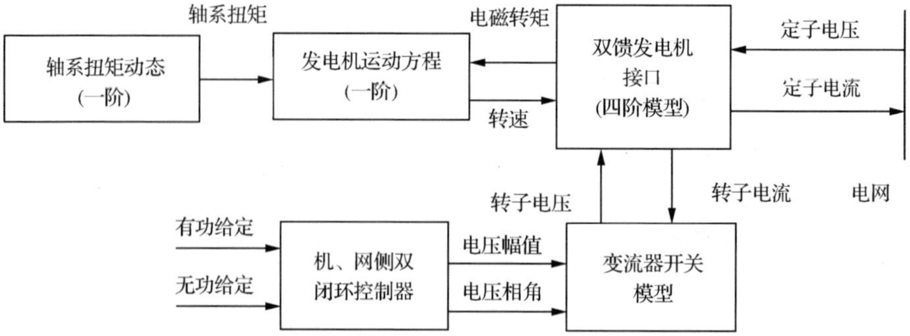

图 6-25　双馈风电机组电磁暂态简化模型框图

(1) 详细模型:给出的详细模型(表 6-1)。

(2) 简化模型:提出的电磁暂态简化模型(图 6-25)。

(3) 传统简化模型:发电机转速设为恒定,完全忽略机械部分的运动。

仿真工况:双馈风力发电系统采用单机聚合模型,容量为 200MW,PCC 点发生三相对称短路故障,导致电压瞬时跌落值 0.2pu,双馈风电机组 Crowbar 保护电路动作,考核机组并网短路电流瞬时峰值误差大小。系统电气接线如图 6-26 所示。

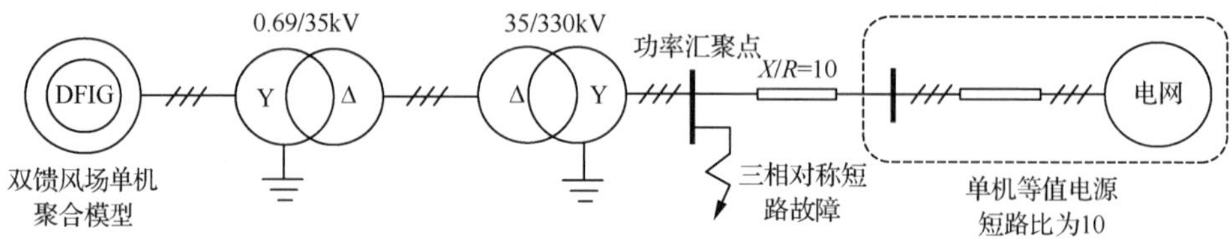

图 6-26　系统电气接线图

由图 6-27 可知,提出的电磁暂态简化模型与详细模型并网电流瞬时峰值基本重合,而传统的简化模型与详细模型存在一定的误差,约为+10%,产生误差的主要原因是双馈风电机组在故障期间由于 Crowbar 保护的投入,使其以感应电机/发电机的方式运行,这样,机电耦合变得紧密,同时,双馈风电机组的轴的柔性和发电机的小惯量,使其在转速变化对电磁暂态过程产生一定的影响。由图 6-28 可知,直流制动转矩、轴的柔性和发电机小惯量 3 个因素的结合,使其转速在 10ms 内快速下降,因此,可以对电磁暂态过程产生影响,而考虑轴系柔性和发电机惯量的电磁暂态简化模型与详细模型分析结构基本一致。

3) 面向电力系统机电暂态分析的模型简化综合

双馈风电机组机电暂态(暂态稳定、小扰动)简化模型的构成见表 6-3。

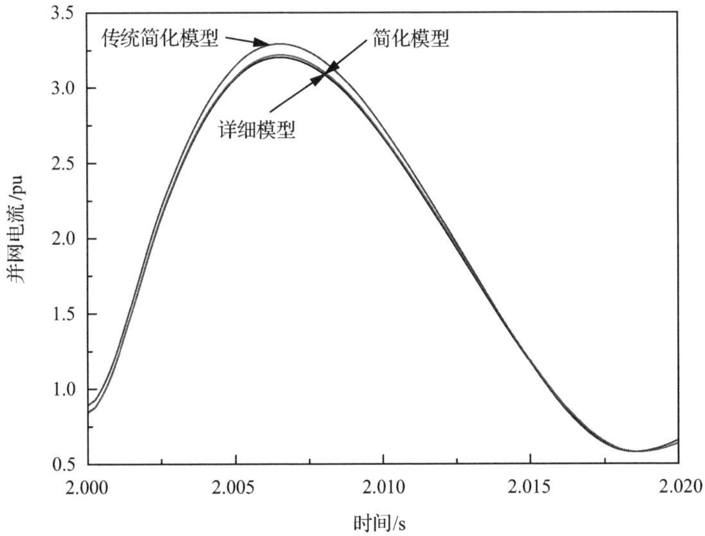

图 6-27 并网电流响应对比

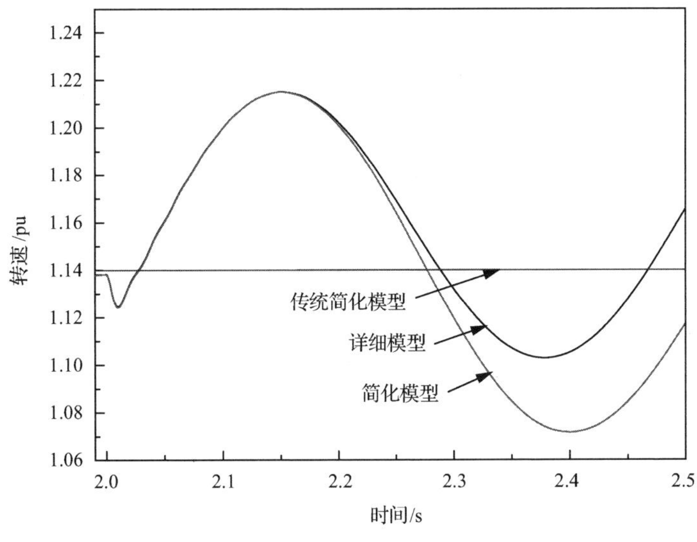

图 6-28 简化模型

表 6-3 双馈风电机组机电暂态(暂态稳定、小扰动)简化模型

风电机组模型简化综合对象	模型简化
风速模型	恒定风速模型
风轮模型	C_p 拟合曲线
变桨系统	一阶伺服及相应控制器

续表

风电机组模型简化综合对象	模型简化
轴系模型	三阶模型(两质量块)
发电机模型	暂态稳定:功率环时间尺度下的三态模型,见 5.2.2 节 小扰动:二阶模型(考虑定子磁链动态)
变流器及模型	暂态稳定:考虑三态切换的电流源模型,见 5.2.3 节 小扰动稳定:均为基波电流源,见 5.2.3 节
保护模型	见 5.2.4 节

电力系统暂态稳定主要指电网发生大扰动下,同步发电机功角不发生非周期性发散,即不失步。对于双馈风电机组而言,由于电网大扰动下双馈风电机组以感应电机/发电机方式运行,所以其暂态稳定与异步机一样,主要指转速的稳定。转速稳定的一个重要考核指标是极限切除转速,其由感应电机的机械特性曲线决定,当暂态过程中双馈发电机不超过极限切除转速时,其是暂态稳定的,反之不稳定。所以,研究暂态稳定问题时,简化模型精度考核需要从双馈风电机组转速和并网特性两个方面进行。

电力系统小扰动稳定问题主要研究同步机及系统的机电振荡问题,在系统受到小扰动下,同步发电机功角不发生周期性发散振荡,则是小扰动稳定的。所以,对双馈风电机组简化模型的考核主要是能够反映自身机电振荡模态,并且该振荡模态能够反映到电网上,对系统机电振荡产生影响。

仿真工况一(暂态稳定):电网电压小值跌落,Crowbar 保护不动作情况。机组约 80%额定出力,仿真时间为 1s 时发生三相对称短路故障,电压跌落至 0.9pu,持续时间为 625ms,系统接线见图 6-26。

由图 6-29 可知,电网小值跌落时,暂态稳定模型与详细模型均准确判断 Crowbar 不投入且响应基本一致;故障投切瞬间出现相反功率过冲的原因是忽略了定子暂态,因此不能准确反映故障瞬间的电磁过程。除此之外,详细模型中非理想锁相环导致的电压相角跳也是影响因素之一。但该功率过冲持续时间约为十几毫秒,对稳定性影响不大。

仿真工况二(暂态稳定):电网电压大值跌落,Crowbar 保护动作时的情况。机组相同出力下,在仿真时间 1s 时发生三相对称短路故障,电压跌落至 0.35pu,机组按照低电压穿越要求进行故障穿越,持续时间为 625ms。

由图 6-30 可以看出,暂态稳定模型与详细模型的低电压故障穿越特性基本一致。暂态稳定模型不包含定子或电网暂态,因此不能反映瞬时过冲功率和直流分量。如图 6-31 有功波形所示,详细模型能够反映发电机定子去磁过程向电网注入的瞬时有功功率,同时无功功率伴随约 50Hz 的振荡,对应磁链的直流分量;而暂

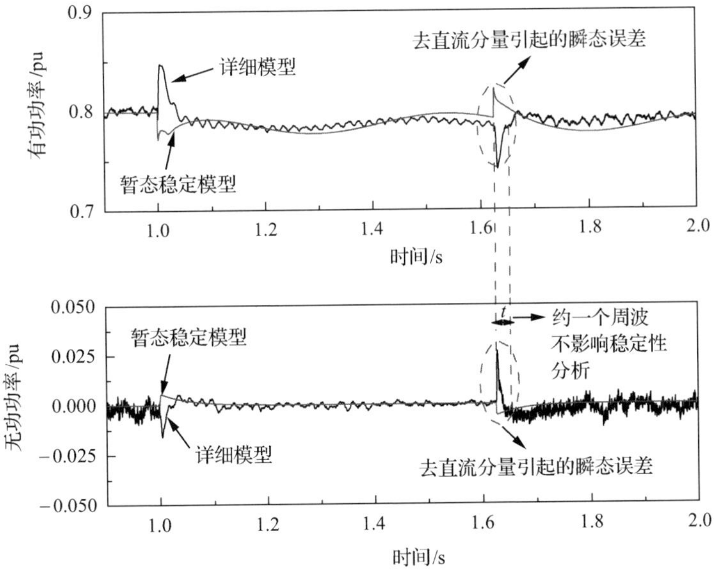

图 6-29　有功无功功率暂态特性比较

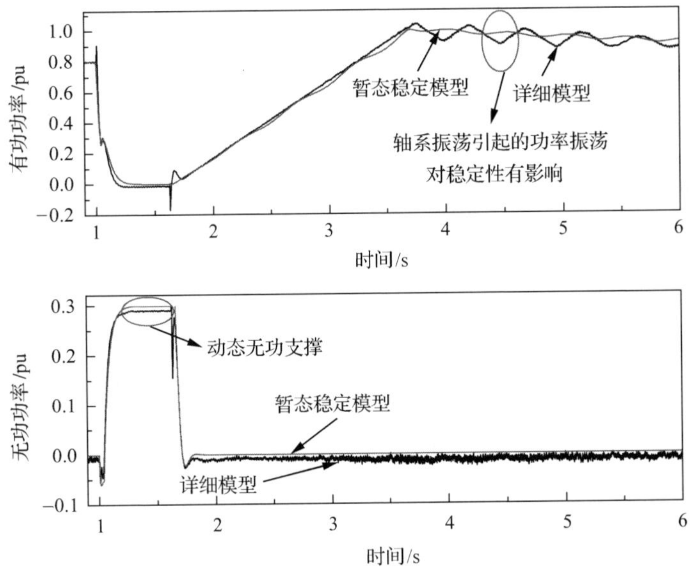

图 6-30　故障穿越全过程暂态特性对比

态稳定模型不能体现该细节，但整体响应是基本一致的。除此之外，从图 6-31 还可清晰地看出暂态稳定模型可准确预测机组状态的切换，表明 Crowbar 触发“判据一”和“判据二”(见 5.2.4 节)是有效的。

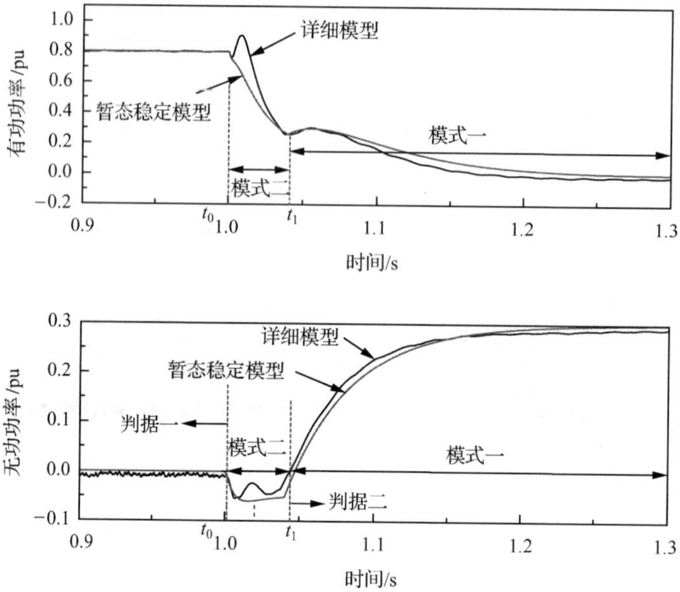

图 6-31　故障穿越全过程暂态特性对比(状态切换局部放大)

从图 6-32 可以看出,暂态稳定模型与详细模型有相同的振荡趋势。电网暂态期间激发的轴系振荡将在故障恢复后产生功率振荡,该振荡频率与电力系统低频振荡接近,存在诱发功率振荡的风险;同时也证明了轴系模型采用等效两质量块模型的合理性。

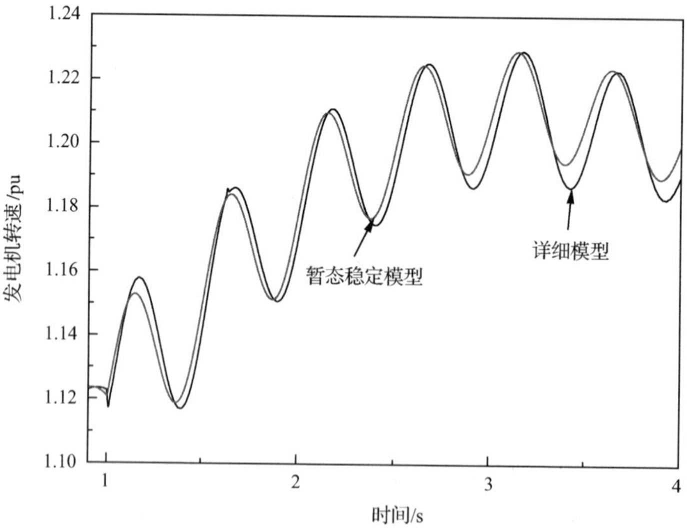

图 6-32　转速波形对比

综上，提出的简化模型可以用于暂态稳定分析。

仿真工况三(小扰动稳定)：平均风速为 11m/s，风电机组工作于约 85%的额定，仿真时间 1s 处，在平均风速上叠加频率约为 1.6Hz 的扰动信号，幅值为 0.5m/s(图 6-33)。系统条件同前算例。

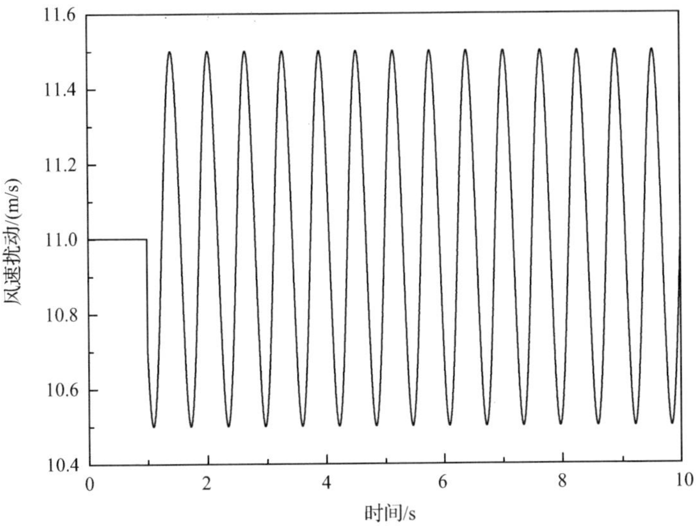

图 6-33　风速小扰动信号

在风速特征频率扰动下，轴系振荡被激发，所以双馈风电机组模型中轴系模型不能过于简化。面向并网稳定性研究时，应保留与系统机电振荡相近的轴系主导振荡模态，采用两质量块模型可以模拟轴系与系统相关的这一低频振荡(约 1.6Hz)。由图 6-34 可以看出，简化模型可以准确反映轴系的固有振荡，只是轴系振荡得到阻尼抑制效果优于详细模型，这主要是忽略电流调节动态，可能影响机侧变换器对轴系的电气阻尼，加快了轴系振荡的衰减，其频率和相位与详细模型基本一致。由图 6-35 可知，轴系的振荡可以反映在输出功率上，这主要和风电机组采用最大功率跟踪控制策略有关，风电机组输出功率的振荡可能导致与同步发电机发生机电振荡相互作用，提出的简化模型可以反映这一点，从图中可以看出有功出力存在稳态误差，这是因为简化模型忽略了变流器的损耗。

2. 基于全功率变换的风电机组简化模型及精度评估

1) 详细参考模型

基于全功率拓扑结构的风电机组主要有永磁同步风电机组、鼠笼异步风电机组以及绕线同步风电机组等。建立能够反映电磁、机电暂态特性的详细模型用于简化模型的精度评估。同样，根据 6.1 节的全功率机型模型框图和时间尺度分析结论，按表 6-4 选择各部件数学模型。该模型包含动态风、风力机、变桨控制、轴

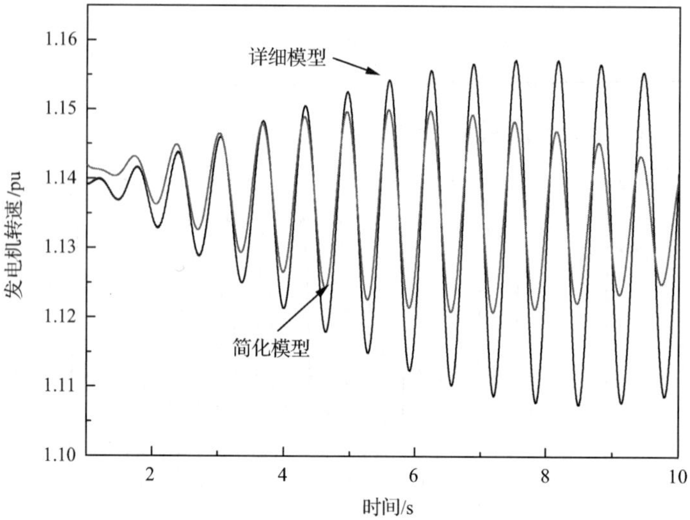

图 6-34　转速对比

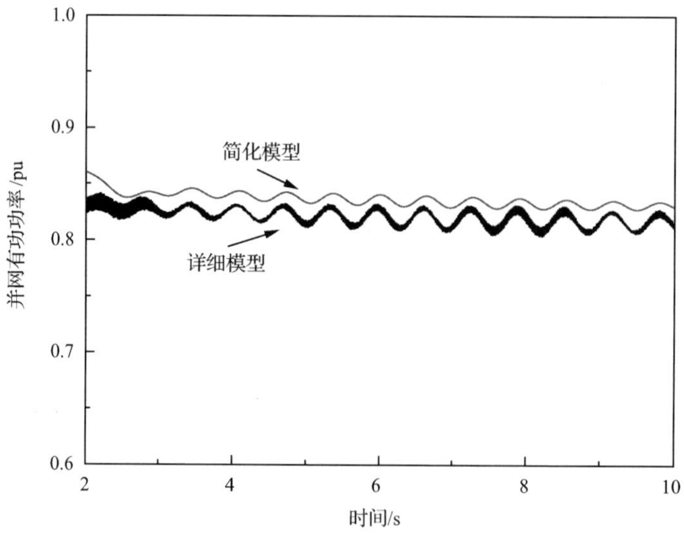

图 6-35　并网有功功率对比

系、发电机、变流器及其控制、保护、箱变等，其中电网采用戴维南等效模型。

由于全功率变流器实现了发电机和电网的完全隔离，所以各部件组合后电气结构将发生改变。从电网的角度来看，具体采用怎样的发电模式不再重要。因此，发电机（鼠笼异步或永磁同步发电机）、轴系、风力机等前端部件的模型经综合后将被弱化，而变流器及其控制模型需按时间尺度进行简化。

表 6-4 全功率变换风电机组模型列表

风电机组模型简化综合对象	模型简化
风速模型	恒定风速模型
风力机模型	C_p 拟合曲线:式(4-45)
变桨系统	一阶伺服和桨叶控制器:式(4-50)
轴系模型	有齿轮箱:三阶模型(两质量块):式(4-70) 无齿轮箱:一阶模型(集总质量块):式(4-72)
发电机模型	鼠笼电机:四阶电磁暂态模型式(5-2) 永磁同步电机:两阶电磁暂态模型式(5-8)
变流器模型	开关模型:式(5-11)～式(5-14)
变流器控制模型	双闭环控制:式(5-18)～式(5-23)
保护模型	直流卸荷:式(5-24)

2) 面向电力系统电磁暂态分析的模型简化综合

简化模型的构成见表 6-5。

表 6-5 全功率风电机组电磁暂态模型

风电机组模型简化综合对象	模型简化
风速模型	轴系、发电机模型省略,提供转速初值;根据恒定风速、C_p 曲线、桨距角初值和转速初值计算功率初值,作为机侧变流器直流受控电流源输入参考量
风轮模型	
变桨系统	
轴系模型	
发电机模型	
变流器及模型	网侧:开关模型及双闭环控制回路动态 机侧:直流受控电流源

全功率风电机组的暂态特性主要取决于网侧变换器及其控制回路,所以,机侧变换器及其控制和发电机、风力机的机械动态可以简化(图 6-36),用直流电流源进行代替。为了能够评估简化模型对电磁暂态过程的影响,仿真设置电网小值短路故障,保证直流电压不越限(直流卸荷保护不动作),这样能够反映电磁暂态过程中,简化模型对直流母线、并网电流暂态过程的贡献。如果直流卸荷动作,那么机、网彻底隔离,机械动态和机侧变换器动态无法直接反映到直流母线和并网电流上,因此无法评估简化模型的精度。

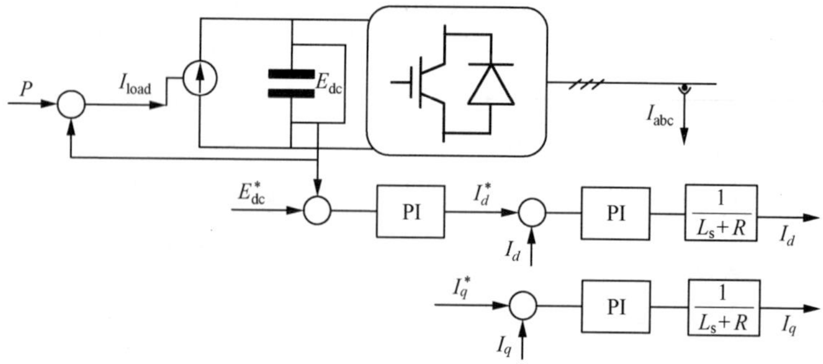

图 6-36　全功率风电机组电磁暂态简化模型框图

仿真工况：风速为 11.6m/s，风电机组接近满发，仿真 2s 处，在 PCC 点处发生三相对称短路故障，使端电压瞬时跌落至 0.85pu，故障持续 625ms 切除，考核简化模型对并网电流和直流母线电压暂态的影响。系统接线图如前算例。

对仿真中模型描述说明如下。

(1) 详细模型：采用表 6-4 所描述的模型。

(2) 简化模型：提出的电磁暂态简化模型。

由以上仿真可知，风电机组电磁暂态简化模型与详细模型的直流母线电压、并网电流的暂态响应基本一致，其中，直流母线电压暂态峰值存在约 1.6%的误差(图 6-37)，并网电流直轴分量有约 3.8%的误差(图 6-38)，而交轴分量暂态基本重合(图 6-39)，所以提出的简化模型可以用于电磁暂态分析。

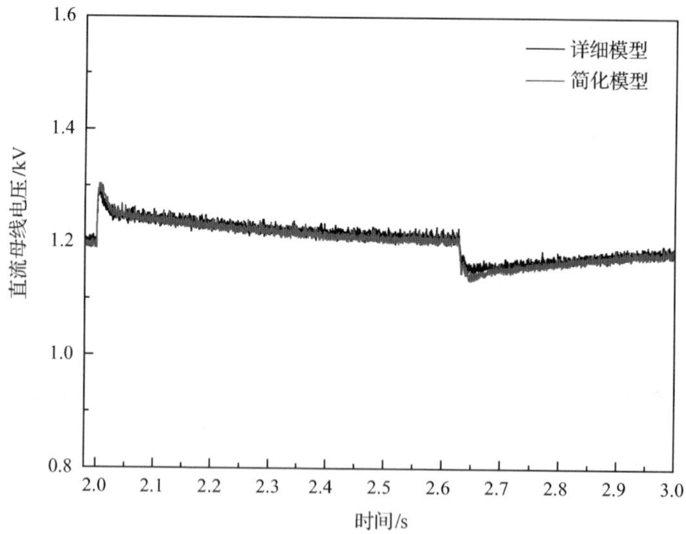

图 6-37　直流母线响应对比

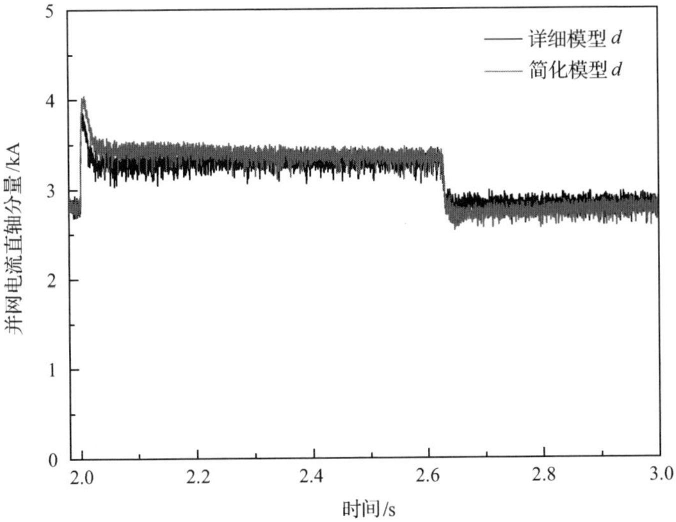

图 6-38 并网电流直轴分量对比

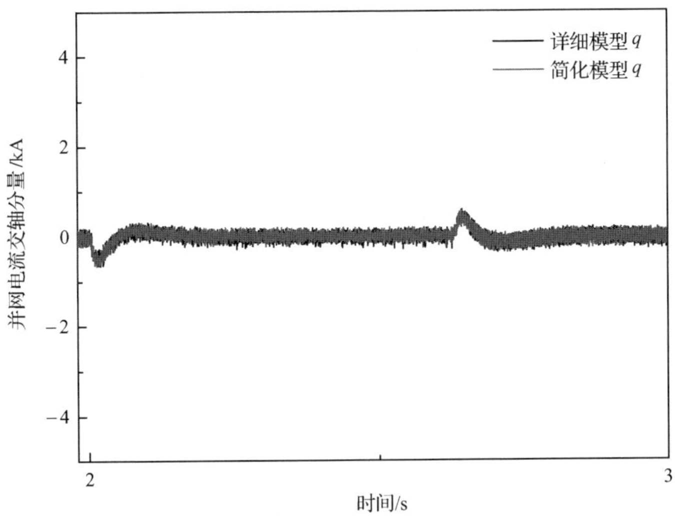

图 6-39 并网电流交轴分量对比

3）面向电力系统机电暂态分析的模型简化综合

全功率风电机组机电暂态模型见表 6-6。

对全功率风电机组的机电暂态简化模型评估主要从暂态稳定和小扰动稳定两个方面进行。

表 6-6　全功率风电机组机电暂态模型

风电机组模型简化综合对象	模型简化
风速模型	恒定风速模型
风轮模型	C_p 拟合曲线
变桨系统	一阶伺服及相应控制器
轴系模型	有齿轮箱(鼠笼):三阶模型(两质量块) 无齿轮箱(永磁):一阶模型(集总质量块)
发电机模型	稳态模型(忽略所有电磁暂态过程)
变流器及模型	受控电流源(忽略电流调节环)

对于电力系统,暂态稳定意味着电网发生大扰动下,同步发电机维持同步而不发生非周期性失步的能力;对于全功率风电机组,由于变流器将发电机与电网隔离,故障期间,直流卸荷电路的投入能够短时间维持发电机负载,快速变桨能够保证转速不超速,所以对于全功率风电机组,暂态稳定问题不大,因此,面向系统暂态稳定研究问题时,主要考核全功率风电机组简化模型输出特性是否与详细模型基本一致。

对于电力系统,小扰动稳定问题主要研究同步机及系统的振荡问题,在系统受到小扰动下,同步发电机功角不发生周期性发散振荡,所以,对全功率风电机组简化模型的考核主要是能够反映自身机电振荡模态,并且该振荡模态能够反映到电网上,对系统机电振荡产生影响。

仿真工况一(暂态稳定):平均风速为 11.6m/s,全功率风电机组工作于接近满发状态,仿真时间 4s 处,PCC 点发生三相对称短路故障,电压跌落至 0.2pu,故障持续时间 612ms。系统条件同前算例。

由图 6-40 可知,在电网大扰动情况下,简化模型与详细模型并网特性基本一致,简化模型在同等风速下,有功出力略大于详细模型,这主要是因为简化模型忽略了变流器开关损耗,可以用等效电阻的方式弥补这一缺点,详细模型的有功功率恢复具有一定斜率,这是因为实际电网电压的恢复不是瞬时完成的,而简化模型则认为电网电压跌落和恢复都是瞬时完成的,可以针对具体案例,对简化模型电压跌落和恢复的斜率进行限制,更符合实际响应。从图 6-40 还可以看出,由于简化模型忽略了电流环调节动态,无功响应是理想的,不存在故障投入和切除时的暂态扰动。由图 6-41 可以看出,简化模型和详细模型均能反映转速的振荡,详细模型转速在故障期间略有上升,这是因为电网故障下,系统总负荷小于输入,同时考虑风电机组可以通过变桨限制转速,其暂态稳定问题不大。综上,提出的简化模型对机组的并网特性描述是较为准确的,可以用于分析系统暂态稳定问题。

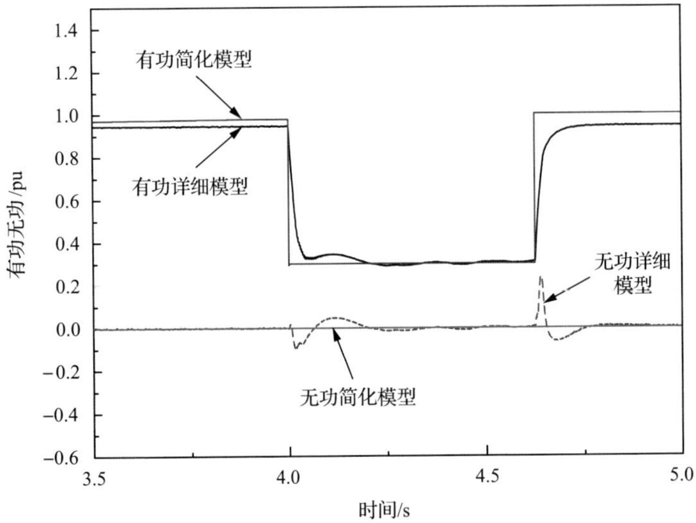

图 6-40　有功无功响应对比

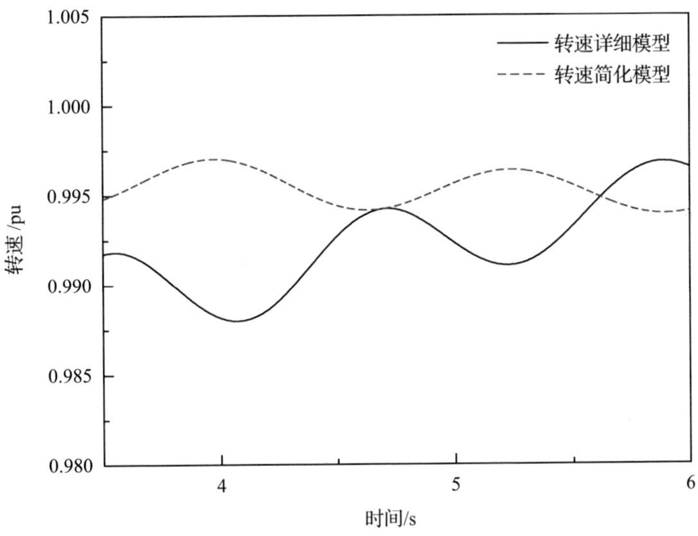

图 6-41　转速对比

仿真工况二（小扰动稳定）：平均风速为 10m/s，机组工作于约 0.62%的额定，仿真时间 4s 处，加入特定频率风速小扰动信号，幅值为 1m/s，频率为 1Hz。系统条件同前算例。

由图 6-42 可知，在风速小扰动下，可以激发轴系振荡，所以轴系模型至少需要两质量块才能体现这一振荡模态，机电暂态简化模型与详细模型在计算转速时有接近的精度，转速的振荡相位基本重合(图 6-43)，幅值略有差异，但能准确反映这一振荡模态。除此之外，转速的振荡将会体现在输出功率上(有功)，而对无功分量无影响(图 6-44)。这就说明在最大功率跟踪控制策略下，全功率风电机组在一定程度上是机电耦合的，功率和转速振荡频率接近，约为 1Hz，该频率在电力系统低频振荡范围内，有可能对系统低频振荡产生影响。所以，提出的简化模型能够反映小信号稳定所关注的问题。

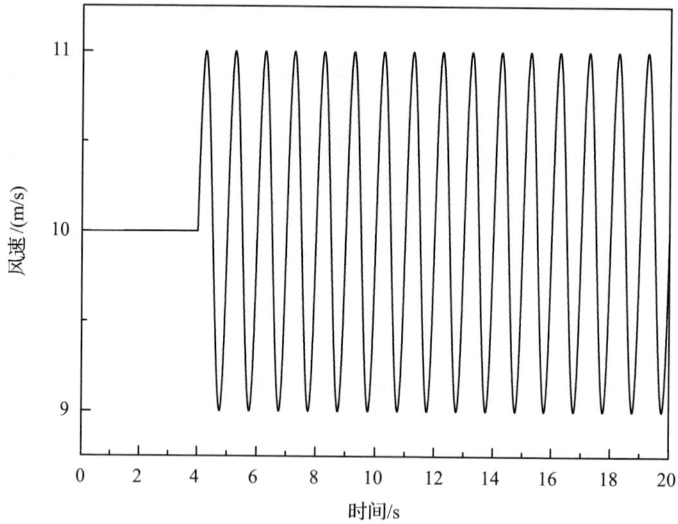

图 6-42 风速小扰动波形

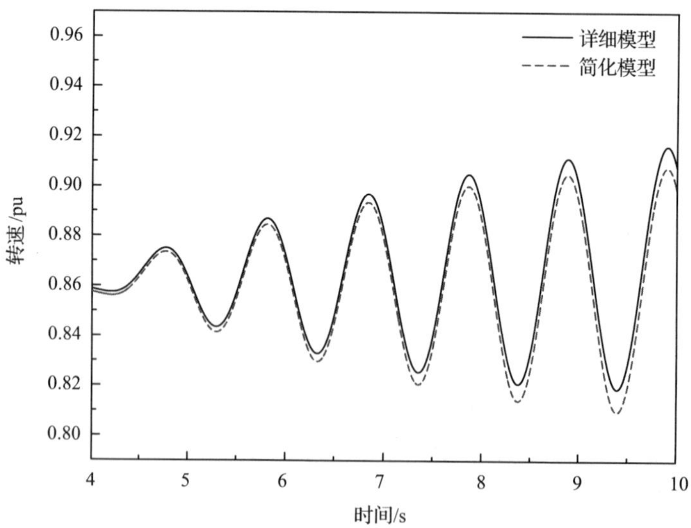

图 6-43 转速对比

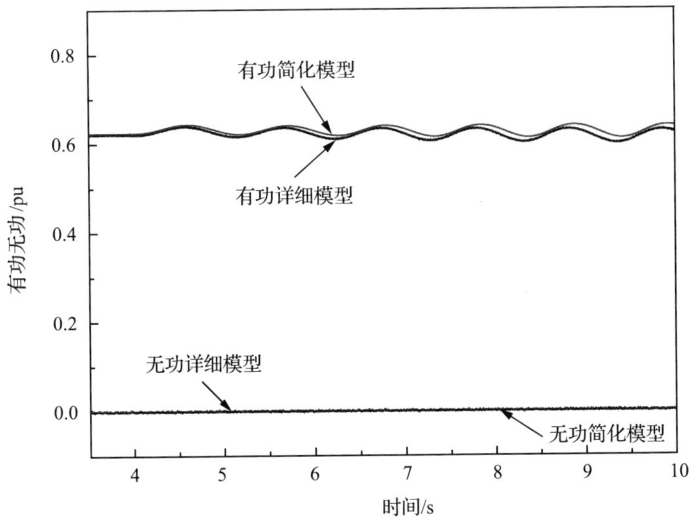

图 6-44 有功无功对比

6.4 风电机组的电压源控制模型

基于场定向的矢量解耦控制技术有两个环节值得关注。第一,场定向通过锁相环或状态估计实现对定向矢量空间角的计算,该过程是变流器控制频率与电网频率的解耦过程。第二,功率解耦控制通过电流注入的方式实现,该过程速率较快,可认为是一种快速"功角"控制。以上两个方面分别体现了风电与电网主要参数(电压、频率)的弱联系与电流源特性。6.3 节从阻抗分析的角度阐述了风电机组电流源特性可能引发的谐波振荡,同时,频率的解耦和与电网电压的弱关联特性,使得大规模风电并网不能主动参与系统调节,如自主的惯量响应、电压支撑以及频率控制等,在一定程度上削弱了电网的抗干扰能力,这些问题严重限制了可再生能源的接入率。可以设想,在未来以可再生能源为主导的电力系统中,需要提出一种新的基于电力电子变换的电源控制和运行机制,在满足并网发电的同时,能够与电网起到相互支撑的作用,维持电网的安全稳定运行。

以此为出发点,本节借鉴同步机的运行机制和相关特性,提出风电机组的电压源控制方案,试图通过控制结构的改进,使风电机组具有与同步机相近的电压源属性,从而达到改善其接入特性和提高并网能力的目的。

6.4.1 全功率机型电压源控制模型

本小节提出一种用于全功率变换风电机型的电压源控制结构。首先简要回顾同步机的特性及主要控制：

(1) 并网功率体现为功-角二阶关系；

(2) 具有励磁功能，保证端电压在一定范围内；

(3) 具有频率下垂控制。

与同步机不同，风电机组的同步是靠锁相环来实现的，锁相环响应速度快，配合变流器功率的快速调节，风电机组功角近似为一阶关系。事实上，这种响应关系可以取同步机惯量的极限得到，即认为同步机机械惯量很小，所以，风电的接入具有小惯量的特点。除此之外，风电目前无主动电压控制，这将导致风电机组无法根据出力大小来调节电压水平，瞬时的过载或电压下降可能导致功角失稳(这里的功角指风电机组的锁相环输出相角)，进一步扩大为机组停机。以上这些现象均由现有矢量控制难以适应弱电网或复杂电网环境所致。借鉴同步机较为鲁棒的控制结构和并网运行机制，通过改变变流器的控制结构，使机、网侧变换器分别等效为两台虚拟同步机，整个风电机组等同于柔性连接的三机系统，如图 6-45 所示。

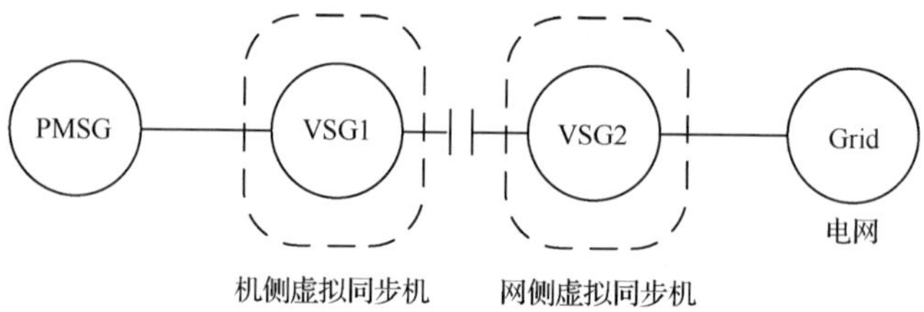

图 6-45 电压源控制下全功率机组各部件关系图

根据以上关系，设计机网变流器的控制结构如图 6-46 所示，其中，H_{dc} 为母线电压调节器，H_{rs}、D_{rs} 为机侧虚拟同步机等效惯量和阻尼，D_{gs}、H_{gs} 为网侧虚拟同步机等效惯量和阻尼，ω_{rs}、ω_{gs}、V_r、V_g 分别为机网虚拟同步机的频率和端电压。

由于全功率机型具有机、网电气隔离特性，机侧变换器仍可采用矢量控制，本节均采用电压控制。从结构上可以看出，机网变流器的控制内核均采用了同步机的功-角二阶动态方程。机侧变换器的外环采用了母线电压控制，网侧变换器采用了最大功率跟踪控制，无功控制均采用无功-电压下垂控制。值得强调的是，机侧虚拟同步机需要设计为小惯量系统，以提高母线电压控制速度，网侧变换器设计为与风力机惯量接近的虚拟同步机，以提供自主的惯量响应，同时，该系统无锁相环，能实现与电网的自动同步。通过以上控制改进，风电机组具备自主惯量响应、电压支撑、电网同步以及频率控制的能力。但由于没有电流内环，该控制结构下的故障穿越等问题有待进一步研究。

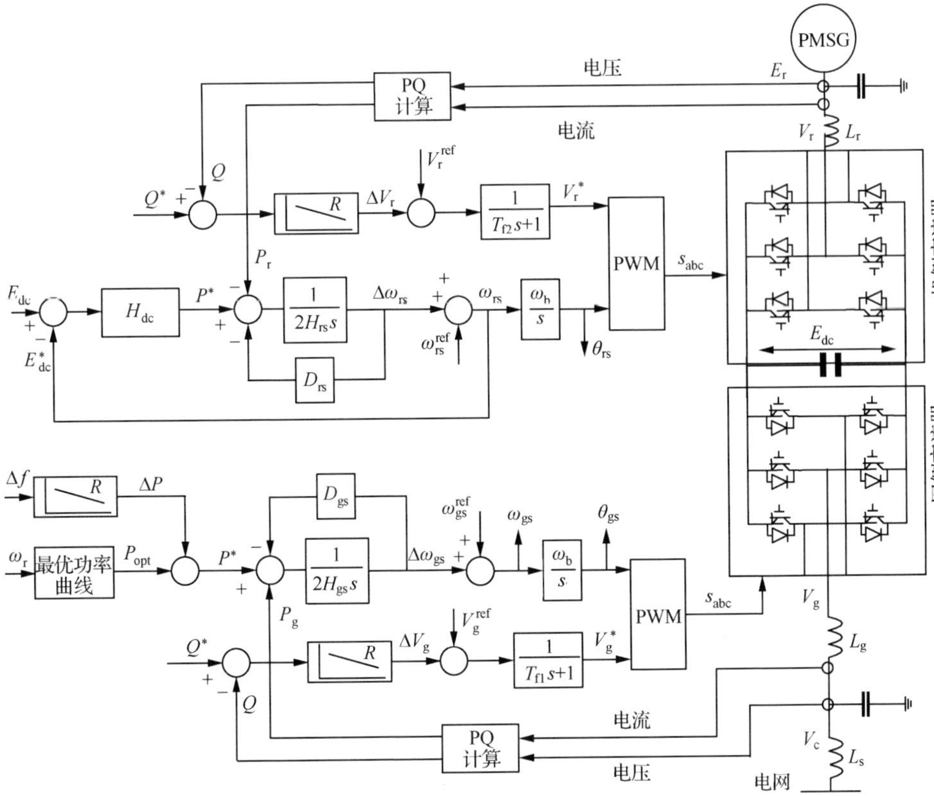

图 6-46 全功率机型电压源控制模型

6.4.2 双馈机型电压源控制模型

对于双馈机型，其整体设计思路与全功率机型基本一致，难点在于双馈机型定子直接联网，导致机侧变换器也需要与电网同步（图 6-47），同时，考虑到双馈发电机的异步运行，选取双馈发电机转子同步磁链为机侧虚拟同步机的转子，并进行同步和虚拟励磁控制，网侧变换器则控制母线电压，并设计为小惯量系统，其控制结构如图 6-48 所示。

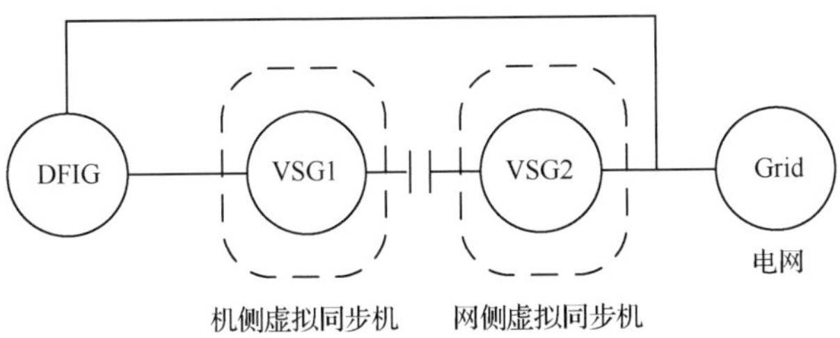

图 6-47 电压源控制下双馈机型各部件关系图

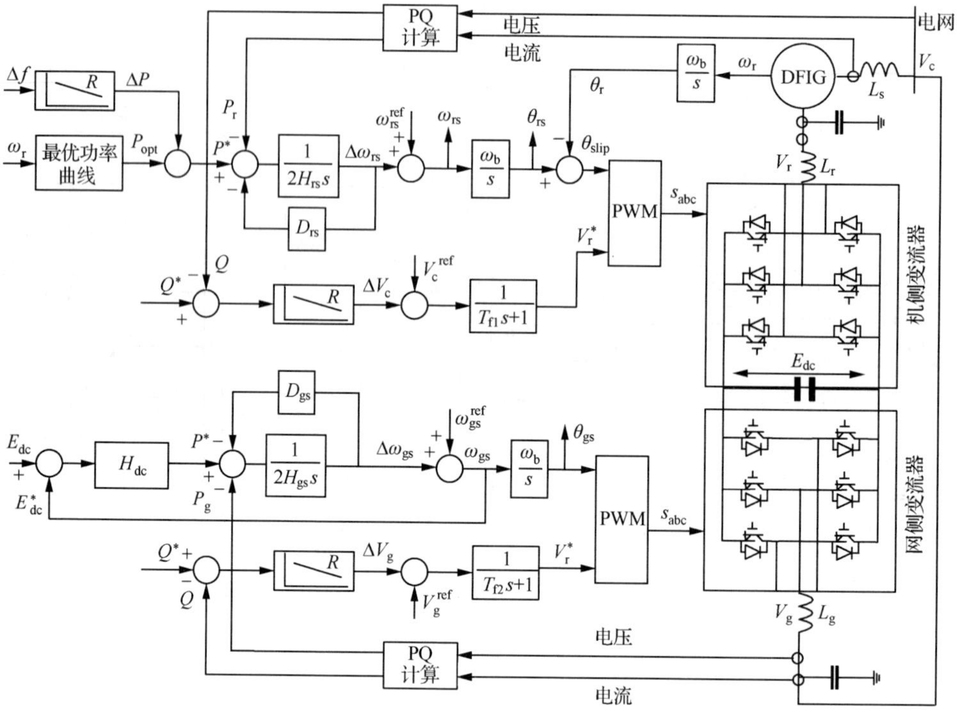

图 6-48 双馈机型电压源控制模型

通过该控制,双馈机型具备自主惯量响应、电压支撑、电网同步以及频率控制的能力,但也存在与全功率机型一样的问题,缺少对电流的有效控制。

以上分别设计了全功率机型和双馈机型的电压源控制结构,使风电机组等价为机网虚拟同步机、风力发电机构成的三机柔性系统。一般其中一台虚拟同步机需要设计为小惯量系统,以保证良好的母线电压控制品质,另一台虚拟同步机则将风电机组的整体惯量通过同步控制自然地体现出来。由于惯量和风电机组自身的最大功率跟踪性能总存在一定的矛盾,因此虚拟同步机惯量的优化选取值得后续探讨。更重要的是,该控制下的故障特性分析,以及考虑变流器电气应力限制的控制结构改进需要进一步研究。

6.4.3 仿真分析

本节根据提出的双馈、全功率风电机组电压源控制模型,在 PSCAD 仿真平台上实现该模型,并进行初步的仿真验证与分析,主要包含机组的电气启动、并网过程以及固有的惯量提取特性。

1. 双馈风电机组电压源控制模型仿真分析

1）启动、并网过程

双馈风电机组的启动包含机械气动和电气启动两部分，这里不对机械气动进行过多描述，认为桨距角控制已经将转速控制在一定范围内，主要验证电压源控制下机侧、网侧变换器的电气启动、并网性能。

(1) 网侧变换器启动并网。其步骤如下：

①串入充电电阻，变流器不控充电；

②变流器开始调制，与电网相角同步；

③同步后(仿真 1s 时)投入直流母线电压控制环。

从图 6-49 和图 6-50 可以看出，所提控制策略可以实现网侧变换器的柔性并网，网侧虚拟同步机经过暂态扰动后，最终被拉入同步(图 6-50)。在拉入同步过程中，直流母线电压有暂态冲击，在允许范围内。

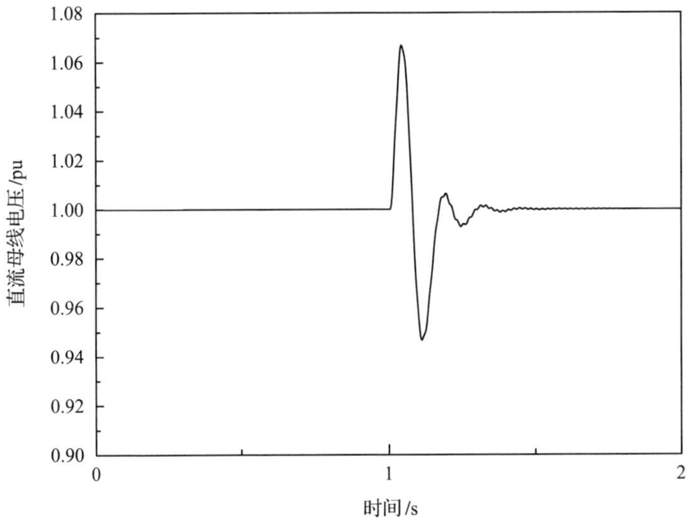

图 6-49　直流母线电压

(2) 机侧变换器启动并网。其步骤如下：

①网侧变换器启动完毕，机侧变换器启动；

②机侧变换器开始虚拟磁链和同步控制；

③相角同步后，断路器闭合(仿真 3s 处)，并网；

④并网稳态后，开始升功率(仿真 4s 处)。

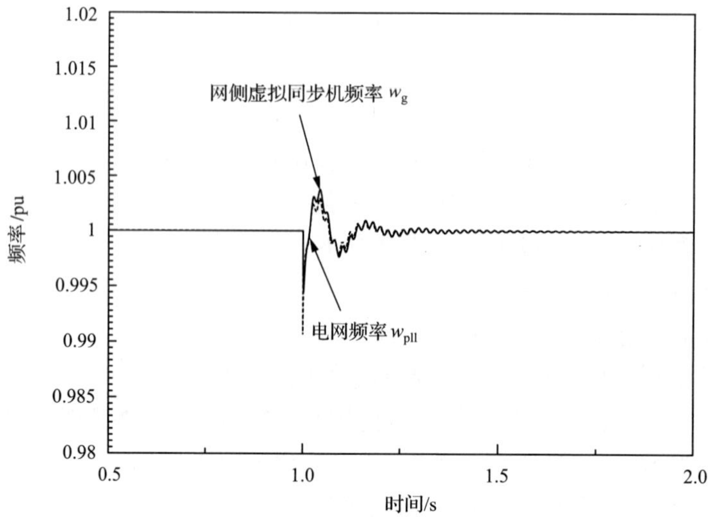

图 6-50 同步频率对比

从图 6-51 可以看出，所提控制可以提供稳定的虚拟励磁电动势(即转子磁链)；在机侧虚拟同步机同步后合闸时，发电机转速变化在允许范围内且是稳定的，网侧虚拟同步转速保持恒定同步速率，如图 6-52 所示，并网会引起直流母线的暂态扰动(图 6-53)，但在允许范围内。从图 6-54 可以看出，机侧虚拟同步机在同步、并网和升功率阶段均体现较好的柔性，无暂态冲击，验证了所提的控制可以实现机组的柔性并网。

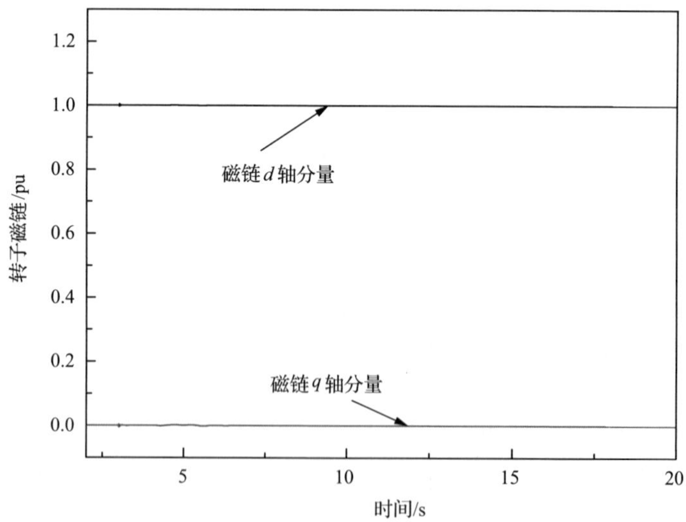

图 6-51 转子磁链(虚拟电势)

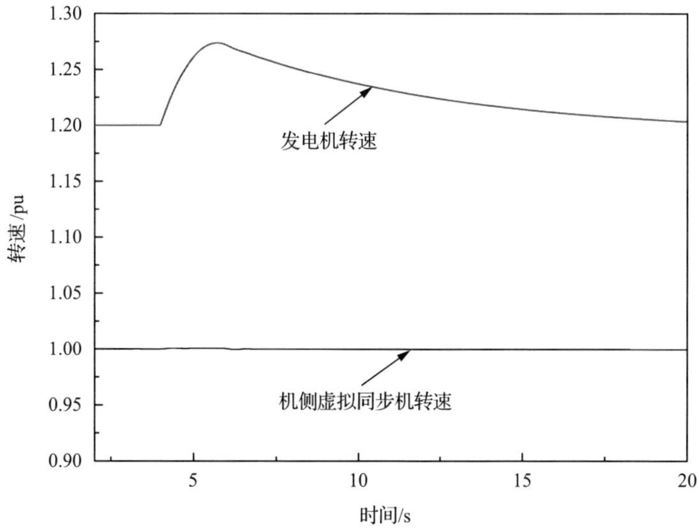

图 6-52　发电机、虚拟同步机转速

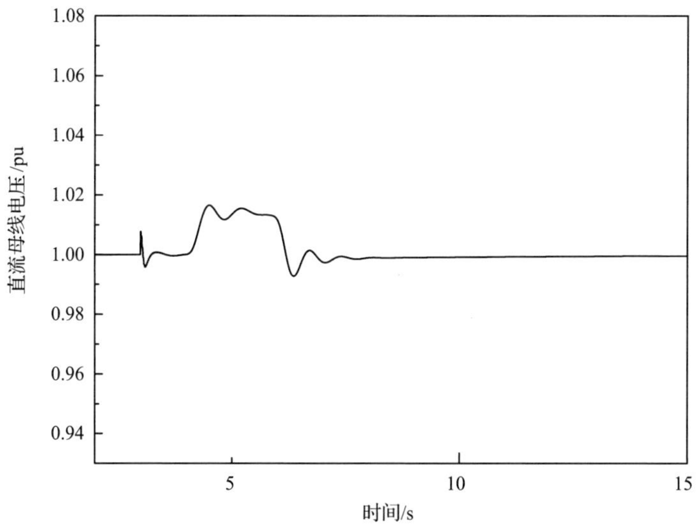

图 6-53　直流母线电压

2）惯量提取特性

仿真时间 10s 时，系统频率发生 50～49.5 的变化，机侧虚拟同步机惯量响应过程如图 6-55 所示。图 6-55 体现了电压源控制的主要优势之一：能够体现固有的惯量响应特性。

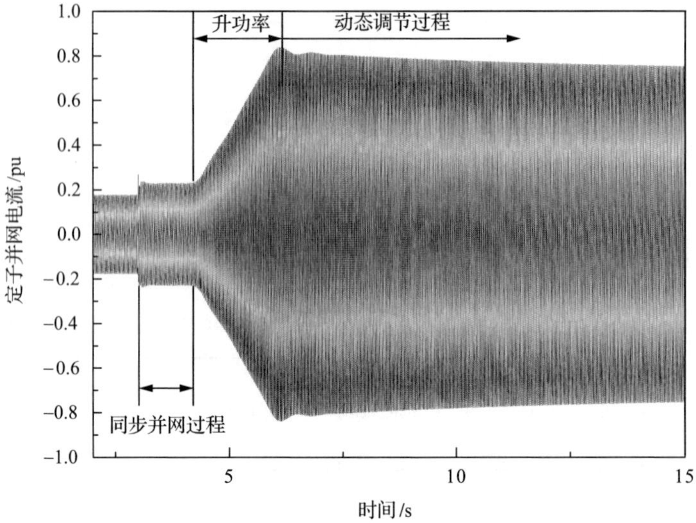

图 6-54　定子并网电流

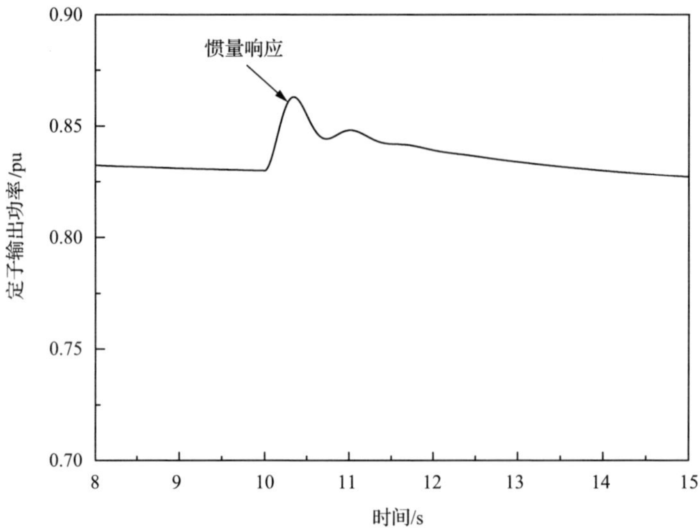

图 6-55　惯量响应下定子输出功率

2. 全功率机组电压源控制模型仿真分析

1) 并网、启动过程

其步骤如下。

(1) 对于采用电励磁和永磁同步发电机的全功率机组，直流母线可以通过机侧变换器建立，对于采用鼠笼感应的全功率机组，直流母线电压需要先从网侧充电，再通过机侧升压到额定值。

(2) 直流母线电压建立后，网侧变换器启动，同步相位角；

(3) 相位角同步后，断路器闭合(仿真 2s 处)；

(4) 断路器闭合后，开始升功率(仿真 3s 处)。

图 6-56 体现了并网过程中会引起直流母线电压波动，但不超过保护限制，可控；图 6-57 体现了网侧虚拟同步机可以被自动拉入同步，在并网合闸时，会引起直流母线暂态，但在允许范围内。图 6-58 体现了柔性并网过程。

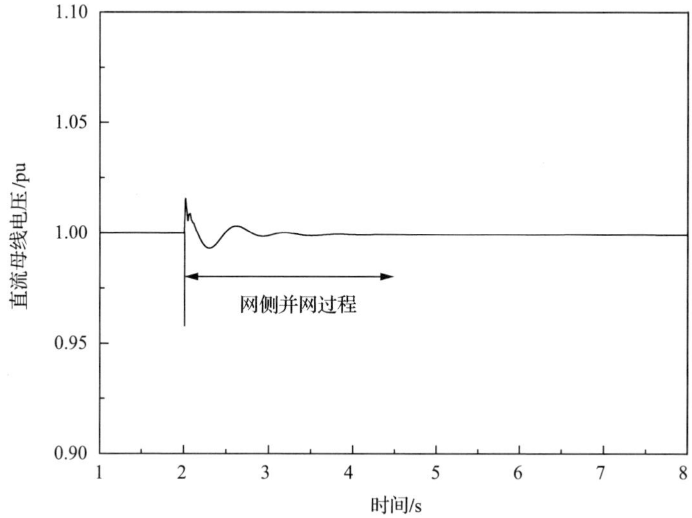

图 6-56　直流母线电压

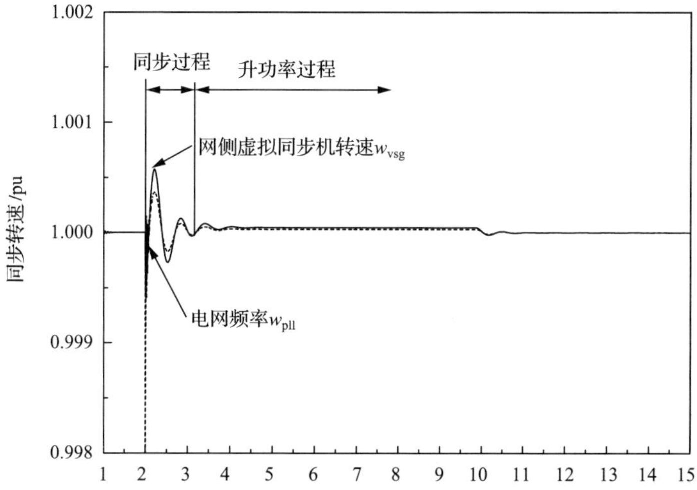

图 6-57　同步转速对比

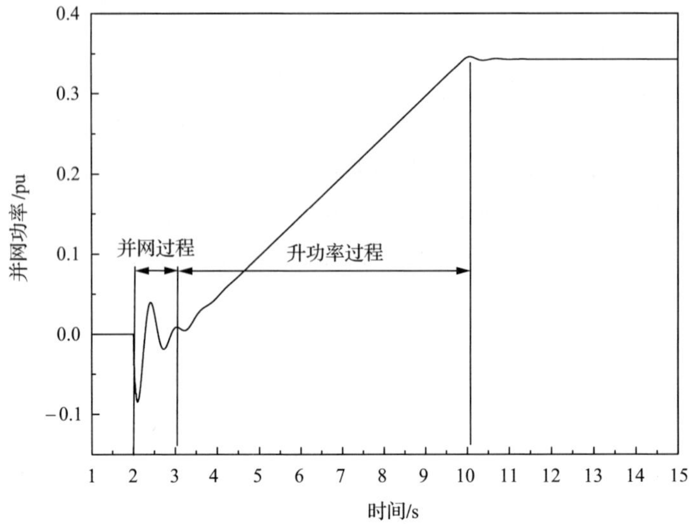

图 6-58　并网功率

2）惯量提取特性

仿真 20s 处，系统频率发生 50～49.5 的变化，网侧虚拟同步机惯量响应过程如图 6-59 所示。

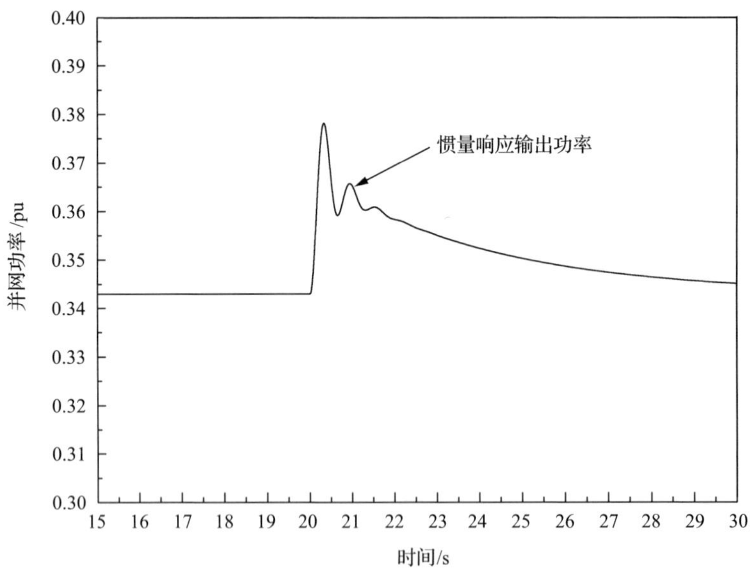

图 6-59　惯量响应输出功率

同样，该仿真体现了电压源控制下固有的惯量提取特性。

6.5 本章小结

本章分别介绍了面向机组分析设计的模型和面向电网分析的模型，然后通过仿真对简化模型的性能及精度进行了评估。

面向机组分析设计的模型重点关注机组级的问题。本章首先给出了适用于机组有功发电控制策略研究的建模方法，并对最大功率运行控制、提高最大功率跟踪带宽控制及降功率运行控制进行了讨论；随后给出了面向机组整机减载荷控制器设计的风电机组整机线性化模型，该模型在线性化机械模型的基础上整合气动模型与电气模型得到；还建立了包括轴系扭振及非扭转机械振动在内的机械振动及气弹耦合分析模型，该模型能展现风电机组整机的主导机械振动模式。在此基础上给出了机组的机电-电磁耦合分析模型，该模型重点关注电网故障下机电暂态与电磁暂态的耦合作用。然后给出了基于 RTDS 与 Bladed 的风电机组气动-气弹-机电-电磁耦合精细化模型，该模型能充分展现机组动态，适用于控制器的验证，并且联合仿真平台的实时性可用于半实物硬件在环仿真。

本章根据风电机组各部件时间常数及其多时间尺度模型，推导了面向电网分析的简化模型，主要包含电磁暂态模型和机电暂态模型。在单个部件多时间尺度模型的基础上，充分考虑了各部件经综合后可能出现的时间常数退化现象对模型阶数的影响。对于双馈风电机组，其时间常数的退化主要体现在发电机和变流器控制的结合上；对于全功率机组，由于变流器的电气隔离作用，其发电机、机侧变换器及其控制的时间常数退化更为明显。针对时间常数的退化现象，提出了部分、全功率两种功率变换机型的综合简化模型。

此外，根据提出的部分功率变换和全功率变换机型综合简化模型分别进行了电磁暂态、机电暂态仿真，并进行相应的简化模型精度评估。其中，电磁暂态问题主要考核简化模型对暂态电流峰值的计算精度；暂态稳定问题主要考核简化模型对转速变化以及并网功率的计算精度；小扰动问题主要考核简化模型对机组机电振荡模态的计算精度。最后，仿真验证了所提模型的有效性。

参考文献

[1] 弗拉基斯拉夫·阿赫玛托夫. 风力发电用感应发电机. 本书翻译组，译. 北京：中国电力出版社，2009.

[2] 赵仁德，王永军，张加胜. 直驱式永磁同步风力发电系统最大功率追踪控制. 中国电机工程学报，2009，29(27)：106-111.

[3] 陈家伟，陈杰，龚春英. 变速风力发电机组恒带宽最大功率跟踪控制策略. 中国电机工程学报，2012,32(27)：32-38.

[4] Bianchi F D, De Battista H, Mantz R J. Wind Turbine Control Systems-Principles, Modelling and Gain Scheduling Design. Berlin：Springer，2007.

[5] Ekanayake J B, Holdsworth L, Jenkins N. Comparison of 5th order and 3rd order machine models for doubly fed induction generator(DFIG) wind turbines. Electric Power Systems Research，2003,67：207-215.

[6] 郭家虎，张鲁华，蔡旭. 双馈风力发电系统在电网三相短路故障下的响应与保护. 电力系统保护与控制，2010，38(6)：40-48.

[7] 张琛，李征，高强，等. 双馈风电机组的不同控制策略对轴系振荡的阻尼作用. 中国电机工程学报，2013，33(27)：135-144.

[8] Mata-Dumenjo M, Sanchez-Navarro J, Rossetti M, et al. Integrated simulation of a doubly fed induction generator wind turbine//13th European Conference on Power Electronics and Applications，2009：1-7.

[9] 刘兴华，敬维，林威. GH Bladed 和 Matlab 的交互软件设计及风力发电机的独立变桨控制器仿真研究. 中国电机工程学报，2013，33(22)：83-90.

[10] 苗风麟，施洪生，张小青. 风力发电机组多领域耦合模型及动态响应分析. 中国电机工程学报，2015，35(7)：1704-1712.

[11] Bossanyi E A. GH Bladed Theory Manual. Glasgow：GH & Partners Ltd，2003.

[12] Kundur P, Paserba J, Ajjarapu V, et al. Definition and classification of power system stability IEEE/CIGRE joint task force on stability terms and definitions. IEEE Transactions on Power Systems，2004，19(3)：1387-1401.

[13] 訾鹏，周孝信，安宁，等. 提高双馈式风力发电机机电暂态模型 crowbar 保护仿真精度的方法. 中国电机工程学报，2015，35(6)：1322-1328.

[14] Clar K K, Miller N W, Sanchez-Gasca J J. Modeling of GE wind turbine-generators for grid studies. GE Energy，2010.

[15] WECC Type 4 Wind Turbine Generator Model Phase II. http://www. wecc. biz/library/WECC% 20Documents/Documents% 20for% 20Generators/WECC% 20Type% 204% 20Wind% 20Turbine% 20Generator%20Model%20-%20Phase%20II%20012313. pdf. [2013-01-23].

第 7 章 风电场的动态等值建模

大规模风电基地往往包含数十个风电场，上百甚至上千台风电机组。对于运行或调度部门来说，在进行电力系统日常运行方式安排、安全稳定校验及控制措施分析时，如果对每台机组进行建模，将出现仿真计算时间太长、潮流难以收敛或系统分析软件计算规模难以承受等诸多问题。然而，从电力系统的角度来看，风电并网带来的影响往往是“场”的综合作用，因而将多机组成的风电场模型进行简化或等值是必然的选择，这就使得如何建立既能够较精确反映风电场电气特性，又足够简化以适应电力系统安全稳定分析的动态聚合模型成为急需解决的热点问题。

7.1 风电场等值建模研究的基本方法及进展

7.1.1 风电场等值基本方法

风电场动态等值建模方法可以分为两大类，一类是聚合法；另一类是降阶法，如图 7-1 所示。

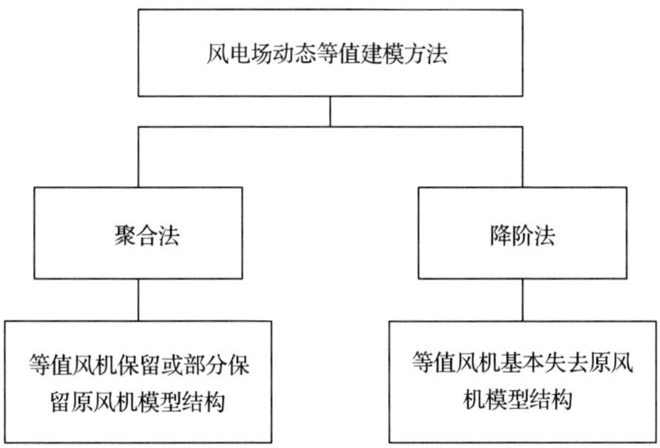

图 7-1 风电场动态等值建模方法

聚合法是以减少风电场内风电机组的数目为目的，等值风电机组的模型结构保留或部分保留原有风电机组的模型结构[1-2]。动态聚合建模又有将整个风电场等值成一台和多台两类方法。用一台风电机组等值整个风电场往往是在风电场的机型一致的条件下，鉴于风场中各处的风速不同，研究的重点大都在平均风速选取。多机等值方法是将风电场中运行状态相近的机组等值成一台机，整个风电场等值成几台机组，研究的重点在风场中风电机组的分群。往往用于风速差异较大的风场中，在此，电力系统同调等值的思想被借鉴到了风电场机组的分群中。此外，还有介于两者之间的复合模型方法，其在多机法的基础上，对电气部分进行进一步的简化，即把风电场电气部分用一个单机表示，而将气动部分、传动链和MPPT模型根据相同的运行条件分别聚合[3-4]。这一方法由于考虑了不同区段的风速差异，而忽略了不同区段发电机转速的差异，因此复合模型法适用于恒速风力发电机风场和发电机运行点接近的变速风力发电机风场。显然，单机等值使计算更简单，但精度可能比多机等值低一些。两者都已被对比研究证明误差可以控制在可接受的范围内，是可用于系统分析的。

降阶方法是以减少风电场模型阶数为目的，一般采用系统理论及数学的方法[5-6]对风电场模型的微分方程进行降阶、化简，利用该方法得到的等值风电场模型不保留原有风电机组的模型结构。在建立风电场模型时需要根据不同的研究目的来选取等值方法。降阶等值法是按照电力系统问题分析对应的时间尺度，按照前述相关章节的方法将机组的模型进行简化。

从电力系统分析的角度来讲，风电机组动态仿真模型可按照前面所述的电力系统暂态过程分析的大类来划分，可分为如下几类。

(1) 电磁暂态模型：精确到开关器件的动作和暂态过渡过程，准确反映过电压、过电流等特性；可用于新设备开发、控制算法优化、器件选型，暂态过程分析及优化(设备制造)、风电机组并网性能一致性评估、小型风电场暂态性能分析(系统计算与风电并网认证)等场合。

(2) 机电暂态模型：准确反映此时间尺度的控制和保护动作特性，可用于风电机组并网性能评估、风电场接入电力系统稳定性分析、风电并网接入设计与规划(风电接入电力系统计算与规划)。

(3) 动态模型：能够准确反映较长时间动态过程中机组的控制和保护动作特性，用于电力系统长时间尺度动态仿真。

风电场等值建模的基本要求是要保持等值前后并网点的电气量不变，等值模型的动态特性与实际风电场相近，等值模型中发电机容量与实际风电场的装机容量相同。

风电场聚合建模一般的步骤如下：

(1) 根据研究目的选择需要采用的等效模型；若选择多机分群法，则需要确定分群指标；

(2) 根据选择的等效模型进行参数识别，求取等值参数；

(3) 进行模型验证。

根据具体研究的问题以及精度要求,确定是否需要计及风电场内部线路以及各种设备的等值。

7.1.2 风电场等值模型的研究进展

单机表征法的研究从定速机组风电场的动态等值建模[7-14,15]到大型变速风电机组的风电场建模[10,13,14,16],研究的目标是通过参数求取提高风电场单机等值模型的精度。例如,把风电场等值成一台风力发电机组后,有采用平均风速作为等值模型输入[17],机组参数取原机型的标幺参数的方法;也有对发电机组的惯性时间常数、阻抗以及滑差等风电场的等值参数,采用基于传递函数概念的参数辨识方法及最小二乘法求解[7],或是根据风电场的输出特性,利用遗传算法找到一组满足优化目标函数的等值模型参数[8]。这类参数辨识方法求取较复杂,且结果易受输入输出特性的影响,在反映风电场动态模型方面有局限性。有研究认为,由于大型风电场内风速分布不均匀,风电机组处于不同的运行点[18-19],会使风电场的单机等值模型产生较大的误差。因而单机表征法适用于风速差异较小的风电场的动态等值建模,即可忽略尾流效应和发电机转速差异的风电场,或用于研究距离风电场较远处发生故障时系统的稳定性。

大型风电场由于地形地貌以及尾流效应和时滞的影响,风电机组的风速差异较大,处于不同的运行点,在故障条件下使用单机表征法难以反映不同轴系动态的特性[14]。为此,出现了分群等值的方法。分群是基于判定风电机组同调的思想,目前研究的方法有三类。一类是根据风速对风电机组进行分群(属于按初始条件分群),对同群的风电机组进行合并等值成一台风电机组,从而得到多台风电机组表征的风电场等值模型[10,20-21]。其中一种是变尺度降阶等值,按风机地理位置将同一行或同一排的风电机组等值为一台风电机组[20],在确定的风向下取得了较好的结果,但这种方法没有考虑风向的变化,且对于包含十几排风机的大型风场而言,等效机组过多,简化程度不够。文献[21]以机组风速为分群原则,在确定的机组风速分布下,可取得较好的效果,但建模精度和简化程度受风场风速的动态分布和变化差异大小的影响。这类方法在风电场内机组风速差异较大时,等值风电机组的数量会增加,从而导致仿真时间较长。其前提是假设在风电场机组类型和控制方式相同的情况下,运行点接近的机组其动态特性也接近。然而,风速并不能唯一表征风电机组的运行点。第二类是根据机组桨距角、发电机转速及短路容量等特征量分群[22-24]。文献[22]按双馈机组桨距角动作特征分群,并结合支持向量机理论,提高等值建模的精确性。文献[23]提出了以发电机转子转速作为分群指标,结合聚类方法对风电场内的风电机组进行划分,但转速依然无法完全表征风电机组的运行状态。文献[24]采用聚类算法,根据机组运行的所有状态变量(13 个)来分群,考虑的因素较全面,但需逐个求解每台机组的状态变量,当实用中风场规模较大时,会导致计算工作量大,实时性差。离线应用时,由于机组状态随输入风速随机变化,使确定的分群得不到希望的结果。第三类是根据风电机组的动态特性分群,如文献[18]根据异步发电机的机械暂态数学模型方程组的特征值进行机群分类,再利用基于传递函数概念的参数辨识方法求解发电机组的动态等值参数。文献[25]分析了风电机组的主导振荡模式后,以此作为分群的依据。然而,在多数的状态分析中没有考虑到风电机组特有的锁相环的作用,以致结果产生偏差。

目前风电场等值方法大多从风电场本身的电气特性出发,忽略了风电场电气特性与其接入近区系统之间的耦合关系,并没有充分考虑风电场接入后对系统安全稳定带来的影响。在分群分析中,对风电机组的内部动态特性及其对外部特性的影响分析不够清晰。反映机组运行的状态变量虽然较多,但并非都能独立作用于其输出特性。准确把握对电网稳定产生影响的主要变量是风电场聚合建模的基础,因此,首先需要深入探讨风电机组的动态特性。

7.2 风电机组的同调判别

同调思想源于同步机,用于等值具有相干功角波形的同步机组,之所以选择功角作为同调参数是因为同步机在扰动下的主要动态特性体现为功角的摇摆过程。可以看出,同调思想的两个关键点:一是同调参数应能反映同调对象的主要动态特性;二是该参数应是全局状态量,也就是其动态响应对全局产生影响。下面将从这两个方面来分析并网风电机组的动态特性。

7.2.1 风场主导动态特性影响因素分析

1. 风电机组的功角特性

风电机组经变流器并网,其同步过程采用 PLL 锁相技术,不依赖于转子的机械运动,机械频率与电气频率基本解耦。不同机型其解耦程度不同,如双馈机组属控制解耦,而全功率机型属完全电气解耦。这种解耦特性使得风电机组不具有功角特性,或者说其功角特性与同步机有较大差别,主要有以下几个方面特点。

1) 功角的瞬态跳变过程

风电机组一般采用基于矢量定向的双闭环解耦控制,其中双闭环分别指功率外环和电流内环。从控制带宽上看,功率环最慢,锁相环其次,最快的是电流环。功角的瞬态过程体现为电流环的调节过程,从第 3 章可知,该过程约 20ms,体现为电压相角跳变,此时可认为 PLL 还没动作(图 7-2 中的 P_1 段)。

2）功角的瞬态校正过程

功角的瞬态校正过程是 PLL 对电流环控制导致的电压相角调进行重定向（图 7-2 中的 P_2 段），该动态过程约 80ms，同时，电流环也跟随相角不断校正。

3）功角的准稳态过程

该过程认为电流环进入稳态、PLL 的校正过程进入稳态（图 7-2 中的 P_2 段后），此时功角的变化取决于功率外环动态（图 7-3），因此称为准稳态过程（调整时间约 200ms）。

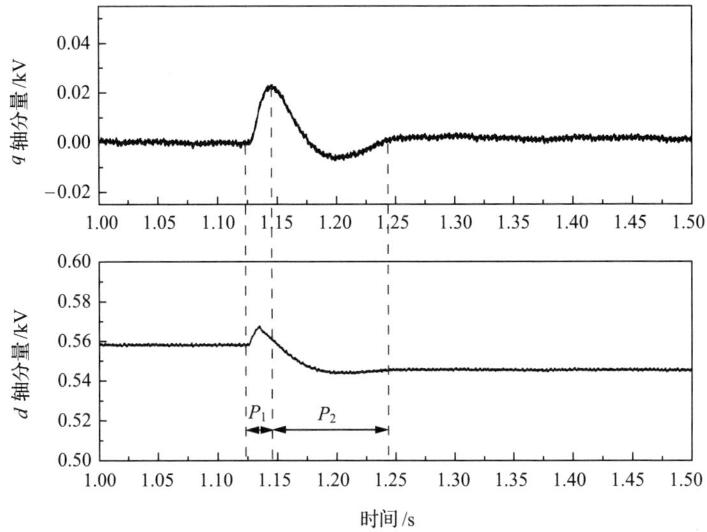

图 7-2 电流环、PLL 动态过程（电流突增 0.5pu，短路比为 4）

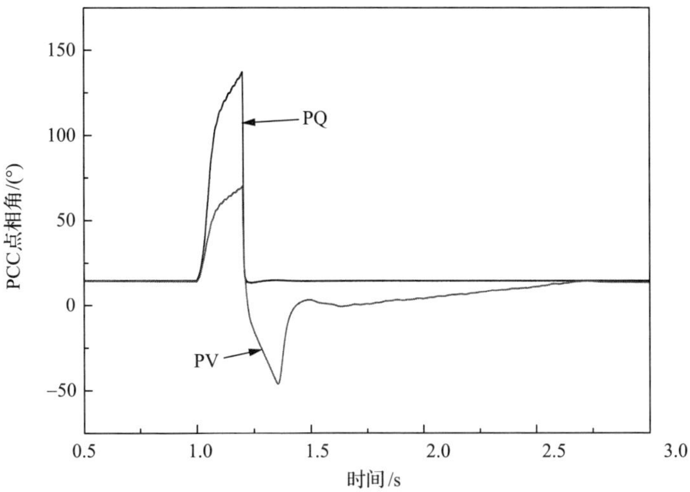

图 7-3 PQ、PV 控制下功角特性（PCC 点于 1s 时发生短路故障，持续时间 200ms）

从以上分析可以看出，能与电力系统慢尺度机电过程产生交互影响的是准稳态过程，但该过程中的功角特性实际受功率外环的控制（图 7-3，1.2s 后），所以风电机组的功角属于内部状态量，不宜作为同调参数。同理，定、转子电流同为内部状态量，不直接与外部交互，也不宜作为同调参数。可以看出，与外部产生直接交互，并能体现风电机组主要特性的是功率环的动态，所以功率及其控制应作为同调主要参数。

2. 不同功率控制方式下风电机组的模态分析

由于风电机组功角为内部变量，并受功率控制环的镇定。因此，相同的功率控制下，工作状态的变化不会使其受扰特性发生较大的改变。类似于同步机的不同运行状态对功角摇摆曲线的阻尼不一样，风电机组也有类似的特性。风电机组实现最大功率捕获需要在功率环路引入转速信号，这使得机械动态通过功率控制耦合到了电网上，虽然该特性并非同步机的功角特性，但有相近的表达形式（功率振荡），而且不同控制策略对其电气阻尼作用不同[26]，因而，按控制策略进行同调性分群是合理的。目前机组的有功控制基本采用最大功率跟踪或恒功率运行，而无功控制可以采用恒功率因数或恒电压控制，因此在相同的输入条件（即相同的风速或工作状态）下，风电机组的同调分群可以将按是否恒功率和有、无电压闭环控制来进行，见表 7-1。

表 7-1 不同控制方式下的同调类别

风电机组控制方式	同调类别
最大功率跟踪＋恒功率因数	Ⅰ
最大功率跟踪＋恒电压控制	Ⅱ
恒功率控制（含变桨）＋恒电压控制	Ⅲ
恒功率控制（含变桨）＋恒功率因数控制	Ⅳ

另一方面，不同工作点下风机提供的电气阻尼是不一样的，所以，在按照功率控制方式同调的前提下，还需进一步讨论工作点的变化对轴系特征模式产生的影响及其变化趋势。

1) 风机主导特征模式

风力机的输入转矩方程可表示为

$$T_{w}=\frac{1}{2}\rho AR\frac{C_{p}(\lambda,\beta)}{\lambda}V_{w}^{2}=\frac{1}{2}\rho ARC_{t}(\lambda,\beta)V_{w}^{2} \tag{7-1}$$

对其线性化：

$$\Delta T_{w}=\frac{1}{2}\rho ARV_{w0}^{2}\left(\frac{\partial C_{t}}{\partial\lambda}\Delta\lambda+\frac{\partial C_{t}}{\partial\beta}\Delta\beta\right)+\frac{1}{2}\rho ARC_{t0}2V_{w0}\Delta V_{w} \tag{7-2}$$

由于气动部分变化(如桨距角的变化)对轴系阻尼影响较小,可忽略风速和桨距角的变化,对上式简化、标幺化得

$$\Delta\bar{T}_{\mathrm{w}}=\frac{\lambda_0 C'_{\mathrm{t\lambda}}}{C_{\mathrm{t0}}}\Delta\bar{\omega}_{\mathrm{t}}=k_{\omega\mathrm{t}}\Delta\bar{\omega}_{\mathrm{t}} \tag{7-3}$$

式中,$k_{\omega\mathrm{t}}=C'_{\mathrm{p}}\lambda_0/C_{\mathrm{p0}}-1$;气动转矩稳态值 $T_{\mathrm{w0}}=\frac{1}{2}\rho ARC_{\mathrm{t0}}V_{\mathrm{w0}}^2$。

考虑最大功率跟踪下,风电机组的输出功率为

$$\Delta T_{\mathrm{opt}}=2k_{\mathrm{opt}}\omega_{\mathrm{g0}}\Delta\bar{\omega}_{\mathrm{g}}=k_{\mathrm{te}}\Delta\bar{\omega}_{\mathrm{g}} \tag{7-4}$$

建立等效两质量块轴系小信号模型(式(3-11)),并将式(7-3)、式(7-4)代入得

$$\begin{pmatrix}\Delta\dot{\omega}_{\mathrm{t}}\\ \Delta\dot{\omega}_{\mathrm{g}}\\ \Delta\dot{\theta}\end{pmatrix}=\begin{pmatrix}\frac{k_{\omega\mathrm{t}}-D}{2H_{\mathrm{t0}}} & \frac{D}{2H_{\mathrm{t0}}} & -\frac{k_{\mathrm{s}}}{2H_{\mathrm{t0}}}\\ \frac{D}{2H_{\mathrm{g0}}} & -\frac{D+k_{\mathrm{te}}}{2H_{\mathrm{g0}}} & \frac{k_{\mathrm{s}}}{2H_{\mathrm{g0}}}\\ \omega_0 & -\omega_0 & 0\end{pmatrix}\begin{pmatrix}\Delta\omega_{\mathrm{t}}\\ \Delta\omega_{\mathrm{g}}\\ \Delta\theta\end{pmatrix} \tag{7-5}$$

式中,k_{s} 为等效刚度;D 为互阻尼;ω_0 为基准角速度;H_{t0}、H_{g0} 分别为风轮、风机惯量。

式(7-5)为三阶系统,对其进行模态分析可确定轴系扭振的参与状态变量与参与程度。设风机风速为10m/s,发电机转速为1.2pu,其他机组参数见附录A中表A-4,分析结果列于表7-2中。可以看出,在轴系扭振模式二、三中,主要参与状态量发电机转速、扭角参与因子分别为0.4384和0.5011。从振荡模式的特征根值可计算出,扭振频率约为2Hz,正好与电力系统低频振荡接近,说明轴系振荡通过功率控制存在与电网产生机电振荡的可能。

表7-2 轴系模态分析(参与因子)

项目	$\lambda_1=-0.2987$ 模式一	$\lambda_2=-0.6728+13.3752i$ 模式二	$\lambda_2^*=-0.6728-13.3752i$ 模式三
风轮转速	0.8754	0.0627	0.0627
发电机转速	0.1256	0.4384	0.4384
扭角	0.0009	0.5011	0.5011

2) 不同功率控制方式下运行点变化的阻尼变化趋势

以上分析了在某运行工况下不同功率控制方式时风电机组的模态,若需要更精细的分群,则需要分析运行工况改变时阻尼特性的趋势。以双馈机组为例,取不同发电机转速进行风机主导特征模式的模式计算(切入风速以上对应转速0.7pu及以上),列于表7-3和表7-4。可以看出,不同功率控制方式、不同运行点

对风电机组轴系的阻尼特性均有影响，其中功率控制方式的不同对阻尼特性影响最大。在最大功率跟踪控制下，机组在整个运行范围内稳定，并且对轴系提供的阻尼随着转速的上升增大；相反，在恒功率控制下，轴系整体阻尼大幅减小，并随着转速增加出现负的阻尼(失稳)，这也验证了按控制方式进行同调的合理性。

表 7-3　最大功率跟踪控制下模式

工作点(转速)	模式一	模式二	模式三
0.7	−0.2262	−0.4201+13.3901i	−0.4201−13.3901i
0.8	−0.2407	−0.4706+13.3877i	−0.4706−13.3877i
0.9	−0.2552	−0.5212+13.3851i	−0.5212−13.3851i
1.0	−0.2697	−0.5717+13.3821i	−0.5717−13.3821i
1.1	−0.2842	−0.6223+13.3788i	−0.6223−13.3788i
1.2	−0.2987	−0.6728+13.3752i	−0.6728−13.3752i

表 7-4　恒功率控制下模式(70%当前最大出力，桨距角一定)

工作点(转速)	模式一	模式二	模式三
0.7	−0.0896	−0.0564+13.3976i	−0.0564 − 13.3976i
0.8	−0.0845	−0.0387+13.3975i	−0.0387− 13.3975i
0.9	−0.0794	−0.021+13.3974i	−0.021− 13.3974i
1.0	−0.0744	−0.0033+13.3973i	−0.0033− 13.3973i
1.1	−0.0693	0.0144+13.3971i	0.0144 − 13.3971i
1.2	−0.0643	0.0321+13.3968i	0.0321 − 13.3968i

在最大功率跟踪控制方式下，从表 7-3 给出的阻尼分布，可进一步细化分群，即按转速分群。在恒功率控制方式下，可根据稳定和失稳两种进行细化分群：即分成[0.7,1.0]和[1.1,1.2]两个区间。

需要注意的是，细化分群需要更详细地考虑桨叶、电气控制以及其他机械阻尼(参数)对轴系模态的影响，这使得细化分群难以做到精确。好在现有商用风机或多或少都具备额外的电气加阻控制，使得机组在不同功率控制下均能稳定，其差异主要体现为阻尼的大小，所以只按不同功率控制方式进行同调一般足够反映风机的主导特性。

3) 动态仿真验证

为仿真验证上述不同控制方式下，风机主导特征的分析结论，以双馈机组为典型案例，采用 PCC 点短路故障作为激发轴系扭振的外因，设发电机的初始转速为 1.12pu。

从图 7-4 和图 7-5 可见，最大功率跟踪控制下系统是稳定的，与特征模式分析结论一致,同时输出功率体现相同的振荡模式。从图 7-6 和图 7-7 可见,此时,恒功率控制下系统失稳,与表 7-4 特征模式分析结论一致,此时输出功率不体现振荡。因此,不同有功功率控制方式对机组主导模式影响不同,而无功控制方式影响不大。这是由于风机有功、无功解耦控制的缘故。所以仅从反映风机主导特性的角度来看,需要按照有功控制方式的不同进行同调分群。

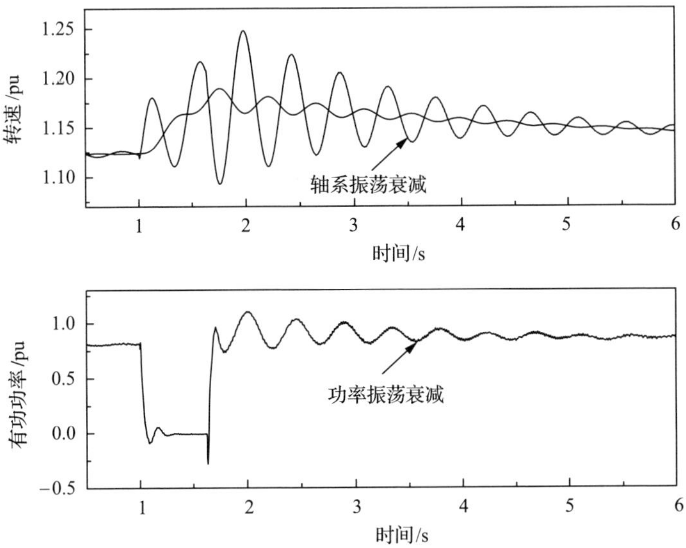

图 7-4 同调类别Ⅰ

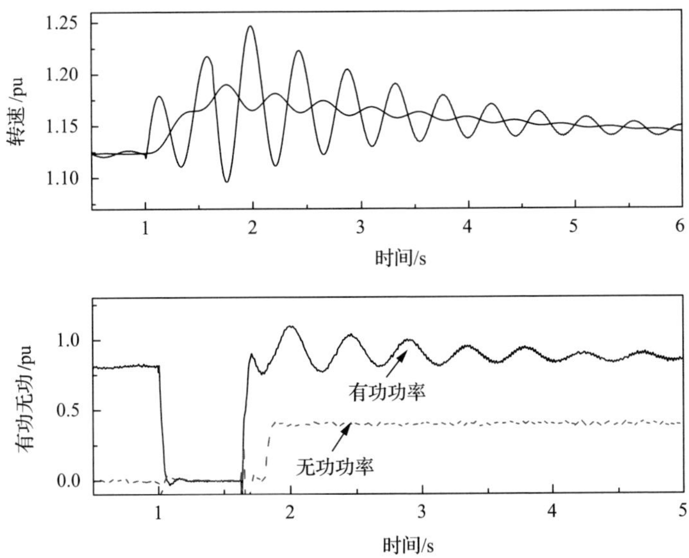

图 7-5 同调类别Ⅱ

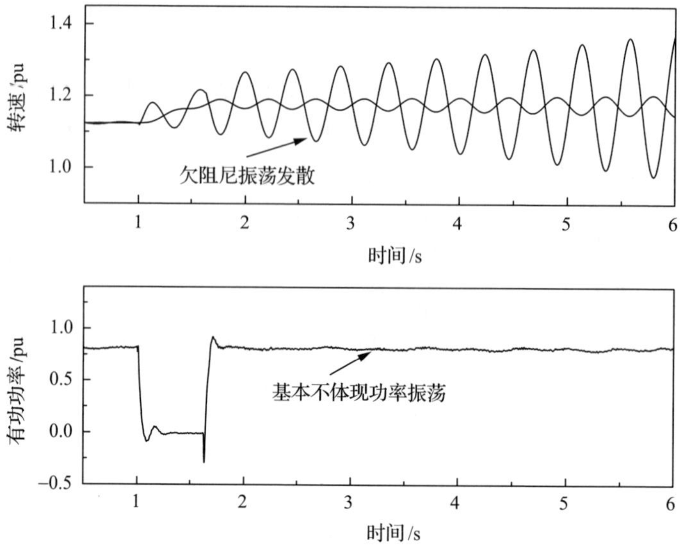

图 7-6　同调类别Ⅲ

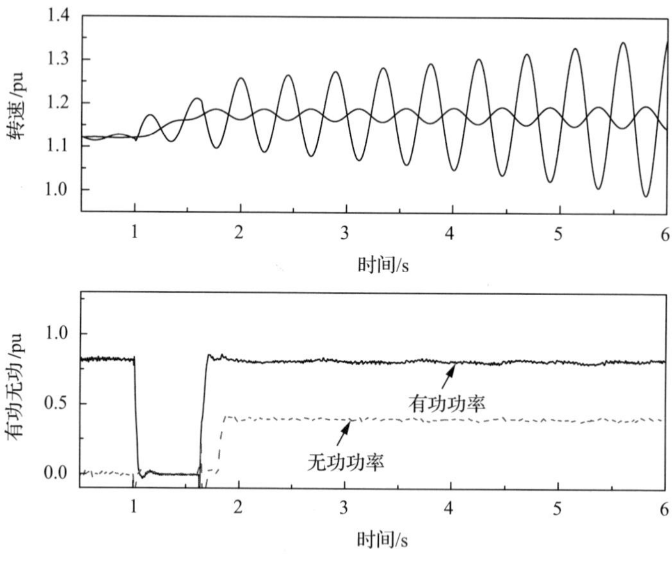

图 7-7　同调类别Ⅳ

7.2.2　对电力系统阻尼特性的影响分析

7.2.1 节是从“机”的角度进行的分析，此外，风电机组对电力系统功角稳定的影响还需要从机组对系统阻尼贡献的角度分析，本节将进一步分析风电机组不同功率控制策略对系统阻尼特性的影响。

讨论风电机组对系统的阻尼特性影响，一般采用时域、特征值以及频域分析等方法。其中，时域分析直观，但难以给出普遍适用的结论，因而一般用于结果的验证；特征值分析是对线性化的状态矩阵进行特征值求解，得出不同特征模式，并通过参与因子分析可以得出各状态量参与不同模式的程度。该方法可以得出较普遍的适应结论，但结论的可信度依赖于模型的精度。从第3章的分析可知，风电机组动态时间常数分布广，属强刚性系统，在与系统联立求解时易产生数值问题，所以现有风电分析模型均有不同程度的简化。简化模型缺乏统一标准也是导致风电对系统阻尼贡献难以形成确切结论的重要影响因素，文献[27]和文献[28]采用特征值分析方法讨论了风场对系统的阻尼作用，并得出一些结论；频域分析方法将研究对象近似表示成输入-输出传递函数，通过分析激励与响应的幅值、相角关系有利于揭示阻尼的特性、大小以及产生机理，同时，系统的频率响应很容易通过辨识或根据详细模型推导得到。文献[29]从复转矩的角度分析了双馈风场对系统阻尼的影响，但在双馈风电机组建模时，并没有考虑锁相环对频率的低频解耦特性，且只讨论了PQ一种控制方式。

从现有研究成果来看，总体上缺乏风机分析模型合理性的相关论证，尤其是在锁相环的低频解耦特性方面鲜有报道。本节在第3章的基础上，推导出研究风机参与系统机电振荡的分析模型，并采用频域分析方法，以典型三机系统为例，如图7-8所示，探讨风场接入对系统的阻尼影响。

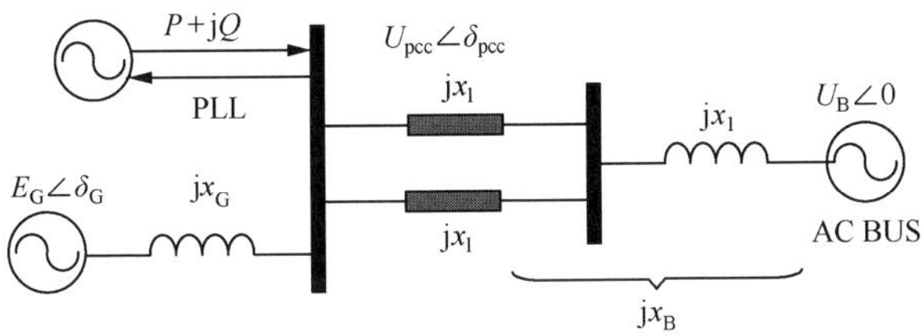

图7-8 三机测试系统

1. 频域分析模型的建立

1）功角摄动方法

通过在同步机转速上叠加微变量实现对功角的摄动，由于该过程是非线性的，需要对转速摄动幅值进行限制，下面详细分析。

令受扰后的同步机转速为

$$\omega_G(t)=\omega_0+\Delta\omega_p(t) \tag{7-6}$$

式中，ω_0 为扰动前同步机转速；$\Delta\omega_p(t)$ 为扰动分量，可表示成

$$\Delta\omega_{\mathrm{p}}(t) = A_{\omega\mathrm{p}}\sin(\omega_{\mathrm{p}}t + \varphi) \tag{7-7}$$

式中，$A_{\omega\mathrm{p}}$ 为扰动量幅值；ω_{p} 为扰动角频率；φ 为相位。由于频域分析只关注相位的相角偏移，不失一般性，$\varphi = 0$。

转子转速的波动投影到三相或两相静止坐标系下变为电压的扰动，用空间矢量可表示为

$$\boldsymbol{E}_{\mathrm{G}} = E_0\mathrm{e}^{\mathrm{j}\theta(t)} \tag{7-8}$$

式中，扰动后的转子角为

$$\theta(t) = \underbrace{\omega_0 t}_{\theta_0(t)} + \underbrace{\int_0^t \Delta\omega_{\mathrm{p}}(\tau)\mathrm{d}\tau}_{\Delta\theta(t)} \tag{7-9}$$

将式(7-9)代入式(7-8)后得

$$\boldsymbol{E}_{\mathrm{G}} = E_0\mathrm{e}^{\mathrm{j}\theta(t)} = E_0\mathrm{e}^{\mathrm{j}\theta_0(t)}[\cos\Delta\theta(t) + \mathrm{j}\sin\Delta\theta(t)] \tag{7-10}$$

为了分离扰动分量，需要对式(7-10)的非线性环节进行线性化，一般的线性化方法是在稳态工作点进行泰勒一阶展开，但从式(7-10)可以看出，$\Delta\theta(t)$ 为时变量，不存在稳态工作点，常规的线性化方法失效。下面给出一种区间线性近似方法。

将式(7-7)代入式(7-9)的扰动分量可得

$$\Delta\theta(t) = \frac{A_{\omega\mathrm{p}}}{\omega_{\mathrm{p}}}[1 - \cos(\omega_{\mathrm{p}}t)] \tag{7-11}$$

结合图 7-9 可以看出，当保证摄动分量 $\Delta\theta(t)$ 最大值在 sin 函数的近似线性区间时，可以用 $\Delta\theta(t)$ 近似 $\sin\Delta\theta(t)$，实现线性化。一般该临界值选为 $\theta_{\max} = \frac{\pi}{12}$。

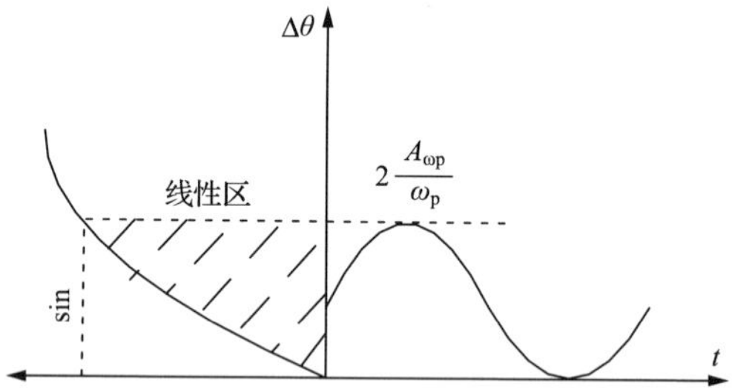

图 7-9 区间线性近似法

所以，摄动分量幅值有如下限制：

$$A_{\omega\mathrm{p}} \leqslant \frac{\pi}{24}\omega_{\mathrm{p}} \tag{7-12}$$

下面在 MATLAB 中进行时域仿真,验证区间近似下式(7-10)的精度。

从图 7-10 和图 7-11 中可以看出,选取 $\theta_{\max}=\frac{\pi}{12}$ 是合理的,近似模型与精确模型重合,而增大该角度,出现较大误差。下面对以上两种情况进行频谱对比。

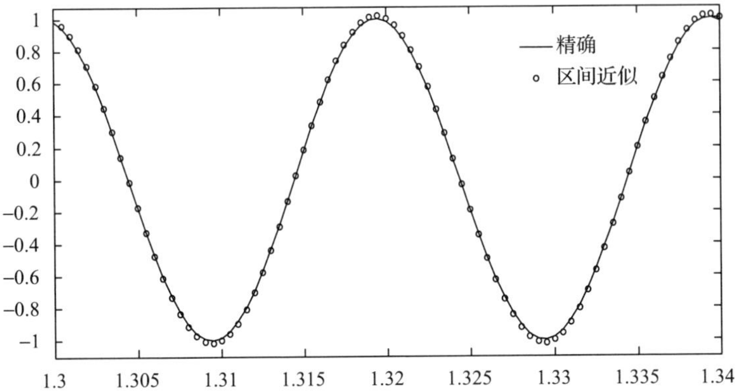

图 7-10 区间近似与精确模型对比 ($\theta_{\max}=\frac{\pi}{12}, \omega_{\mathrm{p}}=2\pi f, f=1\mathrm{Hz}$)

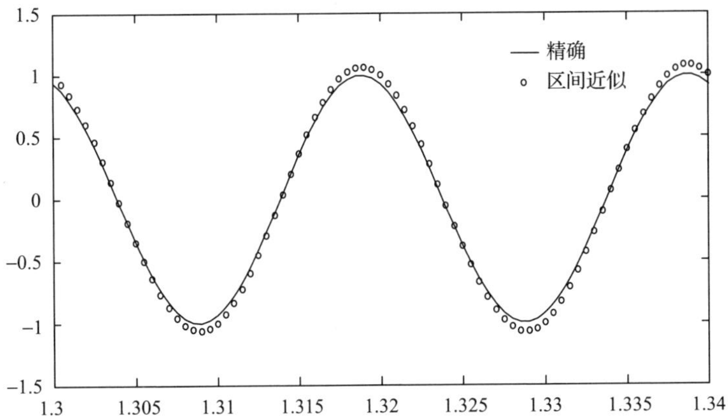

图 7-11 区间近似与精确模型对比 ($\theta_{\max}=\frac{\pi}{6}, \omega_{\mathrm{p}}=2\pi f, f=1\mathrm{Hz}$)

从图 7-12 可以得出同样的结论,极限角度增加,非线性增强,频谱出现其他边带频率。

从以上分析可知,同步机的转速摄动能引起功角或交轴电压的波动,经阻抗后会引起风电场 PCC 点电压的幅值(直轴)、相角(交轴)波动。以 PCC 点电压作为扰动信号,可以得到风电机组的频域响应模型。

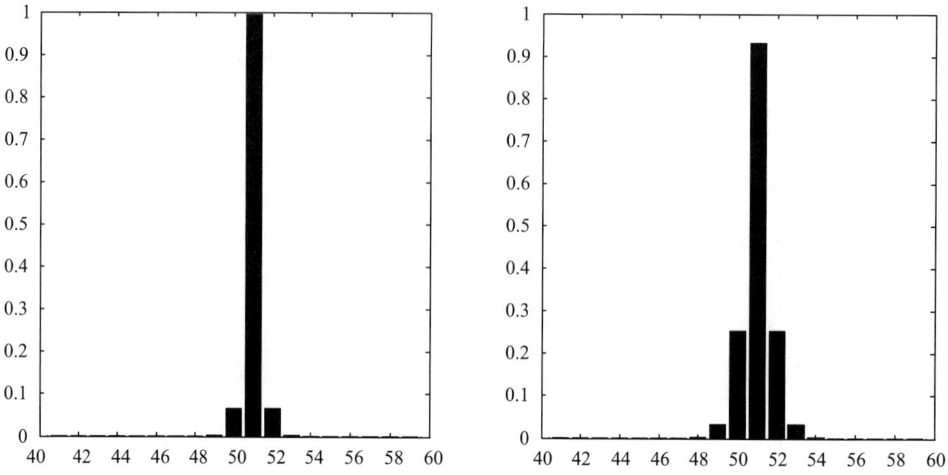

(a) $\frac{\pi}{12}$　(b) $\frac{\pi}{6}$

图 7-12　频谱对比

2）风电机组频域分析模型

（1）模型精度要求。

由于电力系统机电振荡的频率范围为 0.2～10Hz，因此，在建立风电机组分析模型时，应包含该频段的相关动态。从第 3 章的分析可知，风电机组中能与该频段产生动态耦合的有锁相环、功率环以及轴系动态，而电流环动态可认为已进入稳态。下面在该模型假设前提下，建立计及以上各动态的风电机组频域分析模型。

（2）模型建立。

风电机组频域分析模型的建立基于线性化的输入-输出状态空间模型。由于风电机组的所有控制均建立在 PLL 锁相环提供的相角基准之上，所以需要详细考虑锁相环在扰动过程中的作用。下面首先给出图 7-8 三机系统中各节点电压、相角间的关系，如图 7-13 所示。其中，设计到 3 个参考系：xy 为等值电源坐标系、dq 为同步发电机旋转坐标系、dqc 为基于锁相环的旋转坐标系。$\boldsymbol{U}_{\mathrm{pcc}}$、$\boldsymbol{E}_{\mathrm{G}}$、$\boldsymbol{U}_{\mathrm{B}}$ 为 PCC 点电压向量、同步发电机端电压向量和等值电源电压向量；ω_{pcc}、ω_{G}、ω_{B} 为对应角频率；δ_{G}、δ_{pcc}、θ_{pll} 为同步机电压向量、PCC 点电压向量以及 PLL 锁相环相对于 xy 坐标系的相角；$\Delta\delta_{\mathrm{G}}$、$\Delta\delta_{\mathrm{pcc}}$、$\Delta\theta_{\mathrm{pll}}$ 分别为 δ_{G}、δ_{pcc}、θ_{pll} 的增量，稳态时锁相环输出相角即为 PCC 点电压的功角：$\theta_{\mathrm{pll}}=\delta_{\mathrm{pcc}}$。

① 锁相环频域模型。

目前常用的锁相环结构为二阶振荡器，其输入为电压在 q 轴的投影，稳态时 q 轴投影为零。设 PCC 点电压摄动后的向量为 $\boldsymbol{U}_{\mathrm{pcc0}}+\Delta\boldsymbol{U}_{\mathrm{pcc}}$。

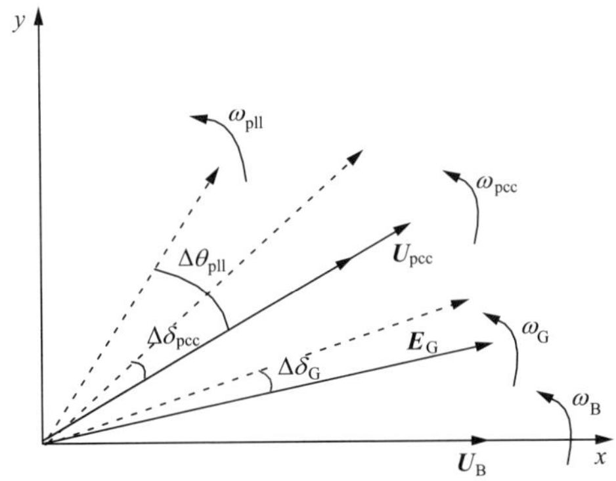

图 7-13 xy-dq-dqc 坐标系下各向量关系

其在 PLL 坐标系下的投影 q 轴分量为(上标 dqc 为 PLL 参考系)

$$\boldsymbol{U}_{pcc}^{dqc}=(\boldsymbol{U}_{pcc0}+\Delta\boldsymbol{U}_{pcc})\mathrm{e}^{-\mathrm{j}(\delta_{pcc0}+\Delta\theta_{pll})}\approx\boldsymbol{U}_{pcc0}-\mathrm{j}\,\boldsymbol{U}_{pcc0}\Delta\theta_{pll}+\Delta\boldsymbol{U}_{pcc}\mathrm{e}^{-\mathrm{j}\delta_{pcc0}} \tag{7-13}$$

从式(7-13)可得,dq 轴的扰动分量为

$$\begin{bmatrix}\Delta U_{dpcc}^{dqc}\\\Delta U_{qpcc}^{dqc}\end{bmatrix}=\begin{bmatrix}U_{q0pcc}^{dqc}\\-U_{d0pcc}^{dqc}\end{bmatrix}\Delta\theta_{pll}+\boldsymbol{T}(\delta_{pcc0})\begin{bmatrix}\Delta U_{dpcc}^{xy}\\\Delta U_{qpcc}^{xy}\end{bmatrix} \tag{7-14}$$

式中,$\boldsymbol{T}(\delta_{pcc0})=\begin{bmatrix}\cos\delta_{pcc0} & \sin\delta_{pcc0}\\-\sin\delta_{pcc0} & \cos\delta_{pcc0}\end{bmatrix}$。考虑 PLL 对 q 轴扰动的闭环校正作用:

$$\Delta\theta_{pll}=\frac{\Delta U_{pcc}^{dqc}}{U_{pcc0}}\cdot\frac{\omega_B}{s}\cdot H_{pll}(s) \tag{7-15}$$

式中,$H_{pll}(s)$ 为 PLL 相角调节器,稳态时有 $U_{pcc0}=U_{d0pcc}^{dqc}$。将式(7-14)代入式(7-15)得

$$\Delta\theta_{pll}\approx\frac{\dfrac{\omega_B}{s}\cdot H_{pll}(s)}{1+\dfrac{\omega_B}{s}\cdot H_{pll}(s)}\Delta\delta_{pcc}=G_{pll}(s)\Delta\delta_{pcc} \tag{7-16}$$

为便于分析,相角调节器选为比例环节:$H_{pll}=\dfrac{\alpha_{pll}}{\omega_B}$,$\alpha_{pll}$ 为 PLL 带宽,此时有 $G_{pll}(s)=\dfrac{\alpha_{pll}}{s+\alpha_{pll}}$。同时,式(7-16)用到了小扰动下的一般近似:$\boldsymbol{T}(\delta_{pcc0})\begin{bmatrix}\Delta U_{dpcc}^{xy}\\\Delta U_{qpcc}^{xy}\end{bmatrix}\approx\begin{bmatrix}\Delta U_{pcc}\\\Delta\delta_{pcc}\end{bmatrix}$。

式(7-16)给出了 PCC 点电压受扰后 PLL 的响应输出。可以看出，PLL 对扰动分量呈现低通特性。稳态误差取决于带宽和工作点，如果考虑相角调节器为 PI，将不存在稳态误差。需要强调的是，PLL 相角调节器带宽一般为 50Hz，对 0.2～10Hz 机电振荡产生的电压扰动基本上可实现动态无差跟踪，即 $G_{pll}(s)\approx 1$，该特性将会对风电的阻尼注入产生很大影响。PLL 的频域模型框图见图 7-14。

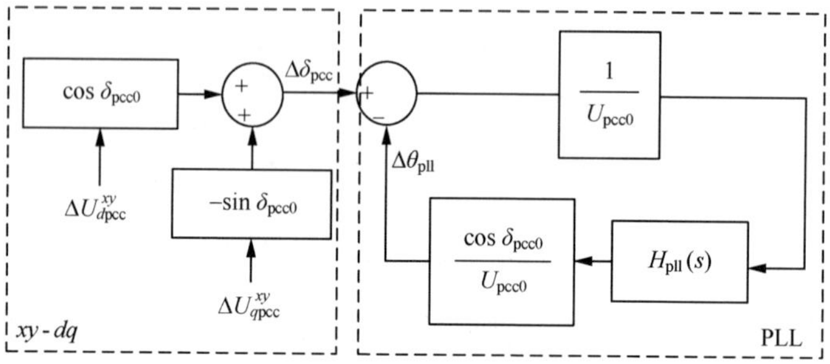

图 7-14　PLL 频域模型框图

② 功率环(PQ/PV 控制)频域模型。

以上推导了 PLL 频域模型，并对扰动特性进行了简要分析，下面推导功率环的频域模型。

从式(7-14)和式(7-16)可知

$$\begin{bmatrix}\Delta U_{dpcc}^{dqc}\\ \Delta U_{qpcc}^{dqc}\end{bmatrix}=G_{pll}(s)\begin{bmatrix}U_{q0pcc}^{dqc}\\ -U_{d0pcc}^{dqc}\end{bmatrix}\Delta\delta_{pcc}+\begin{bmatrix}\Delta U_{pcc}\\ \Delta\delta_{pcc}\end{bmatrix} \tag{7-17}$$

同理，可推得风机注入电网的电流为

$$\begin{bmatrix}\Delta I_{dpcc}^{dqc}\\ \Delta I_{qpcc}^{dqc}\end{bmatrix}=T(\delta_{pcc0})\left(\begin{bmatrix}\Delta I_{dpcc}^{xy}\\ \Delta I_{qpcc}^{xy}\end{bmatrix}+\begin{bmatrix}I_{q0pcc}^{xy}\\ -I_{d0pcc}^{xy}\end{bmatrix}G_{pll}(s)\Delta\delta_{pcc}\right) \tag{7-18}$$

考虑到风机输出功率是电流、电压的非线性函数，功率方程在稳态工作点进行一阶泰勒展开得

$$\begin{bmatrix}\Delta P_{wt}\\ \Delta Q_{wt}\end{bmatrix}=\underbrace{\begin{bmatrix}U_{d0pcc}^{xy} & U_{q0pcc}^{xy}\\ U_{q0pcc}^{xy} & -U_{d0pcc}^{xy}\end{bmatrix}}_{G_{I-E0}}\begin{bmatrix}\Delta I_{dpcc}^{xy}\\ \Delta I_{qpcc}^{xy}\end{bmatrix}+\underbrace{\begin{bmatrix}I_{d0pcc}^{xy} & I_{q0pcc}^{xy}\\ -I_{q0pcc}^{xy} & I_{d0pcc}^{xy}\end{bmatrix}}_{G_{E-I0}}\begin{bmatrix}\Delta U_{dpcc}^{xy}\\ \Delta U_{qpcc}^{xy}\end{bmatrix} \tag{7-19}$$

进一步考虑 PQ 调节器的调节作用，功率环调节回路的小信号表达式可写为

$$\begin{bmatrix}\Delta I_{dpcc}^{dqc-ref}\\ \Delta I_{qpcc}^{dqc-ref}\end{bmatrix}=-\boldsymbol{G}_{pq}(s)\begin{bmatrix}\Delta P_{wt}\\ \Delta Q_{wt}\end{bmatrix} \tag{7-20}$$

式中，$\boldsymbol{G}_{pq}$ 为功率环 PI 调节器构成的 2×2 矩阵。

另外，PV 控制下，电压与无功通过下垂系数 k_v 进行耦合，则式(7-20)可表示为

$$\begin{bmatrix}\Delta I_{d\text{pcc}}^{dqc-\text{ref}}\\ \Delta I_{q\text{pcc}}^{dqc-\text{ref}}\end{bmatrix}=-\boldsymbol{G}_{\text{pq}}(s)\begin{bmatrix}\Delta P_{\text{wt}}\\ \Delta Q_{\text{wt}}^{\text{ref}}-\Delta Q_{\text{wt}}\end{bmatrix}=-\boldsymbol{G}_{\text{pq}}(s)\boldsymbol{A}_1\begin{bmatrix}\Delta P_{\text{wt}}\\ \Delta Q_{\text{wt}}\end{bmatrix}-\boldsymbol{G}_{\text{pq}}(s)\boldsymbol{A}_2\begin{bmatrix}\Delta U_{\text{pcc}}\\ \Delta\delta_{\text{pcc}}\end{bmatrix} \tag{7-21}$$

式中，常系数矩阵 $\boldsymbol{A}_1=\begin{bmatrix}1 & 0\\ 0 & -1\end{bmatrix}$，$\boldsymbol{A}_2=\begin{bmatrix}0 & 0\\ -k_v & 0\end{bmatrix}$。

③ 整体频域模型。

前面得到了功率环的频域模型，下面将 PLL、功率环频域模型结合，得到风电机组频域分析模型。

由于电流环带宽远大于机电振荡频率，所以认为电流环进入稳态，将式(7-20)代入式(7-19)，并与式(7-18)相等可得

$$\begin{aligned}&-\boldsymbol{G}_{\text{pq}}(s)\boldsymbol{G}_{\text{I-E0}}\begin{bmatrix}\Delta I_{d\text{pcc}}^{xy}\\ \Delta I_{q\text{pcc}}^{xy}\end{bmatrix}-\boldsymbol{G}_{\text{pq}}(s)\boldsymbol{G}_{\text{E-I0}}\begin{bmatrix}\Delta U_{d\text{pcc}}^{xy}\\ \Delta U_{q\text{pcc}}^{xy}\end{bmatrix}\\ &=\boldsymbol{T}(\delta_{\text{pcc0}})\left(\begin{bmatrix}\Delta I_{d\text{pcc}}^{xy}\\ \Delta I_{q\text{pcc}}^{xy}\end{bmatrix}+\begin{bmatrix}I_{q0\text{pcc}}^{xy}\\ -I_{d0\text{pcc}}^{xy}\end{bmatrix}G_{\text{pll}}(s)\Delta\delta_{\text{pcc}}\right)\end{aligned} \tag{7-22}$$

整理得

$$\begin{bmatrix}\Delta I_{d\text{pcc}}^{xy}\\ \Delta I_{q\text{pcc}}^{xy}\end{bmatrix}=\underbrace{-[\boldsymbol{G}_{\text{pq}}(s)\boldsymbol{G}_{\text{I-E0}}+\boldsymbol{T}(\delta_{\text{pcc0}})]^{-1}[\boldsymbol{G}_{\text{pq}}(s)\boldsymbol{G}_{\text{E-I0}}\boldsymbol{T}^{-1}(\delta_{\text{pcc0}})+\boldsymbol{G}_{\text{I-pll}}(s)]}_{Y_{\text{Upcc-I}}}\begin{bmatrix}\Delta U_{\text{pcc}}\\ \Delta\delta_{\text{pcc}}\end{bmatrix} \tag{7-23}$$

式中，$\boldsymbol{G}_{\text{I-pll}}(s)=\boldsymbol{T}(\delta_{\text{pcc0}})\begin{bmatrix}0 & I_{q0\text{pcc}}^{xy}G_{\text{pll}}(s)\\ 0 & -I_{d0\text{pcc}}^{xy}G_{\text{pll}}(s)\end{bmatrix}$。

将式(7-22)代入式(7-19)得

$$\begin{bmatrix}\Delta P_{\text{wt}}\\ \Delta Q_{\text{wt}}\end{bmatrix}=\underbrace{[\boldsymbol{G}_{\text{I-E0}}\boldsymbol{Y}_{\text{Upcc-I}}+\boldsymbol{G}_{\text{E-I0}}\boldsymbol{T}^{-1}(\delta_{\text{pcc0}})]}_{G_{\text{pq-WT}}}\begin{bmatrix}\Delta U_{\text{pcc}}\\ \Delta\delta_{\text{pcc}}\end{bmatrix} \tag{7-24}$$

至此，得到了 PQ 控制下风电机组的频域分析模型。

同理，PV 控制下风机的频域分析模型为

$$\begin{bmatrix}\Delta P_{\text{wt}}\\ \Delta Q_{\text{wt}}\end{bmatrix}=\underbrace{[\boldsymbol{T}+\boldsymbol{T}\boldsymbol{G}_{\text{I-E0}}\boldsymbol{T}^{-1}\boldsymbol{G}_{\text{pq}}(s)\boldsymbol{A}_1]^{-1}[\boldsymbol{G}_{\text{E-I0}}-\boldsymbol{G}_{\text{I-E0}}(\boldsymbol{G}_{\text{I-pll}}(s)+\boldsymbol{G}_{\text{pq}}(s)\boldsymbol{A}_2)]}_{\boldsymbol{G}_{\text{pv-WT}}}\begin{bmatrix}\Delta U_{\text{pcc}}\\ \Delta\delta_{\text{pcc}}\end{bmatrix} \tag{7-25}$$

2. 风电对系统阻尼特性分析

下面结合图 7-8 给出的三机测试系统，分析风电对同步机的阻尼特性。首先需要建立网络的频域模型，考虑机电振荡频率远小于一个电周波，因此网络模型采用准稳态模型。

1）同步机与 PCC 间的功率

$$\begin{bmatrix}\Delta P_G\\ \Delta Q_G\end{bmatrix}=\underbrace{\begin{bmatrix}\dfrac{E_{G0}\sin\delta_{G0\text{-pcc0}}}{x_G} & \dfrac{E_{G0}U_{pcc0}\cos\delta_{G0\text{-pcc0}}}{x_G}\\ -\dfrac{E_{G0}\cos\delta_{G0\text{-pcc0}}}{x_G} & \dfrac{E_{G0}U_{pcc0}\sin\delta_{G0\text{-pcc0}}}{x_G}\end{bmatrix}}_{\boldsymbol{G}_{pq\text{-}G0}}\begin{bmatrix}\Delta U_{pcc}\\ \Delta\delta_G\end{bmatrix}-\underbrace{\begin{bmatrix}\dfrac{E_{G0}U_{pcc0}\cos\delta_{G0\text{-pcc0}}}{x_G}\\ \dfrac{E_{G0}U_{pcc0}\sin\delta_{G0\text{-pcc0}}}{x_G}\end{bmatrix}}_{v_{\delta pcc0}}\Delta\delta_{pcc}\tag{7-26}$$

式中，$\delta_{G0\text{-pcc0}}=\delta_{G0}-\delta_{pcc0}$，并认为同步机励磁电压恒定。

2）PCC 与等值电源间的功率

$$\begin{bmatrix}\Delta P_{tl}\\ \Delta Q_{tl}\end{bmatrix}=\underbrace{\begin{bmatrix}\dfrac{U_{B0}\sin\delta_{pcc0}}{x_B} & \dfrac{U_{B0}U_{pcc0}\cos\delta_{pcc0}}{x_B}\\ \dfrac{2U_{pcc0}-U_{B0}\cos\delta_{pcc0}}{x_B} & \dfrac{U_{B0}U_{pcc0}\sin\delta_{pcc0}}{x_B}\end{bmatrix}}_{\boldsymbol{G}_{pq\text{-}B0}}\begin{bmatrix}\Delta U_{pcc}\\ \Delta\delta_{pcc}\end{bmatrix}\tag{7-27}$$

3）风场对同步机阻尼特性分析

根据功率平衡，将式(7-25)～式(7-27)联立得

$$\underbrace{(\boldsymbol{G}_{pq\text{-}B0}-\boldsymbol{G}_{pq\text{-}WT}+v_{\delta pcc}[0,\quad 1])}_{\boldsymbol{G}_{pq\text{-}WT\text{-}B}}\begin{bmatrix}\Delta U_{pcc}\\ \Delta\delta_{pcc}\end{bmatrix}=\boldsymbol{G}_{pq\text{-}G0}\begin{bmatrix}\Delta U_{pcc}\\ \Delta\delta_G\end{bmatrix}\tag{7-28}$$

将式(7-28)代入式(7-27)可得同步机阻尼特性与系统闭环功率频域响应的关系为

$$\begin{bmatrix}\Delta P_G\\ \Delta Q_G\end{bmatrix}=\underbrace{(\boldsymbol{G}_{pq\text{-}G0}-v_{\delta pcc0}[0\quad 1]\boldsymbol{G}_{pq\text{-}WT\text{-}B}^{-1}(s)\boldsymbol{G}_{pq\text{-}G0})}_{\boldsymbol{G}_{u\delta-PQ_G}}\begin{bmatrix}\Delta U_{pcc}\\ \Delta\delta_G\end{bmatrix}\tag{7-29}$$

同理，PV 控制下只要用矩阵 $\boldsymbol{G}_{pv-WT}$ 取代 $\boldsymbol{G}_{pq\text{-}WT\text{-}B}$ 中的 $\boldsymbol{G}_{pq\text{-}WT}$ 即可。

$\boldsymbol{G}_{u\delta\text{-}PQ_G}(s)_{2\times2}$ 为 2×2 的矩阵，第一列向量描述了 PCC 点电压变化对功率的影响；第二列给出了系统闭环下同步机功角变化产生的功率变化。从电气阻尼的定义可知：当相位满足 $\arg\boldsymbol{G}_{u\delta-PQ_G}(j\omega)_{(1,2)}\in[0,\pi]$ 时，风电机组/风电场对同步机提供正的电气阻尼。下面作出风场对同步机阻尼的频率特性伯德图，并进行分析。

图 7-15 为不同控制方式时的阻尼特性伯德图，从图中可以看出，PQ 控制（此时为单位功率因数）下，风电机组对系统提供正阻尼，但阻尼整体较小；而 PV 控制（下垂系数为 $\sigma=10\%$）具有更好的幅频、相频特性，且在 10Hz 左右提供的阻尼效果更好。所以，PQ、PV 控制在电力系统机电振荡所关注的频段内具有不同的阻尼特性。

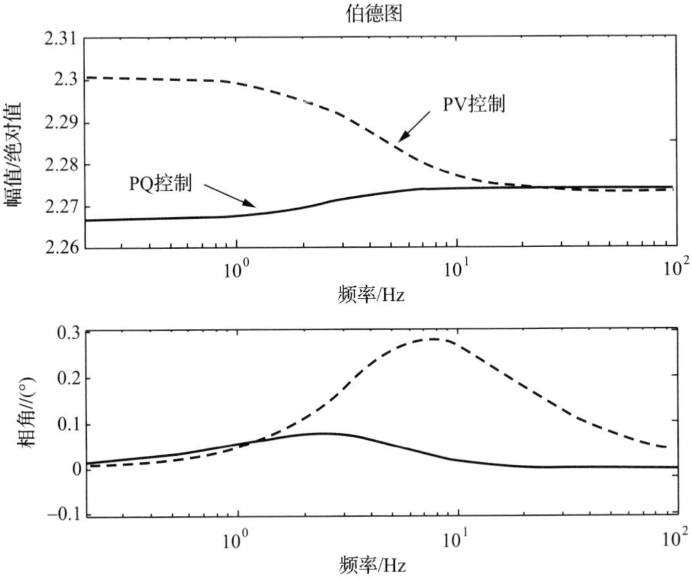

图 7-15　PQ、PV 控制阻尼特性对比

下面针对 PQ 控制，进一步讨论不同无功注入情况，以及 PQ、PLL 带宽对阻尼特性的影响。

图 7-16 为不同 PLL 带宽下的阻尼特性伯德图。可以看出，在机电振荡频段内，理想 PLL 提供的正阻尼最小（幅频图），PLL 相角固定时提供的正阻尼最大。PLL 对低频波动有较好的频率解耦特性，导致其对系统阻尼贡献较小，且 PLL 带宽越大，解耦特性越明显，提供的正阻尼也就相应越小。

图 7-17 为不同 PQ 带宽下的阻尼特性伯德图。可以看出，功率环带宽越大，其提供的正电气阻尼越小（幅频图）且正电气阻尼占据的频宽减小（相频图）；因此，较小的功率环带宽更有利于抑制机电振荡。

不同功率因数下的阻尼特性见图 7-18，其中，在机电振荡频段中，单位功率因数和超前 0.95 均出现了负电气阻尼特性，功率因数滞后 0.95 保证全频段提供正电气阻尼。所以，提供感性无功有利于提高系统阻尼。

下面给出相应的时域仿真验证。

仿真一：风电同步机比例为 1∶4，仿真 0.5s 时投入机组额定容量的负荷，激发同步机机电过程。验证不同无功控制方式对同步机低频振荡的阻尼效果。

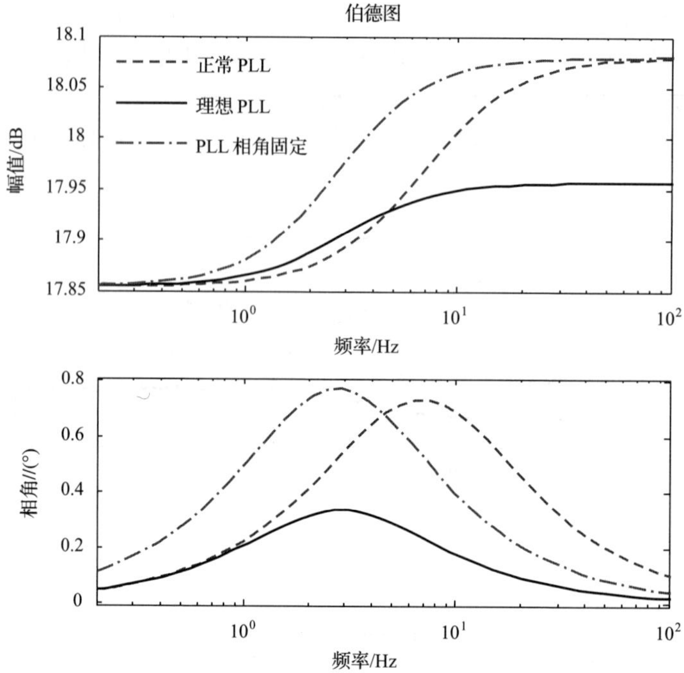

图 7-16　不同 PLL 带宽(理想-正常-相角固定)下的阻尼特性

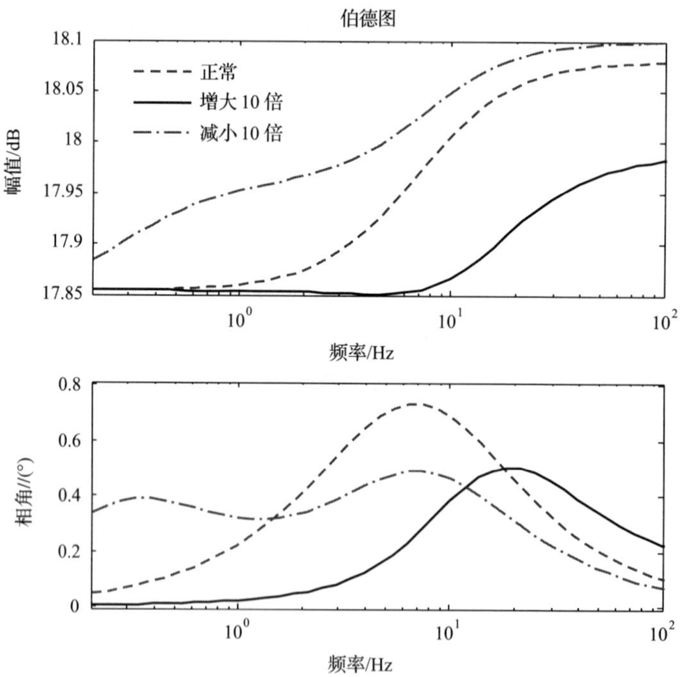

图 7-17　不同 PQ 带宽下(正常-增大 10 倍-减小 10 倍)的阻尼特性

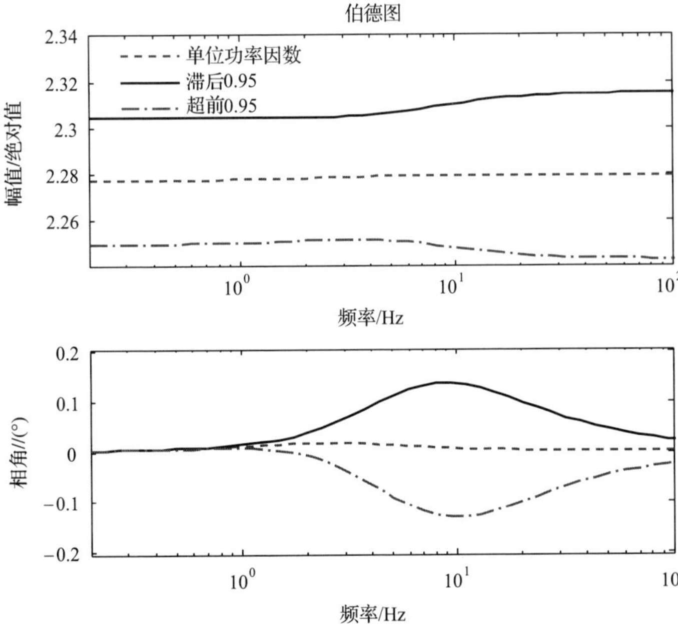

图 7-18　不同功率因数下的阻尼特性

从图 7-19 和图 7-20 可知，不同无功控制方式对同步机阻尼特性有较大差别，其中 PV 控制和采用滞后功率因数阻尼贡献明显；而采用超前功率因数控制不利于抑制同步机低频振荡。

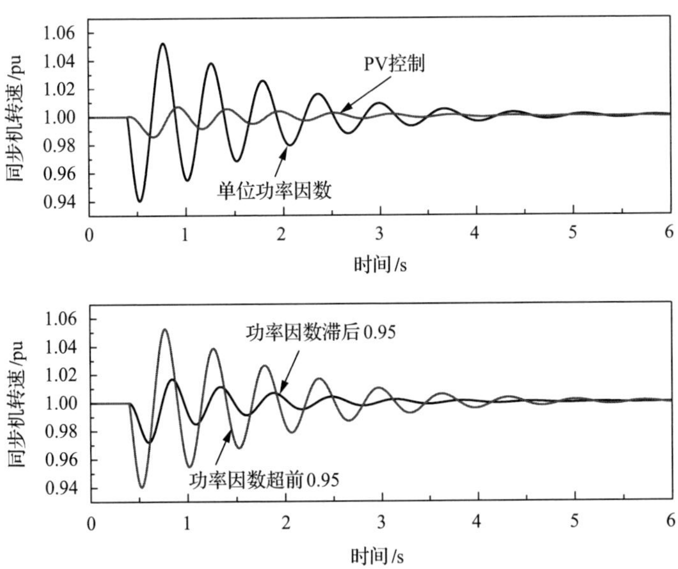

图 7-19　不同无功控制方式对同步机的阻尼影响(转速波形)

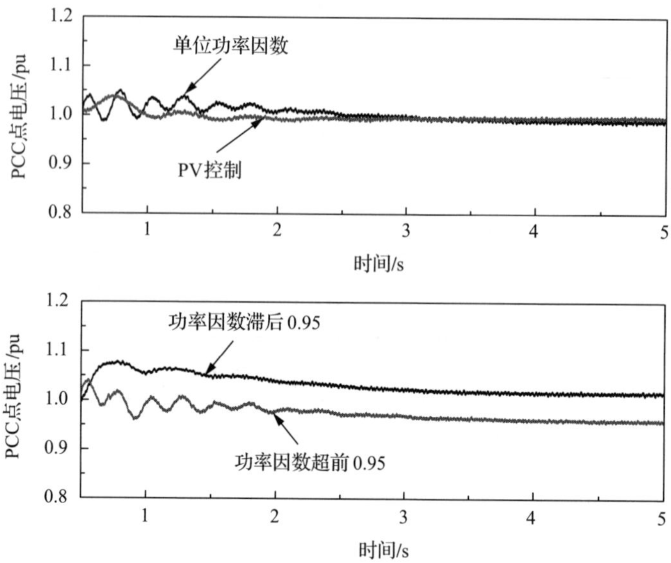

图 7-20　不同无功控制方式对同步机的阻尼影响(PCC 电压波形)

通过以上分析可知,从反映风场主导特征的角度需要按照有功功率控制方式进行同调分群;从对电力系统阻尼特性的角度需要按照无功功率控制方式进行同调分群,两者结合可得到表 7-1 中给出的 4 种同调分群方法。频域分析模型与时域仿真均证明按以上 4 类进行同调分群的合理性和必要性。

7.3　风电场的典型结构

为了后续建模和仿真的分析对比,在此首先给出典型风电场的结构和参数。该结构和参数是我国目前实际大型风电场普遍采用的。

7.3.1　风电场升压站电气接线

根据风电场规模、电力输送距离、接入变电站的系统电压等级等多种因素,中、大型风电场升压站一般有 330kV 升压站、220kV 升压站、110kV 升压站、66kV 升压站 4 种电压等级。风电场内集电线路一般有 10kV、35kV 两种电压等级。本节以 35kV 电压等级集电线为例介绍风电场升压站的电气接线。

1) 典型结构 1

风场送出线采用 110kV 或 66kV 电压等级,1 回出线送出,适用于规划装机容量 5 万～10 万千瓦、与其他风场距离较远、无法联合送出的区域相对较小规模风电场，其结构如图 7-21 所示。

2）典型结构 2

风场送出线采用 220kV 或 330kV 电压等级，1 回出线送出，适用于区域规划装机容量 10 万～20 万千瓦的中等规模风电场。该方案也适用于地区电网网架薄弱、110kV 及以下电网无法满足送出要求的风电场。其可分为两类送出方式：直接送出(结构与典型结构 1 类似)、几个小规模风电场联合送出。典型结构 2 结构如图 7-22 所示。

3）典型结构 3

风电场送出线采用 220kV 或 330kV 电压等级，1 回出线送出，适用于规划装机容量 20 万～60 万千瓦的较大规模风电场。

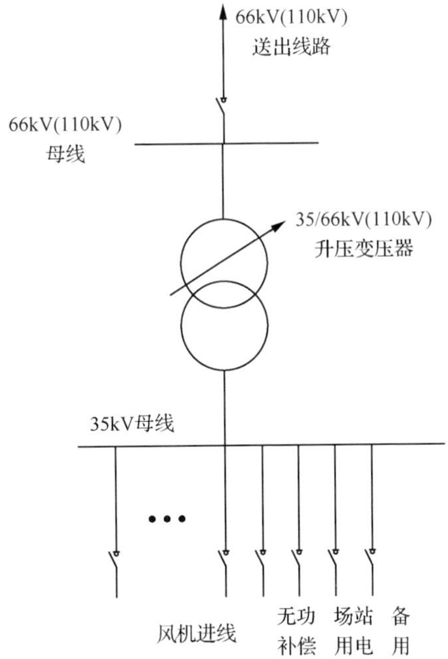

图 7-21 风电场升压站典型结构 1

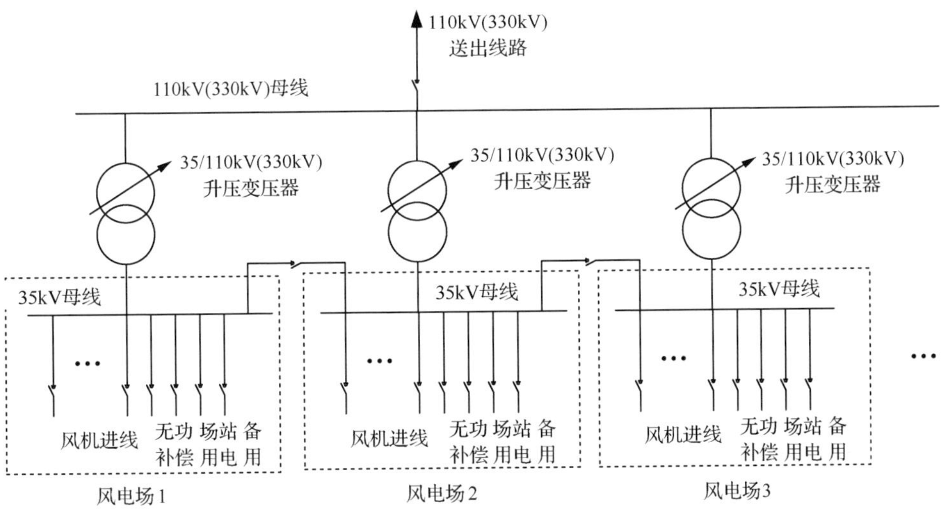

图 7-22 风电场升压站典型结构 2

根据不同地区风场建设的差异，又可以分为如下 3 个子方案。

(1) 子方案 1：各风场通过一座升压变电站送出，其接线拓扑形式与典型结构 1 相同。

(2) 子方案 2:多个风场汇集至其中一座升压站经升压后联合送出,这种形式适用于地理位置较为接近的风场,其接线拓扑形式与典型结构 2 相同。

(3) 子方案 3:多个风场独立升压后,经一段输电线路汇集至 220kV 或 330kV 汇集开关站,再联合送出,这种形式适用于地理位置较远的风场,其结构如图 7-23 所示。

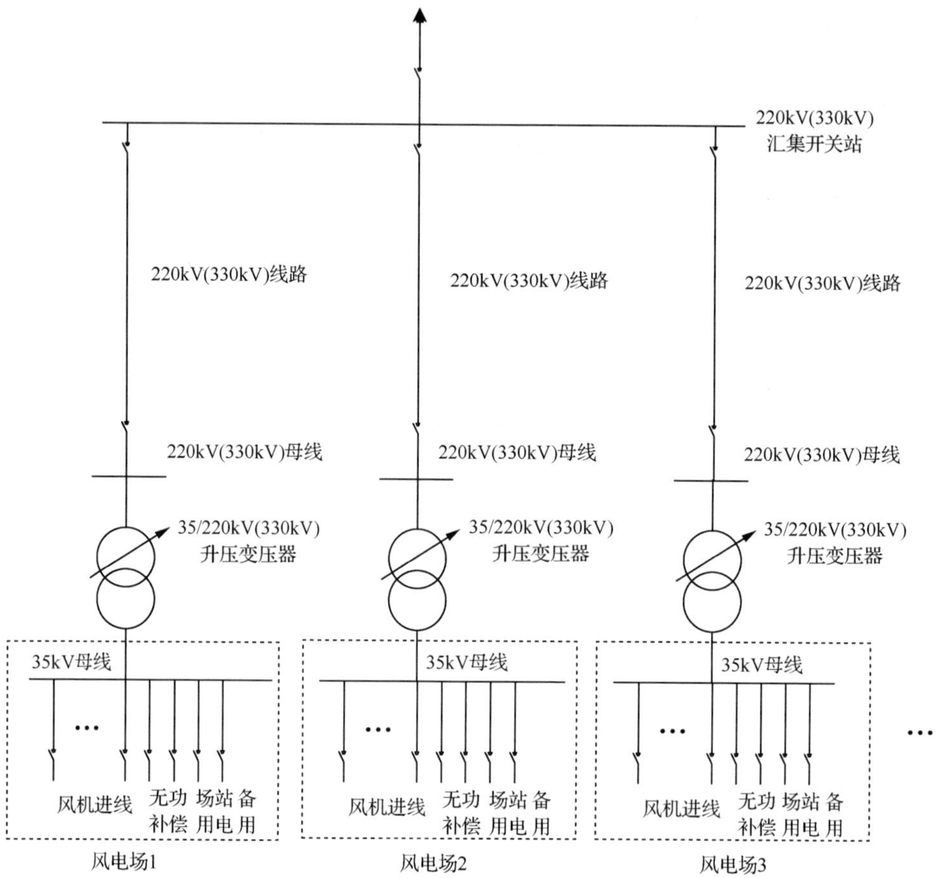

图 7-23　风电场升压站典型结构 3(子方案 3)

4) 典型结构 4

风场采用 1～2 回 220kV(330kV) 送出线,或采用 1 回 500kV 送出线,适用于区域规划装机容量 60 万～100 万千瓦的几个较大规模风电场。这种结构的拓扑结构与典型结构 3 类似,所不同的是可能采取双回线路作为送出线。

本章以上述 330kV 风电场(典型结构 3)升压站为例,验证风电场聚合模型。该风电基地 330kV 线路接入的风电场,由于风电场地理位置临近,为提高风电场建设的经济性并实现相互间的备用,一般采用 2～3 座风电场共用一座 330kV 升压变电站的方式。

7.3.2　风电场场内汇集线路接线方式

风电场升压站低压母线一般接有 1～12 路进线,每路线上连接 1～12 台风电机组。在此采用的标准风场由 133 台 1.5MW PMSG/DFIG 风力发电机组构成。这 133 台机组分为 12 组,一组 12 台机组,11 组 11 台机组,通过 12 回 35kV 集电线路汇集到 330kV 升压站,详细布局见图 7-24[30]。

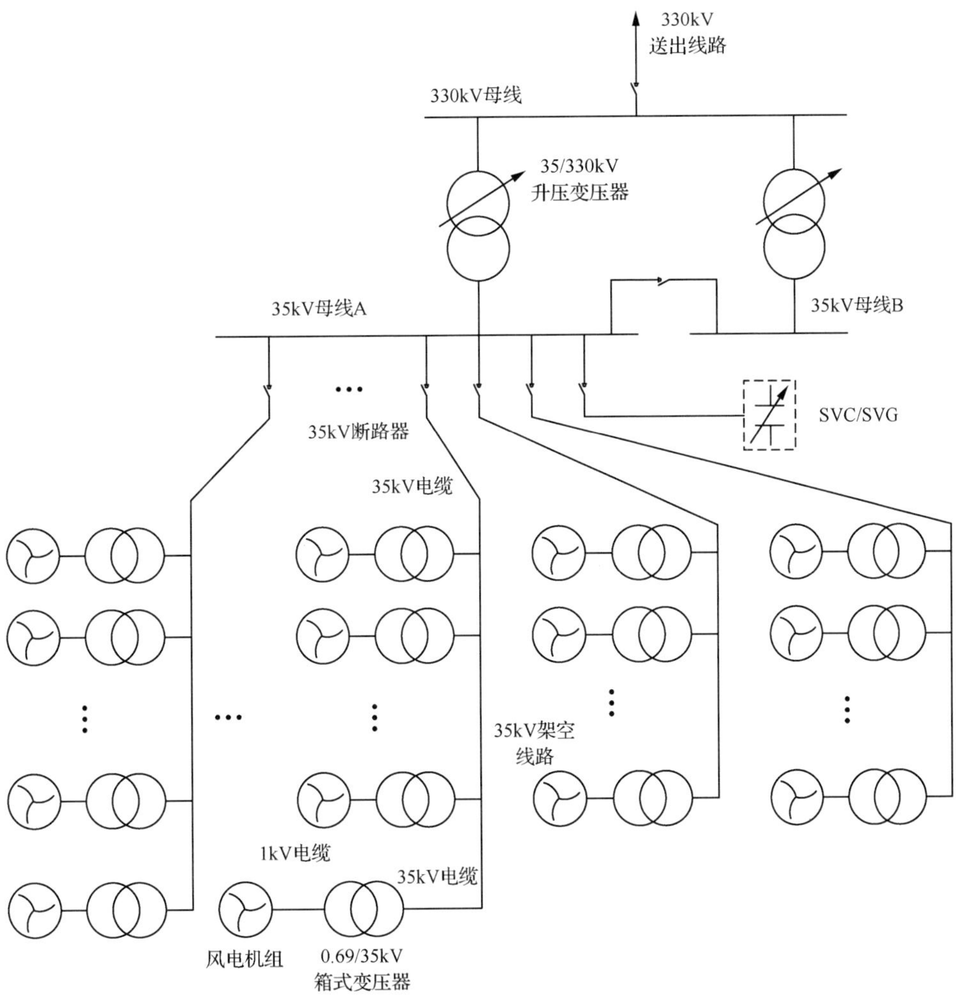

图 7-24　典型的 330kV 线路送出的风电场的电气接线图

7.4 风电场聚合建模方法

7.4.1 风电场机组分群方法

1. 机群的动态识别分群指标

根据研究目的与精度需要，可以将大型风场聚合为一台或者多台风电机组。一般来说，风电场动态聚合建模包括相关机群的动态识别、网络化简和相关机群参数聚合三部分。同调机群的动态识别基于聚类分析和模式识别原理，算法有多种。其中分群的指标确定是重要的内容，可以按照能够反映机组动态特性的状态变量来进行。以双馈机组为例，描述其完整的稳态与暂态方程可以有15个状态变量，但其与电网机电暂态时间尺度相关的状态变量却少了很多。按照7.2节讨论的划分层次，可将机组的有功功率和无功功率控制方式作为分群指标，需要更精细一些时可以加上转速作为分群指标，这些信号都可以在线实时获得。

2. 基于K均值聚类算法

风电场的动态聚合建模在首先根据机型、机组有功控制方式、无功控制方式分群以后，可以再按照转子转速进行细分。由于这几项指标值都已包含在机组上传数据中，可以直接用于分类。

聚类是将物理或者抽象的数据集合分组成为多个类的过程，每一类中的对象具有较高的相似性，不同类的对象之间则有相异性，K均值聚类法是聚类算法中的一种常用方法[24]。

设共有 n 个样本 $X_1, X_2, \cdots, X_n$，计第 i 个样本 $X_i=[x_{i1}, x_{i2}, \cdots, x_{ip}]$，则第 i 个样本与第 j 个样本之间的闵可夫斯基距离[31]定义为

$$d_{ij}(q)=\left[\sum_{k=1}^{p}|x_{ik}-x_{jk}|^{q}\right]^{1/q}, \quad i=1,2,\cdots,n; j=1,2,\cdots,n \tag{7-30}$$

式中，q 为正整数。当 $q=2$ 时，称为欧氏距离，即

$$d_{ij}=\left[\sum_{k=1}^{p}|x_{ik}-x_{jk}|^{2}\right]^{1/2} \tag{7-31}$$

样本 i 的轮廓值为

$$S(i)=\frac{\min(\boldsymbol{b})-a}{\max[a,\min(\boldsymbol{b})]}, \quad i=1,2,\cdots,n \tag{7-32}$$

式中，a 为样本 i 与同簇的其他样本之间的平均距离；$\boldsymbol{b}$ 为一个向量，其元素是样本 i 与不同簇的簇内样本之间的平均距离。

轮廓值 $S(i)$ 的取值范围为$[-1,1]$,$S(i)$的值越大,说明样本 i 的分类越合理,当 $S(i)<0$ 时,说明样本 i 的分类不合理,还有比目前分类更合理的方案。

K 均值聚类法的步骤如下:

(1) 将样本数据标准化处理,即减去均值,除以标准差;

(2) 选取 k 个样本作为初始聚类点;

(3) 计算每一个类的重心,作为聚类中心;

(4) 将其他样本归入与其距离最小的类;

(5) 重复步骤(2)、(3),直至所有样本都不能分配为止;

(6) 计算 $S(i)$,若 $S(i)$不能满足条件,重新选取初始聚类点进行聚类,直至 $S(i)$满足条件,若所有的初始聚类点均不能满足,则重新输入 k 值,进行聚类。

同时,应按时段计算样本数据,当本时段样本数据与上一时段不同时,首先使用上一时段的聚类 k 值进行聚类,聚类结果若与上一时段相同,则继续使用该聚类结果;若与上一时段的结果不同,则重新输入 k 值聚类,使用本时段样本数据的聚类结果。

7.4.2 参数聚合方法

选择好等值的模型及分群后,即可将同群的机组等值为一台机组。假定 n 台同型号的风力发电机中有 m 台等值成为 1 台机组。

1. 发电机参数

(1) 双馈机组:

$$\begin{cases} S_{\mathrm{eq}} = \sum_{i=1}^{m} S_i = mS, \quad P_{\mathrm{eq}} = \sum_{i=1}^{m} P_i = mP, \quad Q_{\mathrm{eq}} = \sum_{i=1}^{m} Q_i = mQ \\ X_{\mathrm{m\_eq}} = \dfrac{x_{\mathrm{m}}}{m}, \quad X_{\mathrm{s\_eq}} = \dfrac{x_{\mathrm{s}}}{m}, \quad X_{\mathrm{r\_eq}} = \dfrac{x_{\mathrm{r}}}{m}, \quad R_{\mathrm{s\_eq}} = \dfrac{r_{\mathrm{s}}}{m}, \quad R_{\mathrm{r\_eq}} = \dfrac{r_{\mathrm{r}}}{m} \end{cases} \tag{7-33}$$

式中,S 为发电机容量;m 为风电机组台数;x_m 为发电机励磁电抗;x_{s} 和 x_{r} 分别为发电机定子电抗和转子电抗;r_{s} 和 r_{r} 分别为发电机定子电阻和转子电阻;$X_{\mathrm{m\_eq}}$、$X_{\mathrm{s\_eq}}$、$X_{\mathrm{r\_eq}}$、$R_{\mathrm{s\_eq}}$、$R_{\mathrm{r\_eq}}$ 分别为这些电抗电阻多机等值后的参数。

(2) 永磁直驱机组:

$$\begin{cases} S_{\mathrm{eq}} = \sum_{i=1}^{m} S_i = mS, \quad P_{\mathrm{eq}} = \sum_{i=1}^{m} P_i = mP, \quad Q_{\mathrm{eq}} = \sum_{i=1}^{m} Q_i = mQ \\ X_{\mathrm{s\_eq}} = \dfrac{x_{\mathrm{s}}}{m}, \quad R_{\mathrm{s\_eq}} = \dfrac{r_{\mathrm{s}}}{m} \end{cases} \tag{7-34}$$

式中，S 为发电机容量；m 为风电机组台数；x_s为发电机定子电抗；r_s为发电机定子电阻；下标 eq 表示等效后相应的参数。

2. 轴系参数

$$H_{g\_eq} = \sum_{i=1}^{m} H_{gi} = mH_g, \quad H_{t\_eq} = \sum_{i=1}^{m} H_{ti} = mH_t, \quad K_{s\_eq} = \sum_{i=1}^{m} K_{si} = mK_s \tag{7-35}$$

式中，H_t和 H_g分别为风力机和发电机的转子惯性时间常数；K_s为轴系刚度系数。

3. 变压器参数

$$\begin{cases} S_{T\_eq} = mS_T \\ Z_{T\_eq} = \dfrac{Z_T}{m} \end{cases} \tag{7-36}$$

式中，S_T为变压器容量；Z_T为变压器阻抗。

4. 等效风速

等效风速的求取有多种方法。

当不考虑尾流效应时，等值风机的风速与单机风速相同：

$$v_{eq} = v \tag{7-37}$$

当考虑尾流效应时，将平均风速作为等效风速：

$$v_{eq} = \frac{1}{m}\sum_{i=1}^{m} v_i \tag{7-38}$$

当考虑尾流效应时，基于功率曲线的等效风速：首先通过风速和风速功率曲线得出同群中每台风电机组的功率，然后求取其平均功率，最后通过风速功率曲线反推得出等效风速。设等效前第 k 台风电机组的输出功率 P_k为

$$P_k = f(v_k) \tag{7-39}$$

式中，f 为风功率曲线的拟合函数；v_k为风速。基于功率曲线的等效风速为

$$v_{eq} = f^{-1}\left[\frac{1}{m}\sum_{i=1}^{m} f(v_i)\right] \tag{7-40}$$

则聚合模型捕获的机械功率为

$$P_m = m\left(\frac{1}{2}\rho AC_{pmax} v_{eq}^3\right) \tag{7-41}$$

5. 风电场内部集电线路

风电场内部集电线路分为电缆和架空线路 2 种。电缆的充电电容很大，一般

为架空线路的 20～25 倍，相当于在线路中并联了无功补偿设备，而架空线路充电电容一般情况下可忽略。由于风场接线方式不同，需要分情况讨论。

干线式接线结构部分如图 7-25 所示。

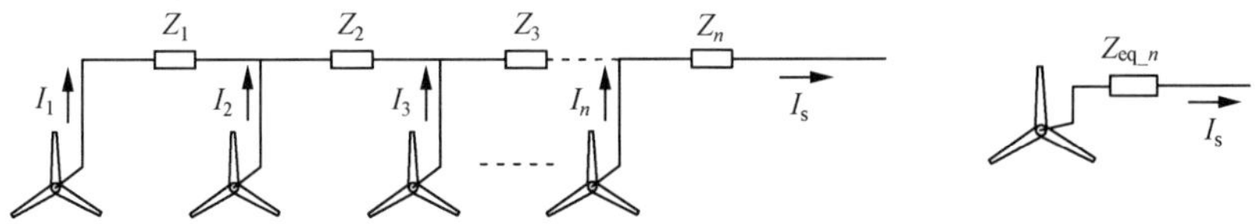

(a) 等值前 (b) 等值后

图 7-25 风电机组干线式接线结构部分

等值阻抗为

$$Z_{\mathrm{eq\_}n} = \left[\sum_{i=1}^{n} i^2 Z_i\right] \Big/ n^2 \tag{7-42}$$

式中，n 为线路上的机组台数；Z_i 为第 i 条电缆的阻抗。

如图 7-26 所示的多条分支线路，接到同一节点上，则等效阻抗为

$$Z_{\mathrm{eq\_}n} = \left[\sum_{i=1}^{n} n_i^2 Z_i\right] \Big/ \left[\sum_{i=1}^{n} n_i\right]^2 \tag{7-43}$$

式中，n_i为每条线路上机组的台数；n 为总的风机台数。

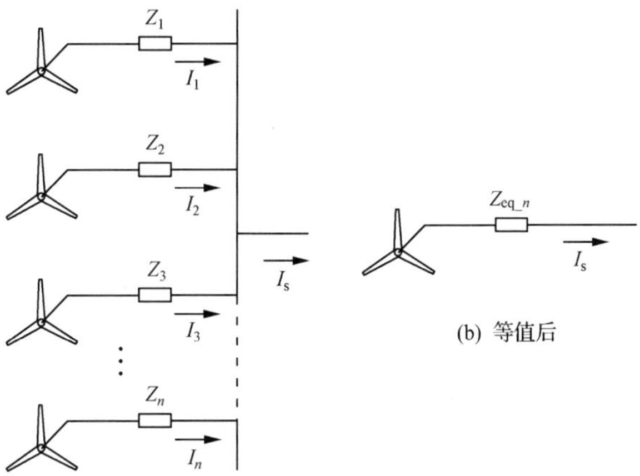

(a) 等值前 (b) 等值后

图 7-26 多个风电机组链并行连接

对于电缆线路的对地导纳支路，可以忽略风电场内的电压差异，等值对地导纳 Y_{eq}等于等值前所有导纳支路的和，即

$$Y_{\mathrm{eq}} = \sum_{i=1}^{m} Y_i \tag{7-44}$$

式中，Y_i为第 i 段线路的对地导纳。

7.4.3 基于功率曲线的风电场单机聚合模型仿真验证及误差分析

以 200MW 的 330kV 接入的标准风场为例，建立动态聚合模型，通过与风场详细模型的仿真结果对比，验证聚合模型的精度。设整个风场为同一种机型，采用相同的控制方式，可将其聚合为一台机组。聚合模型参数根据上述方法进行计算，进行不同风速下的静态和动态仿真。仿真中机组的风速采用实际风场的数据。

为评价模型的精度，首先定义某参数的平均误差为

$$E_X = \frac{1}{n}\frac{\sum_{i=1}^{n}(X_{eqi} - X_i)}{X_N} \times 100\% \tag{7-45}$$

式中，X_i 为考察的参数；n 为采样点数；下标 eq 表示等值机的参数；下标 N 表示额定值。

1. PMSG 机组风场的聚合

为便于对比，同时建立了该风场按风速分群的多机聚合模型。由于风场实际机组的风速差异不超过 6m/s，可将风场等值为 3 台机组。选取运行数据中平均风速低于额定风速（低风速）、在额定风速附近（中等风速）和高于额定风速（高风速）的 3 种典型情况进行仿真。图 7-27 为中等风速下，系统发生三相对地短路，持续 300ms，风场详细模型、单机法聚合模型和多机法聚合模型在 PCC 点故障后各测量参数的波形，其余两种情况下的波形类似。为了简化起见，仿真中单机法与多机法都忽略了集电线路。

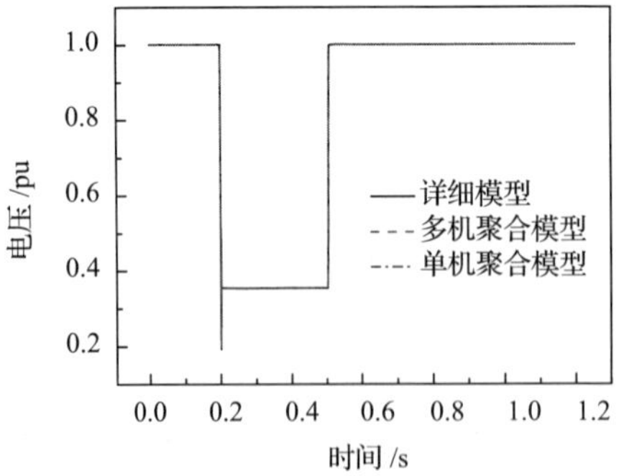

(a) 电压

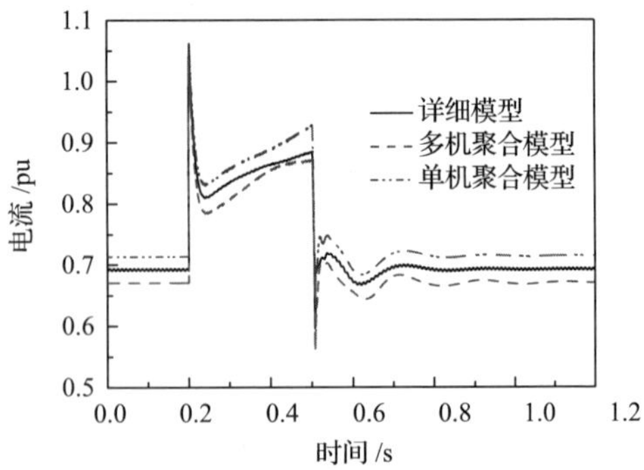

(b) 电流

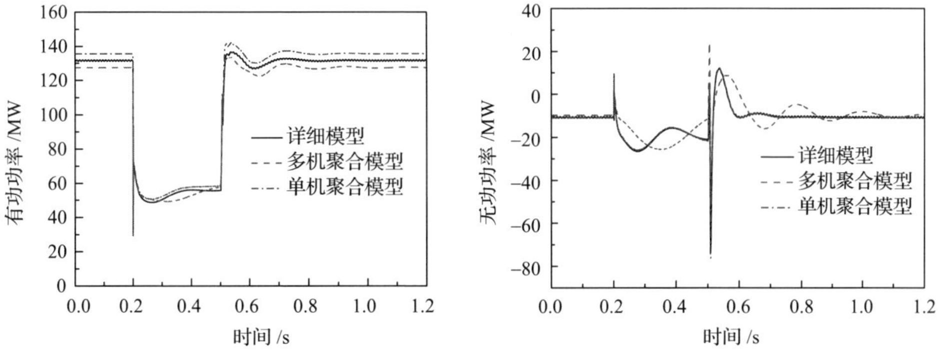

(c) 有功 (d) 无功

图 7-27 风场详细模型、单机法聚合模型与多机法聚合模型 PCC 点的仿真波形

从图 7-27 可知，3 种模型在 PCC 点输出电压的幅值、相位基本吻合，电流和有功的响应时间与振荡规律一致。多机法的无功响应与详细模型差异较大。

图 7-28～图 7-30 分别为上述 3 种典型风况下，单机法、多机法聚合模型与详细模型在静态、系统故障情况（系统发生三相短路持续 300ms）以及风速扰动（风速阶跃上升 0.5m/s）等情况下，仿真数据对比的误差曲线。表 7-5 为故障情况下，短路冲击电流的比较结果。

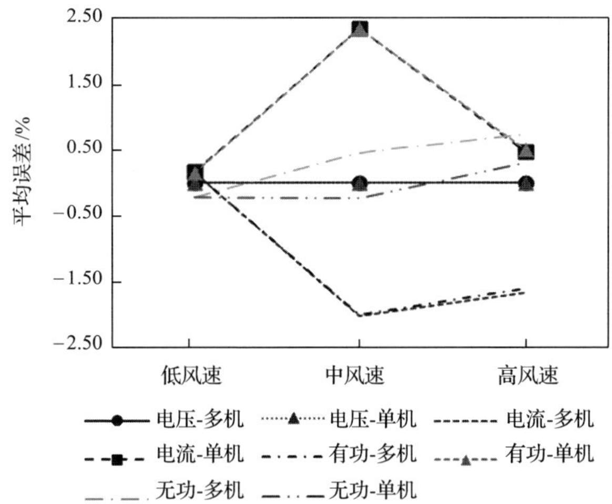

图 7-28 不同风况下模型在 PCC 点静态输出特性的仿真误差

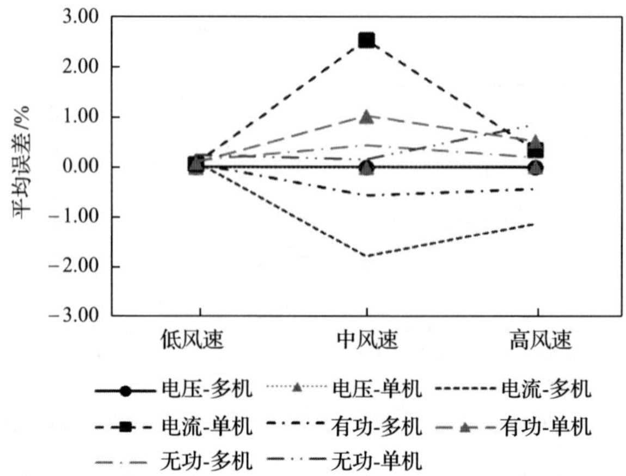

图 7-29 不同风况时各模型在电网故障下的暂态特性均值误差

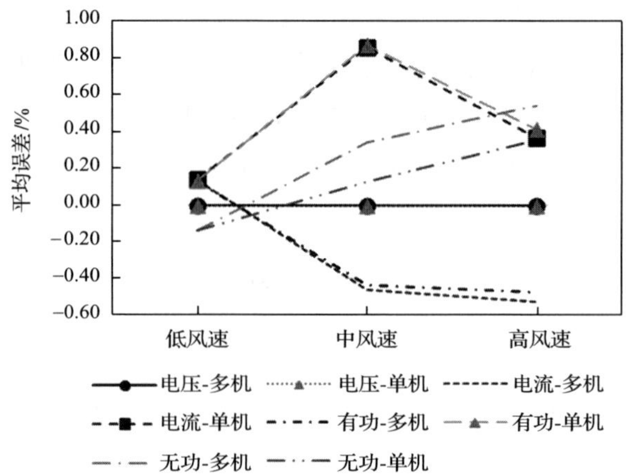

图 7-30 不同风况下风速扰动时模型在 PCC 点输出动态特性仿真误差

表 7-5 不同风况时各模型在电网故障下短路冲击电流仿真误差

风速	短路冲击电流误差		详细模型短路电流峰值/kA
	多机	单机	
低风速	0.04%	0.29%	0.252
中风速	−2.18%	1.91%	0.350
高风速	−1.53%	0.46%	0.403

从图 7-28 可以看出，采用本书采用的单机法在大部分情况下的静态误差与多机法差异不大，但在中风速段差异较大。这是由于此时风场风机上的风速最大为

12.75m/s，最小为6.76m/s，单机聚合中的一部分风电机组工作在恒功率控制模式（额定风速及以上），另一部分机组工作在最大功率跟踪控制模式或恒转速控制模式（小于并接近额定风速）；而单机等值机组此时只是工作在其中一种工作模式，因而动态特性上产生了差别。动态过程中，单机法的输出误差加大（图7-29和图7-30），但最大不大于2.5%。在高风速段，由于此时风机的控制模式相同，误差相比中风速段有所减小。当风场机组都处于风速小于额定风速而运行在最大功率跟踪阶段时，单机法与多机法的精度相近，误差在0.25%以内。由此也可验证按功率控制方式聚合比按风速聚合等值更合理。

永磁直驱机组由于采用全功率变换器，发电机与电网隔离。机侧变换器将发电机发出的电能转换到直流母线；网侧变换器通过检测和控制直流母线电压将电能输入电网。网侧变换器可以等效成一个受控电压源，接纳的风能不同，体现在受控电压源的相角有差别。多机状态下，合成相量的相角与相角平均值相差较小，因而在风能扰动下，单机等值模型与详细模型的误差不大。另一方面，变流器直流侧电压一般控制在1pu附近，小于1.2pu，可变化的范围很小。因此，当电网发生短路故障而使直流侧电压升高时，卸荷电路即投入工作，消耗多余能量使直流母线电压维持在一定范围内，进而网侧不会提供大的短路电流注入电网。此时网侧短路回路主要取决于外电路阻抗，单机等值模型根据电路原理得出等值阻抗，不改变电路的端口特性，因而在暂态和动态仿真中误差都不会太大。总体来看，与多机等值相比，单机法虽然因近似更多而误差略大，但对于电网稳定性分析而言已具有足够的精度。

2. DFIG机组风场的聚合

对于上述同样规模的风电场，机组若为双馈风电机组，可将整个风电场聚合为一台，参数同样采用实际风场机组数据计算得到。单机聚合模型的等值风速采用基于功率曲线逆函数算法，将模型的动态特性与多机等值模型（以1m/s为风速区间划分机群，将整个风场等值成4台机组）和采用平均风速为等效风速的单机模型在风速扰动和电网三相短路下的暂态仿真结果进行比较，对比详细风场模型仿真结果验证单机模型的精确性。

风速扰动仿真：仿真开始20s时，将详细风场中每台机组的风速均提升1m/s，而各等值机组的风速根据相应的算法获得。仿真结果如图7-31所示。可见，按平均风速等值的模型与详细模型的结果相差较大；多机等值模型和用功率逆函数计算的等值风速的单机聚合模型的结果较相近。误差对比见表7-6。

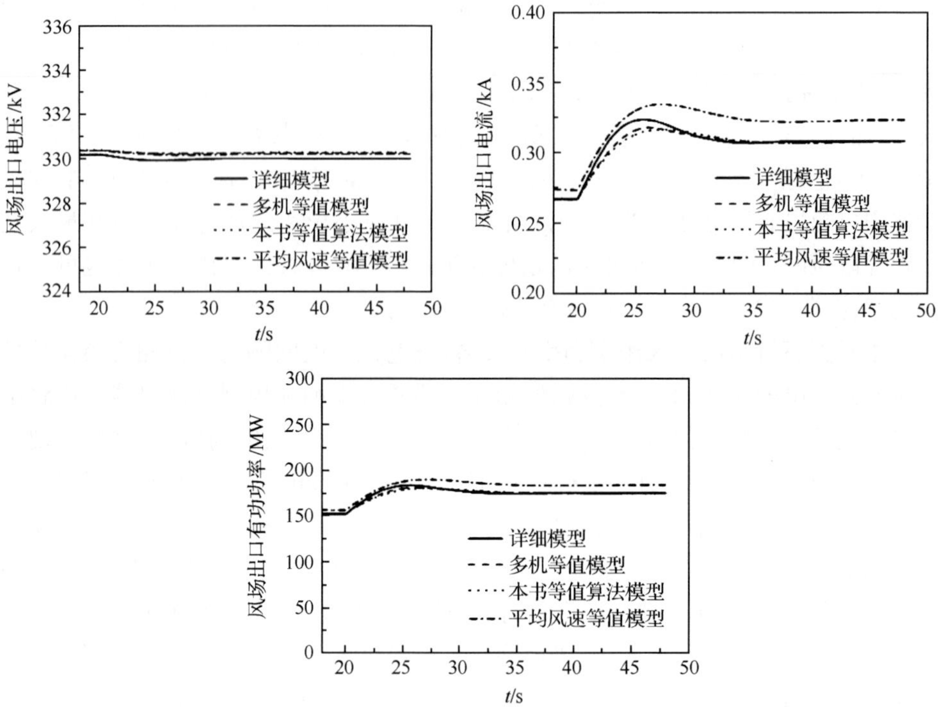

图 7-31　风速小扰动下不同等值方法仿真曲线

表 7-6　单机等值法与多机等值法误差对比

出口处电气量	小扰动下暂态过程误差			大扰动下动态过程误差		
	功率曲线逆函数单机法	平均风速单机法	多机法	功率曲线逆函数单机法	平均风速单机法	多机法
电压/kV	0.081%	0.064%	0.079%	0.023%	−0.004%	0.024%
电流/kA	0.475%	3.247%	0.446%	2.485%	3.969%	1.636%
总出力/MW	0.233%	4.245%	0.205%	0.362%	0.709%	0.142%

电网三相短路仿真：电网三相接地短路故障发生在仿真开始 20s 时，持续 0.3s 后故障切除。仿真结果如图 7-32 所示。

表 7-6 对各等值模型的动态误差进行了分析。从仿真曲线和误差分析可以看出，多机等值法与基于功率曲线逆函数的单机等值法在动态过程中的精度要高于基于平均风速的单机等值法，而多机等值法的精度略高于单机等值法，但考虑到多机法的计算代价，基于功率曲线逆函数的单机等值法能在保证一定的等值精度的前提下更加具有实用性。

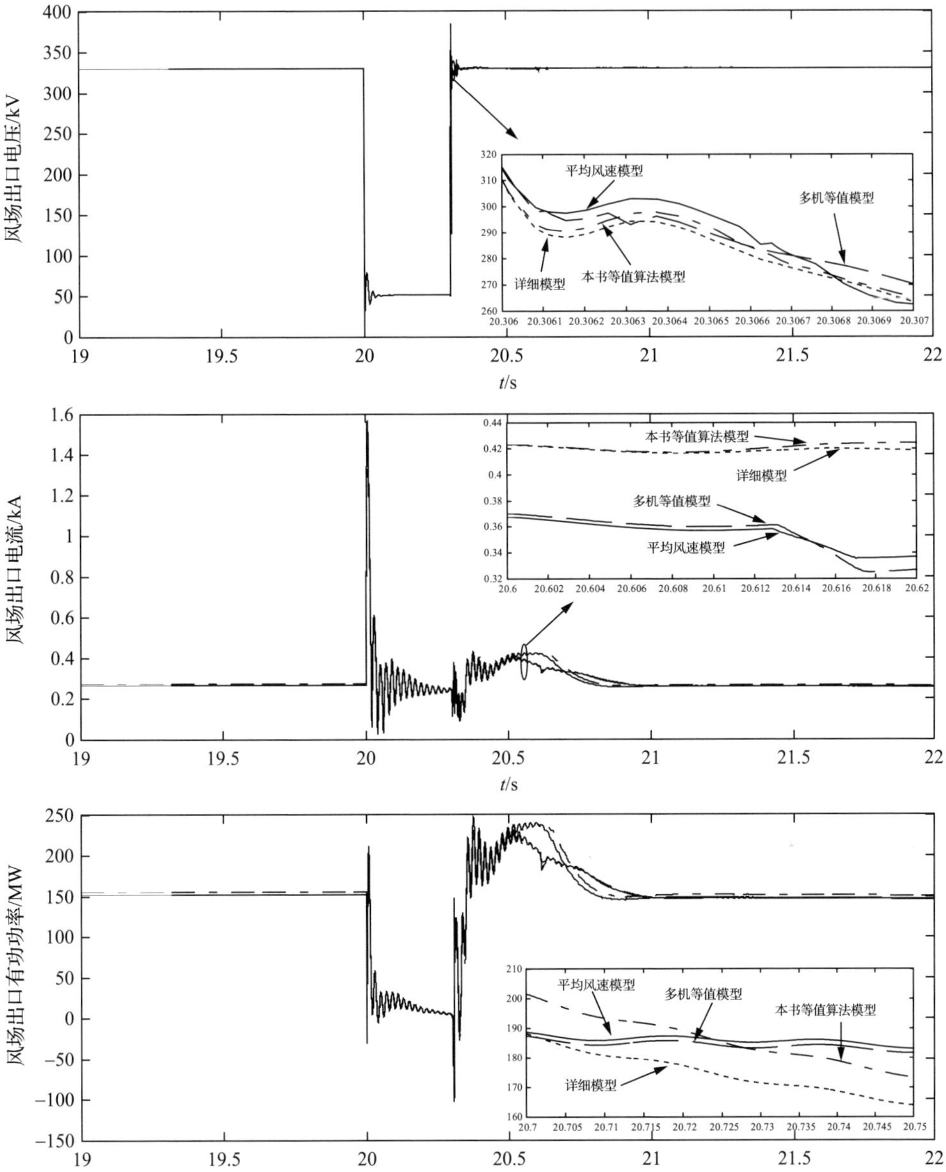

图 7-32 短路大扰动下不同等值方法仿真曲线

为了验证所提出的风速等值方法在各种风速情况下的精确性，在 3 种风况下分别进行了风速扰动和电网短路扰动仿真。在仿真中，详细风场模型中每台机组的风速按照风场某一时刻实测风速作为输入，而高、中、低 3 个风速段的等效风速分别为 8.2m/s、10.1m/s、10.95m/s，扰动设置与上述相同。两类扰动情况下，等值模型出口处仿真结果与详细模型的误差分别如表 7-7 和表 7-8 所示。

表 7-7　风速小扰动动态过程误差分析

出口处电气量	低风速		中风速		高风速	
	动态过程误差均值	动态过程误差方差	动态过程误差均值	动态过程误差方差	动态过程误差均值	动态过程误差方差
电压/kV	0.014%	2.923×10^{-6}	0.081%	7.651×10^{-5}	0.061%	8.862×10^{-5}
电流/kA	0.028%	0.0002	0.475%	0.009	0.896%	0.009
总出力/MW	0.070%	0.0002	0.233%	0.011	0.797%	0.011

表 7-8　短路大扰动暂态过程误差分析

出口处电气量	低风速		中风速		高风速	
	暂态过程误差均值	暂态过程误差方差	暂态过程误差均值	暂态过程误差方差	暂态过程误差均值	暂态过程误差方差
电压/kV	0.024%	0.0007	0.023%	0.0004	0.011%	0.0005
电流/kA	2.114%	0.063	2.485%	0.041	0.664%	0.059
总出力/MW	0.355%	0.013	0.362%	0.011	0.378%	0.012

根据误差分析，在风速小扰动情况下和电网短路大扰动情况下，基于功率曲线逆函数的单机等值模型能较精确地模拟风场的响应，在动态过程中，等值模型各个量的振荡趋势和大小都与详细风场结果一致，等值方法的精确度较高。仿真结果也表明，从电力系统机电稳定性时间尺度角度看，几种模型对系统的影响是一致的。

7.5　风场集电线路对聚合模型精度的影响

为了考察忽略集电线路对风场聚合模型精度的影响，将计及和忽略集电线路后的聚合模型进行仿真，对风场内部集电线路分别采用架空线或电缆进行分析。由于 DFIG 风场与 PMSG 机组风场类似，在此以 PMSG 风场为例进行讨论。

7.5.1　静态输出精度

为了充分体现集电线路的影响，在此不考虑尾流效应，且风场所有风机的风速相同，则不同风速下在 PCC 点输出的仿真结果如表 7-9 和表 7-10 所示。

表 7-9 不同风速下模型在 PCC 点静态输出特性仿真误差(架空线)

风速	项目	电压	电流	有功	无功
4m/s	详细风场静态输出	330.169kV	0.066kA	37.4784MW	−0.1MVA
	计及线路时误差	0.00%	0.01%	0.00%	−0.39%
	不计线路时误差	0.00%	0.02%	0.01%	−0.37%
8m/s	详细风场静态输出	330.588kV	0.297kA	168.9236MW	−17.5MVA
	计及线路时误差	0.00%	0.04%	0.00%	−0.40%
	不计线路时误差	0.00%	0.24%	0.26%	0.18%
15m/s	详细风场静态输出	330.654kV	0.347kA	197.2651MW	−24.26MVA
	计及线路时误差	0.00%	0.05%	0.00%	−0.40%
	不计线路时误差	0.00%	0.30%	0.35%	0.39%

从表 7-9 可知,不同风速下,当集电线路为架空线且考虑集电线路的等值时,风场聚合模型和详细风场模型结果一致,电压、电流、有功误差在 0.05%以内,无功误差在 0.5%以内;而忽略集电线路时,电流和有功误差略有增加,都在 0.4%以内,这部分误差主要是线路的有功损耗造成的。

表 7-10 不同风速下模型在 PCC 点静态输出特性仿真误差(电缆)

风速	项目	电压	电流	有功	无功
4m/s	详细风场静态输出	330.2kV	0.066kA	37.159MW	7.919MVA
	计及线路时误差	0.00%	0.00%	0.00%	0.00%
	不计线路时误差	−0.02%	−0.40%	0.01%	−4.38%
8m/s	详细风场静态输出	330.7kV	0.296kA	169.082MW	−9.335MVA
	计及线路时误差	0.00%	0.00%	0.00%	0.00%
	不计线路时误差	−0.02%	0.49%	0.17%	−3.91%
15m/s	详细风场静态输出	330.7kV	0.346kA	197.486MW	−16.038MVA
	计及线路时误差	0.00%	0.00%	0.00%	0.00%
	不计线路时误差	−0.02%	0.62%	0.24%	−3.73%

从表 7-10 可以看出:在不同风速下,当集电线路为电缆且考虑集电线路的等值时,风场聚合模型和详细风场模型结果一致;忽略集电线路时,电流和有功误差增加,在 1%以内,而无功误差明显增大,以上误差主要是线路的有功、无功损耗造成的。

7.5.2 电网故障情况下聚合模型的动态特性误差

在不同风速下,对详细风场和风场聚合模型进行仿真,系统发生对地三相短路,持续时间为 300ms。考察聚合模型在 300ms 全过程内与详细模型的动态误差均值。计及集电线路的聚合模型 PCC 点故障后各参数的波形与图 7-32 中单机聚合模型波形类似。当不考虑集电线路时,电压与电流误差略增大,但响应基本趋势一致。不同风速下,风场聚合模型与详细模型的误差如表 7-11 和表 7-12 所示。

表 7-11 不同风况时单机聚合模型在电网故障下的暂态特性均值误差(架空线)

风速/(m/s)	单机聚合模型	误差/%			
		电压	电流	有功	无功
6	计及线路	0.00	0.02	0.00	−0.05
	不计线路	0.00	0.03	0.01	0.01
8	计及线路	0.00	0.05	0.00	−0.06
	不计线路	0.01	0.25	0.37	0.64
15	计及线路	0.00	0.12	0.01	−0.08
	不计线路	0.01	0.23	0.54	0.87

表 7-12 不同风况时单机聚合模型在电网故障下的暂态特性均值误差(电缆)

风速/(m/s)	单机聚合模型	误差/%			
		电压	电流	有功	无功
6	计及线路	0.00	0.03	0.01	0.00
	不计线路	−0.01	0.05	−0.02	−0.50
8	计及线路	0.00	0.00	0.00	0.00
	不计线路	0.00	0.66	0.28	0.04
15	计及线路	0.00	0.08	0.02	−0.03
	不计线路	0.01	0.55	0.39	0.32

相应的短路冲击电流误差百分比见表 7-13。

表 7-13 不同风况时单机聚合模型在电网故障下短路冲击电流仿真误差

风速/(m/s)	单机聚合模型	短冲击电流误差/%	
		架空线	电缆
4	计及线路	−4.61	0.35
	不计线路	−4.48	−19.48
8	计及线路	−3.08	0.19
	不计线路	−2.55	−16.97
15	计及线路	−2.79	0.11
	不计线路	−2.51	−15.77

由上述仿真可知,对线路进行等值时,风场聚合模型精度很高,误差在 0.15%以内。当聚合模型忽略线路参数后,有功、无功的误差主要是由线路损耗造成的,

电压误差基本没有变化，电流误差略有增大。线路为架空线时，动态过程电流误差均值在额定电流的0.25%以内，短路冲击电流误差增大量在0.6%以内；线路为电缆线时，动态过程电流误差均值在额定电流的0.66%以内，短路冲击电流增大量在20%以内。由于电缆的充电电容很大，一般为架空线路的20～25倍，相当于在线路中并联了无功补偿设备，而架空线路充电电容一般情况下可忽略，因此忽略电缆，对动态过程的影响更大。由此可见，在进行电磁暂态仿真时，聚合模型不可以忽略电缆线路。

由此可见，在进行电磁暂态仿真时，聚合模型不可以忽略电缆线路。

7.5.3 风速波动情况下聚合模型输出特性误差

在不同风速下，对详细风场和风场聚合模型进行仿真，风速阶跃上升0.5m/s。考察聚合模型从发生波动到达稳定时间内与详细模型的动态误差。

不同风速下，风场聚合模型与详细模型仿真结果比较的误差如表7-14和表7-15所示。与详细模型相比，风场聚合模型计及线路时，精度较高；忽略线路参数后，有功误差略有增加(主要是由线路损耗造成的)，电压误差基本不变，电流误差略有增大，当线路为电缆时无功误差明显增大。

表7-14 不同风速下风速扰动时单机聚合模型在PCC点输出动态特性仿真误差(架空线)

风速/(m/s)	单机聚合模型	误差/%				
		电压	电流	有功	无功	转速
6	计及线路	0.00	0.01	0.00	−0.39	0.00
	不计线路	0.00	0.02	0.02	−0.35	0.00
10	计及线路	0.00	0.05	0.00	−0.40	0.00
	不计线路	0.00	0.28	0.33	0.34	0.00
15	计及线路	0.00	0.05	0.00	−0.40	0.00
	不计线路	0.00	0.30	0.35	0.39	0.00

表7-15 不同风速下风速扰动时单机聚合模型在PCC点输出动态特性仿真误差(电缆)

风速/(m/s)	单机聚合模型	误差/%				
		电压	电流	有功	无功	转速
6	计及线路	0.00	0.00	0.00	0.00	0.00
	不计线路	−0.02	−0.29	0.01	−4.37	0.00
10	计及线路	0.00	0.00	0.00	0.00	0.00
	不计线路	−0.02	0.60	0.22	−3.77	0.00
15	计及线路	0.00	0.00	0.00	0.00	0.00
	不计线路	−0.02	0.63	0.24	−3.73	0.00

7.6 风电场降阶模型

7.6.1 风电场中长期等值模型

根据第3章多时间尺度模型简化原理可知，当一组状态量(X)相对另一组状态量(Z)满足奇异摄动结构时，状态量X对应的状态方程在状态量Z构成的时间尺度内可降阶为代数方程；反之，在状态量X构成的时间尺度内，状态量Z维持不变，同时，状态方程用初值取代。在电力系统中，中长期动态过程主要由慢速自动控制系统以及机械动态主导。最常见的物理响应如下。有功频率类：发电机调速器的频率响应、负荷的频率静特性、区域自动发电控制(automatic generation control，AGC)调节等。无功电压类：发电机的自动电压调节、发电机的自动无功功率调节、发电机的自动功率因数调节、负荷的电压静特性等。因此，对于含风电场的电力系统来说，风电场的中长期模型主要用于风电场的功率控制。

国内新能源集群一般采取分层分级控制，风场需要接受上级部门的有功、无功调度指令进行发电控制，因此可将风电场视为具有边界条件的PQ节点。

风电场的中长期模型要求能准确地反映风电场有功、无功调节过程。风场的有功功率调节限值及速率与机组风力机、传动链参数及运行状态相关。依照第3章风电机组时间常数在电力系统中的分布可知，在中长期等值模型中需要保留风机的气动、机械、变桨以及电功率响应动态；而简化了发电机、变流器以及电流内环控制。这样得到的风电场中长期等值模型如图7-33所示。

风电场中长期等值模型各部分的具体参数计算方法与7.3.4节相同，不再赘述。

针对7.3节所述风场，建立了风电场中长期等值模型，并利用所建立的模型进行了风电场功率控制仿真。仿真初始状态为风场有功功率满发，不发出无功，在35s时，有功、无功参考值分别变为0.8pu与0.1pu($S_{base}=200$MW)，仿真结果如图7-34所示。

从仿真结果可以看出，所建立的中长期等值模型能准确地反映风电场功率调节的整个过程，调节动态过程及稳态均具有足够的精度，适用于系统对风场的调度管理。

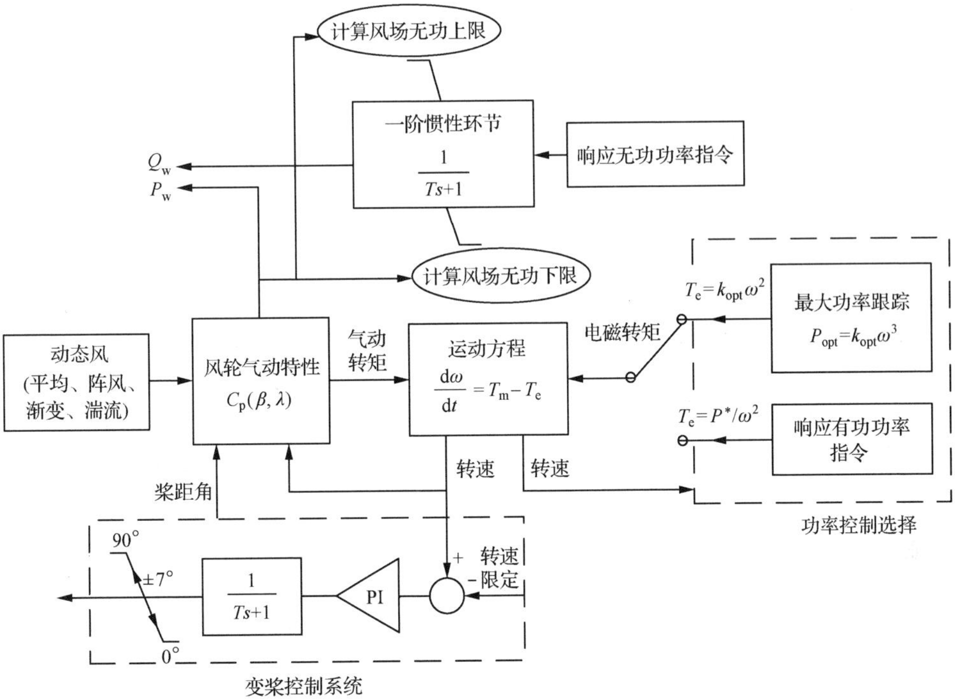

图 7-33 风电场中长期等值模型

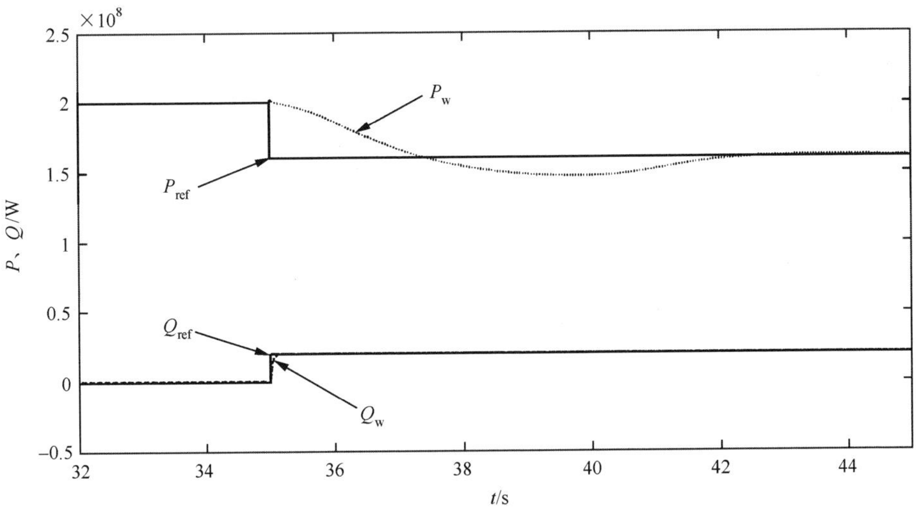

图 7-34 基于风电场中长期等值模型的功率控制仿真结果

7.6.2 基于虚拟风机的风电场自适应静态等值模型

风电场内机组等效为功率因数恒定的 PQ 节点或者是无功有一定限制的 PV 节点，对整个风场而言，在进行有功控制的同时还加装了 SVG 进行无功电压控制，因而也可以等效为 PQ 或者 PV 节点。

一个确定的风电场，其有功输出功率大小受风速、风向、运行机组台数的影响。为了得到整个风电场的静态有功输出功率特性曲线，可以借用人工智能的神经网络学习算法，构建一台虚拟风机代表风场的输入输出特性。

采用 BP 三层神经网络，将风电场的 k 个标杆机组的风速、风向、机组运行台数作为模型的输入，整个风电场的出力作为输出，用风电场的实际运行数据，学习风电场在不同风况情况下的出力曲线，建立虚拟风机聚合模型。基于 BP 神经网络的风电场静态等值模型，可以充分考虑到风电场的尾流效应、湍流、风速、风向等对风电场出力有影响的因素，通过历史数据的训练并利用最新的数据对该网络进行训练更新，使建立的模型更能够准确反映风电场的静态特性。

图 7-35 为采用某实际风场的数据学习的静态出力曲线。学习了有 130 台机组运行情况下一年的出力数据。灰色点为风场的实际输出，黑色点为模型的输出。可以看出，基于 BP 神经网络的虚拟风机聚合模型可以有效地反映风电场的静态特性。

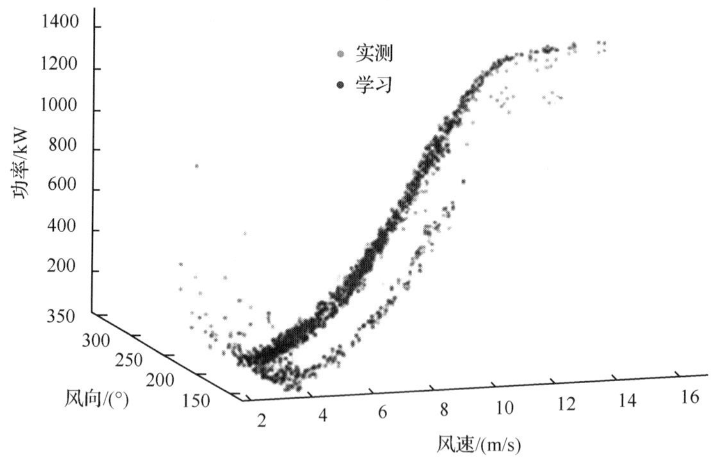

图 7-35　风电场的风速-风向-出力图

通过神经网络学习得到风场等值模型虚拟风力机之后，将普通的单机等值模型的输入改为标杆机组的风速及风向，在线修正风电场中实际工作机组的台数 n，即实现了风场自适应等值模型，如图 7-36 所示。

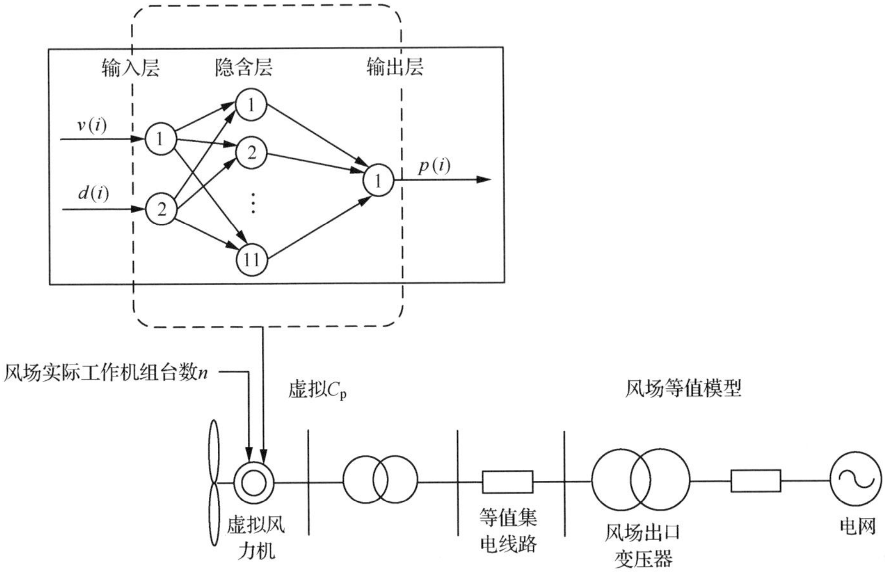

图 7-36 风场自适应等值模型

7.7 本章小结

本章概述了风电场聚合建模的研究现状、基本方法以及不同风场等值方法的适用范围和局限性。对风电场动态聚合中的风电机组"同调"问题进行了研究，通过时域、频域和特征值分析，阐述了不同控制方式下风电机组对自身轴系和电力系统的阻尼特性，从而说明其对系统功角稳定的影响因素。给出了风电机组的"同调"分群因素。针对我国大规模风电基地的风电场实际，建立了标准风场网络结构。基于该标准风场和风场实际运行数据，仿真对比研究并验证了聚合方法。同时分析了集电线路对风场聚合模型精度的影响，并给出相应的误差分析。给出了一种风电场降阶等值模型——风电场准稳态模型，适用于风电场中长期功率控制等研究；建立了基于虚拟风机的风电场静态自适应等值模型，该模型基于历史数据，能反映风电场静态输入输出关系。

参考文献

[1] Shafiu A, Anaya-Lara O, Bathurst G. Aggregated wind turbine models for power system dynamic studies. Wind Engineering, 2006, 30(3): 171-186.

[2] Slootweg J G，Kling W L. Aggregated modelling of wind parks in power system dynamics simulations//IEEE PowerTech Conference，Bologna，2003.

[3] Akhmatov V. Analysis of dynamic behavior of electric power systems with large amount of wind power. Copenhagen：Technical University of Denmark，2003.

[4] Fernández L M，Jurado F，Saenz J R. Aggregated dynamic model for wind farms with doubly fed induction generator wind turbines. Renewable Energy，2008，33(1)：129-140.

[5] Castro R M G，De Jesus J M F. A wind park reduced-order model using singular perturbations theory. IEEE Transactions on Energy Convertion，1996，11(4)：735-741.

[6] Sedighizadeh M，Rezazadeh A. A wind farm reduced order model using integral manifold theory//Proceedings of World Academy of Science，Engineering and Technology，Cairo，2008.

[7] 孙建锋，焦连伟，吴俊玲，等. 风电场发电机动态等值问题的研究. 电网技术，2004，28(7)：58-61.

[8] 乔嘉赓，鲁宗相，闵勇，等. 风电场并网的新型实用等效方法. 电工技术学报，2009，24(4)：209-213.

[9] Aoller M P，Achilles S. Aggregated wind park models for analyzing power system dynamics//4th International Workshop on Large-Scale Integration of Wind Power and Transmission Networks for Offshore Wind Farms，Billund，2003.

[10] 黄梅，万航羽. 在动态仿真中风电场模型的简化. 电工技术学报，2009，24(9)：147-152.

[11] Wei Q，Harley R G，Venayagamoorthy G K. Dynamic modeling of wind farms with fixed-speed wind turbine generators//2007 Power Engineering Society General Meeting，Tampa，2007.

[12] Trudnowski D J，Gentile A，Khan J M. Fixed-speed wind-generator and wind-park modeling for transient stability studies. IEEE Transactions on Power Systems，2004，19(4)：1911-1917.

[13] Shafiu A，Anaya-Lara O，Bathurst G. Aggregated wind turbine models for power system dynamic studies. Wind Engineering，2006，30(3)：171-186.

[14] Slootweg J G. Wind power-modelling of wind parks in power system dynamics. Delft：the University of Delft，2003.

[15] Fernández L M，Saenz J R，Jurado F. Dynamic models of wind farms with fixed speed wind turbines. Renewable Energy，2006，31(8)：1203-1230.

[16] 夏玥，李征，蔡旭，等. 基于直驱式永磁同步发电机组的风电场动态建模. 电网技术，2014，38(6)：1439-1445.

[17] Fernandez L M，Garcia C A，Saenz J R. Equivalent models of wind farms by using aggregated wind turbines and equivalent wind. Energy Conversion and Management，2009，(50)：691-704.

[18] 包能胜，徐军平，倪维斗，等. 大型风电场失速型机组等值建模的研究. 太阳能学报，2007，28(11)：1284-1289.

[19] Rudion K. Aggregated modelling of wind farms. Magdeburg：Otto-von-Guericke-Universitat Magdeburg，2008.

[20] Perdana A. Dynamic models of wind turbines：A contribution towards the establishment of standardized models of wind turbines for power system stability studies. Goeteborg：Chalmers University of Technology，2008.

[21] Akhmatov V，Knudsen H. An aggregate model of a grid-connected，large-scale，offshore wind farm for power stability investigations-importance of windmill mechanical system. Electrical Power Energy Systems，2002，24(9)：709-717.

[22] 米增强，苏勋文，余洋，等. 双馈机组风电场动态等效模型研究. 电力系统自动化，2010，34(17)：72-77.

[23] 米增强，苏勋文，杨奇逊，等. 风电场动态等值模型的多机表征方法. 电工技术学报，2010，25(5)：162-169.

[24] 陈树勇，王聪，申洪，等. 基于聚类算法的风电场动态等值. 中国电机工程学报，2012，32(4)：11-19.

[25] 黄伟，张小珍. 基于特征分析的大规模风电场等值建模. 电网技术，2013，37(8)：2271-2277.

[26] 张琛，李征，高强，等. 双馈风电机组的不同控制策略对轴系振荡的阻尼作用. 中国电机工程学报，2013，33(27)：135-144.

[27] 陈树勇，常晓鹏，孙华东，等. 风电场接入对电力系统阻尼特性的影响. 电网技术，2013，37(6)：1570-1577.

[28] 杨黎晖，马西奎. 双馈风电机组对电力系统低频振荡特性的影响. 中国电机工程学报，2011，31(10)：19-25.

[29] 郝正航，余贻鑫. 双馈风电场对电力系统阻尼影响的转矩分析. 电工技术学报，2011，26(5)：152-158.

[30] 汪宁渤. 大规模风电送出与消纳. 北京：中国电力出版社，2012.

[31] Rudion K，Styczynski Z A，Orths A，et al. MaWind-tool for the aggregation of wind farm models//2008 IEEE Power and Energy Society General Meeting，Pittsburgh，2008.

第 8 章　模型的参数辨识与提取

风电机组各部分机理模型已经非常明确，所以辨识主要针对机组参数。风电机组包含的主要参数是风轮气动曲线、轴系参数、发电机参数以及变流器控制回路参数，其中风机发电机参数获取较为容易，这里不进行辨识，需要详细辨识的是风轮气动曲线、轴系参数以及控制器参数。这些参数一般较难获取，而且轴系的参数和模型结构还受研究对象的影响，需要根据研究对象先确定模型结构再进行参数辨识。

8.1　风力机气动曲线辨识

C_p 曲线采用八参数辨识：

$$C_p = \left(\frac{c_1}{\Lambda} - c_2\beta - c_3\beta^{c_4} - c_5\right)e^{-\frac{c_6}{\Lambda}} \tag{8-1}$$

式中

$$\frac{1}{\Lambda} = \frac{1}{\lambda + c_7\beta} - \frac{c_8}{\beta^3+1}, \quad \lambda = \frac{\omega R}{V_w} \tag{8-2}$$

需要辨识的参数为 $c_1 \sim c_8$。

已知的参数为：风轮转速 ω，风轮半径 R，风速 V_w 以及桨距角 β。将式(8-2)代入式(8-1)得

$$C_p = \left[c_1 \frac{e^{\frac{c_6 c_8}{\beta^3+1}}}{\lambda + c_7\beta} - \left(\frac{c_8}{\beta^3+1} + c_2\beta + c_3\beta^{c_4} + c_5\right)e^{\frac{c_6 c_8}{\beta^3+1}}\right]e^{-\frac{c_6}{\lambda + c_7\beta}}$$

令

$$\begin{cases} a(\beta) = c_1 e^{\frac{c_6 c_8}{\beta^3+1}} \\ b(\beta) = -\left(\dfrac{c_8}{\beta^3+1} + c_2\beta + c_3\beta^{c_4} + c_5\right)e^{\frac{c_6 c_8}{\beta^3+1}} \end{cases}$$

则

$$C_p = \left[\frac{a(\beta)}{\lambda + c_7\beta} + b(\beta)\right] e^{-\frac{c_6}{\lambda + c_7\beta}} \tag{8-3}$$

1）参数 c_6 的辨识

零桨距角为 0 时，$a(0)$、$b(0)$ 为常数。根据不同的 3 个功率输出点，得到 3 个叶尖速比 $\lambda_1 \sim \lambda_3$ 和 3 个 C_p 值 $C_{p1} \sim C_{p3}$：

$$\begin{cases} C_{p1} e^{\frac{c_6}{\lambda_1}} = \dfrac{a(0)}{\lambda_1} + b(0) \\ C_{p2} e^{\frac{c_6}{\lambda_2}} = \dfrac{a(0)}{\lambda_2} + b(0) \\ C_{p3} e^{\frac{c_6}{\lambda_3}} = \dfrac{a(0)}{\lambda_3} + b(0) \end{cases} \tag{8-4}$$

将式(8-4)两两做差消去 $a(0)$、$b(0)$ 得

$$\frac{C_{p1} e^{\frac{c_6}{\lambda_1}} - C_{p2} e^{\frac{c_6}{\lambda_2}}}{C_{p2} e^{\frac{c_6}{\lambda_2}} - C_{p3} e^{\frac{c_6}{\lambda_3}}} = \frac{\dfrac{1}{\lambda_1} - \dfrac{1}{\lambda_2}}{\dfrac{1}{\lambda_2} - \dfrac{1}{\lambda_3}} \tag{8-5}$$

由式(8-5)可得 c_6 的辨识值。

2）参数 c_7 的辨识

令 $X = \lambda + c_7\beta$，式(8-3)可写成：$C_p = \left[\dfrac{a(\beta)}{X} + b(\beta)\right] e^{-\frac{c_6}{X}}$，$c_7$ 与桨距角有关，所以桨距角不能设置为零，变动桨距角，设其值为 β_0。根据不同的 3 个功率输出点，得到 3 个叶尖速比 $\lambda_1 \sim \lambda_3$ 和 3 个 C_p 值 $C_{p1} \sim C_{p3}$：

$$\begin{cases} C_{p1} X_1 e^{\frac{c_6}{X_1}} = a(\beta_0) + b(\beta_0) X_1 \\ C_{p2} X_2 e^{\frac{c_6}{X_2}} = a(\beta_0) + b(\beta_0) X_2 \\ C_{p3} X_3 e^{\frac{c_6}{X_3}} = a(\beta_0) + b(\beta_0) X_3 \end{cases} \tag{8-6}$$

将式(8-6)两两做差，消去 $a(\beta_0)$、$b(\beta_0)$ 得

$$\frac{C_{p1} X_1 e^{\frac{c_6}{X_1}} - C_{p2} X_2 e^{\frac{c_6}{X_2}}}{C_{p2} X_2 e^{\frac{c_6}{X_2}} - C_{p3} X_3 e^{\frac{c_6}{X_3}}} = \frac{X_1 - X_2}{X_2 - X_3} \tag{8-7}$$

根据式(8-7)和之前辨识出的参数 c_6，可以辨识参数 c_7。

3）参数 c_1、c_5、c_8 的辨识

由

$$\begin{cases} a(0) = c_1 e^{c_6 c_8} \\ a(\beta_0) = c_1 e^{\frac{c_6 c_8}{\beta_0^3+1}} \end{cases} \tag{8-8}$$

可以辨识出

$$c_8 = \frac{1}{c_6}\left(1+\frac{1}{\beta_0^3}\right)\ln\frac{a(0)}{a(\beta_0)} \tag{8-9}$$

所以

$$c_1 = a(\beta_0)/e^{\left(1+\frac{1}{\beta_0^3}\right)} \tag{8-10}$$

由 $b(0) =- (c_8 + c_5)e^{c_6 c_8}$ 可辨识出

$$c_5 =- c_8 - b(0)/e^{c_6 c_8} \tag{8-11}$$

4）参数 c_2、c_3、c_4 的辨识

由 $b(\beta) =- \left(\frac{c_8}{\beta^3+1} + c_2\beta + c_3\beta^{c_4} + c_5\right)e^{\frac{c_6 c_8}{\beta^3+1}}$ 可知，c_2、c_3、c_4 均与桨距角有关，由于参数 c_1、c_5、c_6、c_7、c_8 已经辨识出，可将 $b(\beta)$表达式改写成

$$X(\beta) =- b(\beta)e^{-\frac{c_6 c_8}{\beta^3+1}} - \frac{c_8}{\beta^3+1} - c_5 = c_2\beta + c_3\beta^{c_4} \tag{8-12}$$

取 3 种不同桨距角 $\beta_1 \sim \beta_3$：$\begin{cases} X(\beta_1) = c_2\beta_1 + c_3\beta_1^{c_4} \\ X(\beta_2) = c_2\beta_2 + c_3\beta_2^{c_4} \\ X(\beta_3) = c_2\beta_3 + c_3\beta_3^{c_4} \end{cases}$，消去 c_2、c_3 可以辨识出 c_4，然后利用：

$$\begin{bmatrix} \beta & \beta_1^{c_4} \\ \beta_2 & \beta_2^{c_4} \end{bmatrix}^{-1} \begin{bmatrix} X(\beta_1) \\ X(\beta_2) \end{bmatrix} = \begin{bmatrix} c_2 \\ c_3 \end{bmatrix} \tag{8-13}$$

辨识出 c_2、c_3，至此，完成对风轮气动曲线的参数辨识。

8.2 轴系参数辨识

风电机组轴系包含较多模态，根据研究的需要，选择合理的模型结构进行参数辨识，面向风电机组并网研究时，选取两质量块轴系模型一般具有足够的精度：

$$\begin{cases} 2H_{\mathrm{t}}\dfrac{\mathrm{d}\omega_{\mathrm{t}}}{\mathrm{d}t}=T_{\mathrm{m}}-K_{\mathrm{m}}\theta-D_{\mathrm{m}}(\omega_{\mathrm{t}}-\omega_{\mathrm{g}}) \\ 2H_{\mathrm{g}}\dfrac{\mathrm{d}\omega_{\mathrm{g}}}{\mathrm{d}t}=K_{\mathrm{m}}\theta+D_{\mathrm{m}}(\omega_{\mathrm{t}}-\omega_{\mathrm{g}})-T_{\mathrm{e}} \\ \dfrac{\mathrm{d}\theta}{\mathrm{d}t}=2\pi f(\omega_{\mathrm{t}}-\omega_{\mathrm{g}}) \end{cases} \tag{8-14}$$

当机组采用最大功率跟踪控制时，电磁转矩近似为

$$T_{\mathrm{e}}=k_{\mathrm{opt}}\omega_{\mathrm{g}}^{2}$$

从式(8-14)可以看出，需要辨识的参数为等效刚度、风轮等效惯量、发电机等效惯量以及轴系阻尼系数。通过施加电网扰动(电磁转矩控制环施加伪随机信号)或机械扰动(风速变化时的轴系响应)，激发机组轴向振荡模态，获得发电机测试数据。需要注意的是，风电机组轴向振荡模态很多，面向并网研究时，只关心低频振荡模态，并且所建轴系模型只包含一种振荡模态，所以，需要提取出发电机测量数据中的低频部分。在仿真平台上进行相同工况的实验，得到发电机转速响应曲线，通过选取目标函数[3]：

$$L(\hat{\theta})=\min\sum\left[\boldsymbol{\omega}_{\mathrm{r.\,real}}-\hat{\boldsymbol{\omega}}_{\mathrm{r.\,simu}}\right]^{2} \tag{8-15}$$

式中，$\hat{\theta}=[H_{\mathrm{t}},H_{\mathrm{g}},D_{\mathrm{m}},K]$ 为需要辨识的参数；$\boldsymbol{\omega}_{\mathrm{r.\,real}}$ 为 n 维测量数据向量；$\hat{\boldsymbol{\omega}}_{\mathrm{r.\,simu}}$ 为仿真数据 n 维向量。

通过优化算法，如粒子群、最小二乘法等，得到以上参数的辨识值，其中辨识灵敏度越高的参数，越容易辨识且精度高。除了以上时域辨识方法，还有频域辨识方法，以及更为简单的代数计算。这种方法是先通过施加转矩扰动，通过测量风机转速上升平均值，得到风轮和发电机的总惯量：

$$\begin{cases} 2(H_{\mathrm{t}}+H_{\mathrm{g}})\dfrac{\mathrm{d}\omega_{\mathrm{eq}}}{\mathrm{d}t}=T_{\mathrm{m}}-T_{\mathrm{e}}=\Delta T \\ \omega_{\mathrm{eq}}=\dfrac{H_{\mathrm{t}}\omega_{\mathrm{t}}+H_{\mathrm{g}}\omega_{\mathrm{g}}}{H_{\mathrm{t}}+H_{\mathrm{g}}} \end{cases} \tag{8-16}$$

$$H_{\mathrm{t}}+H_{\mathrm{g}}=\frac{\int_{t_1}^{t_2}\Delta T\mathrm{d}t}{\Delta\omega_{\mathrm{eq}}} \tag{8-17}$$

然后通过测量轴系特征频率，得到等效刚度以及风轮、发电机等效惯量。

$$\omega_{\mathrm{osc}}=\sqrt{\omega_{\mathrm{base}}\left(\frac{K_{\mathrm{m}}}{2H_{\mathrm{t}}}+\frac{K_{\mathrm{m}}}{2H_{\mathrm{g}}}\right)}$$

$$\frac{H_t}{H_g}=-\frac{\theta_1}{\theta_2} \tag{8-18}$$

从上面的辨识方法可以看出，这种代数计算的方法存在较大误差，忽略了电磁转矩对轴系动态的影响。

8.3 机械模型的参数辨识

8.3.1 转动惯量

转动惯量是物体的固有参数。对于风轮、齿轮箱以及发电机的转动惯量，既可以通过各自的分布参数(包括分布质量和几何分布参数)计算得到，也可以在部件成型之后通过测试获取。

对于风轮而言，虽然轮毂质量占整个风轮质量的比重很大，其转动惯量主要体现在桨叶上。在考虑转动惯量时可将风轮看作一个大尺寸的薄盘面，在参数不要求十分精确时，其转动惯量(单位为 $kg\cdot m^2$)也可以通过式(8-19)计算得到，式中 R_{eq}为桨叶等效半径(可取为桨叶半径的 2/3)，m_{blas}为桨叶质量之和(忽略轮毂质量)。

$$J_{turb}=\frac{m_{blas}R_{eq}^2}{2} \tag{8-19}$$

8.3.2 传动系统的等效刚度系数

采用集中质量块和有限弹性元件建立的传动系统模型中，传动轴的刚度系数是经过简化而等效得到的等效参数，无法直接测量，但是可以通过轴系的主导自然振荡频率间接获取。

具体地，对于两质量块模型，轴系固有频率 ω_n仅与刚度系数和两个质量块的转动惯量相关：

$$\omega_n=\sqrt{k\left(\frac{1}{J_t}+\frac{1}{J_g}\right)} \tag{8-20}$$

通过测试的方法，对低速轴扭矩时序进行频谱分析，可以得到有阻尼自由振荡频率 f_{test}(对应的角频率 ω_{test})，其与轴系固有频率 ω_n的关系为

$$\omega_{test}=\omega_n\sqrt{1-\zeta^2} \tag{8-21}$$

考虑到传动系统阻尼比 ζ 很小，$\sqrt{1-\zeta^2}\approx 1$，若风轮质量块及发电机质量块

的转动惯量已知，从而可根据式(8-20)估算得到等效低速轴的刚度系数：

$$K_{\mathrm{WTG}} = \frac{J_{\mathrm{WT}} J_{\mathrm{G}}}{J_{\mathrm{WT}} + J_{\mathrm{G}}} \omega_{\mathrm{test}}^2 \tag{8-22}$$

对于三质量块模型，理论上可以得到两个主导的自然振荡频率，记为 f_1 和 f_2。同样地，在忽略阻尼影响后，可依据下列表达式求解出两个柔性轴的等效刚度系数[1]。

$$\begin{cases} f_1 = \dfrac{1}{2\pi}\left(-\dfrac{b}{2} - \dfrac{\sqrt{b^2 - 4c}}{2}\right)^{\frac{1}{2}} \\ f_2 = \dfrac{1}{2\pi}\left(-\dfrac{b}{2} + \dfrac{\sqrt{b^2 - 4c}}{2}\right)^{\frac{1}{2}} \end{cases} \tag{8-23}$$

式中

$$\begin{cases} b = -\left\{\left[k_{\mathrm{WTGB}}\left(\dfrac{1}{J_{\mathrm{WT}}} + \dfrac{1}{J_{\mathrm{GB}}}\right) + k_{\mathrm{GBG}}\left(\dfrac{1}{J_{\mathrm{GB}}} + \dfrac{1}{J_{\mathrm{G}}}\right)\right]\right\} \\ c = k_{\mathrm{WTGB}} k_{\mathrm{GBG}} \dfrac{J_{\mathrm{WT}} + J_{\mathrm{GB}} + J_{\mathrm{G}}}{J_{\mathrm{WT}} J_{\mathrm{GB}} J_{\mathrm{G}}} \end{cases} \tag{8-24}$$

联立式(8-23)和式(8-24)可以解得两个柔性轴各自的刚度系数。该方法同时适用于考虑主导模态的三质量块模型和自然分块的三质量块模型，上述表达式仅以自然分块的三质量块模型为例。

8.3.3 传动系统的阻尼系数

传动系统的阻尼系数包括各质量块的自阻尼系数和柔性轴的阻尼系数(互阻尼)，自阻尼系数较小，通常可忽略不计。

采用集中质量块和有限弹性元件建立的传动系统模型中，传动轴的阻尼系数是经过简化而等效得到的等效参数，无法直接测量，但是可以通过轴系的阻尼衰减因子间接获取。

阻尼测量需要借助测试系统的响应完成，这里介绍估算轴系互阻尼的自由振动法，这种方法借助轴系自然扭振的时序波形计算阻尼大小。如图 8-1 所示，在 0s 时刻，脉冲载荷的激振作用下，传动轴扭振被激发，冲击载荷激振作用 0.3s 后停止作用，此后轴系扭矩自然振荡。在阻尼的作用下，自然振荡下的扭矩振幅按照指数衰减，指数衰减因子 γ_0 可通过振幅的衰减确定如下：

$$\frac{A_{i+1}}{A_i} = \mathrm{e}^{-\gamma_0 T} \tag{8-25}$$

$$\gamma_0 = -\frac{1}{T_{\mathrm{tors}}} \ln \frac{A_{i+1}}{A_i} \tag{8-26}$$

式中，$T_{\text{tors}}=t_2-t_1$ 代表扭振周期。对于弱阻尼系统，为提高计算精度，可选取间隔较远的波峰计算 γ_0：

$$\gamma_0=-\frac{1}{nT_{\text{tors}}}\ln\frac{A_{i+n}}{A_i} \tag{8-27}$$

γ_0 即为轴系的阻尼衰减因子，其与阻尼比 ζ 的关系为

$$\zeta=\gamma_0/\omega_{\text{n}}\Rightarrow\zeta=-\frac{1}{2n\pi}\ln\frac{A_{i+n}}{A_i} \tag{8-28}$$

γ_0 与传动轴等效阻尼系数的关系为

$$\gamma_0=d_{\text{shft}}\left(\frac{1}{J_1}+\frac{1}{J_2}\right)/2\Rightarrow d_{\text{shft}}=2\gamma_0\frac{J_1J_2}{J_1+J_2} \tag{8-29}$$

式中，d_{shft} 为传动轴等效阻尼系数；J_1、J_2 为柔性轴两端质量块的转动惯量。若 J_1、J_2 已知，根据式(8-28)和式(8-29)可计算得到轴系的阻尼比和等效阻尼系数。

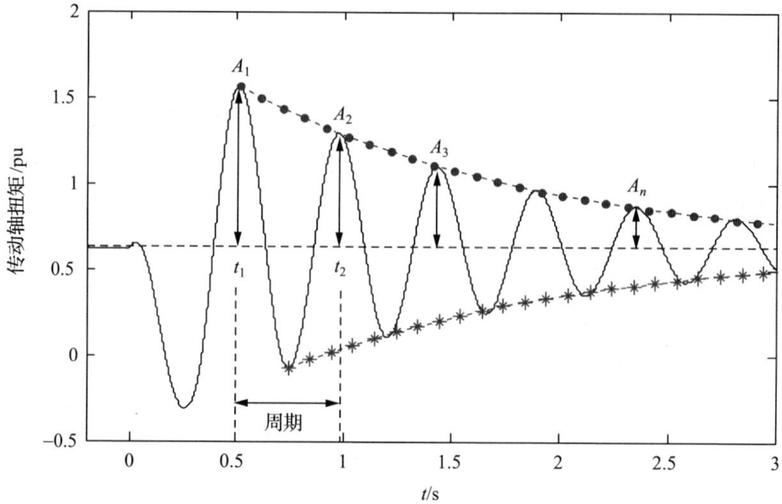

图 8-1　阻尼系数估算示意图

8.3.4　非扭转机械模型中的参数

采用集中参数建模的非扭转机械模型可看作简谐振子[2]，简谐振动的弹簧振子的周期 T_{shv} 为

$$T_{\text{shv}}=2\pi\sqrt{\frac{m_{\text{lump}}}{k_{\text{shv}}}} \tag{8-30}$$

则

$$k_{\text{shv}} = 4\pi^2 m_{\text{lump}} f_{\text{shv}}^2 \tag{8-31}$$

式中，k_{shv}为等效刚度系数；m_{lump}为集中质量块的质量；f_{shv}为振动频率。

阻尼系数 d_{shv}可以通过振动模式的阻尼比 ζ 获取，各种振动模式的阻尼比可以通过 Bladed 的模态分析得到，则

$$d_{\text{shv}} = 2\gamma_0 m_{\text{lump}} = 2\zeta\omega_{\text{shv}} m_{\text{lump}} \tag{8-32}$$

式中，γ_0 为该振动模式的阻尼衰减因子；ω_{shv}为固有角频率，$\omega_{\text{shv}} = 2\pi f_{\text{shv}}$。

8.4 变流器参数辨识

变流器参数辨识指控制器的 PI 参数辨识，辨识方法有开环、闭环。由于只对控制器参数进行辨识，不对控制对象辨识，选择开环测试的方法。

1）电流环 PI 参数测试

控制环结构如图 8-2 所示，给定阶跃输入 PI_{in}，检测输出 PI_{out}，通过算式

$$\begin{cases} k_{\text{p}} = \dfrac{X_{\text{out1}}}{X_{\text{in}}} \\ k_{\text{i}} = \dfrac{X_{\text{out2}} - X_{\text{out1}}}{X_{\text{in}}\Delta t} \end{cases} \tag{8-33}$$

可得电流环 PI 参数。X_{in}为初始输出测量值；X_{out}为经 Δt 秒后的输出测量值，见图 8-3。

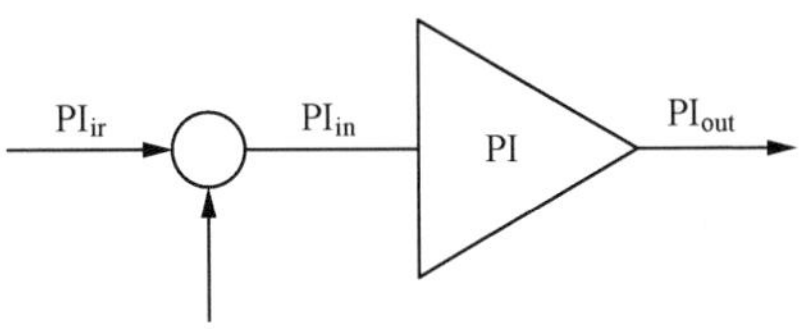

图 8-2 内环 PI

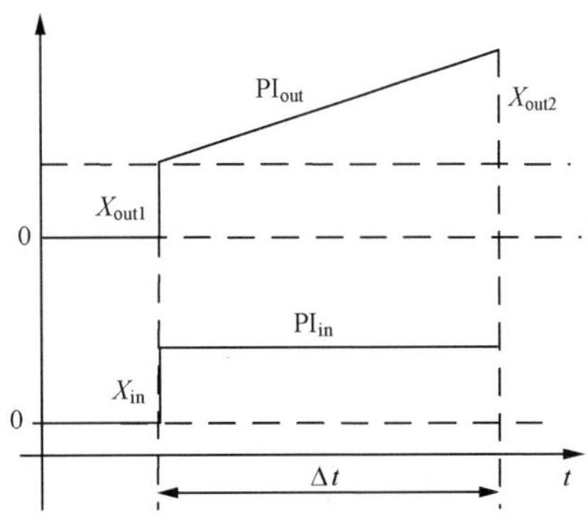

图 8-3 典型测试曲线示意图

2）功率环 PI 参数测试

与电流环测试方法一致，断开电流环和功率反馈环，通过式(8-33)计算可得功率环 PI 参数。

8.5 本章小结

本章给出了风力机气动曲线、机械参数以及变流器控制器参数的一般辨识方法，通过实测数据，可辨识出风机建模中所需的气动曲线、惯量、阻尼以及等效刚度等关键参数。

参考文献

[1] 张仰飞，袁越，陈小虎，等. 风力机参数的可辨识分析. 电力系统自动化，2009，33(6)：86-89.

[2] 金宇清，赵泽，鞠平，等. 双馈感应风力发电机的参数辨识分析. 高电压技术，2011，37(7)：1700-1705.

[3] 潘学萍，高远，金宇清，等. 风电机组驱动系统参数辨识. 电网技术，2013，(7)：1990-1994.

第 9 章　风电模型工程应用案例

研究工程问题首先需要选择模型，其次是在应用软件或平台上完成仿真系统构建。本章将通过一些工程应用研究案例，展现前述模型工程化应用的过程及效果。

9.1　双馈风电机组传动系统载荷疲劳测试评价及扭振抑制

电网电压骤降或骤升会引起发电机端电磁转矩的剧烈波动，进而造成传动链两端转矩不平衡，导致长时间的扭振发生。这对风电机组传动系统极为不利。为更加全面、科学地反映风电机组故障穿越特性，亟待提出电网故障条件下传动系统扭振的有效控制方法，建立故障穿越期间风电机组传动系统的载荷疲劳测试与评价方法，提升风电机组的故障穿越水平，确保风电机组安全运行。

能够较好展现上述暂态和动态结合问题的模型是气动-气弹-机电-电磁耦合精细化风电模型。该模型通过在 RTDS 仿真软件中搭建电网、发电机及变流器、风机主控制器模型，在 Bladed 软件中构建风力机和传动系统模型，构成 Bladed-RTDS 联合仿真模型。利用 RTDS 软件电磁暂态实时仿真的优势和 Bladed 软件的表现空气动力学问题的优势，可仿真验证机组在运行控制过程中传动系统的扭振特性，进行疲劳载荷测试及评价。

9.1.1　研究内容及相互关系

该问题的研究内容和其中的相互关系如图 9-1 所示。核心问题是建立跨软件平台的精细化模型，解决实时软件和非实时软件的运算时间同步化问题。可用于研究电网在不同故障形式、不同高低电压深度和不同故障持续时间下的机电耦合暂态过程、机组传动系的扭振、扭振抑制及关键参数配置、疲劳载荷及寿命。后面将介绍主要部分的原理。

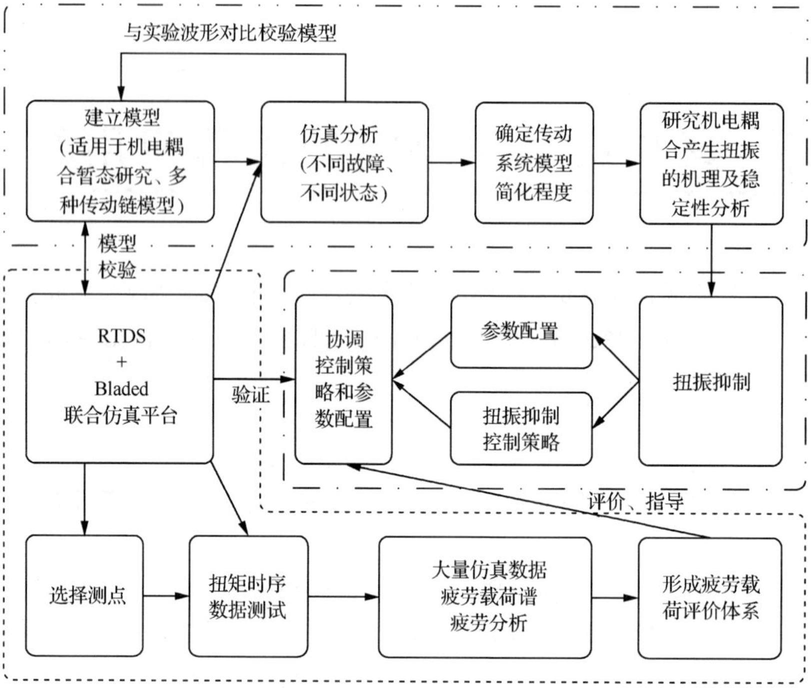

图 9-1　风电机组传动系统的载荷疲劳测试评价与扭振抑制

9.1.2　疲劳测试与评价方法

对于风力发电机组制造商来说，单纯地停留在对风机的载荷计算及仿真已经不能满足创新设计和优化设计的要求，而是需要对实际风电机组各部件进行测试得到真实数据，并以此数据和设计数据之间进行比较分析，从谱分析及寿命计算两个方面对产品进行综合评估。

疲劳破坏是引起机械结构的主要失效形式之一。疲劳是指机械结构在低于静态极限强度载荷的循环载荷作用下出现破坏的现象。引起疲劳损伤的主要原因是存在循环载荷的作用，循环载荷的峰值往往远小于静强度计算得到的安全载荷。在发生疲劳破坏时，累积的应力循环次数，或从开始受载到断裂发生所经历的时间称为该材料或零部件的疲劳寿命。造成疲劳破坏的主要因素包括循环载荷的次数、每个载荷循环的应力幅值、每个载荷循环的平均应力等。

表示随机载荷的大小与出现频次关系的图形、数字表格或矩阵称为载荷谱。载荷谱描述了零部件在运行寿命期间所经受载荷的统计分布。目前，机械疲劳失效的研究有两个方面：一是根据求出的载荷谱来确定加载程序在实验室或者实验台上对机械进行疲劳实验，得出机械部件或材料在该工况下的实际寿命；二是根据机械材料的特性与载荷谱并且用 Miner 准则来估计机械的疲劳寿命。无论是做疲劳实验还是估计疲劳寿命，载荷谱的统计都是问题的关键。完整的疲劳损伤估算流程如图 9-2 所示。获取载荷谱首先要借助计数法将应力-时间历程简化为一系列的全循环或半循环。雨流计数法是一种便于通过计算机编程实现的计数方法，可以确定出随机载荷的大小与出现频次的关系，其计数结果通常用应力幅值和应力均值的二维数组来表示。

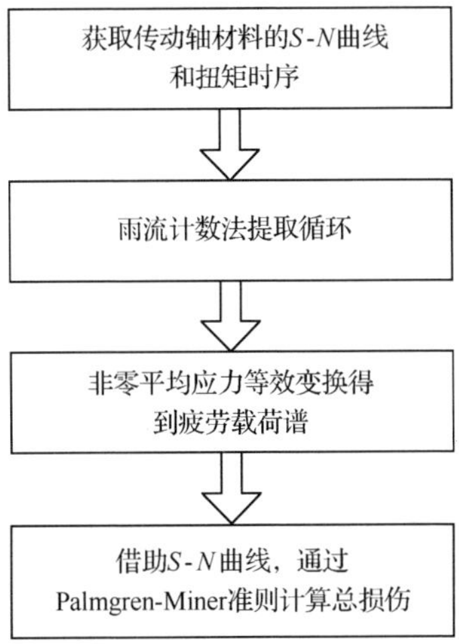

图 9-2 疲劳损伤估算流程图

在根据雨流计数法得到的结果绘制疲劳载荷谱之前，先要对非零平均应力进行等效变换。研究表明，平均应力对累积损伤影响较大，由于雨流计数法所得到的应力循环的平均应力通常并不为零，因此，必须按等损伤的原则将非零平均应力的应力循环等效转换为零平均应力的应力循环。这里采用线性古德曼法对非零平均应力进行处理，设 S_i 为等效零均值应力，S_{ai} 为第 i 个应力幅值，S_{mi} 为第 i 个应力均值，σ_b 为拉伸强度极限，则

$$S_i = \frac{\sigma_b S_{ai}}{\sigma_b - |S_{mi}|} \tag{9-1}$$

经过线性古德曼法转换，雨流计数法得到的二维矩阵被压缩为一维矩阵，矩阵元素仅与等效应力幅值相关。根据等效应力幅值和出现的频次关系即可完成载荷谱的编制过程，最后借助 S-N 曲线和疲劳累积损伤准则就可以估算疲劳寿命。材料的 S-N 曲线示意图如图 9-3 所示，图中曲线（虚线）代表材料的 S-N 曲线，其可用折线（实线）近似替代，图中折线的斜线段上的任意一点表示该材料能

承受幅值为 M 的载荷循环 N 次，疲劳极限表示低于该幅值的载荷对疲劳损伤没有贡献。

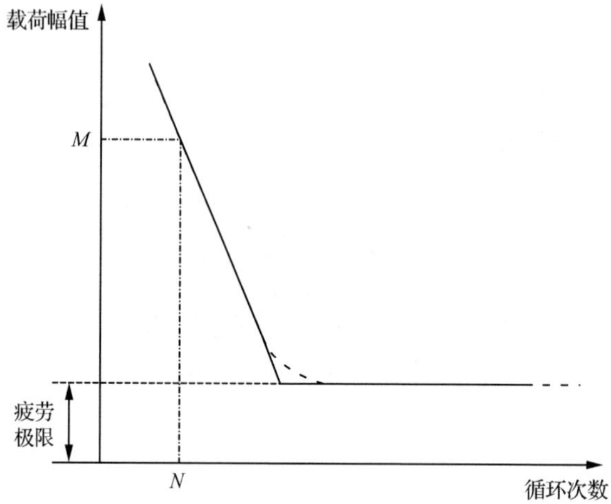

图 9-3　材料的 S-N 曲线

线性疲劳累积损伤理论中最具有代表性的是 Palmgren-Miner 理论，简称 Miner 法则。这种方法必须假定零部件的应力变化小于材料的弹性极限，并且达到失效的载荷循环次数非常大。此法则形式简单，使用方便，因此在工程中得到了广泛应用。线性累积损伤理论认为每个应力循环下的疲劳损伤是独立的，总损伤等于每个循环下的损伤之和，当总损伤达到某一数值时，零部件即发生破坏。当材料承受高于疲劳极限的应力时，每一个循环都使材料产生一定的损伤。该法则指出：构件在给定应力水平反复作用下，损伤可以认为与应力循环呈线性累积的关系，当损伤累积到某一临界值时产生破坏。

对图 9-4(a)所示低速轴扭矩时序进行雨流技术，得到图 9-4(b)所示的计数结果，对其分别投影得到图 9-4(c)和图 9-4(d)。

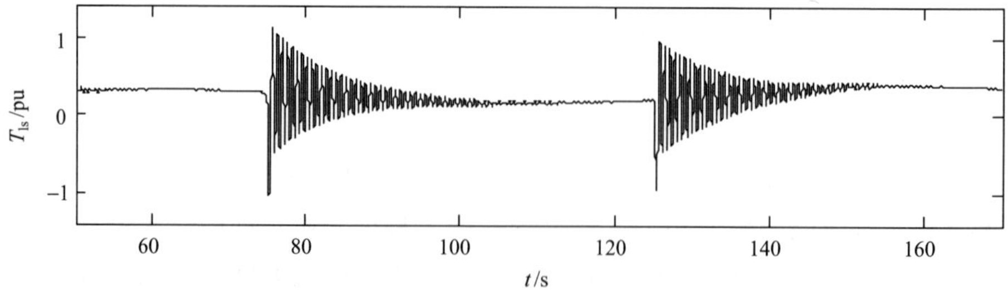

(a) 低速轴扭矩

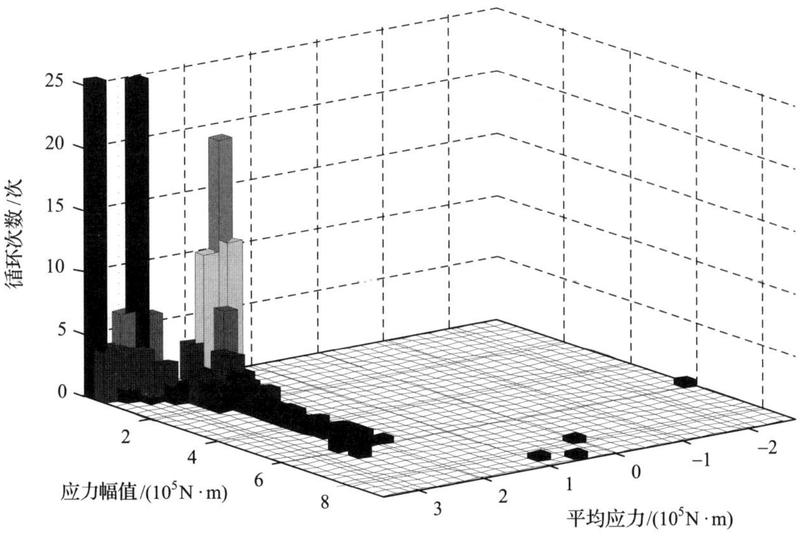

(b) 雨流计数结果

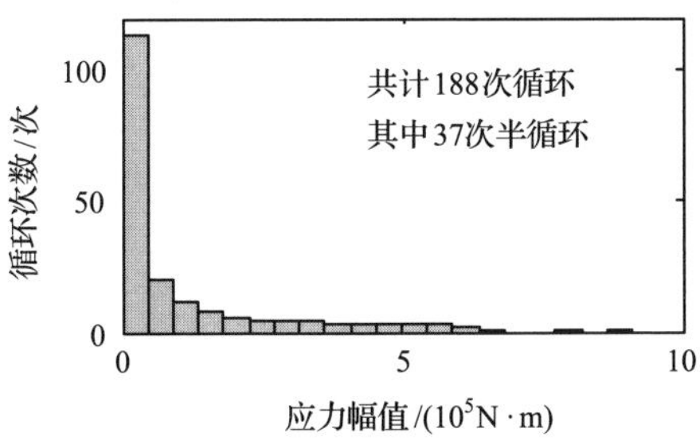

(c) 应力幅值-循环次数

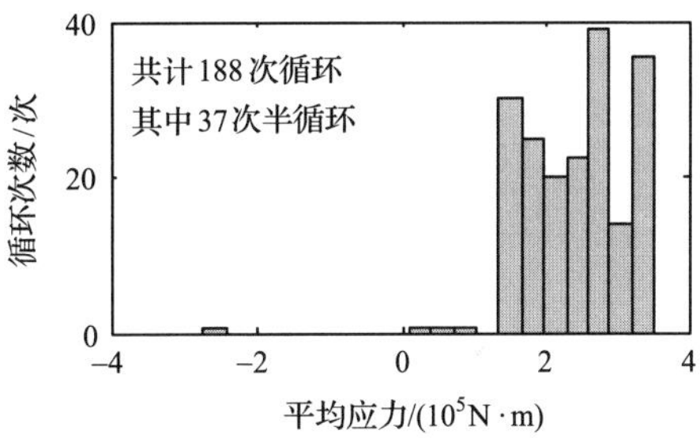

(d) 应力均值-循环次数

图 9-4 低速轴扭矩的雨流计数

上述计算过程和经过统计计算得出的载荷谱，都可由 Bladed 软件实现。

9.1.3 联合仿真建模

RTDS 与 Bladed 联合仿真的风电机组精细化建模具体方法见 6.1.5 小节。仿真中，机组模型采用主动式 Crowbar 技术。所选用的双馈机组主要参数分别如表 9-1 和表 9-2 所示。

机组的主要模态如图 9-5 所示，P 代表风力机旋转频率，其随机组转速而变化。

表 9-1　机械参数

参数	数值	参数	数值
机组容量	1.5MW	额定风速	10m/s
桨叶长度	42.8m	齿轮箱变比	104.494
最高转速(高速侧)	188.5rad/s	塔架高度	70m
风轮惯量时间常数	4.923s	发电机惯量时间常数	1.0106s
齿轮箱惯量时间常数	0.0986s	低速轴刚度系数	195.6446pu
高速轴刚度系数	1503.6pu	低速轴阻尼系数	0.36pu

表 9-2　发电机参数

参数	数值	参数	数值
标称线电压	690V	额定功率	1.6MW
绕组匝比(转子/定子)	2.6377	极对数	2
额定频率	50Hz	磁化电感	3.9527pu
定子电阻	0.00488pu	定子漏感	0.1386pu
转子电阻	0.00549pu	转子漏感	0.1493pu

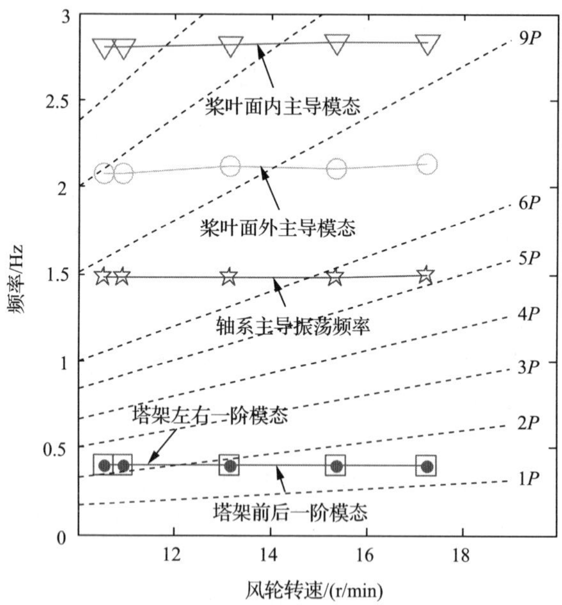

图 9-5　机组的坎贝尔图

联合仿真平台启动后，Bladed 作为后台程序运行，GH Hardware test 相当于 Bladed 的前面板，主界面如图 9-6 所示。

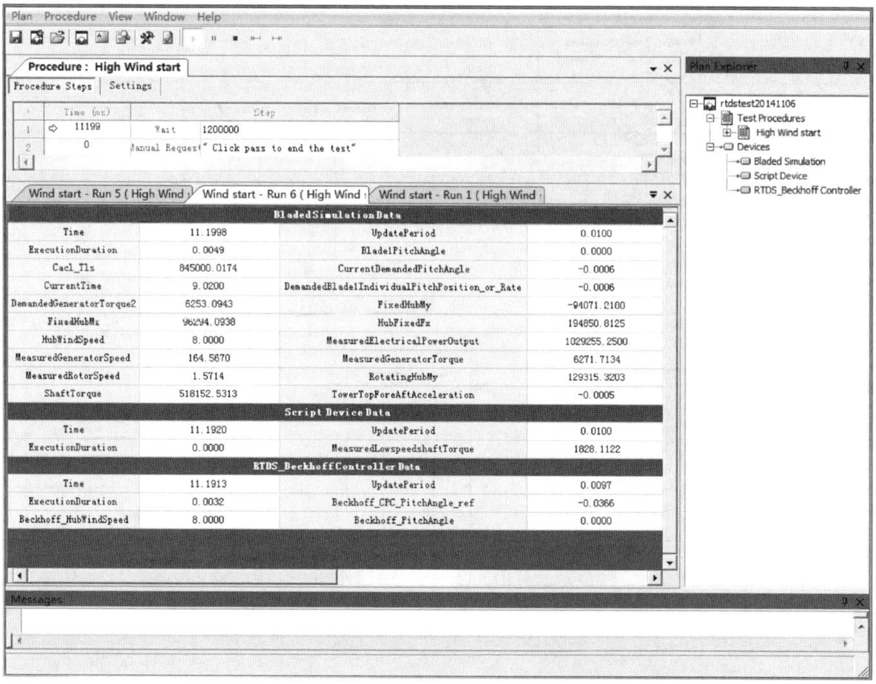

图 9-6　GH Hardware test 界面

RTDS 的前面板可人为定制，用于展示用户关注的变量，如图 9-7 所示。风电机组模型见图 9-8。

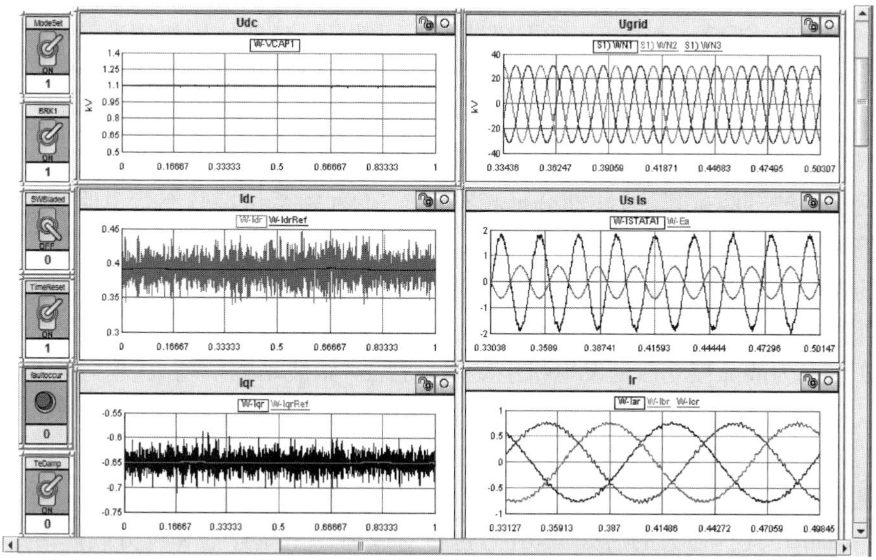

图 9-7　RTDS 前面板

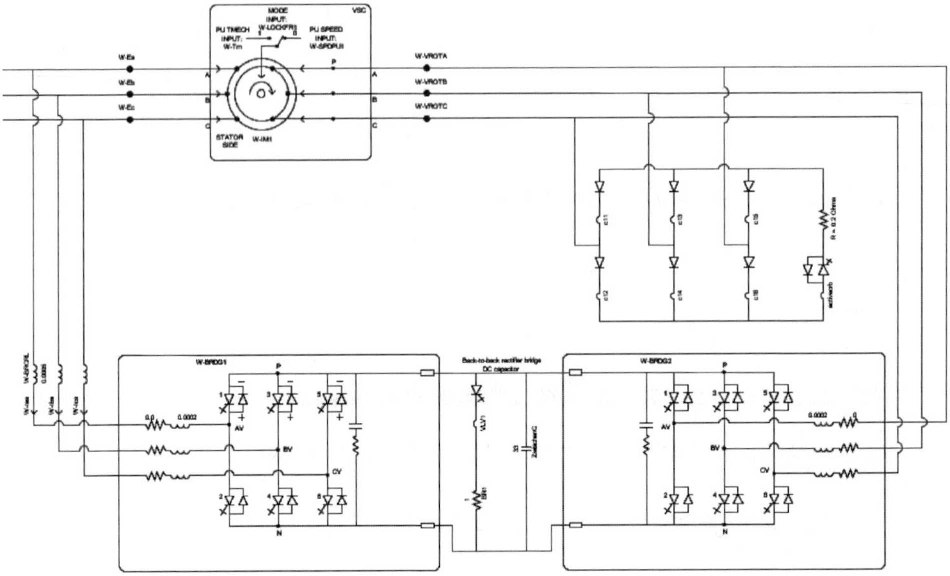

图 9-8　RTDS 中的发电机与变流器开关模型

9.1.4　仿真结果

联合仿真可得到各种电网非正常状态下的电气和非电气量。这里选取仿真案例如下：RTDS 中的电气模型在 10s 发生电网三相对称短路故障，电压跌落 80%，故障持续 625ms。

在这种情况下，风电机组的电磁转矩、发电机转速、低速轴扭矩和发电机功率振荡波形如图 9-9 中的实线所示(no damp)。若此时采用附加虚拟电气阻尼抑制扭振，则可得到相应图中虚线所示的波形(damp)。

从电磁转矩响应图(图 9-9(a))可见故障恢复短时间内采用虚拟电气阻尼方案后转矩波动幅度增大，波动分量频率为 1.5Hz(轴系扭振频率)，说明加虚拟阻尼控制可以增大正阻尼。发电机转速(图 9-9(b))显示，采用附加电气阻尼后，转速的振荡衰减加快。在低速轴扭矩子图(图 9-9(c))上，可见扭振抑制效果明显。另外，从扭矩波形中可见 0.4Hz 的分量，这是由故障激发塔架左右振荡引起的。图 9-9(d)为故障恢复后的发电机电功率，可见初始波动幅值增大，但随后显著减小。这是因为采用附加阻尼控制，在故障恢复短时间内由于需要提供更多电气阻尼的缘故，此时扭振抑制加快，降低了扭振通过机电耦合对电功率的影响，功率波动迅速减小。

Bladed 具有强大的后处理功能，包括对载荷的雨流计数和疲劳载荷谱生成。根据上述仿真结果，对低速轴扭矩进行雨流计数并最终生成的疲劳载荷谱如

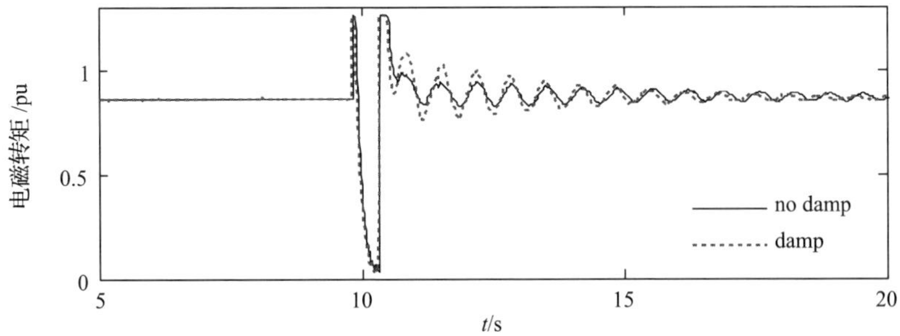

(a) 电磁转矩

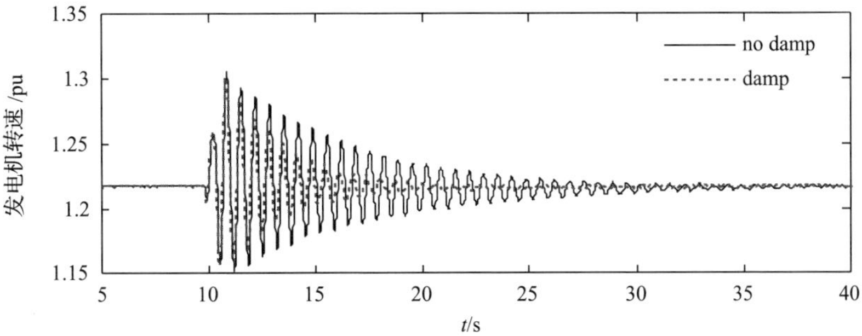

(b) 发电机转速

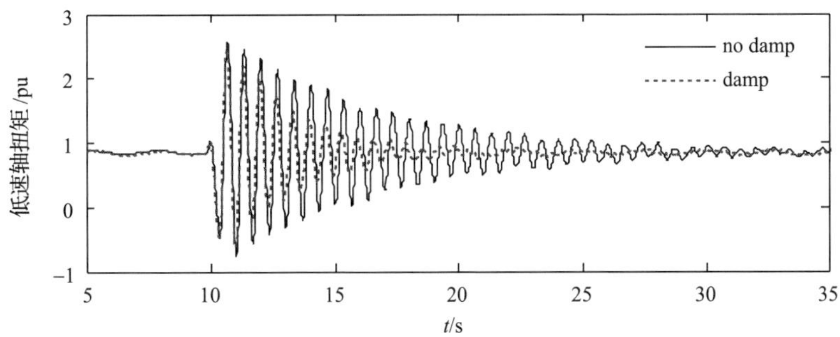

(c) 低速轴扭矩

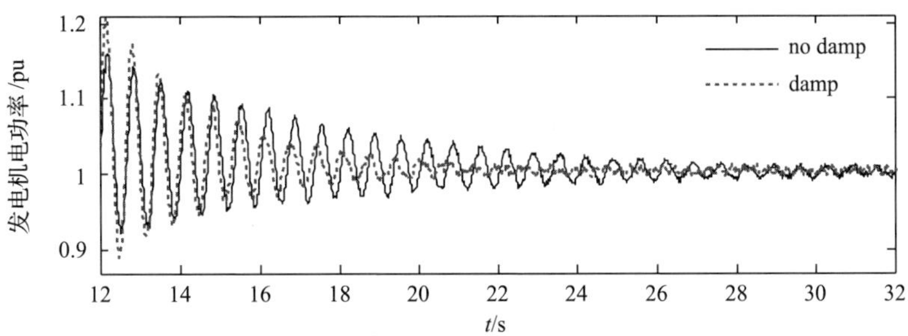

(d) 发电机电功率

图 9-9 电网故障下的扭振及抑制

图 9-10 所示。由图可见，采用附加阻尼控制后，载荷幅值及其对应的循环次数均得到有效降低，从而大大降低了故障对传动系统疲劳损伤的负面影响。根据图中所示的疲劳载荷谱可以确定出单次该程度的故障对传动轴的疲劳损伤，结合故障的发生概率，并将该损伤推算到机组的设计寿命，便可以估算故障对传动轴的寿命影响。

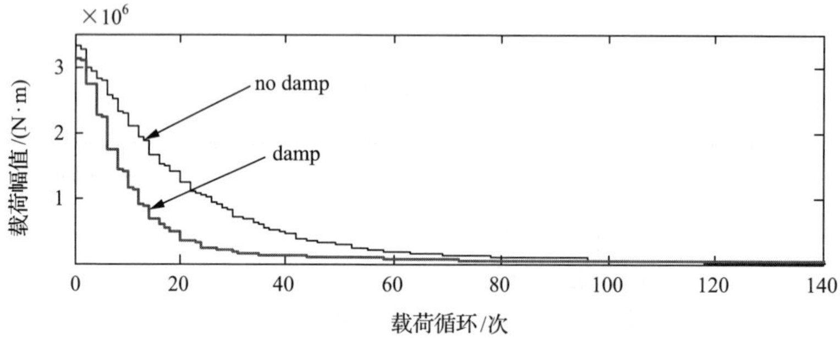

图 9-10 电网故障机电耦合作用下轴系的疲劳载荷谱

9.2 风电场群接入电力系统的安全稳定分析

风电场接入电力系统的安全稳定计算是一项十分重要和必不可少的工作。这时，风电机组模型加入大电网模型会使计算量大大增加，这种分析不可实现。在现有计算软硬件环境下，只能使用风电场的动态聚合模型。此外，在在线安全分析中需要进一步减少计算量，因而往往需要使用机电暂态简化等值模型。本节将介绍大规模新能源基地的电力系统安全稳定分析算例，以此展现风电场动态等值模型在实际工程中的应用。

9.2.1 系统概况

案例工程区域年平均有效风能密度在 150W/m^2 以上，年有效风速时数在 6000h 以上，且基本没有破坏性风速，是我国最适宜建设大型风电场的区域之一。该地区为狭长型通道，建有 750kV 线路贯穿新能源基地，并且与周边地区电网相互连接，共有 3 座 750kV 变电站位于规划的风光电基地附近，有利于风电场、光伏电站就近接入及送出。图 9-11 为该区域风电一期工程及输送通道示意图。

拟投入并网运行的风电场装机容量总计 516 万千瓦，其中 410 万千瓦以 330kV 电压等级接入地区电网 750kV 变电站；其余 106 万千瓦以 110kV 电压等级接入地区电网 330kV 变电站，该区域系统接线如图 9-12 所示，以该区域中的变电站 A 为例，所连接的风电场总装机容量为 1114MW，见表 9-3。

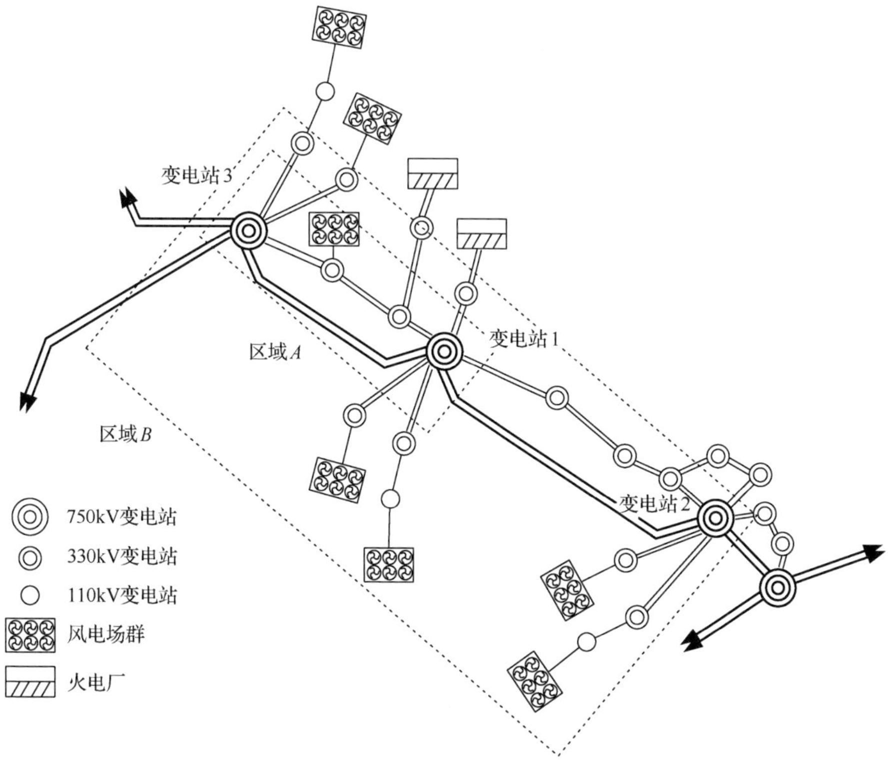

图 9-11 风电一期工程及输送通道

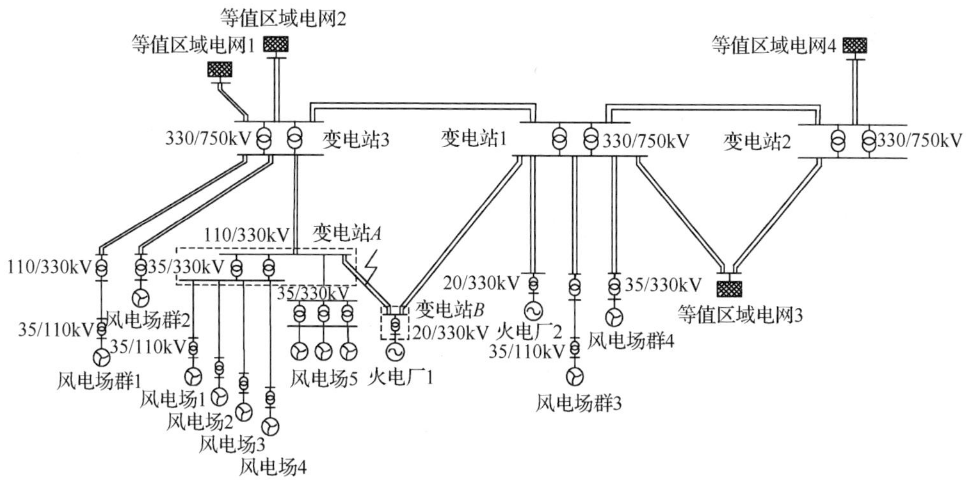

图 9-12 风电基地系统接线图

表 9-3　变电站 A 所连接的风电场

风电场	容量	机型
风电场 1	110MW	一期:4×300kW 异步机组 34×600kW 异步机组 36×850kW 异步机组 二期:68×850kW 双馈机组
风电场 2	100MW	一期:58×850kW/双馈机组 二期:33×1500kW/永磁直驱机组
风电场 3	100MW	58×850kW/双馈机组 33×1500kW/双馈机组
风电场 4	201MW	134×1500kW/双馈机组
风电场 5	3×201MW	3×134×1500kW/双馈机组

风电场群 1 的装机容量为 20 万千瓦，风电场群 2 的装机容量为 40 万千瓦，经 330kV 升压站接入 750kV 变电站 3。风电场群 3 的装机容量为 60 万千瓦，风电场群 4 的装机容量为 285 万千瓦，经 330kV 升压站接入 750kV 变电站 1。火电厂 1 和火电厂 2 的装机容量均为 11 万千瓦，均经 330kV 升压站接入 750kV 变电站 1。

9.2.2　风电场的动态等值建模

对数量如此大的风电机组接入的电力系统进行安全稳定分析，必须进行风电场的等值建模。等值方法为以风电场为单位，按照第 7 章所述的风电场动态聚合建模方法，计算典型潮流下各风电场的等值参数。采用风电机组的机电暂态模型进行聚合建模，相同风机类型聚合成一台，有两种机型的风场聚合成两台，保留风电场站低压母线和无功补偿装置。模型参数填入专业的安稳计算程序。

9.2.3　安全稳定分析示例结果

1. 静态安全稳定分析

该地区电网运行在冬季大方式下，变电站 *A*-变电站 *B* 330kV 双回线路基态潮流为 904MW。其中一回三相永久性故障跳开后，监测另一回线路，线路的电流曲线和有功功率曲线分别如图 9-13(a)和(b)所示。此时，电流出现了过载(额定电流 1200A)。可见，当双回线路其中一回由于永久故障跳开后，功率涌入另一回线路，将导致该条线路过载。

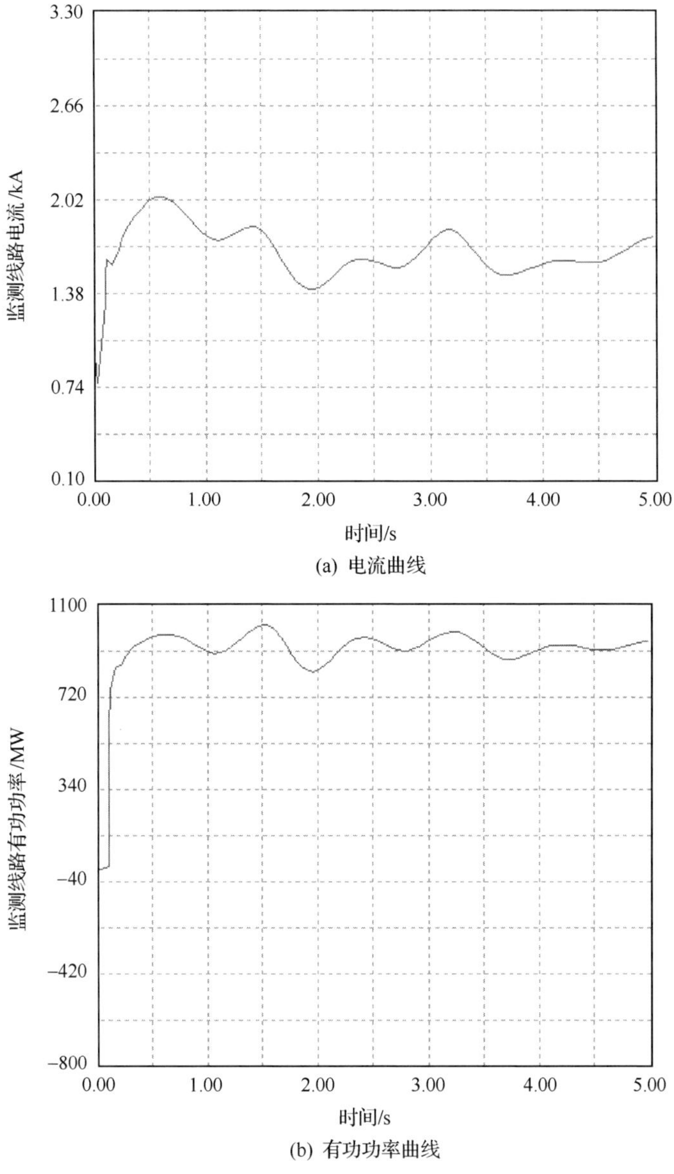

图 9-13 变电站 A-变电站 B 单回线路电流和功率

2. 动态安全稳定分析

1）故障下的稳定计算

变电站 A-变电站 B 330kV 线路的其中一回发生三相永久性故障，另一回无故障，故障线路切除后，等值电网 3 地区的 330kV 系统机组相对主网失稳。此时临界群的火电厂 1 和 2 机组与余下群的摇摆曲线如图 9-14 所示。

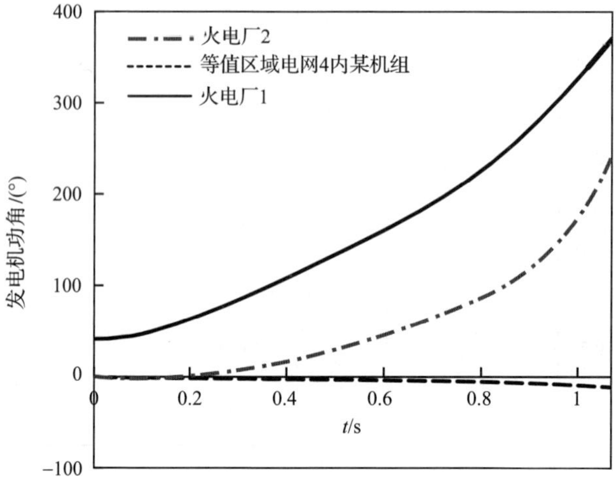

图 9-14　临界群和余下群发电机的摇摆曲线

此时，750kV 变电站 1、变电站 2、变电站 3 及各风场母线电压和频率如图 9-15 所示。可见故障期间，周边风电场将经受低电压，故障切除瞬间风电场将经受约 1.1pu 的高电压，接近机组耐受值。

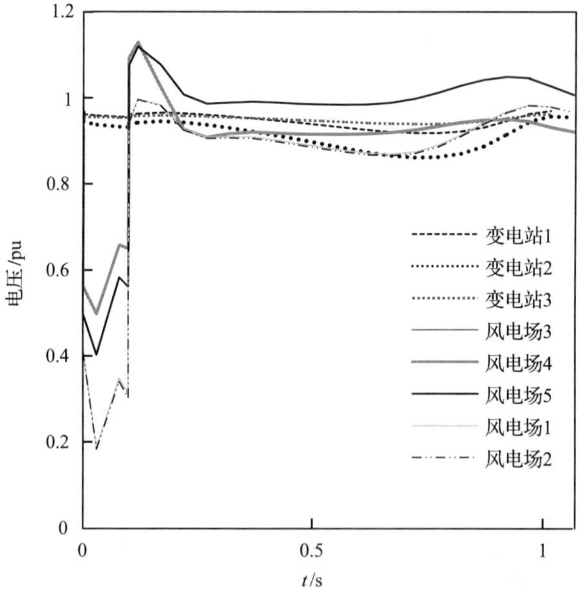

(a) 监测母线电压

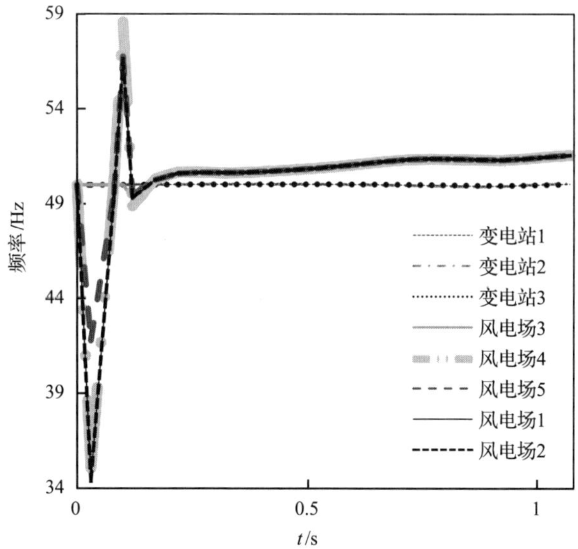

(b) 监测母线频率

图 9-15　切除线路故障后的母线电压和频率监测值

2）安稳策略仿真

故障发生后，0.2s 切除变电站 A 所连接的 300MW 风电，则系统暂态安全。领先群和余下群中机组的摇摆曲线如图 9-16 所示。

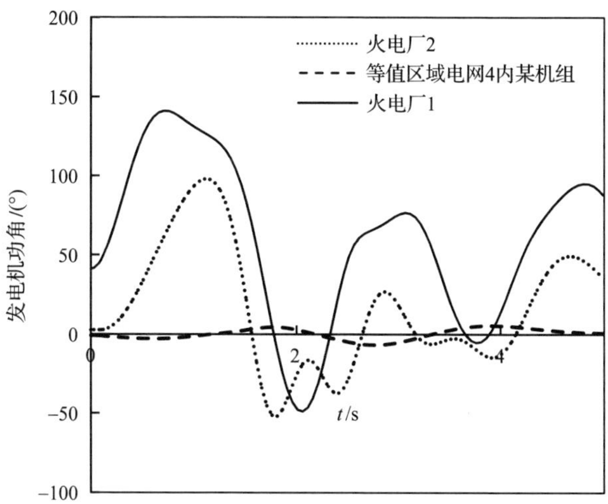

图 9-16　发电厂机组的摇摆曲线

变电站 1、变电站 2、变电站 3 及各风场的母线电压和频率见图 9-17。

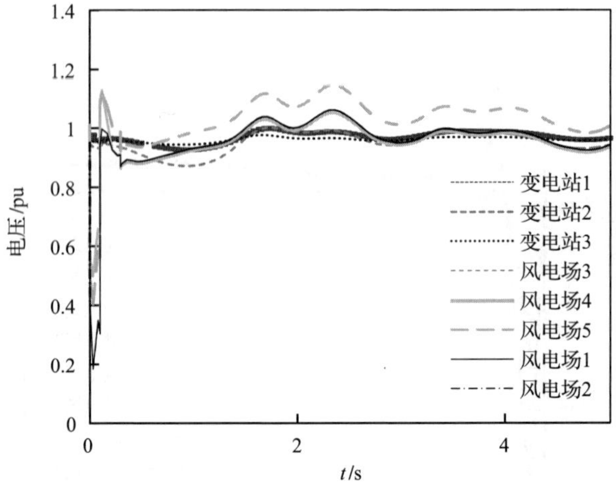

(a) 监测母线电压

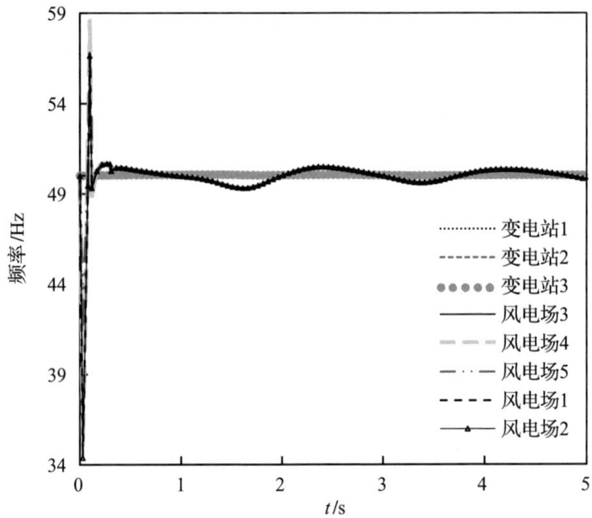

(b) 监测母线频率

图 9-17　故障后切除部分风电的仿真结果

从仿真结果可以看出，故障发生并切除后，若不采取措施，将有部分火电厂机组功角失稳，系统中故障点周边部分，风电场母线有暂态过电压及较大波动，系统中母线频率产生较大波动且失稳。切除部分风电则能够保持系统发电机组的功角稳定，系统中母线频率较平稳，但电压仍有波动。

9.3 大型风电场经柔性直流接入电网动态仿真分析

位于某海岛上的多端柔性直流输电工程，负责岛上4个风电场共约200MW的接入及送出。风电场经多端柔性直流输电系统与本岛交流电网及岸上主网连接，将风电场的电力安全送出，并减少风功率波动对当地薄弱电网的影响，以保障该岛的供电安全。工程计划分两期实施，一期工程建设3个换流站形成3端直流系统，其中2个海岛换流站接入3个风电场。二期工程增建1个换流站并接入1个风电场。本案例针对一期工程展开分析。

为全面反映风电场经柔性直流接入对电网的影响，需要仿真分析风电场和柔性直流系统从启动、并网、退出以及发生故障和故障穿越的全过程。本仿真需要风电场的全工况动态聚合模型、柔性直流系统和电网的模型，并要能够实现长过程仿真。这种条件下，仿真系统的计算量大、复杂性高，选用RT-LAB实时仿真平台进行仿真分析。

9.3.1 案例工程系统概况

1. 系统接线

该案例风电场经多端柔性直流输电接入主网的地理及系统接线如图9-18所示。各换流站方案如表9-4所示。一期工程中，海岛换流站1将2个定速风电机组的风电场接入直流系统；海岛换流站2将1个双馈风电场接入直流系统，两段直流线路T接在一起，汇流后集中送出至岸上主网换流站3，经该换流站与大电网相接；海岛换流站4为计划中的二期工程。

表9-4 换流站方案

换流站		容量/MVA	交流侧接入设置
海岛换流站	1	100	T接110kV线
	2	50	110kV线
岸上换流站	3	200	110kV入主网

2. 海岛风电场概况

该海岛风电资源丰富，目前建有4个风电场，装机容量为193.28MW。一期工程中接入如下3个风电场。

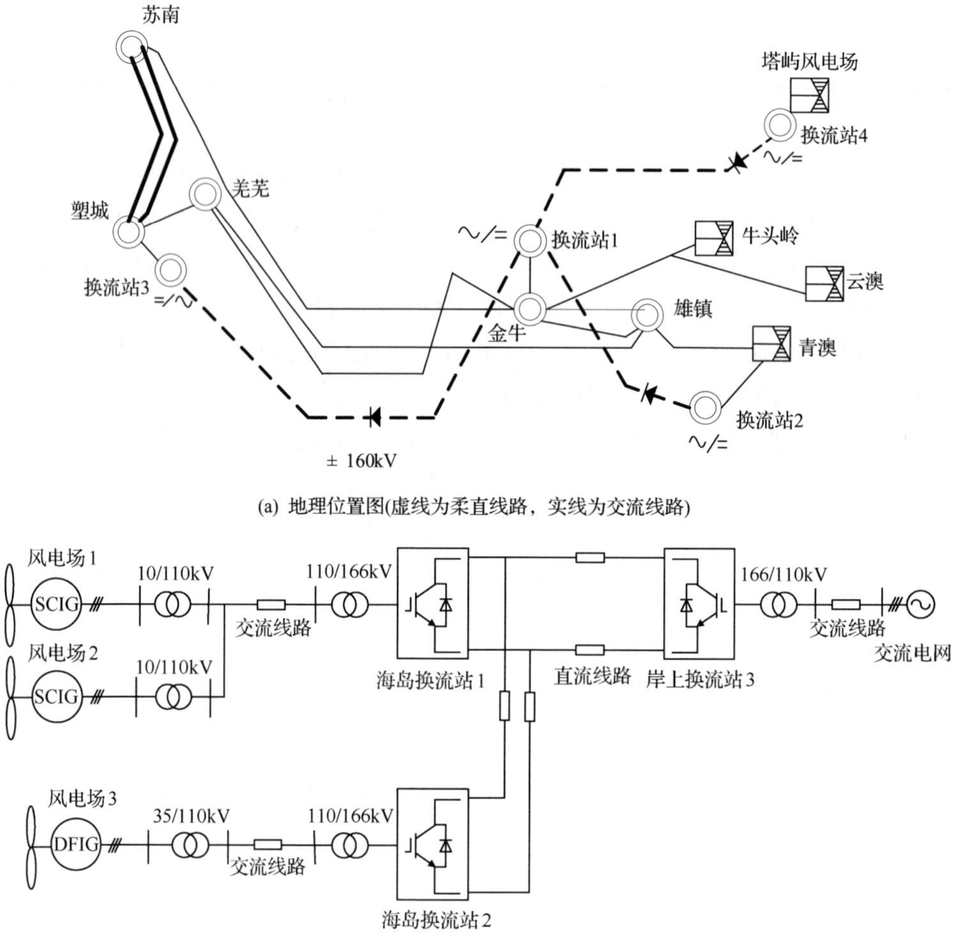

图 9-18 柔性直流输电工程系统示意图

(1) 风电场 1(52.5MW):风电机组为定速机组，主要由 3 个小风电场组成，分别为 13.5MW(18 台 750kW)、15MW(20 台 750kW)和 24MW(40 台 600kW)。

(2) 风电场 2(29.25MW):由 39 台 750kW 定速风电机组组成。

(3) 风电场 3(45.05MW):由 53 台 850kW 双馈机组组成。

上述 3 个风电场分别通过 110kV 升压站接至换流站。风电场、3 个 110kV 升压站及直流送端换流站的接线如图 9-19 所示。

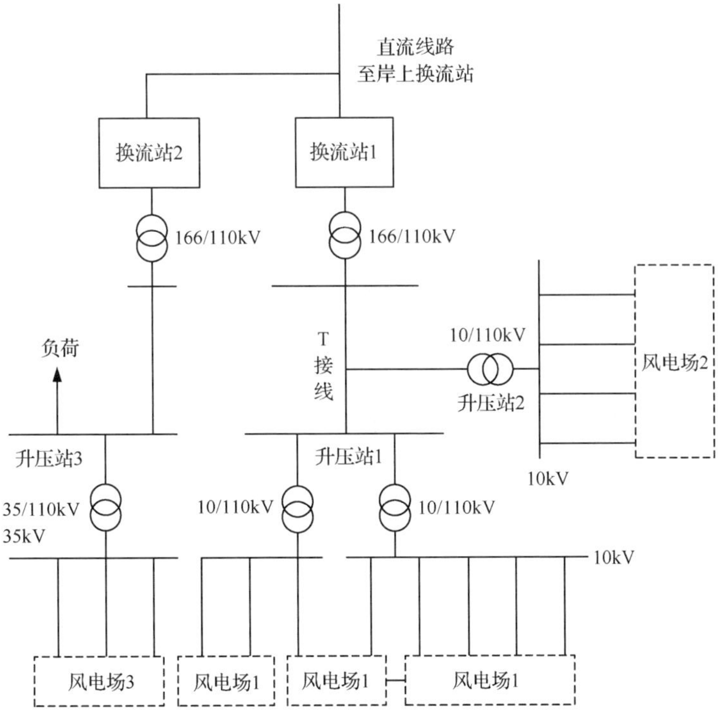

图 9-19 变电站与风电场接线示意图

9.3.2 风电场的建模及并网仿真分析

接入海岛换流站 1 的 2 个风电场由 4 个小型风电场组成。这些小型风电场均采用定速风电机组，因此将接入海岛换流站 1 的风电场分为 4 个机群，每个机群聚合为一台定速风电机组。风电场 3 由双馈风电机组构成，且单独接入海岛换流站 2，因此将风电场 3 聚合为一台双馈风电机组。

1. 定速风机风电场的建模与仿真

1) 定速风电机组模型及 MATLAB 软件实现

案例研究中首先在 MATLAB/Simulink 仿真软件里搭建机组离线仿真模型，再移植到 RT-LAB 中，RT-LAB 是基于 MATLAB 仿真软件的实时仿真器，用户可以方便地将 Simulink 或 SystemBuild 动态模型转化为 RT-LAB 中的实时模型。定速风电机组结构如第 2 章所述，与其他机型的差别是没有变流器，但有功率因数校正电容器和软启动器。因此着重介绍不同于变速机型的部分。

(1) 软启动。

定速鼠笼异步发电机启动瞬间会产生 4～7 倍额定电流的冲击电流，这会造

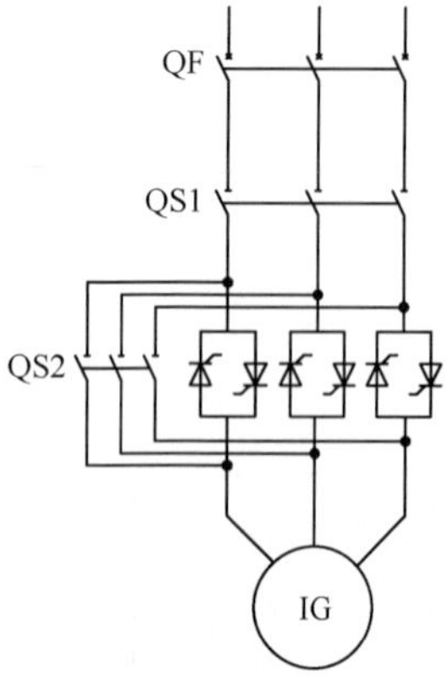

图 9-20　软启动器主电路

成电网压降过大，影响其他用电设备的正常运行，甚至使该电机本身不能启动。软启动器的作用是缓慢地建立机端电压，使发电机启动过程中产生的暂态电流小，使传动轴系逐渐达到其运行转速。

软启动器主电路如图 9-20 所示，实际上就是三相晶闸管调压器。该软启动器由 6 个晶闸管构成，每相 2 个，反向并联连接。通过控制晶闸管的导通角，即可实现电机定子电压从零到额定值的变化，从而实现发电机软启动的目的。

其单相交流调压器及其触发电路的 MATLAB 实现分别如图 9-21 和图 9-22 所示。

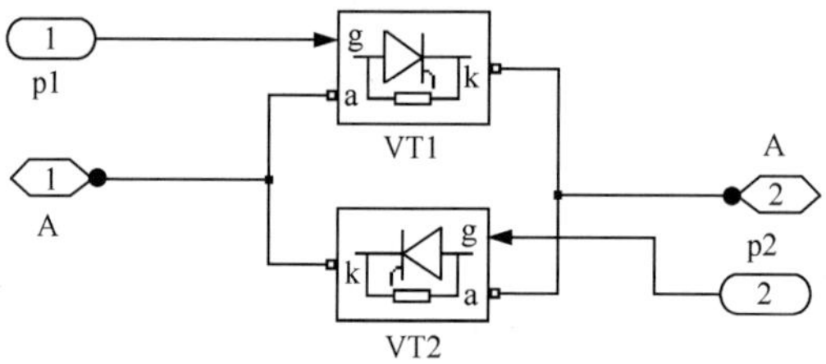

图 9-21　单相交流调压电路

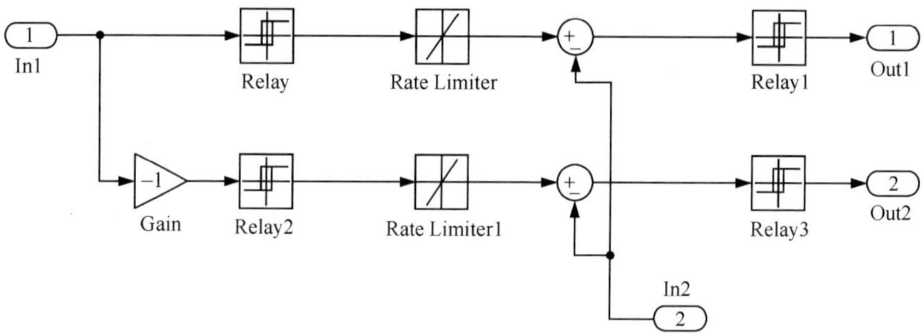

图 9-22　单相交流调压器触发电路

(2) 补偿电容器。

随着转差率或者输出功率的增大，感应发电机从电网吸收的无功功率也增大。为满足电网对风电场并网功率因数的要求，定速风电机组需要在定子侧配置功率因数补偿电容器。补偿电容器容量一般按照风电机组运行在额定出力状态下所需的无功功率进行选择，一般选为定速机组额定容量的 30%。

定速风电机组的补偿电容器通常被分成若干组，根据实际发电量的情况进行分组投切。图 9-23 所示为典型 750kW 定速风机补偿电容器容量的配置情况。

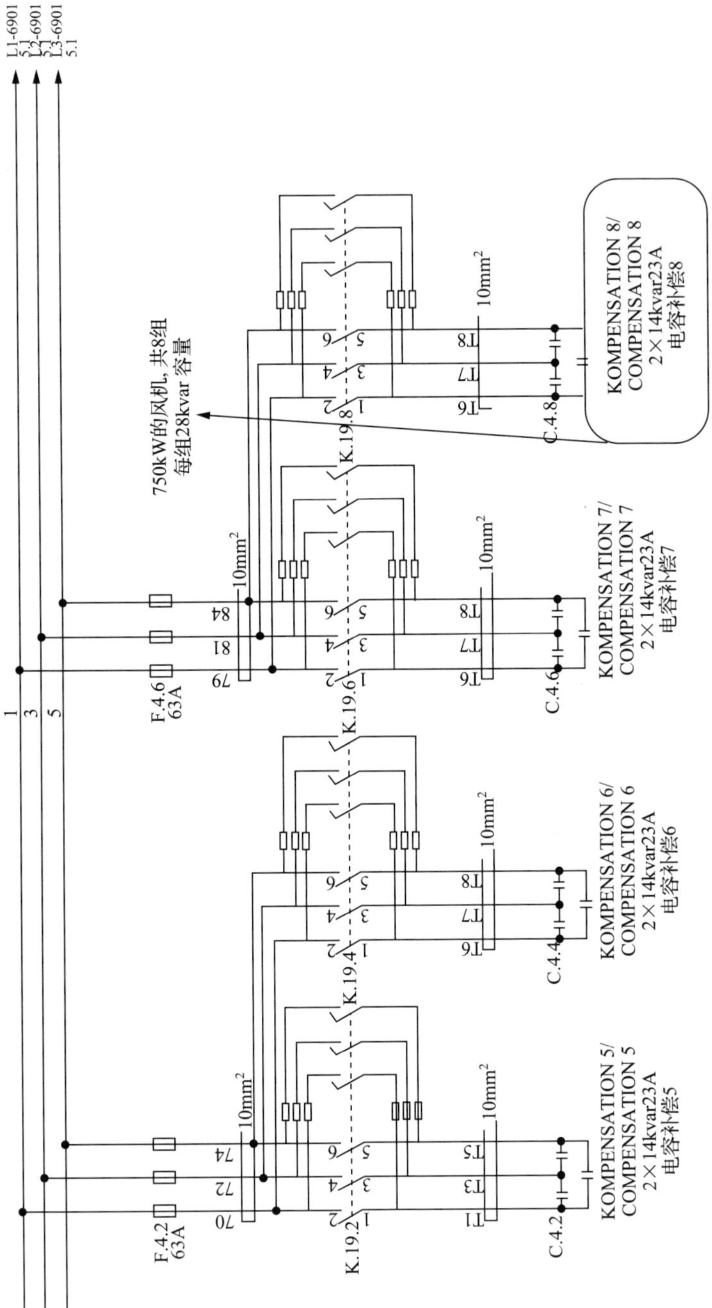

图 9-23 定速风机补偿电容容量配置

(3) 并网及停机控制。

定速风电机组利用三对反并联的可控硅进行软并网的过程如下。叶轮带动发电机转速达到设定转速(接近同步转速)时,发电机开始并网,此时发电机接触器闭合,同时与电网直接相连的可控硅在触发脉冲的控制下,逐步导通,将并网冲击电流限制在较小的范围内,从而实现比较平稳的并网过程。发电机转速达到额定转速后,可控硅完全导通,旁路接触器吸合,短路可控硅开关,风电机组并网进入稳态运行阶段。

由于失速型定速风电机组没有电力电子变流器,且没有变桨装置,所以停机过程只是直接切机。

(4) 机组保护及低电压穿越。

当电网发生故障时,出于对电网稳定和风机自身电气设备的保护,风机将根据故障持续时间判断是否从电网中切出运行。机组设有高低电压保护、高低频率保护、高低转速保护、过载保护和过电流保护。具体的保证值、延迟时间见附录 B 中的表 B-1。如果风机并网点出现上述表格中的系统故障并且持续时间超过设定值,风机将退出运行。其 MATLAB 仿真软件实现见图 9-24。

风电场中定速风电机组不具备低电压穿越装置,故当电网发生故障时直接切机。

按照上述特点可建立整个定速机组的 MATLAB 单机模型(图 9-25)。

2) 定速风电场等值模型及 RT-LAB 软件实现

(1) 风场聚合成一台机组的等值参数。

当采用标幺值表示电机、变压器时,聚合后除了容量变为单机的 N 倍外,其余参数均不变,即机组为

$$\begin{cases} S_{eq} = \sum_{i=1}^{m} S_i = mS, \quad P_{eq} = \sum_{i=1}^{m} P_i = mP, \quad Q_{eq} = \sum_{i=1}^{m} Q_i = mQ \\ X_{m\_eq} = x_m, \quad X_{s\_eq} = x_s, \quad X_{r\_eq} = x_r, \quad R_{s\_eq} = r_s, \quad R_{r\_eq} = r_r \end{cases} \tag{9-2}$$

式中,S 为发电机容量;m 为风电机组台数;下标 eq 表示等效后;x_m、x_s、x_r、r_s、r_r 分别为发电机励磁电抗、定子电抗、转子电抗、定子电阻和转子电阻(标幺值)。

变压器参数:

$$\begin{cases} S_{T\_eq} = mS_T \\ Z_{T\_eq} = \dfrac{Z_T}{m} \end{cases} \tag{9-3}$$

式中,S_T 为变压器容量;Z_T 为变压器阻抗。

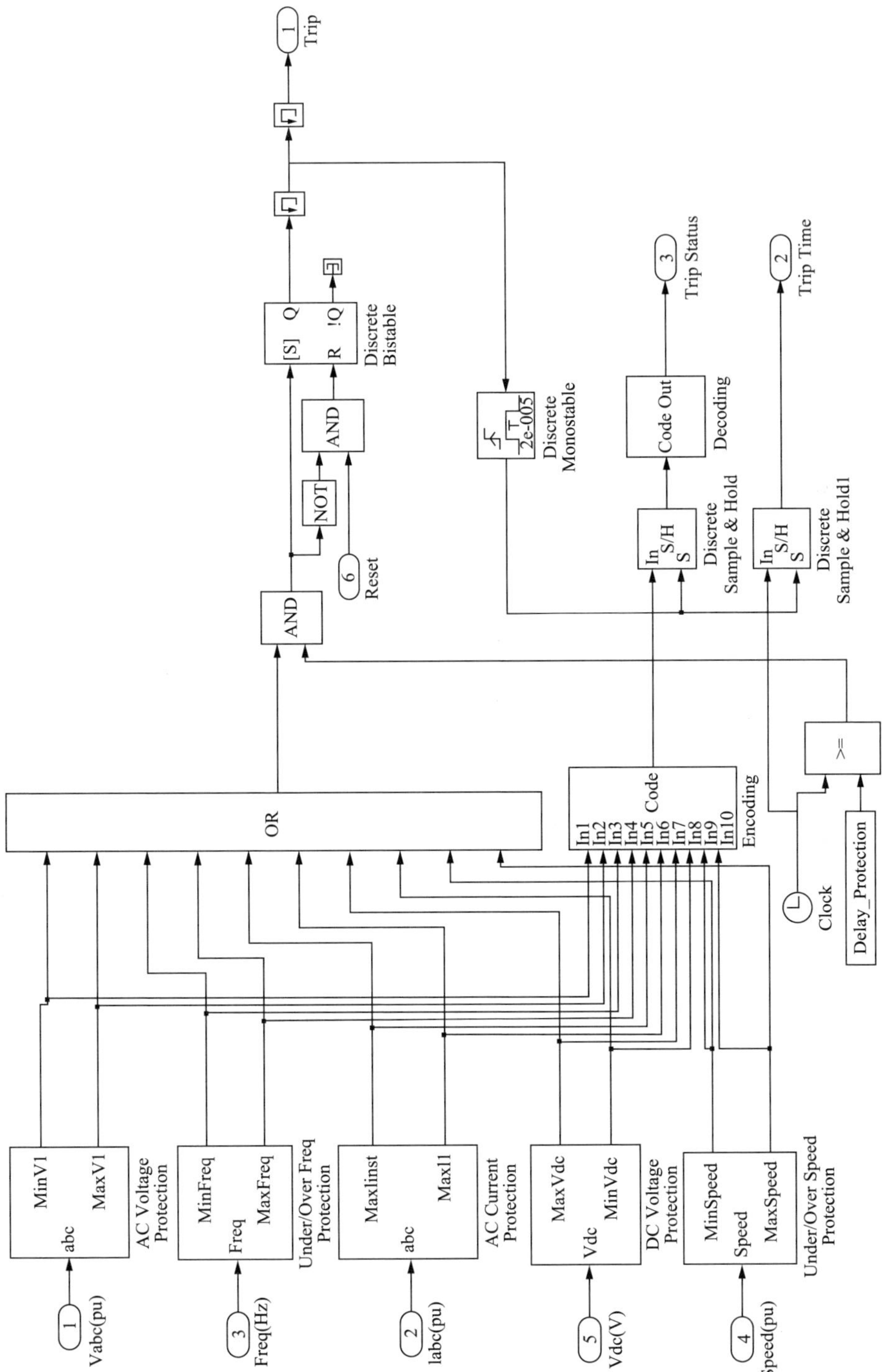

图 9-24 定速风电机组保护的 MATLAB 实现

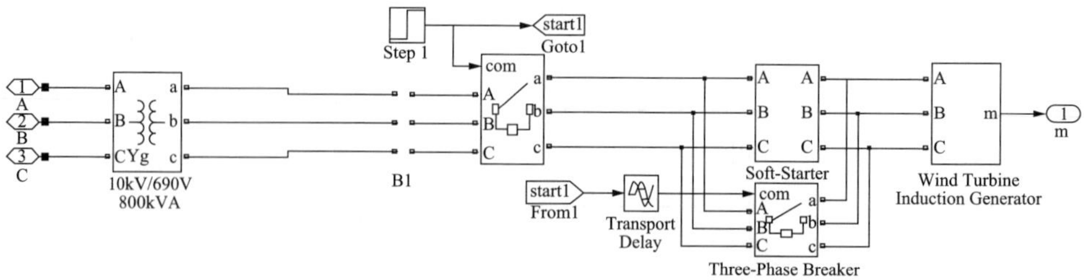

图 9-25　定速风电机组 MATLAB 单机模型

风速：

$$v_{\text{eq}} = v \tag{9-4}$$

风电场 1 是由 3 个不同型号风轮的风机组成。由于 3 种风机额定风速不同，因此，风轮部分的等效数学模型为

$$\begin{aligned} A_{\text{agg}} &= \sum_{i=1}^{N} A_i \\ C_{\text{pagg}} &= \frac{1}{N}\sum_{i=1}^{N} C_{\text{p}i} \\ V_{\text{wagg}} &= \left(\frac{1}{A_{\text{agg}} C_{\text{pagg}}} \sum_{i=1}^{N} A_i C_{\text{p}i} V_{\text{w}i}^3\right)^{\frac{1}{3}} \end{aligned} \tag{9-5}$$

式中，下标 agg 表示风电场的等值参数；A_i、$C_{\text{p}i}$、$V_{\text{w}i}$ 分别表示风电场内第 i 台风力机扫风面积、风能利用系数及风速。

风电场 1 和 2 的等值参数分别见表 9-5 和表 9-6。

表 9-5　风电场 1 的等值参数

参数名	风场等值	参数名	风场等值
额定功率/kW	52500	定子电阻/pu	0.0103
额定风速/(m/s)	14.4387	定子电抗/pu	0.1077
扫风面积/m^2	115320	转子电阻/pu	0.0051
齿轮比	/	转子电抗/pu	0.1249
变压器阻抗电压/%	4.5	励磁电抗/pu	6.3152
机端变压器容量/kW	62400	极对数	2
机组惯性时间常数/s	3.32		

风机间距离分别为 $5D$=0.22km、0.245km、0.2km，则风场等效线路长度为 0.1115km。

表 9-6 风电场 2 的等值参数

参数名	风场等值	参数名	风场等值
额定功率/kW	29250	定子电阻/pu	0.0103
额定风速/(m/s)	15	定子电抗/pu	0.11
扫风面积/m^2	70590	转子电阻/pu	0.001718
齿轮比	67.4	转子电抗/pu	0.124
机端变压器容量/kW	31200	励磁电抗/pu	7.8
变压器阻抗电压/%	4.5	极对数	2
机组惯性时间常数/s	3		

风机间距离为 $5D=0.24$km，则风场等效线路长度为 0.2368km。

(2) RT-LAB 模型实现。

将离线的 MATLAB 模型移植到 RT-LAB 中需要添加一些 RT-LAB 自带的模块，如图 9-26 和图 9-27 中圈出的部分，并遵循 RT-LAB 建模的一些规范要求。RT-LAB 模型中只能包含一个“SM_ ** ”主系统、一个“SC_ ** ”子系统和若干个“SS_ ** ”子系统，其中“SC_ ** ”子系统作为人机交互界面，主要有数据波形显示、控制命令下发等功能。

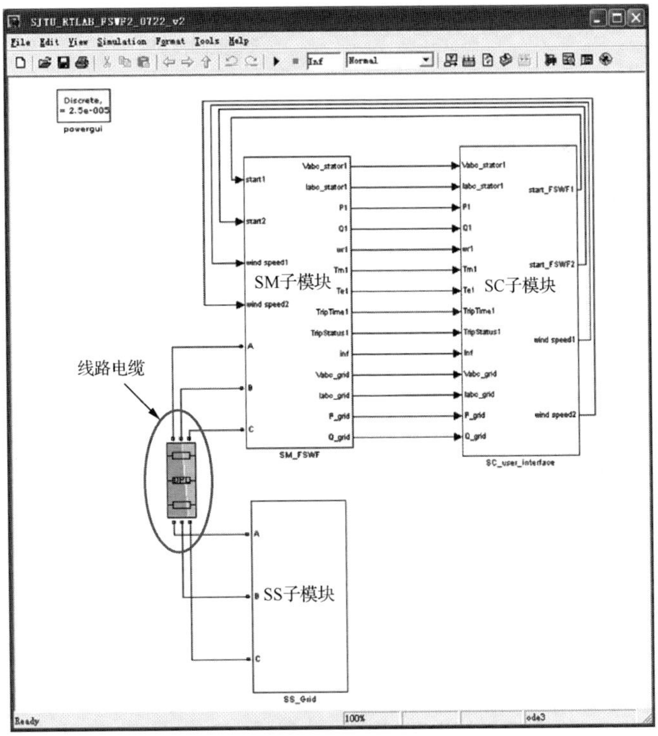

图 9-26 定速风场的 RT-LAB 模型

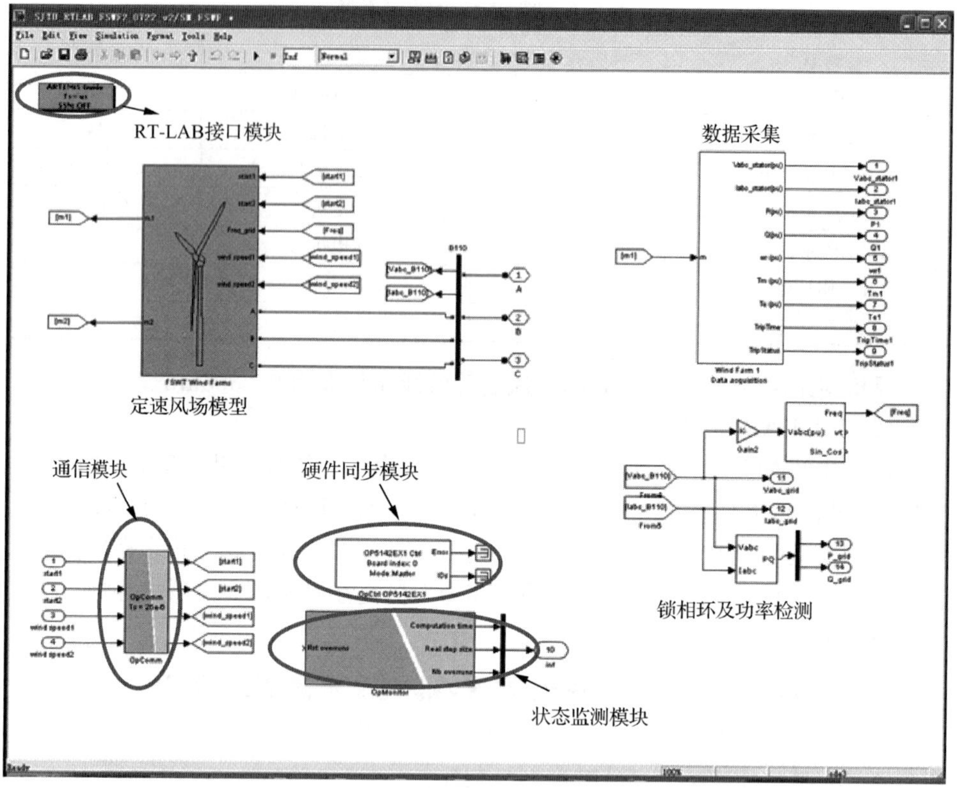

图 9-27　SM_FSWF 主模块系统模型

3) RT-LAB 定速风电场模型仿真测试

模拟正常运行的全工况情况。图 9-28 所示为定速风电场 PCC 点(即 110kV 母线)电压、电流、有功和无功功率仿真波形。从图中可以看出,定速风电场启动并网及正常停机过程平稳,无冲击现象产生。定速风电场仿真条件如下:

(1) 0.5s、1s、1.5s 时,风电场 1 的 3 个小风电场分别开始并网顺序控制;

(2) 2s 时风电场 2 开始并网顺序控制;

(3) 7s 时风速由切入风速上升到额定风速;

(4) 20s 时风电场正常停机,输出功率逐渐降低至较小值后切机,停机过程结束。

故障暂态仿真显示:在交流电网发生单相、两相、三相金属性或非金属属性接地故障后 0.2s,风电场均发生低电压保护动作,风机停机脱网(仿真波形略)。

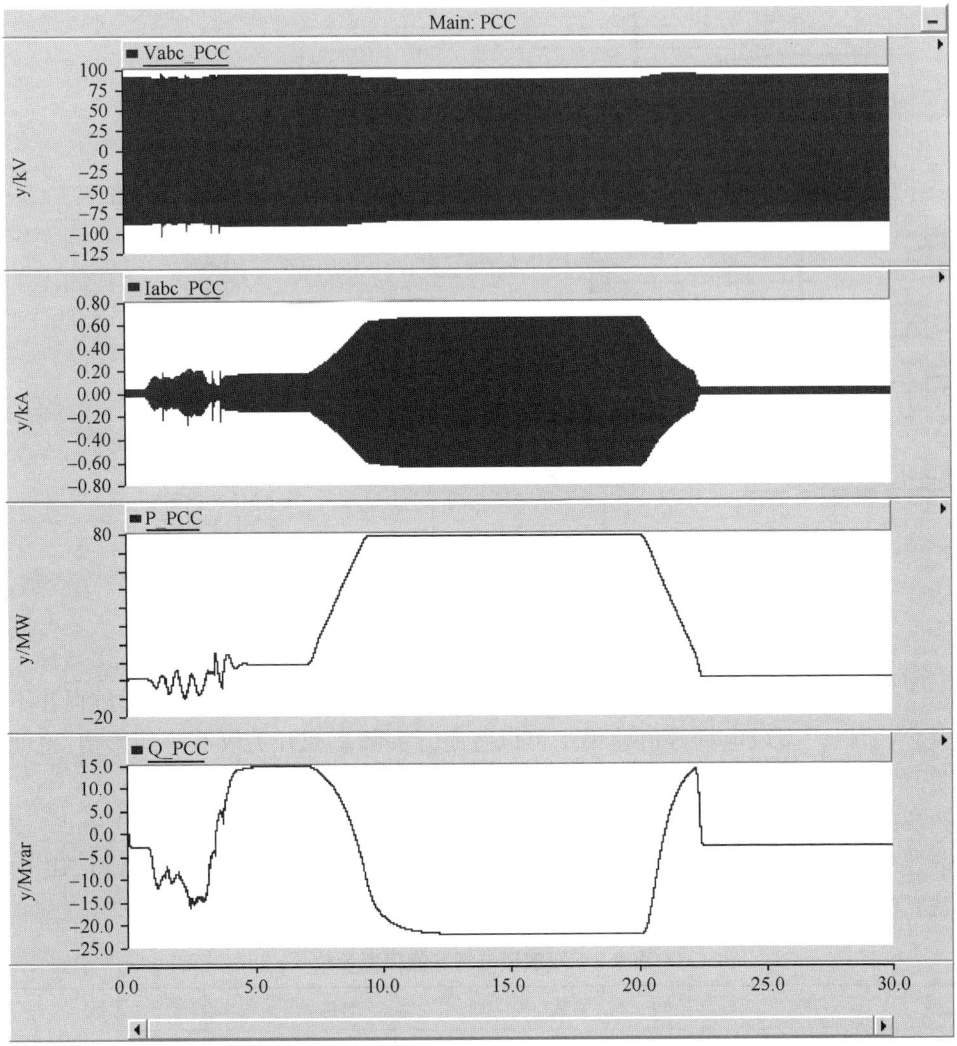

图 9-28 定速风电场 110kV 母线主要电气量

2. 双馈风电场的建模与仿真

1) 双馈风电场的建模

风电场 3 是由同一种机型的 850kW 双馈风电机组组成，其主要技术参数见附录 A 中表 A-3 。面向电网分析的风电机组和风电场建模原理见第 6 和 7 章，MATLAB 中建立的模型见图 9-29。

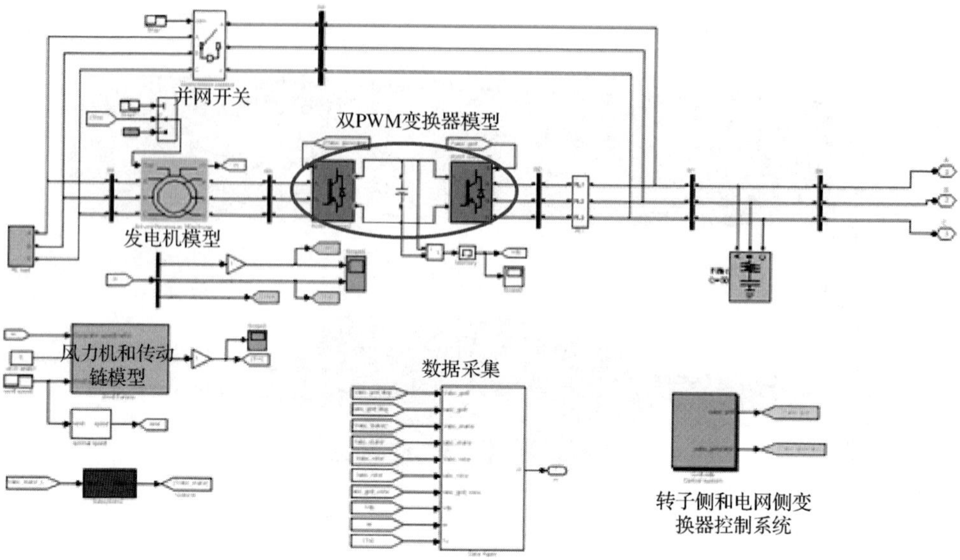

图 9-29　双馈风电机组的 MATLAB 模型

（1）风电场等值模型。

风电场聚合模型用于研究的是电力系统机电暂态过程，对电磁暂态过程并不关心，所以大型风电场等值建模中可以忽略开关频率和开关纹波等的影响，也就是双馈风电场聚合模型中的变流器模型可以采用平均值模型。

此风场中风机间距离为 $5D=0.26$km，则风场等效线路长度为 0.7015km。按前述的等值参数计算方法，得到风电场的等值模型参数，见表 9-7。MATLAB 中建立的模型见图 9-30。

表 9-7　双馈风电场等值模型参数

名称	参数	名称	参数
额定功率/MW	45.05	极对数	2
额定风速/(m/s)	12	定子电阻/pu	0.0225
扫风面积/m^2	112572	定子电抗/pu	0.28
齿轮比	62	转子电阻/pu	0.0202
机端变压器容量/MW	53	转子电抗/pu	0.354
变压器阻抗电压/%	6.5	励磁电抗/pu	12.26
机组惯性时间常数/s	3		

（2）等值模型的 RT-LAB 实现。

移植后的双馈风电场的 RT-LAB 模型如图 9-31～图 9-33 所示。

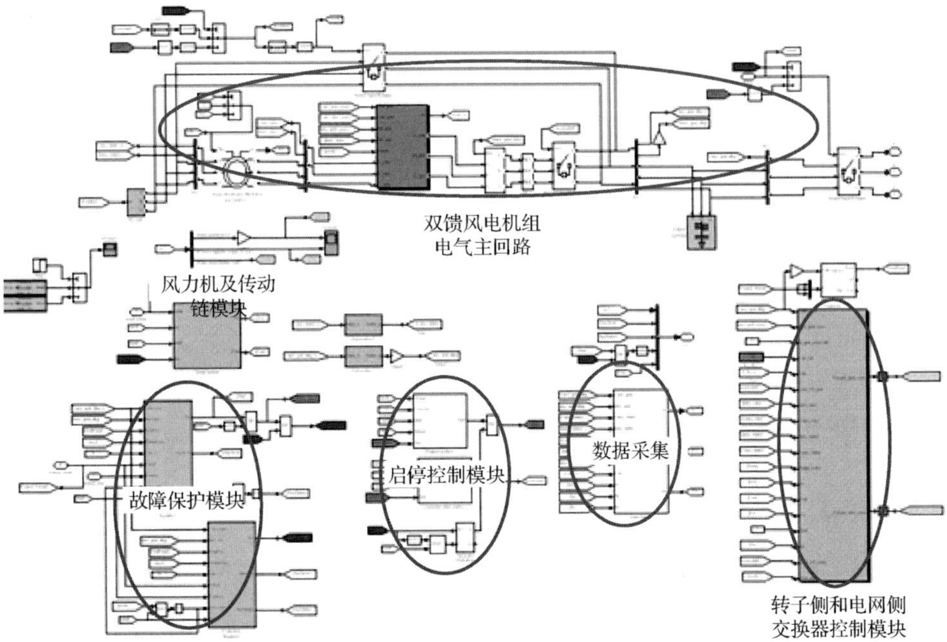

图 9-30 双馈风场 2 等值模型的 MATLAB 实现

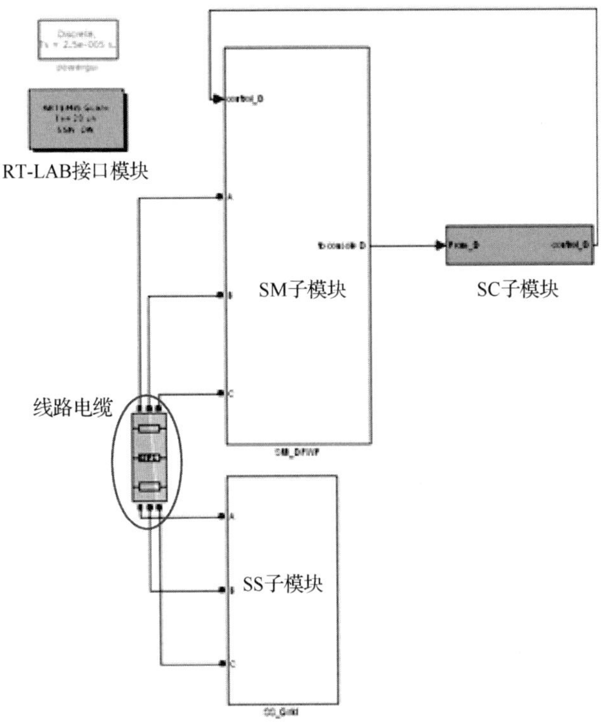

图 9-31 双馈风电场 RT-LAB 模型

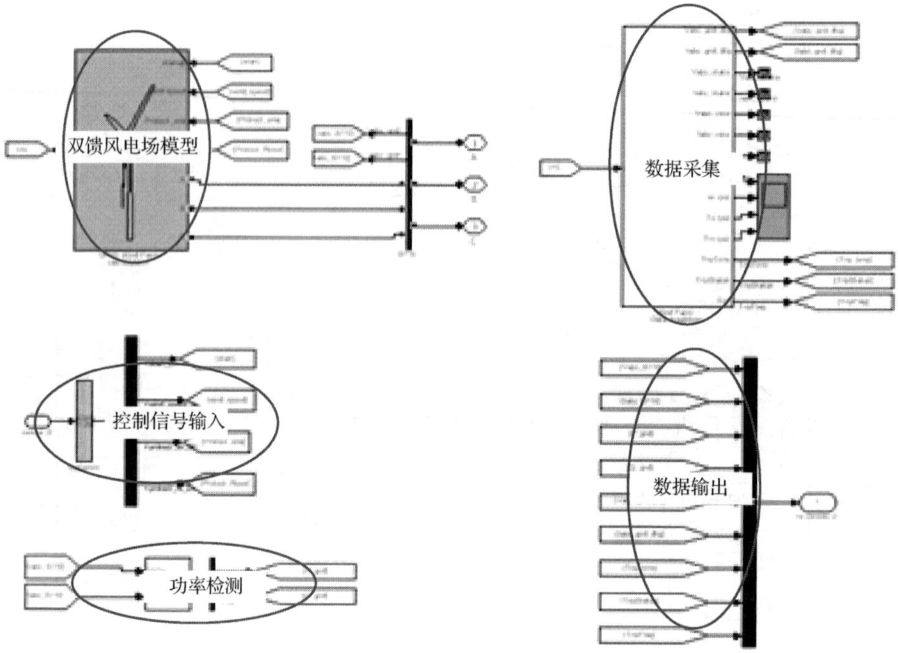

图 9-32　SM_DFWF 主系统模型

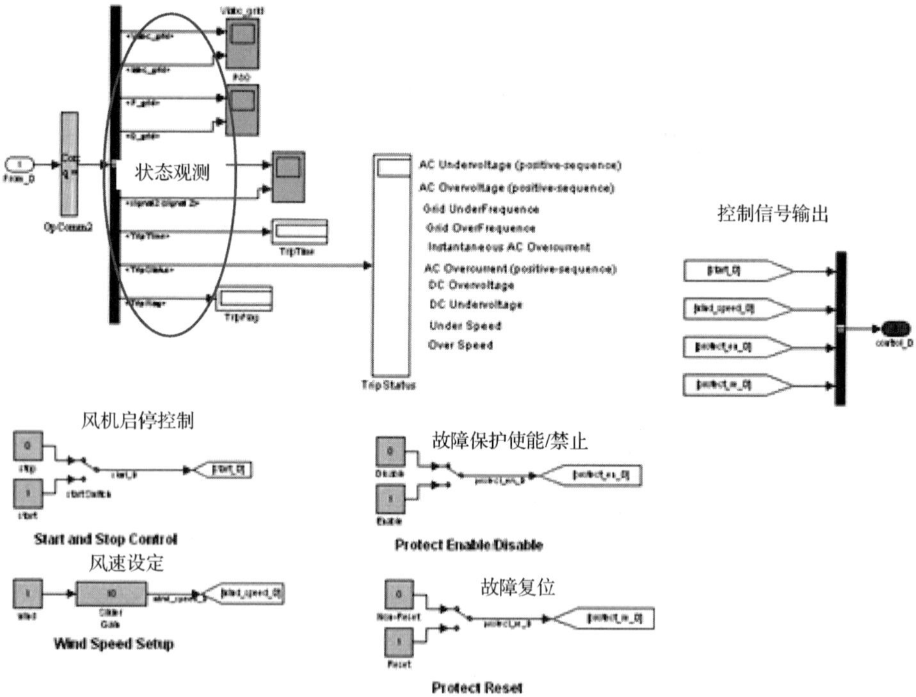

图 9-33　SC_user_interface 人机交互界面

2) RT-LAB 双馈风电场等值模型的全工况仿真测试

(1) 正常运行全工况测试。

图 9-34 所示为双馈风电场 PCC 点(即 110kV 母线)电压、电流、有功和无功功率仿真波形。从图中可以看出,双馈风电场启动并网及正常停机过程平稳,无冲击现象产生。双馈风电场仿真条件如下:

① 0s 时风电场 3 的网侧断路器合闸,风机网侧变换器开始不控整流对电容充电;

② 1.2s 风机网侧换流器的启动电阻旁路开关合闸,风机网侧变换器解锁;

③ 1.3s 风机转子侧变流器解锁,开始励磁;

④ 2s 风机定子侧断路器合闸,风机开始输出功率;

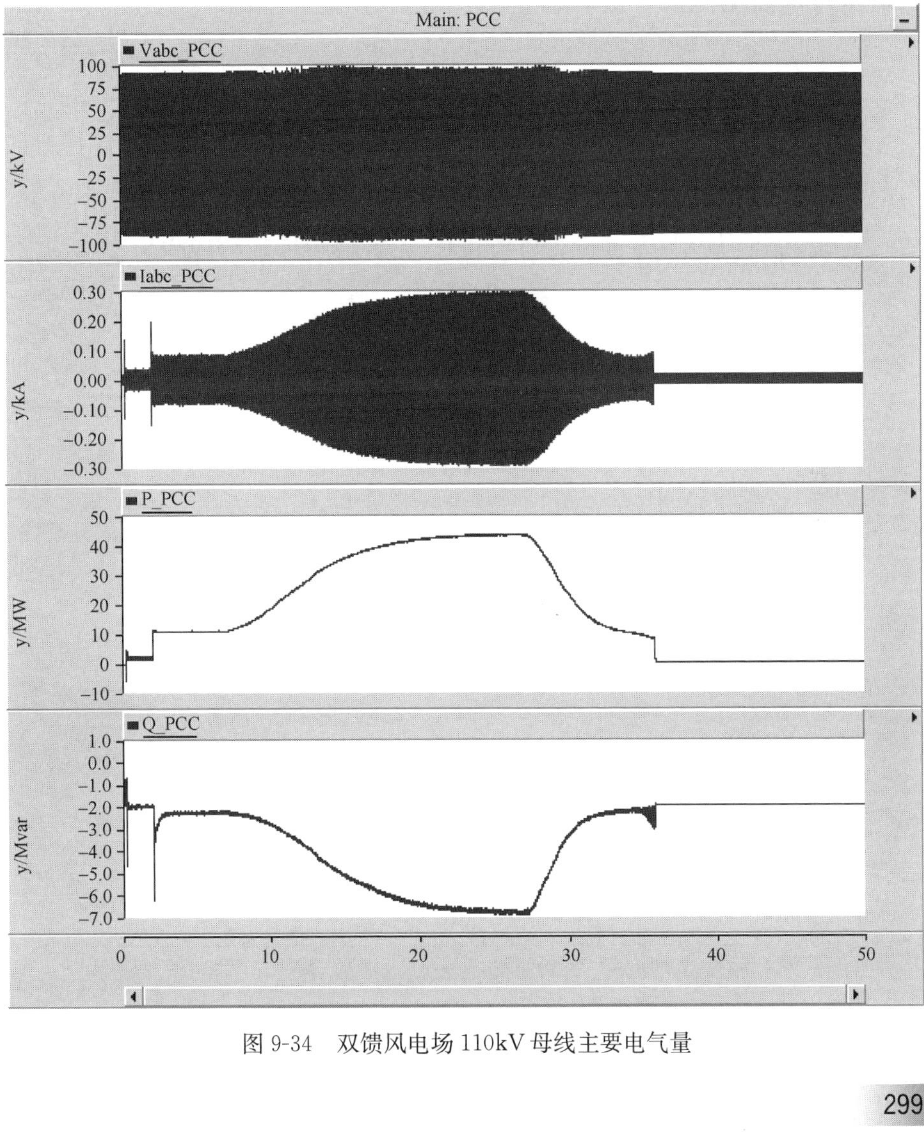

图 9-34　双馈风电场 110kV 母线主要电气量

⑤ 7s 风速从切入风速上升到额定风速；

⑥ 27s 风机开始正常停机；

⑦ 约 37s 时发电机脱网，变流器主开关开断。

(2) 风电场等值模型暂态测试。

以电网故障为例测试双馈风电场等值模型特性及风电机组的故障保护功能。图 9-35 所示为 PCC 点发生单相金属性接地故障时双馈风电场的电压、电流、有功和无功功率波形。3s 时 PCC 点发生单相金属性接地，故障期间，PCC 点送出有功功率受限，0.2s 后双馈风场因欠压速动保护动作而停机。在发生两相相间金属性或两相接地短路故障时，故障后 0.01s 风电场发生直流侧过压保护动作，风机停机脱网(仿真波形略)。

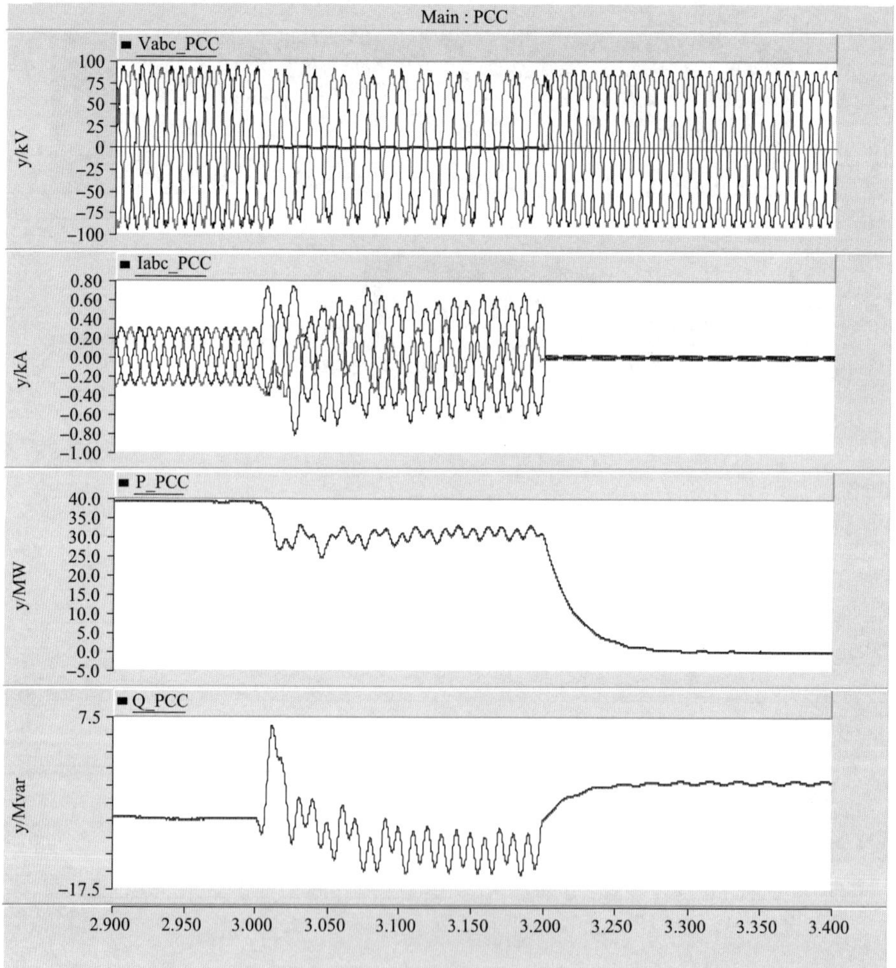

图 9-35　PCC 点发生单相金属性接地故障时的电压、电流、有功和无功功率

图 9-36 所示为 PCC 点发生三相金属性接地故障时双馈风电场的电压、电流、有功和无功功率波形。3s 时 PCC 点发生三相金属性接地，故障期间，PCC 点无法送出功率，大量风能在变流器直流母线上积聚，导致直流母线电压快速上升，触发速动保护使双馈风场切除。

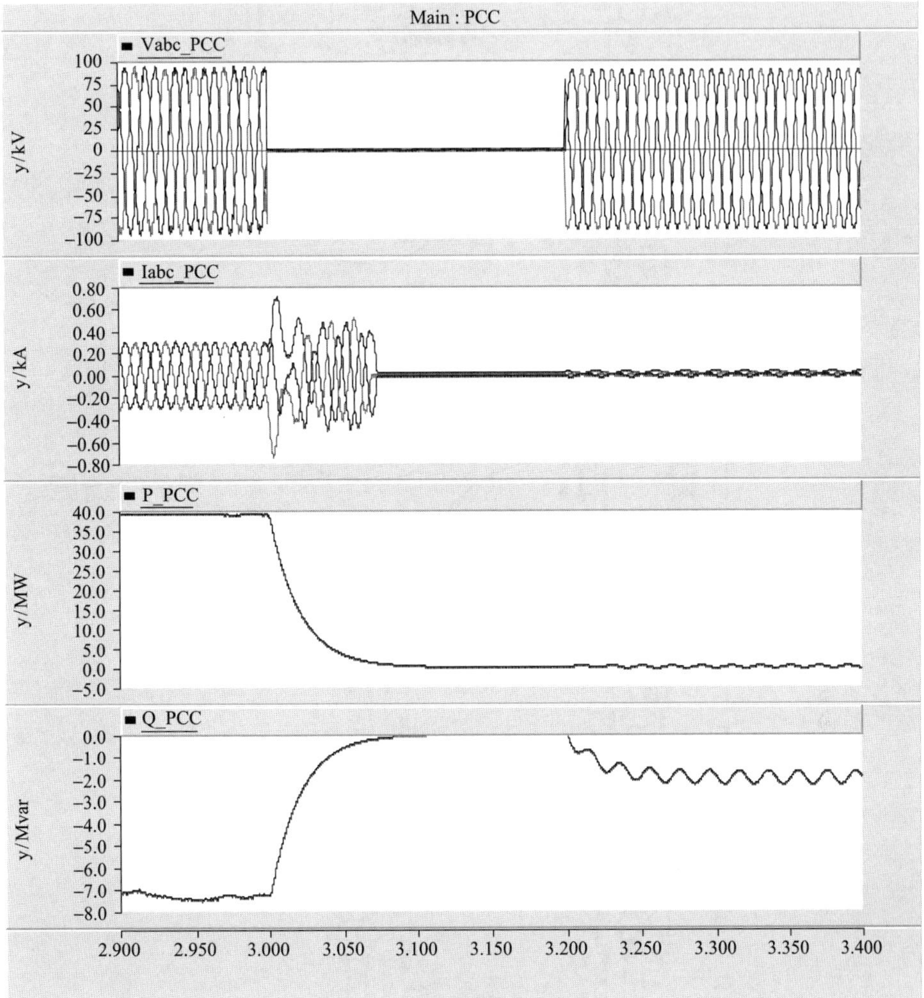

图 9-36　PCC 点发生三相金属性接地故障时的电压、电流、有功和无功功率

9.3.3　风电场经柔直接入系统建模及仿真分析

1. 仿真模型

风电场动态聚合模型建模完成后，在 RT-LAB 仿真平台上构建风场经柔性直流并网的仿真模型，见图 9-37。

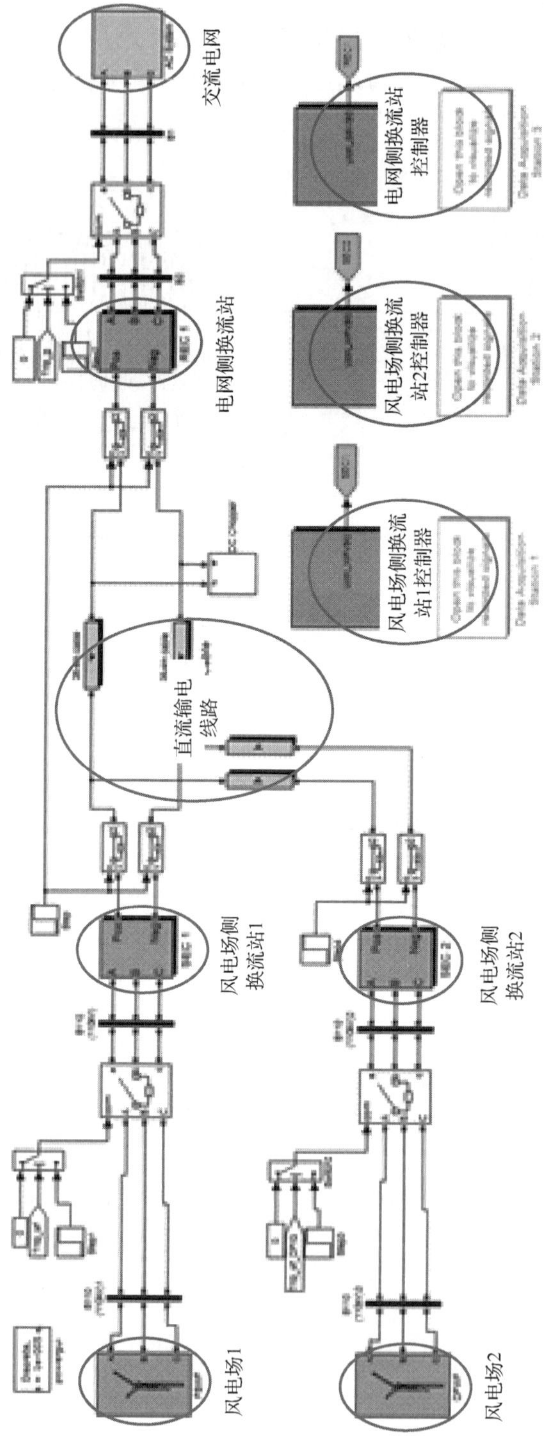

图 9-37　风电场经柔直并入电网的仿真模型

2. 风电场经柔直接入电网运行全工况仿真分析

1) 正常运行系统仿真

(1) 仿真条件。

定速风电场接入柔直系统的步骤及仿真条件如下：

① 1s 时刻启动柔直电网侧和风电场侧换流站，建立稳定的交流电压；

② 4 个定速风电场分别在 1.5s、2.0s、2.5s 和 3.0s 启动并网；

③ 3s 时风速由切入风速上升至额定风速，风电机组开始发出电功率并达到额定值。

双馈风电场接入柔直系统仿真条件如下：

① 1s 时刻双馈风电机组变流器的网侧断路器合闸，网侧变换器开始预充电；

② 1.2s 时刻旁路启动电阻，网侧变换器解锁，控制直流电压稳定；

③ 1.3s 时刻转子侧变流器解锁，开始给发电机励磁，控制定子电压与电网电压同步；

④ 1.6s 时刻定子侧断路器合闸，双馈风电机组完成空载启动并网过程，开始并网发电；

⑤ 2.5s 时刻风速从切入风速上升至额定风速。

(2) 仿真结果。

图 9-38 和图 9-39 分别为定速风电场和双馈风电场接入柔直换流站的启动及稳态运行波形。在 1s 时分别启动海岛换流站 1 和海岛换流站 2，产生稳定的交流电压；然后启动定速风电场，在 3s 时刻定速风电场空载启动，并网结束，开始发出功率并逐渐达到额定值。从图 9-38 可以看出，海岛换流站 1 和定速风电场启动过程平稳。与此同时，双馈风电场在 1s 时开始启动、并网。同样，从图 9-39 可以看出，海岛换流站 2 和双馈风电场启动过程平稳，实现了平滑并网。

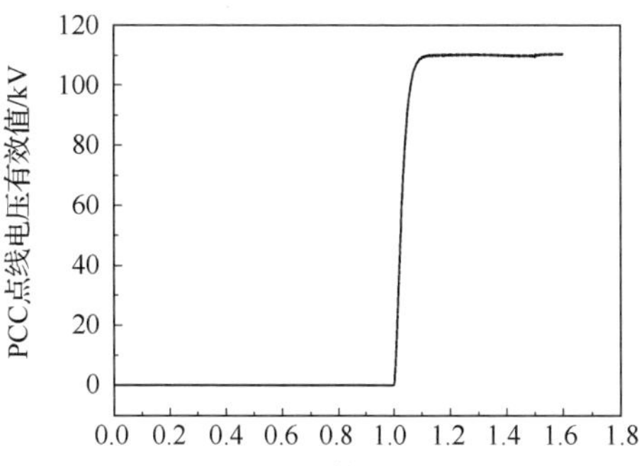

(a) PCC电线电压有效值

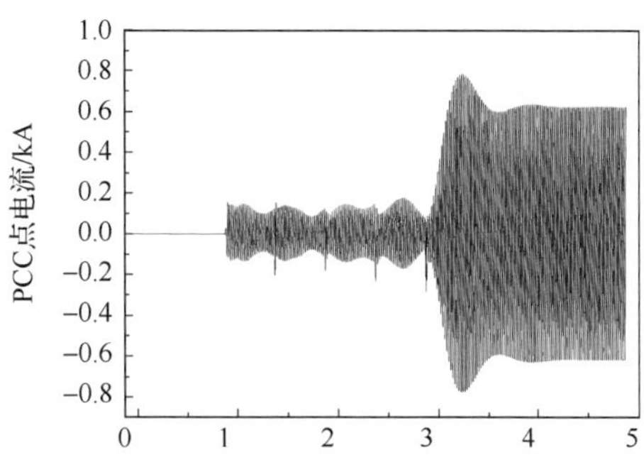

(b) PCC点电流波形

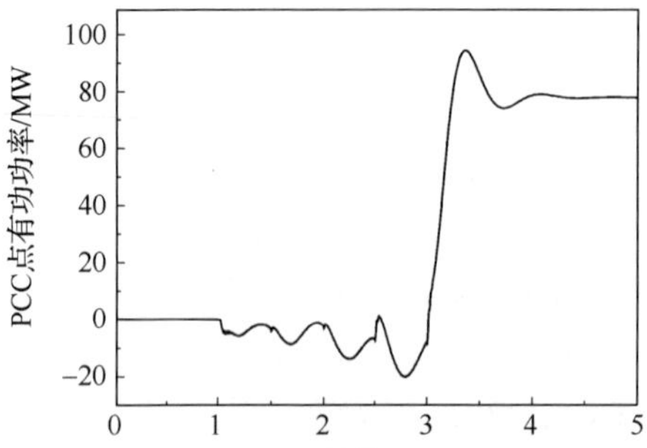

(c) PCC点有功功率

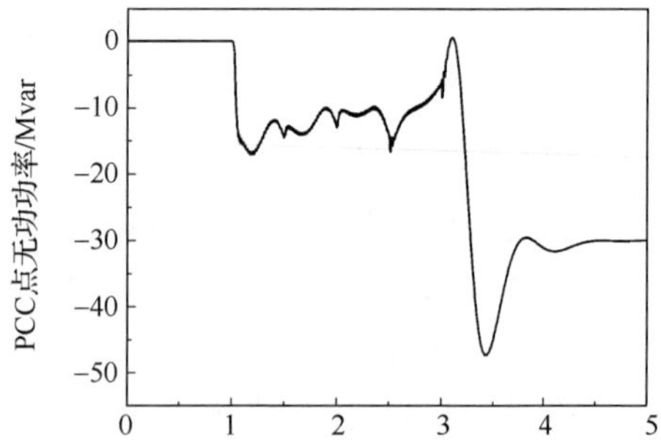

(d) PCC点无功功率

图 9-38 定速风电场接入海岛换流站 1 的启动及稳态运行波形

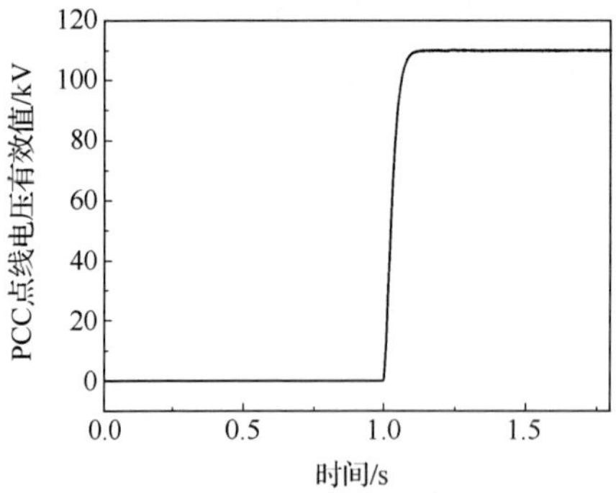

(a) PCC点线电压有效值

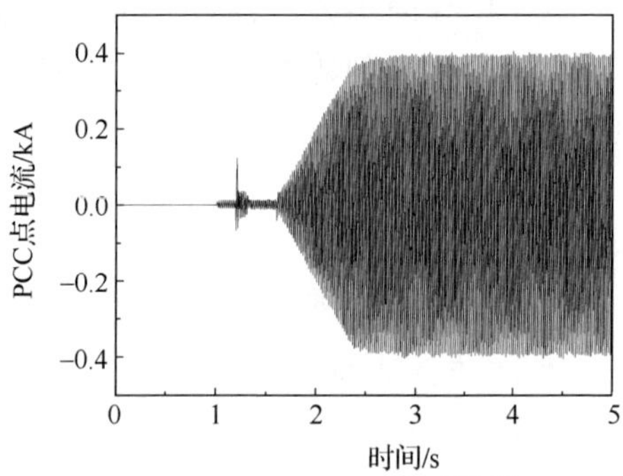

(b) PCC点电流波形

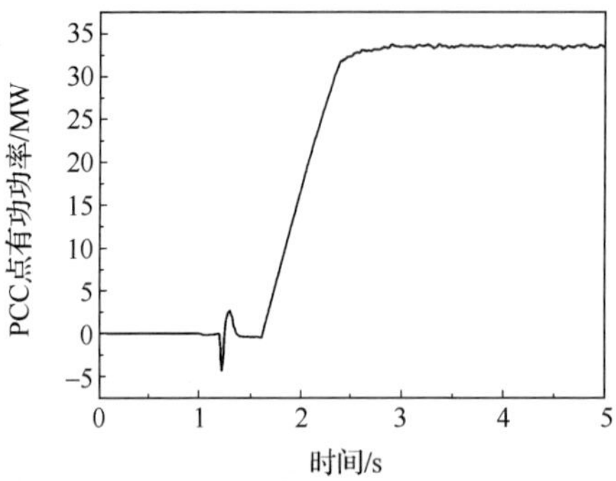

(c) PCC点有功功率

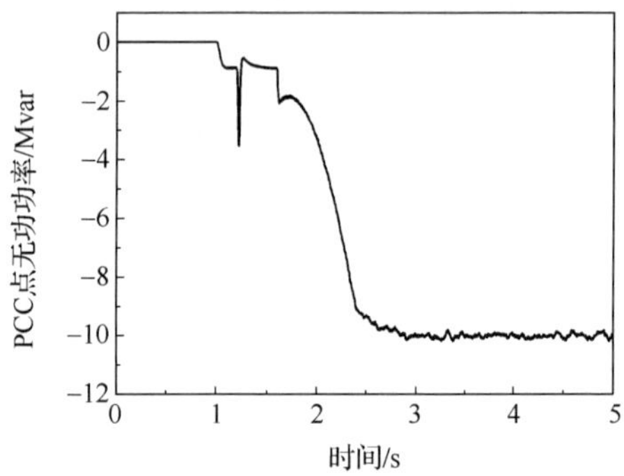

(d) PCC点无功功率

图 9-39 双馈风电场接入海岛换流站 2 的启动及稳态运行波形

2）交流故障穿越仿真

风电场经柔性直流输电系统并网的低电压穿越标准可按照风电机组的低电压穿越标准[1-2]执行。经柔性直流并网的风电场在电网电压跌落时的主要问题是两端换流站有功功率不平衡引起的直流侧过电压，如果不及时采取措施，将导致HVDC线路跳闸，严重时甚至造成换流站的元件损坏。因此，必须采取控制措施使柔性直流输电系统能够穿越受端交流电网的故障，也就是柔性直流输电系统的故障穿越问题。

在考虑实际风电机组故障保护阈值的基础上，充分利用风电机组自身电压和频率的运行范围，将基于升频/降压法的软件故障穿越方法与基于直流卸荷电路的硬件故障穿越方法相结合，同时按照并网导则规定的风电场无功输出要求，控制电网侧换流站工作在STACOM运行模式。通过这种协调控制策略，不仅可以实现有功功率的自动平衡，还能够满足并网导则对于无功功率的要求。

图9-40～图9-42所示为交流电网发生三相接地故障时三端柔直系统的故障穿越仿真波形。图9-40所示为海岛换流站1的仿真波形，图中从上到下依次为风电场PCC点的交流电压、交流电流、有功和无功功率以及频率波形。从图中可以看出，故障期间，由于海岛换流站1同时采用降压法和升频法，风电场PCC点电压的幅值被控制在额定电压的85%左右，如图9-40(a)所示，同时交流电压的频率被控制在51Hz以下，如图9-40(d)所示。需要注意的是，在频率上升过程中，海岛换流站1所接的风电场输出的有功功率几乎降至零，但是当频率达到限幅后，风电场输出的有功功率又重新恢复到故障前的水平，如图9-40(c)所示。这是因为频

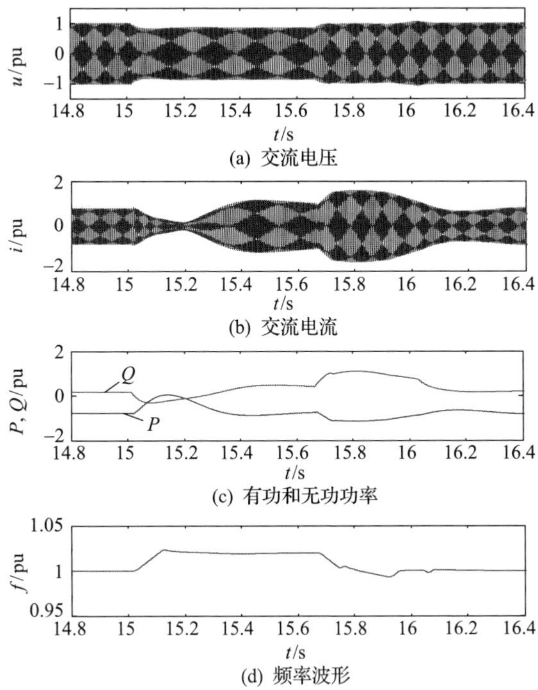

图9-40 海岛换流站1故障穿越仿真波形

率稳定后，风电机组又重新进入另一个新的稳态运行。

图 9-41 所示为交流电网发生三相接地故障时海岛换流站 2 的仿真波形，图中从上到下依次为风电场 PCC 点的交流电压、交流电流、有功和无功功率以及频率波形。从图中可以看出，由于海岛换流站 2 只采用降压法，风电场 PCC 点电压幅值被控制在额定电压的 82%左右，如图 9-41(a)所示，而交流母线频率基本保持不变，如图 9-41(d)所示。值得注意的是，风电场 PCC 点电压降低后，由于双馈风机变流器具有一定的电流裕度，因此风电场输出的电流会相应增加，如图 9-41(b)所示，风电场的输出有功功率变化不大，如图 9-41(c)所示。

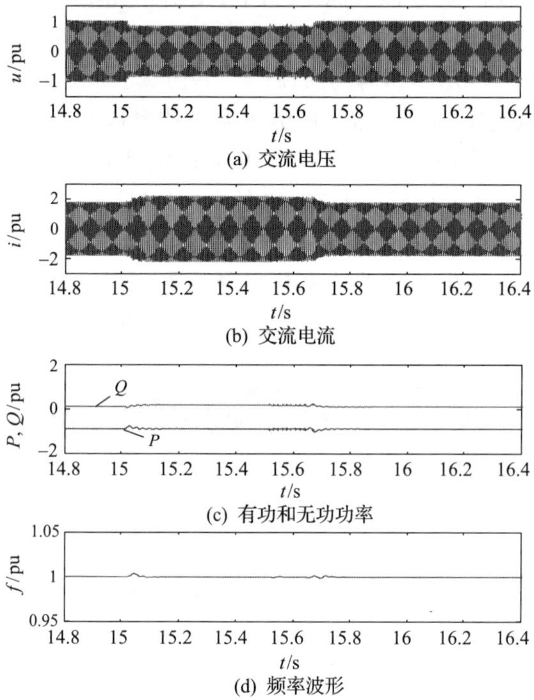

图 9-41　海岛换流站 2 故障穿越仿真波形

图 9-42 所示为交流电网发生三相接地故障时岸上换流站 3 的仿真波形，图中从上到下依次为交流电压、交流电流、有功和无功功率以及直流电压波形。故障穿越期间，岸上换流站 3 的控制方式由有功电流控制优先切换到无功电流控制优先。根据电网电压的跌落深度，按一定比例向电网提供无功功率，如图 9-42(c)所示。此时，岸上换流站 3 的有功输出能力进一步降低，更多的能量积聚在直流电容上，导致直流电压迅速升高。当直流电压超过 105%时，送端站的升频法/降压法使能，但是由于升频/降压的范围非常有限，直流电压继续升高到 108%，此刻直流卸荷电路投入运行，直流电压被限制在 108%以内，如图 9-42(d)所示。当电网

故障清除后,系统经过短暂的调节过程又重新恢复到故障前的状态。

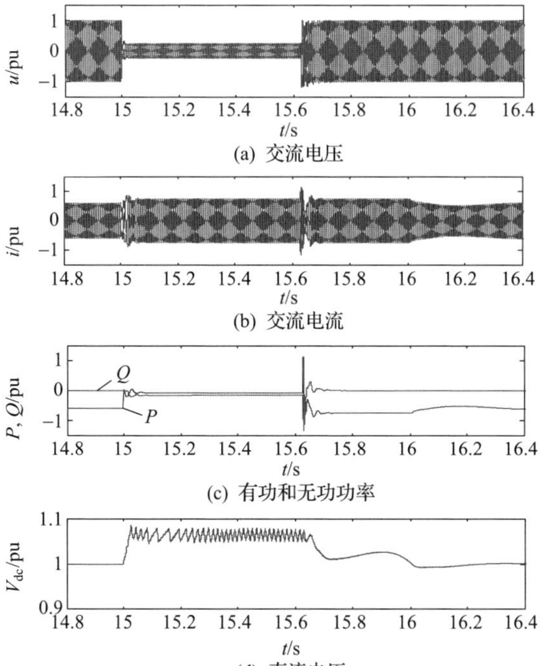

图 9-42　岸上换流站 3 故障穿越仿真波形

9.4　大型风电场场站控制器硬件在环实时仿真——控制策略验证

风电场通过场站的控制响应电网调度指令,实现自身的电压控制,因而场站控制对于风电的电网友好和可靠运行是十分重要的。大型风电场往往有 100 台以上的风电机组,其优化控制一直是研究的热点之一。控制策略的验证需要有高性能的计算平台,能够模拟具有多台机组的风场控制系统,并能模拟控制的实时性。另一方面,检验风场动态聚合模型准确性的一种简便方法是将聚合模型的运算结果与详细模型结果相比较,因而需要有能够运行 100 台以上较详细风电机组模型的计算平台。RT-LAB 实时仿真平台就是完成这些任务的最佳选择。

9.4.1　RT-LAB 实时仿真平台

在采用风机较详细的模型情况下,大规模风力发电系统的并网运行以及各种具备快速调节功能的电力电子装置的投运,使电力系统暂态过程的刚性特征更加明显，刚性问题是制约电力系统暂态稳定性数值计算效率的一个主要因素。另一方面，暂态稳定性数值计算中存在间断问题，即由于控制系统中往往存在一些限幅环节，导致某些状态变量右端函数(即状态变量导数的表达式)在整个积分时间区间内不具唯一性，也就是存在间断点，在这个间断点的左区间和右区间状态变量导数的表达式不一样。

对于间断问题，若采用小步长，则计算步数增多；若采用大步长，则会造成Jacobi 矩阵的反复修改和重新分解。目前，电力系统暂态稳定性数值计算处理间断点采用的方法可使间断计算比较准确，但若系统中间间断点较多，则会造成积分效率很低。

另外，由于传统的数值积分方法均不具备时间并行特性，现有的暂态稳定性并行数值计算方法，绝大多数是基于空间并行类方法，RTDS 就是例子。

为了保证刚性系统的数值稳定性，算法一般都是隐式算法。每积分一步都要计算大维数的非线性方程组，如采用 Newton-Raphson 迭代算法，则要进行 Jacobi 矩阵计算、LU 分解计算等。采用同一种数值算法对刚性方程进行计算，并且要求该算法对快变分量和慢变分量的动态过程都有很好的解算效果，这是很难做到的。如果能够将高维的复杂系统刚性方程分解为几个独立的低阶方程，或者弱耦合的低阶方程，就可以大大减少运算量。一般来说，刚性复杂大系统分解得到的子系统仍然存在一定的弱耦合关系，从仿真模型的角度出发，就是子模型与其他模型有部分数据的交互关系。根据不同的仿真目的，可以有不同的系统分块方法。如果系统分块合理，则可以将快变部分(惯性时间常数小)划分到一个模块，慢变部分(惯性时间常数大)划分到一个模块。例如，将双馈风力发电机划分到快变模块，电网模型划分到慢变模块[3]。快变部分采用较小的仿真步长，慢变部分采用较大的仿真步长，这样就能提高仿真的数值稳定性，提高仿真的效率，减少总的仿真计算量，这种算法称为刚性系统的多帧速算法。多帧速并行算法如图 9-43 所示。

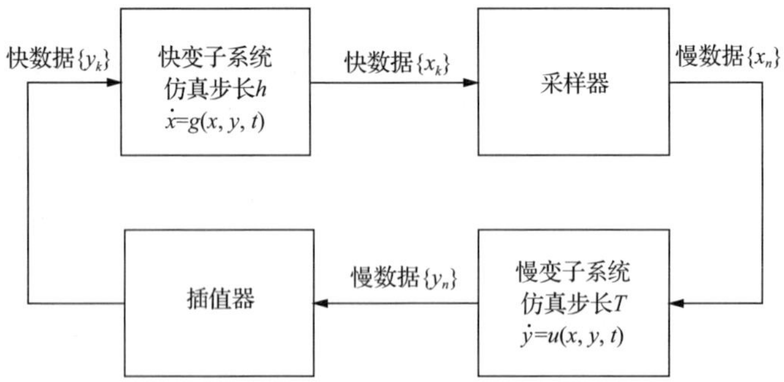

图 9-43　多帧速并行算法

RT-LAB实时仿真平台包括上位机和下位机两部分。上位机使用普通的PC,运行Windows操作系统以及RT-LAB软件包(包括RT-LAB、RT-EVENTS、ARTEMIS等)。下位机使用加拿大Opal-RT公司生产的并行计算机,具有多个多核处理器、FGPA板卡,运行QNX或者RedHawk Linux实时操作系统。根据仿真系统的规模,可以灵活配置下位机台数。对于大规模风电场的实时计算,无法在单个处理器上实时运行,可通过RT-LAB提供的工具方便地把仿真模型分割成几个规模较小的子模型,然后在多个处理器上依据多帧速算法并行处理这些子模型。在一个计算步长内,计算机系统不但要解算仿真模型,还要管理任务。RT-LAB通过优化资源配置,降低了管理任务占用的系统资源,提高了计算复杂模型的能力。

以包含100台2MW双馈风电机组的大规模风电场仿真为例,假设风电机组分布在10条馈线上,每条馈线连接10台机组。将连接10台机组的一条馈线安排在一个核(core)中计算,10条馈线将占用10个核。而电网侧模型占据第11个核。馈线与电网采用RT-LAB提供的线路解耦模块进行连接。按照该模式分配计算资源就能实现含100台机组的大规模风电场的实时仿真。

RT-LAB仿真平台支持纯数字仿真及实时运行两种工作方式,支持基于MATLAB/Simulink以及MATRIXx/SystemBuild建立的模型,完全集成第三方建模环境(如StateFlow、StateMate、AMEsim等),以及C、C++、Fortran的合法代码。

9.4.2 虚拟风电场仿真平台结构

基于RT-LAB构建虚拟风电场实时仿真控制平台,结构示意如图9-44所示。虚拟风电场模型运行在RT-LAB下位机OP5600的计算单元上,风电场SCADA监控系统的控制器通过硬件在环集成在平台中。虚拟风电场对外提供标准接口,允许接入满足标准接口厂家的风电场监控系统进行测试和实验。

OP5600集成了2块Intel i7处理器和数字模拟IO接口,以及标准的以太网、VGA等通信接口。在RT-LAB上位机编辑好风电场模型后,编译、下载至OP5600实时仿真计算机运行。在模型运行过程中,既可以通过数字量、模拟量IO接口跟外部进行通信,又可以通过标准以太网接口和外部进行通信。虚拟风电场将诸如有功、无功、转速、风速等状态量按一定的发送频率(根据实际风电场SCADA系统情况设置为1Hz)上传至外部风电场监控系统。进行分析处理,然后将有功、无功等调度指令下发至各风电机组及无功补偿装置。风电场监控系统作为风电场管理平台,可以监视风电场的当前运行状况,对采集的风电机组数据进行处理,并以报表或图像的形式呈现给风电场管理人员,还能根据控制需求下发调度指令到各风电机组。

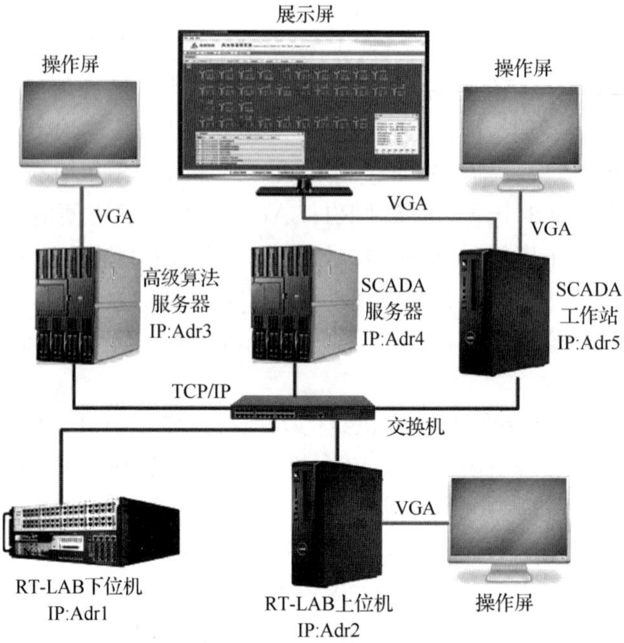

图 9-44　虚拟风电场仿真控制平台结构示意

9.4.3　基于 RT-LAB 的虚拟风电场建模

建立的风电场仿真模型的等值电路如图 9-45 所示。风电场共有 100 台双馈风电机组，集电线路采用 10 回 35kV 架空线路，每回路连接 10 台风电机组；送出线路电压为 110kV。风电场 110kV 升压站有 2 台型号为 SFZ10-100000 的主变压器。高压侧为双回路 110kV 架空出线。低压侧 35kV 采用单母线分段接线，每段母线有 5 路进线，接有 20Mvar SVG 无功补偿装置。典型的风电场送出线路(110kV)长度为 5～30km。

在此，建立风电场的较详细电路模型，风电机组采用 9.3 节中所述的全工况动态模型，使用 2MW 双馈机组参数，可以模拟风电场的启动、并网及运行，以及各类保护动作。在 RT-LAB 平台上可以实现中长期动态过程仿真。用于研究电力系统遭受诸如使频率、电压、潮流产生较大或者长期持续偏移的严重扰动后动态响应的问题。这些严重扰动可能会引起一些缓慢变化过程，甚至保护和控制系统动作等，并且其响应动作过程时间较长，是常规机电暂态仿真所不能模拟的。

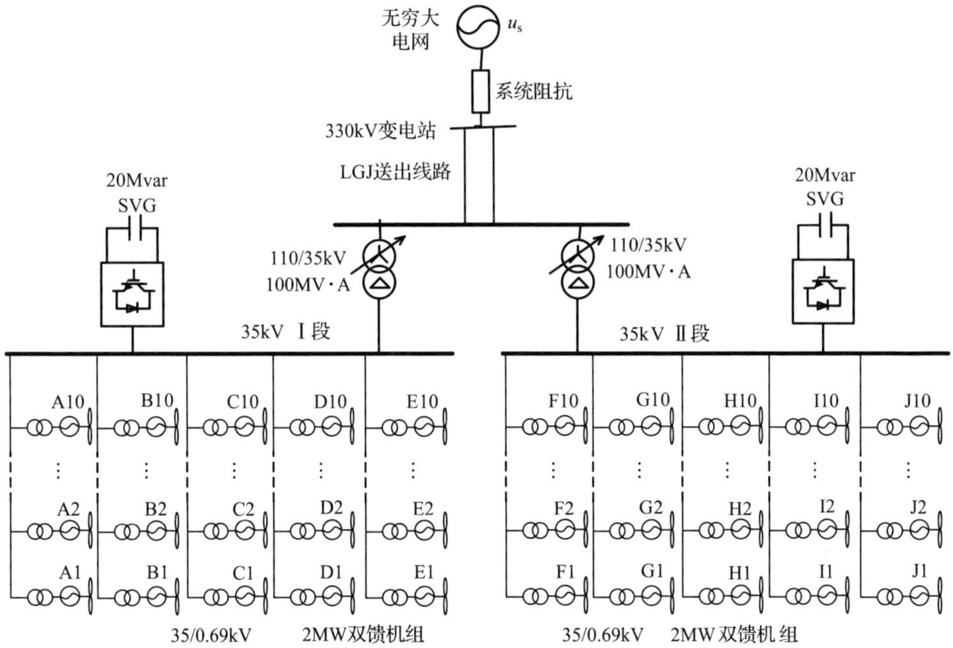

图 9-45 风电场电路接线

9.4.4 风电场的控制器及控制策略仿真验证

1. 风电场并网运行的电压波动情况

设系统短路容量为 600MV · A,短路容量比 SCR=3,u_s=118.4kV,有载调压分接头位于+2.5%挡位。设置风电场模型仿真时间为 2min,仿真在波动风速下进行。

平台的风电场监控器上可以观察到风场各台机组的情况。观察风电场内部电压最高的机组 J1 的风速和有功功率(图 9-46),可见风电机组发出的有功功率随风速波动,在 t=60s 附近,风速超过额定风速 12m/s 时,机组有功输出保持为 1.0pu。图中还体现出了机组的滤波作用和风场的平滑作用。图 9-47 是升压变压器高压侧 110kV、低压侧 35kV 母线、电压最高机组 J1 和电压最低机组 E10 的电压变化曲线。从图可以看出,主要节点电压随风速变化较大,在 85s 时并网点电压已超过 1.07pu;从 60s 附近电压较低点到 85s 电压较高点,只用了 15s 的时间。

2. 基于 SVG 的并网点电压控制

风电机组采用恒功率因数控制方式(控制机组出口处功率因数恒为 1)。SVG 采用就地控制策略(图 9-48)控制风场升压站高压侧 PCC 点的电压,通过检测高压侧的电压,与参考电压(1.02pu)进行比较,生成无功指令参考值由 SVG 进行跟踪,维持并网点电压在可以接受的波动范围[1.01,1.03]。

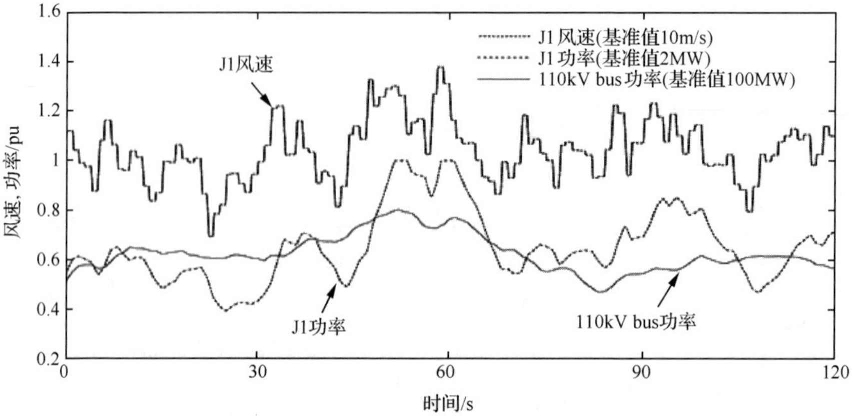

图 9-46　J1 机组风速和功率及风场高压侧输出功率(10m/s 平均风速)

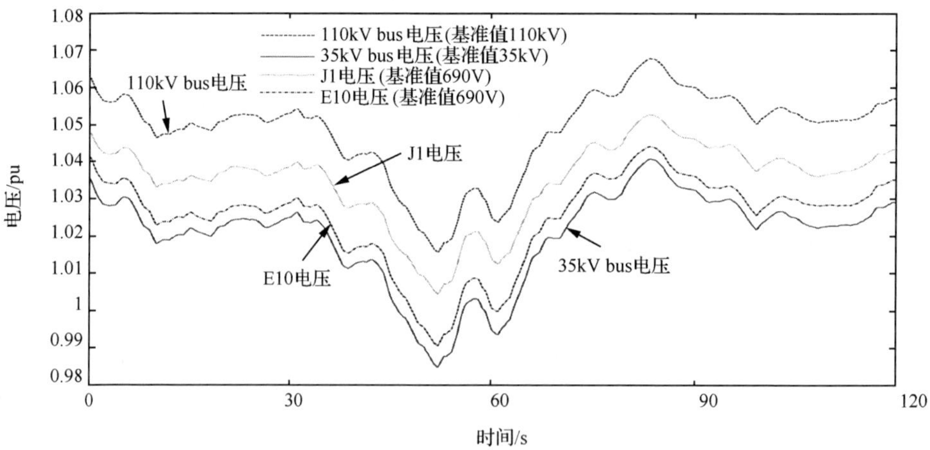

图 9-47　主要节点电压值(10m/s 平均风速)

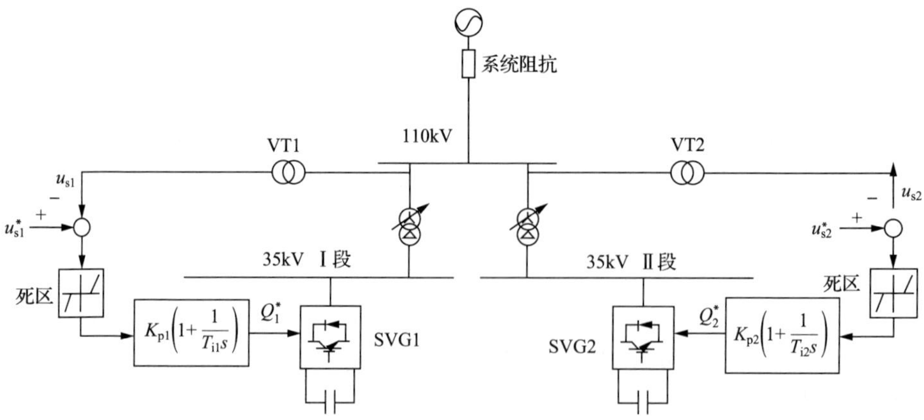

图 9-48　基于 SVG 的并网点电压控制

设置风电场模型仿真时间为 2min，风场风速、J1 机组及风电场出力见图 9-49，J1、E10 机组和风电场主要节点的电压波形见图 9-50。其中 J1 为风电场内部电压最高的机组，E10 为电压最低的机组。从图可以看出，主要节点电压变化幅度均在 2%内，电压处于良好的运行范围。此时，110kV 侧电压和 SVG 的无功功率控制参考值见图 9-51，可见当风电场出力较大时，风电场内部无功损耗较

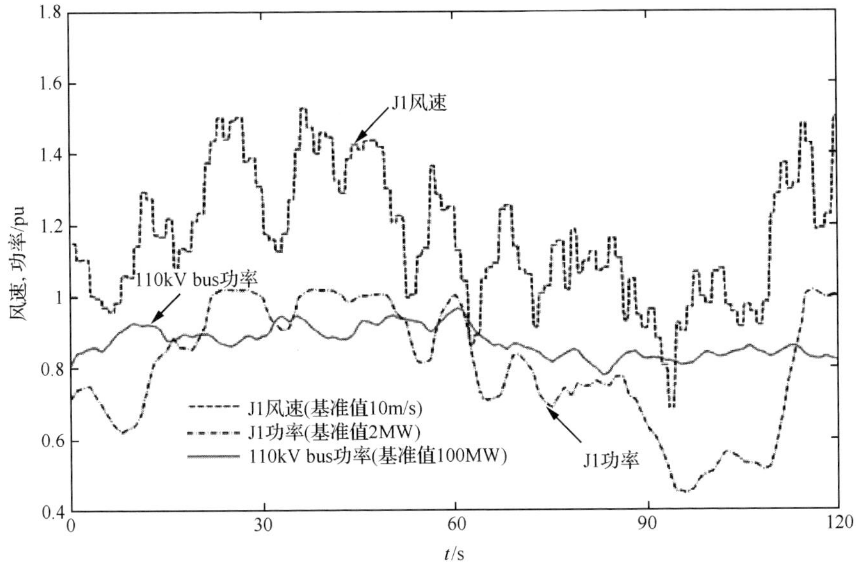

图 9-49　J1 机组风速、功率以及风电场有功功率

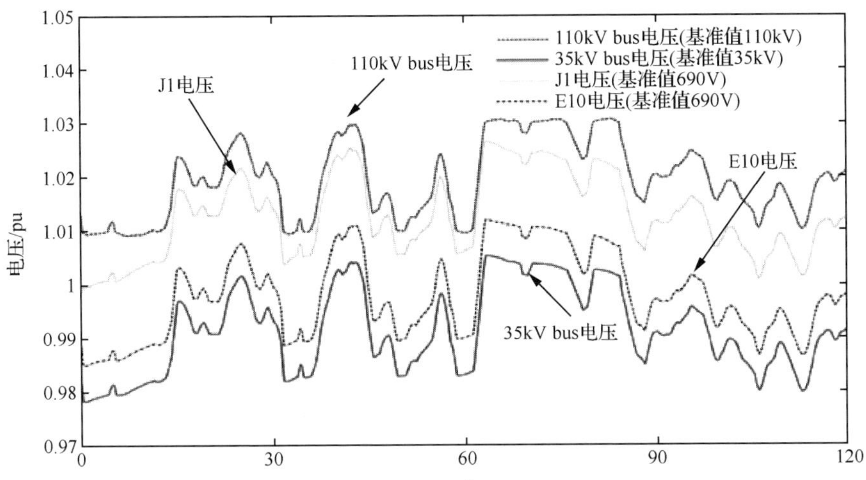

图 9-50　风电场主要节点电压值

大，SVG 通过发出无功，补偿风电场无功消耗，使并网点电压基本控制在[1.01，1.03]运行区间内。当电压变化范围在死区以内时，SVG 无功功率参考指令不变化。

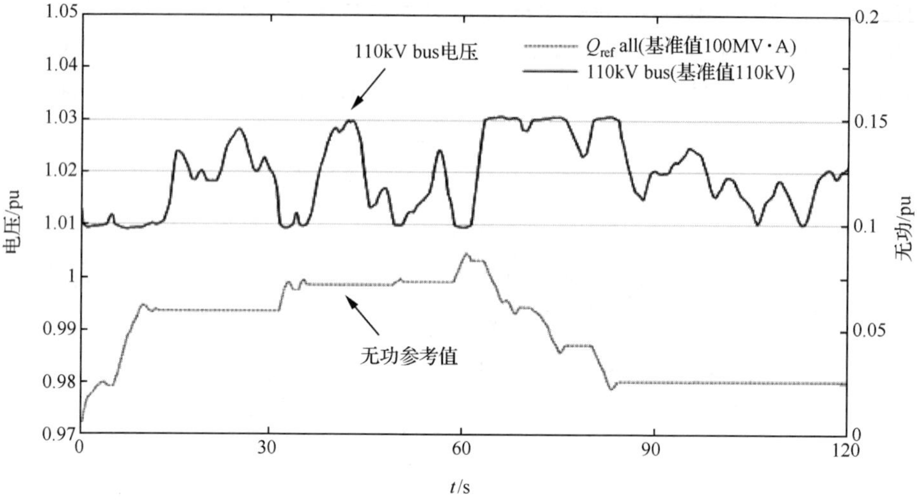

图 9-51　PCC 电压与 SVG 无功功率参考值

仿真结果表明，采用基于 SVG 的并网点电压就地控制策略能有效提高风电场运行电压的质量，降低并网点处的无功负荷，提高风电场的功率因数。

9.5　风储协调控制器硬件在环实时仿真

风电场配置储能装置可以抑制风电功率的波动、提高风电场的可调性、辅助风电场无功电压控制、增强风电场的惯量响应能力，在储能容量较大的情况下，还可以用以消除风电的反调峰特性。因此，风储联合运行成为研究和应用的热点，国内外都相继建立了示范工程。

平抑功率波动或参与风场的协调控制都要求储能系统能够实时补偿风功率的变化。因此，控制器硬件在环实时仿真更适合于验证风储协调控制器和控制策略的性能和效果。

9.5.1　RTDS 的软硬件特点

RTDS 是由曼巴托尼公司推出的电力系统实时数字仿真系统。该系统是基于 EMTP 和 EMTDC 而开发的专门用于实时模拟电力系统的动态行为，研究电力系统中电磁暂态现象的装置，采用多处理器的并行计算方法，通过适当的任务分配方式和通信技术，实现电力系统的实时数字仿真。

RTDS由RSCAD工作站和用于计算的RACK组成。每个RACK由多个多处理器计算插件和通信控制插件通过总线方式组成，通信控制插件用于协调计算插件之间以RACK和RSCAD工作站之间的数据通信。RTDS系统在硬件上包括机柜（cubic）、Rack、处理器卡（GPC）、I/O接口卡、通信卡（GTWIF）等。在硬件体系上，RTDS采用高速DSP芯片和并行处理结构来实现连续实时运行所需的快速运算。

RSCAD为用户提供了电磁暂态仿真计算软件，用户可以方便地搭建基于RSCAD的各种电力系统元件模型，编译通过和任务分配处理后由网口数据传输下载到各个计算插件的DSP处理器，按照并行计算的模式运行，从而大大提高了计算速度，达到实时仿真的目的。实时仿真运行过程中，用户可以通过RSCAD中提供的一些运行控制元件（Runtime界面）对仿真系统实行调节控制等操作[4]，来改变系统的运行状态。RTDS频率响应最高能达到1GHz，并且具有建模周期短、灵活性强、计算精度高、仿真模型合理化等特点。

RTDS提供了D/A和A/D转换输入与输出接口，仿真系统的运行变量（电压电流）可以通过D/A转换输出，通过功率放大装置后与继电保护装置接口；自动控制装置的控制信号也可以通过A/D转换接口输入仿真系统，与实际设备连接构筑起灵活方便的数字-物理实验回路，以实现数模混合仿真。这是单纯的数值仿真软件无法办到的，为继电保护和自动控制装置技术以及电网运行控制的实验室仿真研究提供了非常有效的手段。

数字实时仿真要求每一步计算都必须在一个仿真步长内完成，同时必须保证模型的精确性。小步长能增加系统研究的精度，提高最大响应频率，可以研究系统中更高频率特性的现象。但另一方面，小步长要求更高的求解计算速度，同时限制了研究的系统规模。为兼顾仿真的实时性和精确性，RTDS采用了典型值为50μs的大步长仿真和2μs的小步长仿真。大步长仿真用于传统交流电力系统及控制系统仿真，小步长仿真用于仿真具有快速动态响应的电力电子元件。RTDS在小步长元件库中提供了丰富的小步长元件，包括各种GTO、IGBT等电力电子元件，并提供了完整的小步长异步感应电机、PWM变频器、小步长接口变压器等元件，能够满足电网中各种分布式能源（包括风电、太阳能、储能等）的建模要求。图9-52表示了RTDS大小步长混合仿真系统的接口原理。

RTDS模型库中提供了两种接口算法，分别是理想变压器模型（ideal transformer model，ITM）和传输线路模型（transmission line model，TLM）。ITM接口算法适用于大步长系统较强的情况（即系统等效阻抗较小），否则混合仿真系统稳定性裕度会变小甚至失稳。TLM算法将接口变压器等效为一条输电线路。TLM接口特别适合于连接两个不同的系统，并在连接处对系统进行分割，从而有利于并行处理。

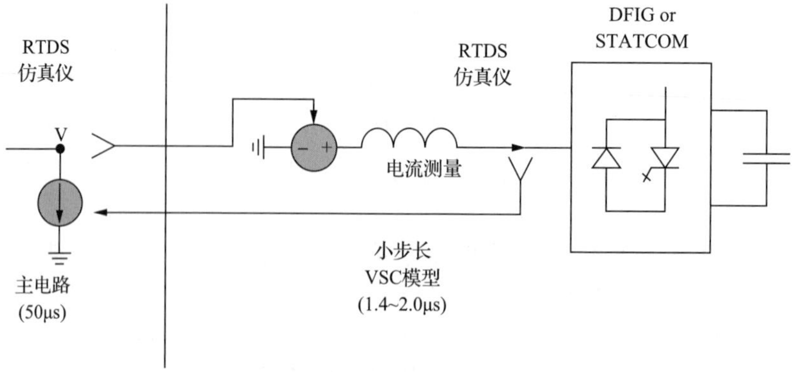

图 9-52　大小步长仿真系统接口原理图

9.5.2　基于 RTDS 的风储协调控制系统硬件在环建模

1. 项目系统概况

风储联合发电示范工程中，风电场装机容量 19.5MW(13×1.5MW 双馈风电机组)，经 35kV 电压并网；安装 2MW/2MW・h 的锂电池储能系统，主要任务是抑制风电场的出力波动和辅助风场的无功电压控制。

风电场的输出功率随着风速波动，其中波动频率为 0.01～1Hz 的部分是火电厂同步发电机难以跟随补偿的，此外，风电并网标准对风电 1min 有功变化率和 10min 有功变化率都有限制，电池储能系统可以抑制风功率的快速波动，改善风电场的并网运行性能。风储联合发电系统接线示意图见图 9-53。

2. 控制器硬件在环仿真系统建模

风储协调控制器硬件在环仿真系统主要由 RSCAD 主回路模型和实物硬件控制器两部分组成，风储联合发电系统的主电路在 RTDS 中实现，风机控制器、储能控制器和风储协调控制器等实物控制器与 RTDS 互连，形成数字物理混合仿真系统，实现框图如图 9-54[4-5]所示。

在 RTDS 的人机交互软件 RSCAD 中，对双馈风电机组、储能系统和电网进行建模，后面将介绍建模过程。实物硬件控制器部分(图 9-54 中的风机控制器)由主控制器、变流器控制器和变桨控制器组成，采用 PEC-MC、PEC-PEBB 实现风机主控和变流器控制功能，PLC 控制器实现变桨控制功能，风机主控制器协调变流器控制器和变桨控制器，实现风机的变速恒频运行；储能控制器采用 F28335 控制平台实现，它也是储能变流器的控制器，控制储能系统的充放电运行；风储协调控制器由另一台 PLC 实现，它分别与风机主控制器和储能控制器进行通信，其主要功能是根据风机与储能的运行状态，计算得出风机或储能系统的功率控制指令，

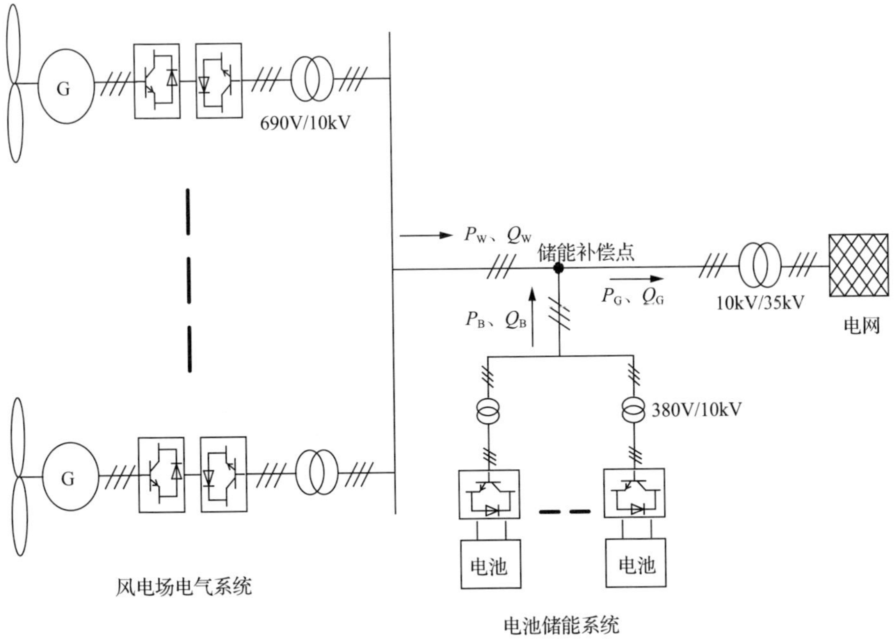

图 9-53 风-储联合发电系统接线示意图

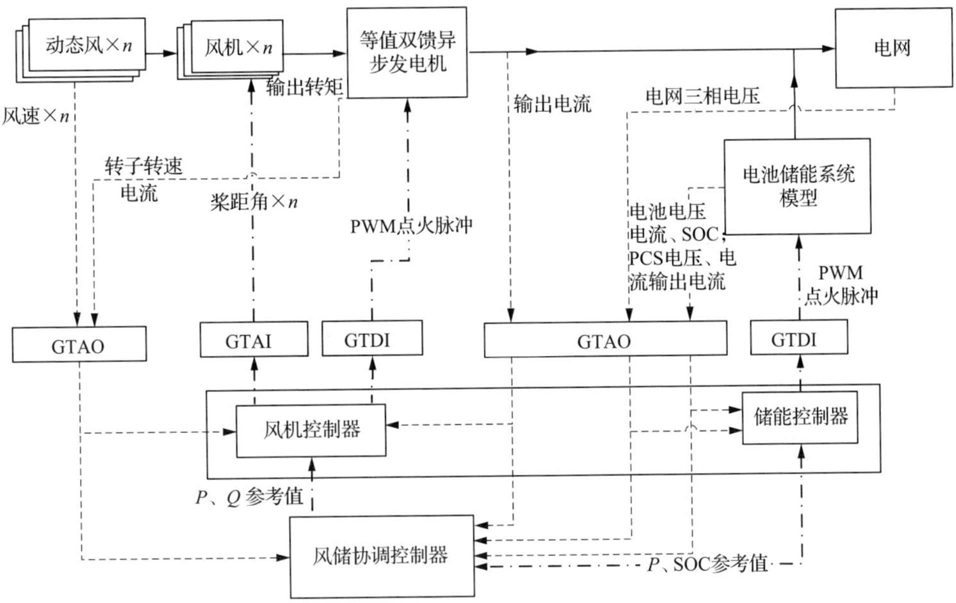

图 9-54 风储协调控制硬件在环实现框图

下发到风机主控制器或储能控制器，以实现储能平抑风机功率波动。具体的连接关系如图 9-55 所示，后面将介绍各部分的具体功能。

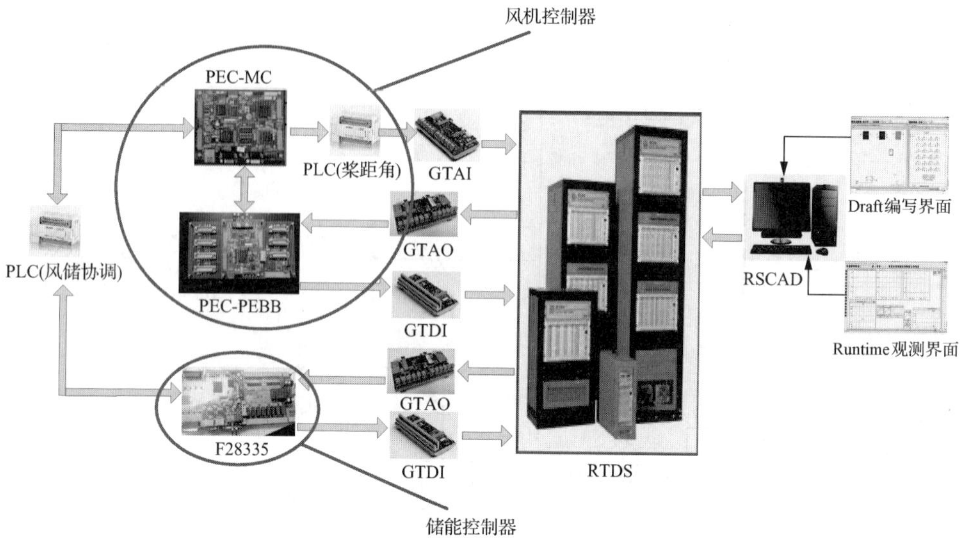

图 9-55　风储协调控制硬件在环连接关系图

1）RSCAD 主回路建模

基于 RSCAD 软件搭建风储协调控制的主回路仿真模型，如图 9-56 所示，其中双馈风电机组和储能系统的建模分述如下。

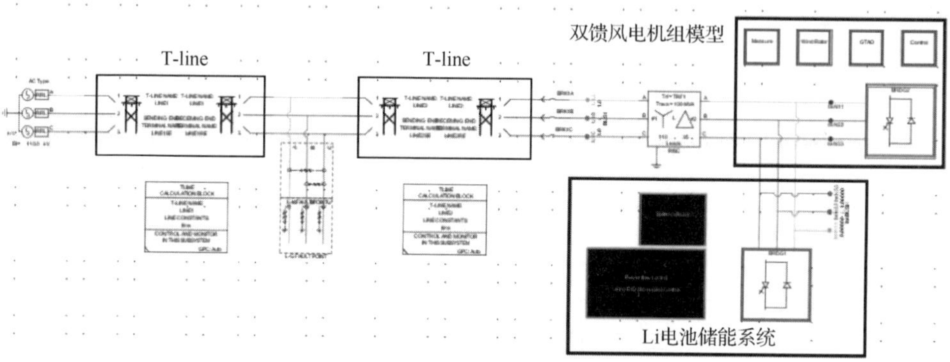

图 9-56　风储联合系统 RSCAD 仿真模型

(1) 基于 RSCAD 的双馈风电机组主回路仿真建模。

启动 RSCAD 仿真软件，创建新 Project，在 Draft 人机界面中选取合理的图示化编程模型，搭建风电机组的整机系统仿真模型。由于仿真对象的特性有所不同，对仿真步长的要求也有差别，因此为了兼顾实时性和精确性，RSCAD 采用典型值分别为 50μs 和 2μs 的 2 种仿真步长，前者用于传统直流电气元件模型和控制元件模型仿真，如大电网、负载控制回路等，后者用于具有快速动态特性的电力电子元件仿真[8]，如图 9-57 所示。

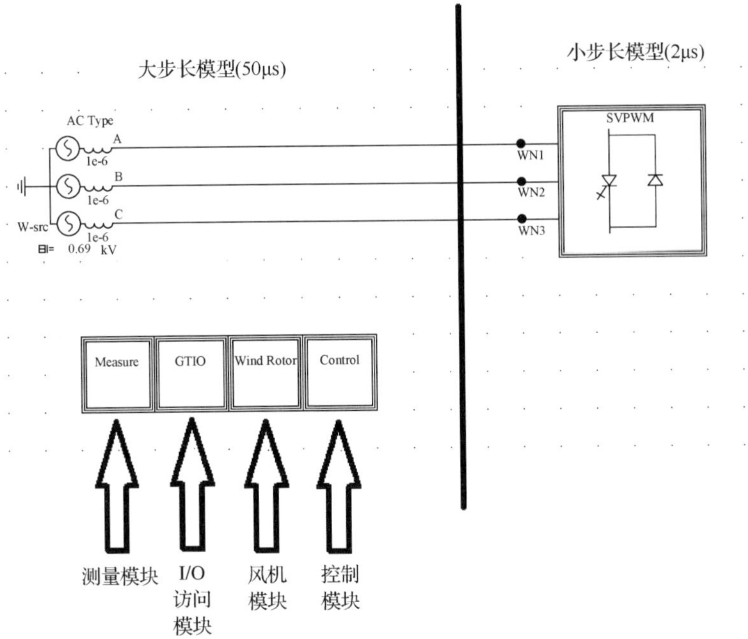

图 9-57 风电机组的 RSCAD 主回路仿真模型

传统的直流电气元件和控制元件采用典型值 50μs，需要在 RSCAD 大步长界面中搭建模型。风电机组整机模型中需要建立在大步长中的模块包括测量模块、风力机模型、系统控制模块以及 I/O 板卡的访问模块等仿真模型。

风力机模型采用 RSCAD 中自带的集成化模块，在模型配置菜单中填写风力机等效参数值。风机模型中的桨距角由主控制器通过 GTAI 模块输入，桨距控制由主控完成。图 9-58 为风力机仿真模型。

图 9-59 为 I/O 板卡的软件设置模型。I/O 访问模块是根据系统需要的板卡设计的，本次实验需要一块 GTAI、两块 GTAO，开关量的输入在第 8 章中已经阐述。GTAI 的作用主要是接收主控制器 PLC 桨距控制后输出的桨距角 W-PITCH 值；GTAO1 是用于实现双馈风电机组 DSP 控制算法而采取的电压电流量输出，此 12 路通道采取的值需与硬件板卡的通道一一对应；GTAO2 的作用主要是发送转速、风速及功率值给主控制器，用于主控制器的桨距控制算法。

测量模块只是一些简单的数学算法，用来实现电压、电流以及功率的采样和计算，便于在 Runtime 中直接检测所需的参数值。控制模块是一些简单的开关模型，用来实现电机转矩控制和转速控制的切换以及变流器的闭锁开关信号等。

小步长中的模型主要为双馈感应电机模型和背靠背变流器模型，如图 9-60 所

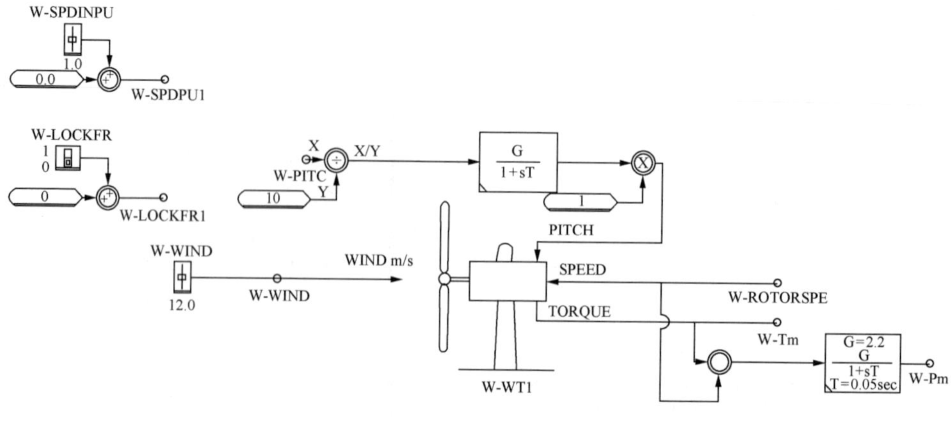

图 9-58　风力机仿真模型实现

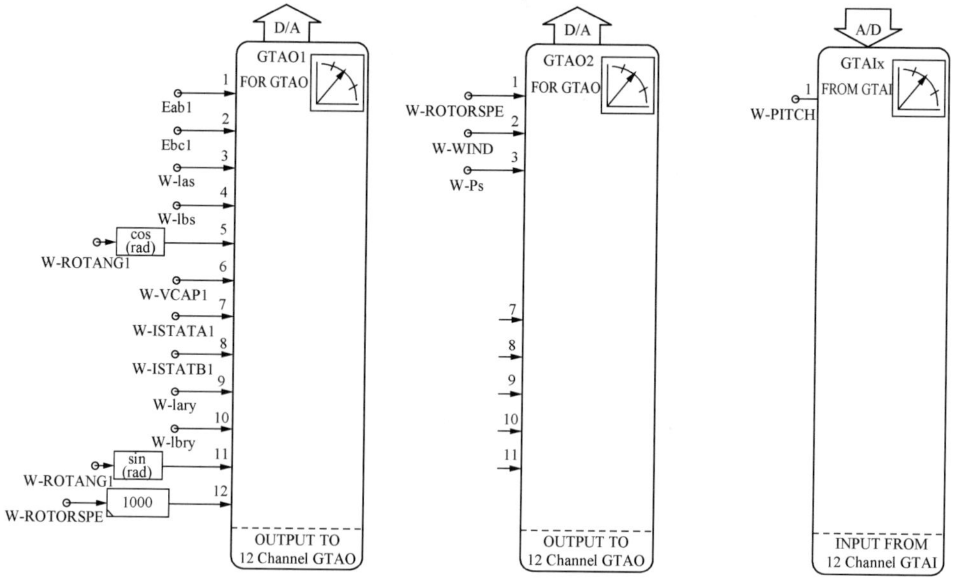

图 9-59　I/O 软件设置模型

示。感应电机模型和背靠背变流器模型均采用 RSCAD 软件中自带的仿真模型，根据本次实验的要求修改其参数即可。

（2）简化风机聚合模型实现。

由于双馈风机风电场台数多，需要的 RTDS 资源太多，无法实现，因此需要对风电场进行动态聚合。通过调节滑竿 SCL1 参数可以使风电场出口功率同比例增加。运用该接口模块特定参数设置可以方便地搭建大容量风场简化聚合模型，如图 9-61 所示。

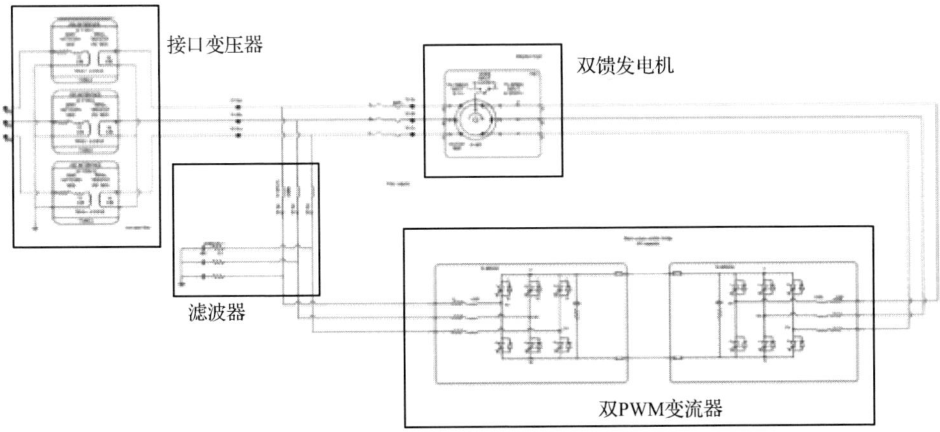

图 9-60　小步长仿真模型

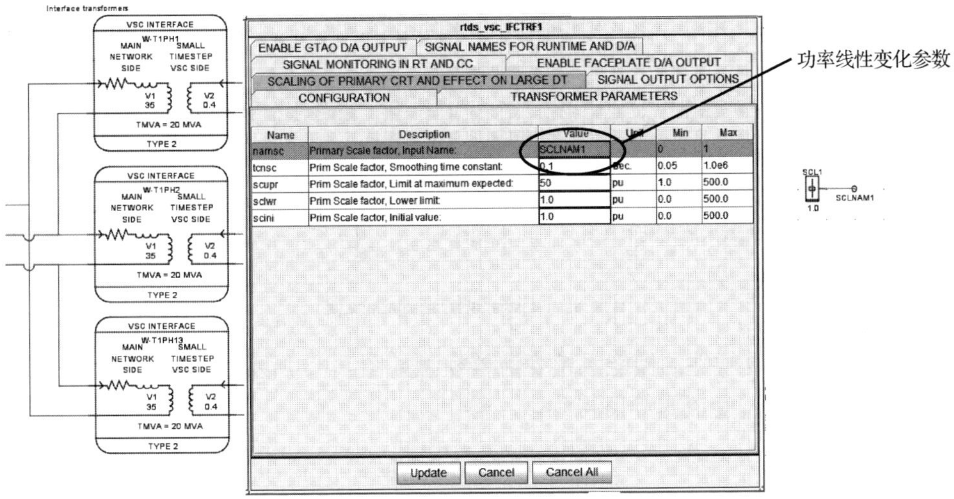

图 9-61　简化风场聚合模型

(3) 基于 RSCAD 的储能系统主回路仿真建模。

储能系统的主回路主要包括 Li 离子电池模型和变流器模型。RSCAD 中电池模型已集成，为大步长系统模型。通过受控源等效的方式等效到小步长系统中。电池参数中可以设置的有单体电池的容量(ampere hour，AH)、(初始的)电池荷电状态(state of charge，SOC)，以及电池组中单体电池的串联数与并联数。直流侧电压取 1100V，按此参数设定电池模型中的相关参数，即得到电池组的聚合模型。Li 电池仿真建模如图 9-62 所示。

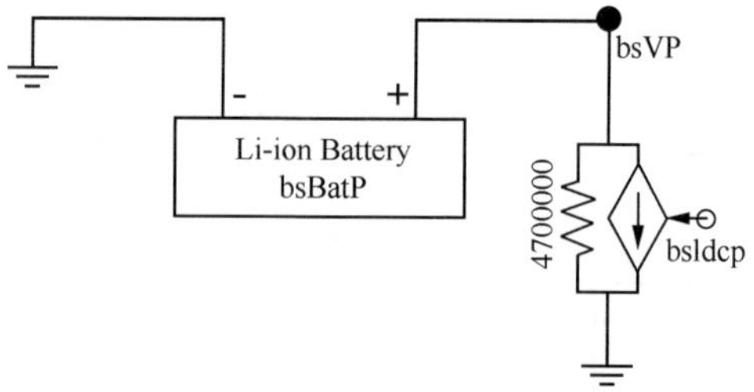

PROCESSOR ASSIGNMENT | BATTERY PARAMETERS | MONITORING

CONFIGURATION

Name	Description	Value	Unit	Min	Max
AH	Capacity of a single cell	1	AH	0.01	1000000
SOC	State of charge in a single cell	50	percent	5	100
Ns	Number of cells in series in a stack	400	EA	1	1000000
Np	Number of stacks in parallel	8000	EA	1	1000000

_rtds_libat.def

PROCESSOR ASSIGNMENT | BATTERY PARAMETERS | MONITORING

CONFIGURATION

Name	Description	Value	Unit	Min	Max
nam1	Name: State of charge (SOC)	bsSOCp			

图 9-62　Li 电池仿真建模示意

基于 RSCAD 软件的储能系统变流器模型如图 9-63 所示，其中右侧电池组从大步长系统中通过受控源等值得到。

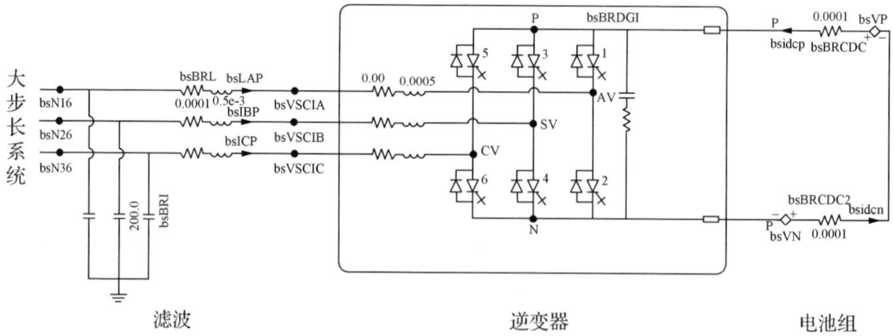

图 9-63　储能系统小步长模型

系统通过一个小步长-大步长接口变压器连接到大步长系统。变压器接成 Y-d 方式以抑制三次谐波，需要设置的参数包括两侧的电压等级与容量。

2）实物硬件控制平台及I/O板卡介绍

（1）风机控制器。

采用图9-64所示的风机控制硬件平台，实现对风机的控制，包含风机变流器控制、主控制和变桨控制。它由1个主控制器(PEC-MC)、1个子控制器(PEC-PEBB)和PLC控制器组成。主控制器与子控制器采用一对一的光纤高速通信方式进行数据交互，通信速率高达10Mbit/s，实现风机的主控功能和对风机变流器的控制；PLC控制器实现对风机变桨的控制。下面对各部分功能进行分述。

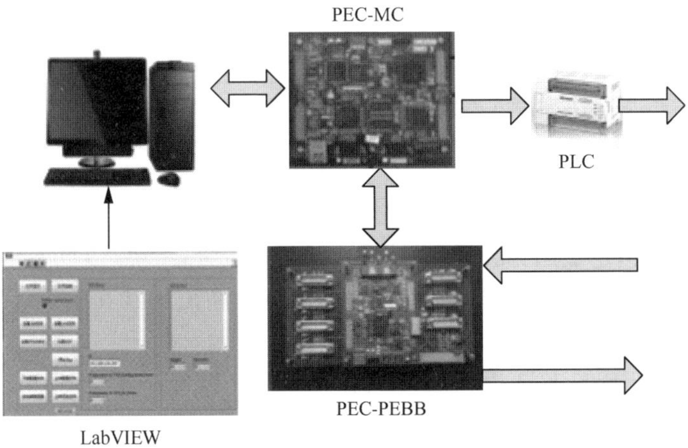

图9-64 风机控制硬件平台示意图

主控制器具有多CPU协同工作的特点，扩展资源丰富。底层驱动程序采用模块化设计的方式，便于将来的扩充、更改和移植。同时控制器还具有人机交互、故障录波、灵活配置、实时监控的功能，为实验调试、故障定位和数据分析等带来很大的方便。

主控制器通过TCP/IP与上位机相连，实现程序更新、参数配置、在线监测、参数实施协调、日志体系等功能。同时，通过光纤与PEC-PEBB模块相连，负责接收子控制器发送来的数据，并且返回控制信号。

子控制器驱动ADC、DAC、Flash等外设，并完成高速通信的任务，实现数据流的高速收发，采集状态信息发送至主控制器、接收主控制器命令完成PWM脉冲信号产生，以及快速过流、过热保护等。

主控制器与PLC控制器的数据通信是基于TCP/IP的网口通信协议。约定PLC作为服务器(IP：192.168.136.1，Port：200)，主控制器作为客户端(IP：192.168.136.200，服务器不需要知晓客户端的端口号)。在服务器客户端模式下，应由客户端主动向服务器发起通信，然后服务器对客户端的请求做出响应。

(2) RTDS I/O 板卡。

RTDS 提供了 I/O 板卡可以与实际设备交互，I/O 板卡有 GTAO（模拟量输出）、GTDI（数字量输入）、GTAI（模拟量输入）。表 9-8 为 3 种板卡的基本特性[8]。

表 9-8　RTDS I/O 板卡的基本特性

项目/名称	GTAO	GTDI	GTAI
功能	(RTDS)模拟量输出	(RTDS)数字输入	(RTDS)模拟量输入
采样周期	1μs	300ns	1μs
工作电平	±10V(输出量程)	0～5V(逻辑电平)	±10V(输出量程)
通道路数/位数	12 路/16 位	64 路数字信号	12 路/16 位
隔离	光电隔离	光电隔离	光电隔离
处理信号	电压(流)、转速等	2×6 路 PWM 脉冲	桨距角、功率等

一块 GTAO 卡总共有 12 路模拟量输出，双馈风电机组背靠背变流器模型需要用到 12 路模拟量输出，而储能系统需要 6 路模拟量；一块 GTDI 卡共有 64 路数字量差分输入通道，双馈风电机组背靠背变流器模型需用到其中 12 路开关信号，储能系统需用到其中的 6 路开关信号。

确定了所需要的 I/O 板卡后需要在 RSCAD 软件中的 tool 工具栏中进行 Config_file 文件的配置，从而实现 RSCAD 软件与 I/O 板卡的通信访问，如图 9-65 所示。

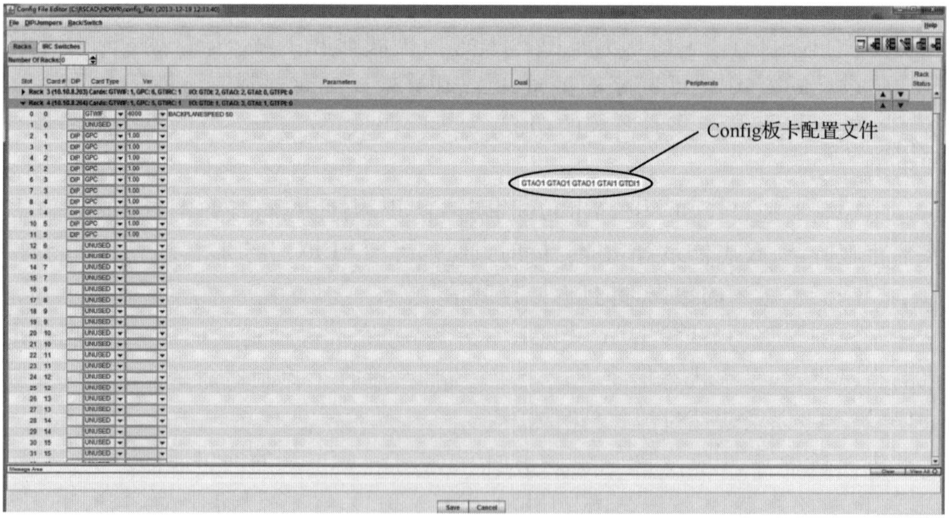

图 9-65　Config_file 配置硬件板卡示意图

软件中有专门的 I/O 板卡访问模块，在模块设置中修改比例参数，将电压信号转换为模型中需要用到的参数值，硬件 I/O 板卡上显示的 number 也需要修改访问模块中对应的参数，从而达到一一对应，实现数据量的准确传输。例如，图 9-66 中的 GTAO 板卡访问模块，针对硬件 I/O 板卡上的 12 路通道，GTAO_OUT 也有 12 个数据量通道，是一一对应的。图 9-66 为 GTAO 板卡的设置属性，与 GTAI 的设置类似。

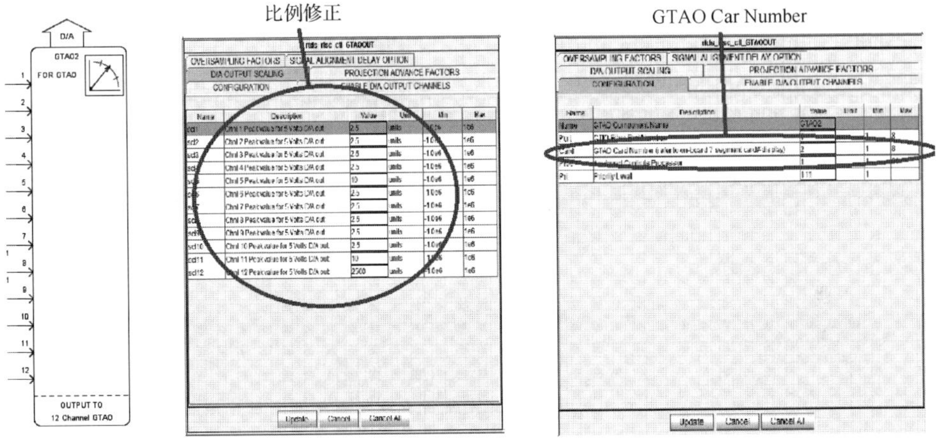

图 9-66　GTAO 软件仿真访问模型

GTDI 的数字量引入 RSCAD 仿真模型中，需要对软件模型中的小步长模块参数单独设定，当设置为 YES 后即可从 GTDI 中引入开关量。然后在变流器 DI 输入参数中设定为 DI 1-32 模式，此模式就是指该变流器的开关量由 GTDI 的第一个量开始输入，如果存在变流器的扩充，则只需要将 DI 输入参数修改为位移 6 位，这样，第二个变流器的开关量就是从 GTDI 的第 7 位开始输入，依次类推，如图 9-67 所示。

9.5.3　基于 RTDS 的风储平抑功率波动运行控制策略验证

采用实际风场提供的一天的风电场有功出力数据进行对比分析，还原的风速数据作为仿真输入。

平抑风功率波动最常用的方法是一阶低通滤波原理，对风功率进行平滑处理时，令风功率采样周期为 Δt，总采样点数为 n，平滑时间为 $n\cdot\Delta t$。原始风功率为 P_{w}，输入电网的功率为 P_{out}，则在 t_k 时刻有

$$P_{\mathrm{out},k}=\frac{\tau}{\tau+\Delta t}P_{\mathrm{out},k-1}+\frac{\Delta t}{\tau+\Delta t}P_{\mathrm{w},k} \tag{9-6}$$

此时进入电网的功率即为滤波去除较高频后的功率。储能系统发出的功率 $P_{\mathrm{b},k}$ 为

$$P_{\mathrm{b},k}=P_{\mathrm{out},k}-P_{\mathrm{w},k} \tag{9-7}$$

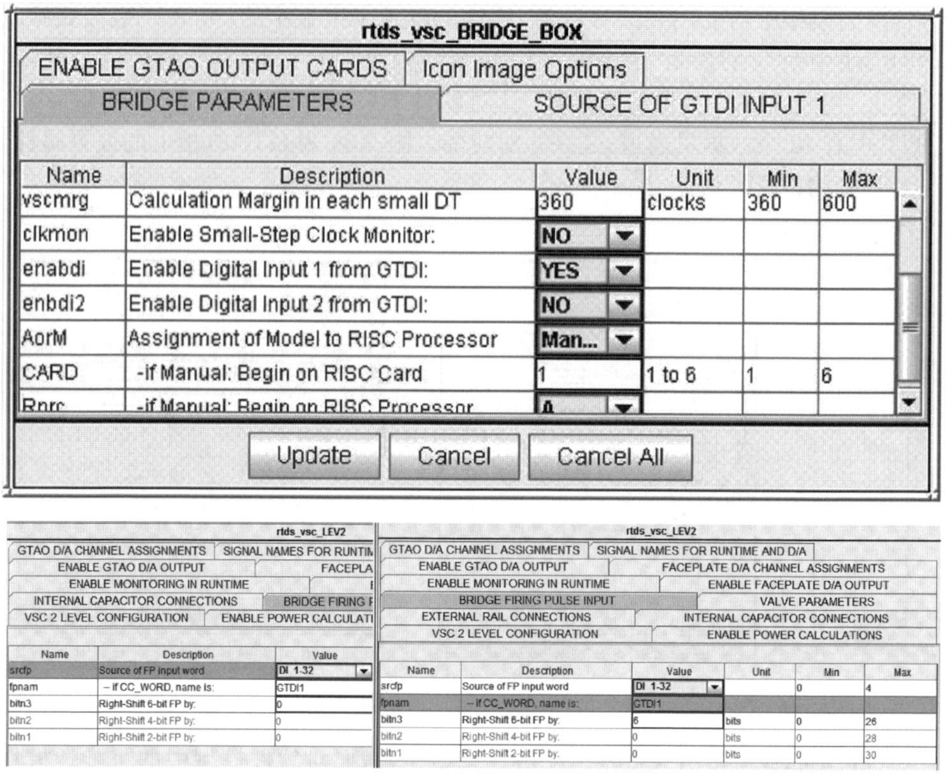

图 9-67　GTDI 软件仿真实现

考虑到储能系统的寿命，需要将电池 SOC 控制在 80%～20%，然而，风功率的随机波动性，使得在控制策略中考虑适时地补偿电池的 SOC 变得很有必要。本书中基于低通滤波原理，设计了一种在满足风电并网功率波动指标前提下，可保证 SOC 在风功率单向持续变化下不超出波动范围的协调控制策略。控制策略的算法流程如图 9-68 所示，其中 $P_w(n)$ 为风电场输出功率的第 n 次采样值，$P_w(n-1)$ 为第 $n-1$ 次采样值。

仿真滤波控制策略采用的控制参数见表 9-9。

表 9-9　控制参数表

控制周期	1min
SOC 初始值/%	50
SOC 控制阈值/%	[25,75]
滤波时间常数 τ	$10\Delta t$
变化量判别步长 l	3
10min 有功变化量限值/MW	3.5

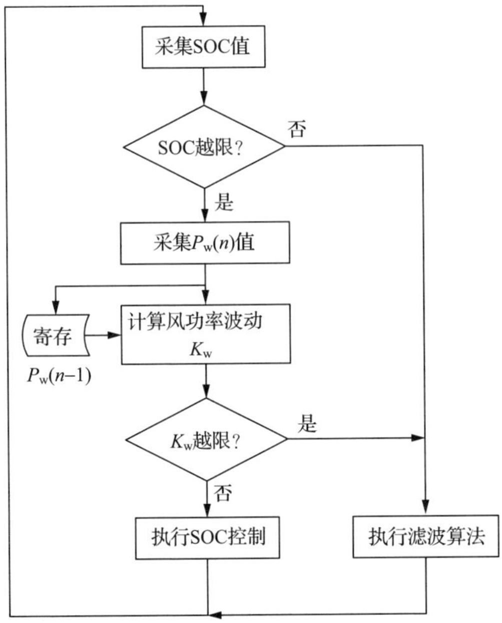

图 9-68 带 SOC 控制的风储协调控制算法流程图

平滑前后的有功出力对比和储能功率及 SOC 的变化情况如图 9-69 所示，平滑后并网功率的 1min、10min 有功变化量分布如图 9-70 所示。

可见储能在平滑风功率时的最大输出功率限制在 2MW 之内，只有个别点达到 2MW。同时，SOC 一直处于控制阈值内，保持在适宜运行的区间范围，控制策略可以持续执行。

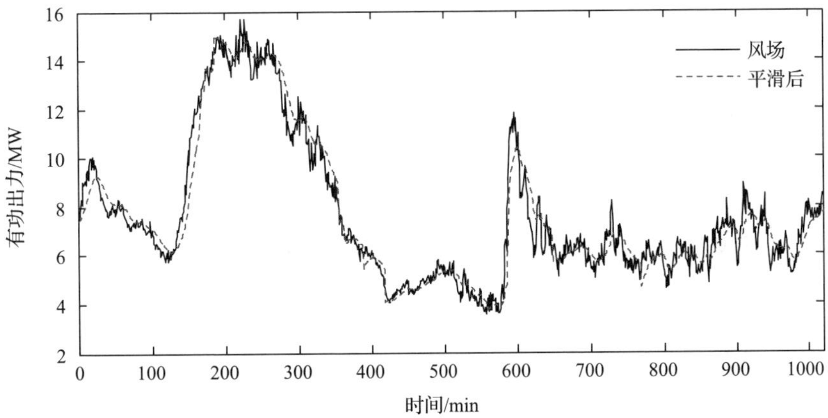

(a)

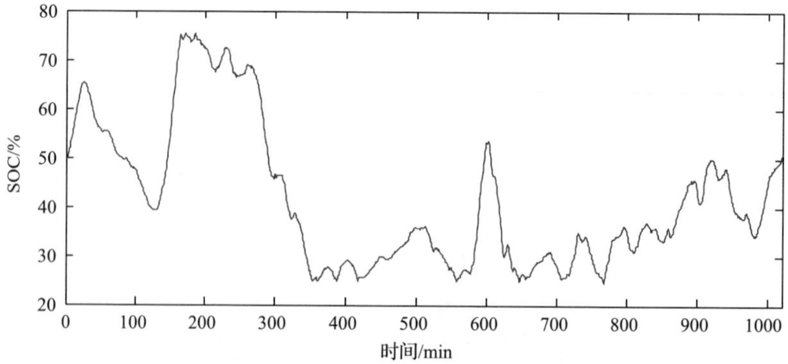

(b)

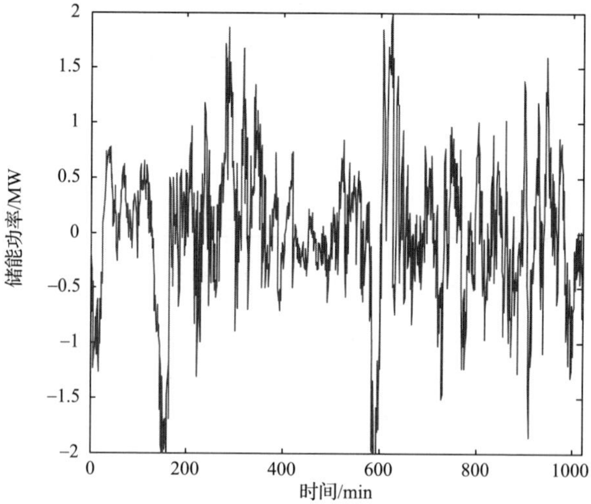

(c)

图 9-69　平滑前后风功率对比和储能工况

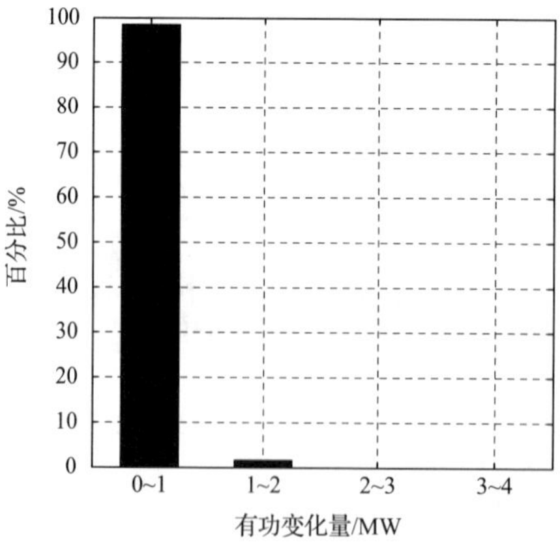

(a) 1min

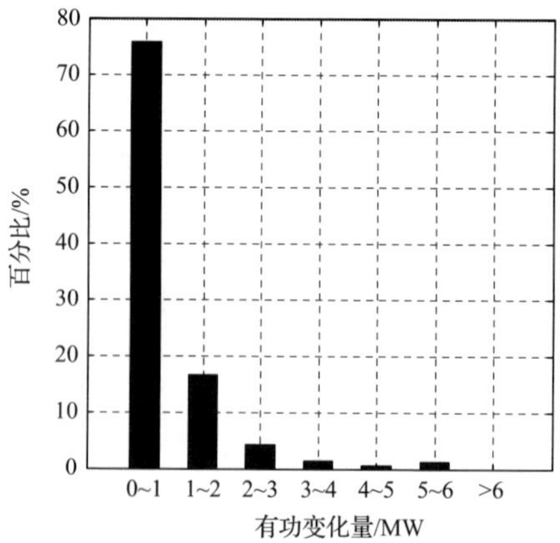

(b) 10min

图 9-70　仿真计算并网功率有功变化量分布

在有功变化量分布方面，对于 1min 时间尺度指标，仿真结果与原始风功率相比，变化量为 1～2MW 的采样点占比从 5.3%降到了 1.5%，最大有功变化量从 1.8MW 降到了 1.72MW(因兼顾 SOC 控制，否则最大有功变化量可达 1.55MW)。对于 10min 时间尺度指标，与原始风功率相比，变化量在 3.5MW 以上的采样点占比由 2.45%下降为 1.96%，最大变化量由 7.03MW 下降为 5.3MW。

9.6 本章小结

本章通过几类实际工程案例展示风电机组模型的应用。工程案例包括：双馈风电机组传动系统载荷疲劳测试评价及扭振抑制、风电场群接入电力系统的安全稳定分析、大型风电场经柔性直流接入电网动态仿真分析、大型风电场场站控制器硬件在环实时仿真——控制策略验证、风储联合发电系统的风储协调控制器硬件在环实时仿真。

参考文献

[1] Giddani O A, Adam G P, Anaya-Lara O, et al. Control strategies of VSC-HVDC transmission system for wind power integration to meet GB grid code requirements//Power Electronics Electrical Drives Automation and Motion, 2010: 385-390.

[2] Popat M, Wu B, Zargari N. Fault ride-through of PMSG-based offshore wind farm connected through cascaded current source converter-based HVDC//Power Electronics and Machine in Wind Applications, 2012: 1-7.

[3] 周野, 吴政球, 陈波. 含双馈感应发电机的电网多步长快速暂态仿真. 中国电机工程学报, 2012, 32(16): 115-121.

[4] Kuffel R, Giesbrecht J, Maguire T, et al. RTDS-a fully digital power system simulator operating in real time. ICDS-95, 1995, 2: 300-305.

[5] 陈磊, 闵勇, 叶骏, 等. 数字物理混合仿真系统的建模及理论分析(一)系统结构与模型. 电力系统自动化, 2009, 33(23): 9-13.

[6] Brndt D. Closed loop testing of a joint VAR controller using a digital real-time simulator. IEEE Transactions on Power System , 1991, 6(3): 1140-1146.

[7] 刘其辉, 李万杰. 双馈风力发电及变流控制的数模混合仿真方案分析与设计. 电力系统自动化, 2011, 35(1): 83-86.

附录 A　风电机组参数

1）定速机组

表 A-1　600kW 鼠笼定速风机参数

机组参数			
参数	数值	参数	数值
额定功率	600kW	功率调节方式	失速
叶轮直径	41m	叶轮扫风面积	1325m^2
切入风速	4m/s	切出风速	25m/s
额定风速	14～15m/s		
发电机参数			
参数	数值	参数	数值
额定功率	600kW	额定电压	550V
额定频率	50Hz	极对数	2
定子电阻	0.0102pu	定子电抗	0.105pu
转子电阻	0.0091pu	转子电抗	0.126pu
励磁电抗	4.552pu	机组惯性时间常数	3.7s
额定转速	1500r/min	补偿电容	150kvar（6 组）

表 A-2　750kW 鼠笼定速风机参数

机组参数			
参数	数值	参数	数值
额定功率	750kW	功率调节方式	失速
叶轮直径	49m	叶轮扫风面积	1885m^2
切入风速	4m/s	切出风速	25m/s
额定风速	14～15m/s		

续表

发电机参数			
参数	数值	参数	数值
额定功率	750kW	额定电压	690V
额定频率	50Hz	极对数	2
定子电阻	0.0103pu	定子电抗	0.11pu
转子电阻	0.0091pu	转子电抗	0.124pu
励磁电抗	7.8pu	机组惯性时间常数	3s
额定转速及范围	1520±2%r/min	补偿电容	225kvar（5组）

2）双馈机组

表 A-3　850kW 双馈风机参数

机组参数			
参数	数值	参数	数值
额定功率	850kW	功率调节方式	变桨距
叶轮直径	52m	叶轮扫风面积	2124m^2
切入风速	4m/s	切出风速	25m/s
额定风速	12m/s		
发电机参数			
参数	数值	参数	数值
额定功率	850kW	额定电压	690V
额定频率	50Hz	极对数	2
定子电阻	0.0051775pu	定子电抗	0.05088pu
转子电阻	0.0055345pu	转子电抗	0.05195pu
励磁电抗	3.5171pu	机组惯性时间常数	3s

表 A-4　1.5MW 双馈风机参数

机组参数			
参数	数值	参数	数值
额定功率	1500kW	功率调节方式	变桨距
叶轮直径	75m	风轮惯量	2.87×10^{6}kg·m^2
变速箱变比	104.5∶1	最大变桨速率	10°/s
额定风速	11.2m/s		

续表

发电机参数			
参数	数值	参数	数值
额定功率	1500kW	额定电压	690V
额定频率	50Hz	电机惯量	123kg·m^2
定子电阻	0.0056Ω	定子电抗	0.0814Ω
转子电阻	0.0061Ω	转子电抗	0.1154Ω
励磁电阻	159.7552Ω	励磁电抗	4.4588Ω
变流器参数			
参数	数值	参数	数值
额定容量	480/770kV·A	直流电容	5100μF
滤波电感	54μH		

表 A-5　华锐 3MW 双馈风机参数

	机型	SL3000/90	SL3000/100	SL3000/105	SL3000/113
机组	风区类型	IECⅠA	IECⅡA		IECⅢA
	额定功率/kW	3000			
	切入风速/(m/s)	3			
	切出风速/(m/s)	25			
	额定风速/(m/s)	13	12.5	12	11.5
	生存风速/(m/s)	70	59.5		52.5
	运行环境温度/℃	常温型−10～+45,低温型−30～+45			
	生存环境温度/℃	常温型−20～+50,低温型−45～+50			
叶轮	叶轮直径/m	90	100	105	113
	扫风面积/m^2	6519	7962	8443	10039
	叶片数量	3			
齿轮箱	结构型式	2 级行星轮+1 级平行轴齿轮			
发电机	型式	双馈异步感应电机,水冷却方式			
	额定输出电压/V	690			
	频率/Hz	50/60			
	额定转速/范围/(r/min)	1200/600—1400(50Hz) 1440/800—1600(60Hz)			
	功率因数	容性 0.9～感性 0.9			
变桨系统	驱动控制	伺服电机			

续表

偏航系统	型式	主动式		
	驱动控制	变频异步电机驱动的多级行星齿轮		
制动系统	空气制动	叶片独立变桨		
	机械制动	液压盘式制动器		
控制系统	控制方式	PLC＋远程监控		
塔筒	型式	钢制锥形塔筒		
	轮毂高度/m	80/90	80/90/100/110	90/100/110

3）感应电机全功率变换机组

表 A-6　3MW 全功率感应风机参数

发电机参数			
参数	数值	参数	数值
额定功率	3100kW	额定电压	690V
额定转速	1200r/min	功率因数	0.89～0.9
运行速度范围	620～1380r/min	极对数	3
定子电阻	0.00615pu	定子电抗	0.1009pu
转子电阻	0.00502pu	转子电抗	0.0910pu
励磁电阻	0.0744pu	励磁电抗	3.2426pu
转动惯量	＜90kg·m^2		

4）永磁直驱机组

表 A-7　2MW 直驱永磁风机参数

发电机参数			
参数	数值	参数	数值
额定功率	2000kW	额定电压	690V
额定视在功率	2241.9kV·A	额定电流	1867.76A
定子额定频率	9.75Hz	功率因数	0.8921
额定转速	22.5r/min	极对数	26
额定机械转矩	848.826kN·m	额定转子磁链	5.8264Wb
d 轴同步电感	1.5731mH	q 轴同步电感	1.5731mH
定子电阻	0.821mΩ		

表 A-8 2.5MW 直驱永磁风机参数

机组参数			
参数	数值	参数	数值
额定功率	2500kW	功率调节方式	变桨变速调节
叶轮直径	103m	叶轮扫风面积	$8332m^2$
切入风速	3m/s	切出风速	25m/s
额定风速	12.5m/s		
发电机参数			
参数	数值	参数	数值
额定功率	2600kW	额定电压	690V
发电机频率范围	5.25～10.15Hz	额定电流	2×1220A
额定转速及范围	14.5,7.5～14.5r/min	极对数	84
变流器参数			
参数	数值	参数	数值
额定容量	2600kV·A	额定电压	690V
额定频率变化范围	(50±0.4)Hz	额定电流	2090A

5）永磁半直驱机组

表 A-9 5MW 半直驱永磁风机参数

机组参数			
参数	数值	参数	数值
额定功率	5000kW	功率调节方式	变桨变速调节
叶轮直径	116m	叶轮扫风面积	$10568m^2$
切入风速	4m/s	切出风速	25m/s
额定风速	12.5m/s	风轮额定转速	14.8r/min
风轮转速范围	(4.5～14.8)±10%r/min		
发电机参数			
参数	数值	参数	数值
额定功率	5260kW	额定电压	3300V
额定转速及范围	45.1～148.5r/min		
齿轮箱参数			
参数	数值	参数	数值
额定功率	5590kW	额定转矩	3600kN·m
变比	1∶10		